科学出版社“十四五”普通高等教育研究生规划教材

太阳能电池材料与应用

主　编　许　宁

副主编　詹义强　蔚安然

科学出版社

北　京

内 容 简 介

本书首先介绍太阳能光伏发电的历史、现状及其在未来能源结构中的核心地位，然后阐述太阳能电池的物理基础、各种类型太阳能电池的基本结构、基本工艺及其光电转换的基本原理，在此基础上，详细介绍各种太阳能电池材料的基本性质、制备原理和技术。本书从材料制备和性能的角度出发，在了解各种太阳能电池材料对应的新型高效太阳能电池的结构、原理和工艺特色的基础上，全面阐述各种太阳能电池材料，包括最前沿的新型太阳能电池材料、材料结构和组成对太阳能电池性能的影响。本书介绍的太阳能电池材料包括单晶硅、多晶硅、非晶硅、Ⅲ-Ⅴ族、Ⅱ-Ⅵ族、Ⅰ-Ⅲ-Ⅵ族等无机太阳能电池材料以及染料敏化、聚合物、钙钛矿等有机太阳能电池材料。

本书可作为光学、光学工程、材料科学专业的研究生和高年级本科生的教材或参考书，也可作为光伏电池、光电器件领域的科研和工程技术人员的参考书。

图书在版编目(CIP)数据

太阳能电池材料与应用 / 许宁主编. — 北京：科学出版社，2022.11
科学出版社“十四五”普通高等教育研究生规划教材
ISBN 978-7-03-073775-5

Ⅰ. ①太… Ⅱ. ①许… Ⅲ. ①太阳能电池－材料－高等学校－教材 Ⅳ. ①TM914.4

中国版本图书馆 CIP 数据核字(2022)第 217750 号

责任编辑：潘斯斯　张丽花 / 责任校对：王　瑞
责任印制：赵　博 / 封面设计：迷底书装

科学出版社 出版
北京东黄城根北街 16 号
邮政编码：100717
http://www.sciencep.com
北京科印技术咨询服务有限公司数码印刷分部印刷
科学出版社发行　各地新华书店经销
*
2022 年 11 月第 一 版　开本：787×1092　1/16
2025 年 8 月第三次印刷　印张：17 1/2
字数：437 000

定价：98.00 元

(如有印装质量问题，我社负责调换)

前 言

自生物出现在地球上，它们就主要以太阳提供的热和光生存，人类所需能量的绝大部分都直接或间接地来自太阳，在近代化石燃料减少的情况下，人类开始有意识地对太阳能进行进一步的开发和利用。太阳能本质上是由太阳内部氢原子发生核聚变反应释放出的巨大核能。在几十亿年内，太阳能是取之不尽、用之不竭的清洁能源。迄今为止，人类主要还是使用以煤炭、石油和天然气为主的化石能源，能源需求和消耗的极大增加，在带给人类社会文明进步的同时，也造成了空气污染和臭氧层的破坏，严重威胁人类的生存环境。因此，改变能源结构、发展绿色可再生能源成为人类的共同愿望，受到各国政府的高度重视。在诸多新型清洁能源中，太阳能由于没有地域和环境条件限制，在人类可持续发展的能源结构中的地位变得越来越重要。其中，光伏发电在全球总的发电量中的占比逐年提高，目前在可再生清洁发电方式中，仅次于水力发电，已同风力发电并驾齐驱，且有赶超之势。有机构预测，在2050年前后，光伏发电将成为人类主要使用的能源方式，未来光伏发电将具有广阔的发展空间。

光伏发电是利用太阳能电池将太阳光能量直接转换为电能，其基本原理是半导体材料吸收光子能量大于半导体禁带宽度的太阳光产生电子-空穴对，再通过电荷分离与收集实现光电转换。根据电荷分离方式的不同，可将太阳能电池分为结区电荷分离型和界面电荷分离型两类太阳能电池。结区电荷分离型太阳能电池通常是由无机半导体材料构成的p-n结或p-i-n结体电池或薄膜电池，其光电转换的机制是光生伏特效应，即光子能量大于半导体禁带宽度的太阳光被由p型、n型或i型半导体构成的p-n结或p-i-n结吸收产生电子-空穴对，结区内产生的或扩散进入结区的电子-空穴对在内建电场的作用下分离并向两极漂移形成光生电流和光生电压。而界面电荷分离型太阳能电池一般是由有机半导体材料构成的薄膜电池，其光电转换的机制有所不同。此类太阳能电池在吸收太阳光产生的电子-空穴对后，由于有机半导体材料普遍存在载流子迁移率低、扩散长度短、激子寿命短的问题，其p型和n型材料之间无法通过扩散形成有效的p-n结，因而只有靠两种具有不同能级的有机半导体材料界面上的能级差来分离扩散到界面处的电子-空穴对，分离后的电子和空穴分别向两极传输形成光生电流和光生电压，从而实现光电转换。

自从1954年首次制成了具有实用价值的单晶硅太阳能电池以来，特别是1973年世界石油危机后，太阳能电池获得了广泛的研究和应用，涌现出各种材料和结构的太阳能电池。在结区电荷分离型太阳能电池方面，基于晶体硅(包括单晶硅和多晶硅)的太阳能电池一直占据90%以上的太阳能电池市场份额，除了传统的p-n结型晶体硅太阳能电池，还开发了IBC、PERC、HIT等新型结构晶体硅太阳能电池，它们不仅在航天领域被普遍使用，也广泛应用于与住宅屋顶相结合的分布式光伏发电和大规模的光伏电站等民用发电领域。此外，为了降低太阳能电池成本，利用沉积在廉价衬底上的p-i-n结型非晶硅薄膜和p-n结型多晶硅(包括微晶硅和纳晶硅)薄膜制备的太阳能电池也被广泛研究，并在计算器、手表、玩具等小功耗器件和大屏幕液晶显示器、传感器、摄像管等对兼容性要求高的器件上获得广泛的应用，人们也尝试建立了独立电站。在硅基材料太阳能电池发展的同时，一系列直接带隙Ⅲ-Ⅴ族、Ⅱ-Ⅵ族和Ⅰ-Ⅲ-Ⅵ族化合物薄膜太阳能电池材料也得到广泛研究和应用，它们的光吸收系数高，只需数微米厚就能制备成高效率太阳能电池。其中，应用最多的Ⅲ-Ⅴ族化合物GaAs具有太阳能电池材料的最佳禁带宽度，其太阳能电池的效率、耐高温和抗辐射性能都高于晶体硅太阳能电池，在对成本不敏感的航天器上获得应用；最重要的Ⅱ-Ⅵ族化合物太阳能电池材料CdTe具有最佳值附近的禁带宽度，其多晶薄膜太阳能电池结构简单，制备成本低，容易实现规模化生产，已经建成小规模生产线；而以三元$CuInSe_2$和四元$CuIn_{1-x}Ga_xSe_2$为代表的Ⅰ-Ⅲ-Ⅵ族化合物多晶薄膜在成本和适应性上也有明显优势，其能带结构从窄带隙到最佳禁带宽度可调，其太阳能电池已实现商业化生产。界面电荷分离型太阳能电池主要是有机薄膜太阳能电池，包括染料敏化太阳能电池、聚合物薄膜太阳能电池、钙钛矿薄膜太阳能电池。它们的制备技术门槛较低，因而获得广泛的研究。该型电池共同的结构特点是电子给体层和电子受体层相互接触形成界面，为了增加界面面积和减少激子扩散距离，受体层常常是多孔结构，甚至以球状大分子或纳米晶形态与给体层共混，并在受体层/光阳极和给体层/对电极之间分别有一层致密电子传输层和空穴传输层以阻挡空穴传输给光阳极或电子传输给对电极。其中，染料敏化型太阳能电池是通过附着在无机纳米半导体薄膜上的单层染料来吸收太阳光的，在染料与半导体之间的界面实现电荷分离；聚合物薄膜太阳能电池一般是电子给体-受体共混型结构，以减少激子扩散距离；钙钛矿薄膜太阳能电池采用层状复合型结构，受体层为多孔结构，以增加给体/受体界面面积。早期的界面电荷分离型太阳能电池主要是染料敏化型太阳能电池，该型电池一直存在液态电解质容易泄漏、受环境温度影响大等问题。以后又发展了聚合物薄膜太阳能电池，很长一段时间里，该型电池由于激子扩散长度短，光电转换效率较低，后来通过改进制备技术和采用新材料，电池效率逐年上升，不断接近晶体硅太阳能电池的转换效率。目前电荷分离型太阳能电池的研究基本都转向钙钛矿薄膜太阳能电池，其光电转换效率不断刷新纪录，已经可以媲美单晶硅太阳能电池的转换效率，目前阻碍其实现商业化生产的主要是电池的稳定性还达不到实际应用的要求，在解决了长期工作稳定性问题以后有可能进入大规模商业化生产，大大丰富了太阳能电池的应用场景。

国内外已出版的太阳能电池书籍，或者是涵盖太阳能电池原理、结构、材料、工艺、测试、发电系统各个方面，追求大而全，或者是侧重于太阳能电池材料的制备和性能，但过于集中于一种材料，不够全面和均衡，且太阳能电池材料与技术的发展日新月异，需要不断更新。本书在全面介绍各种太阳能电池(包括最前沿的新型太阳能电池)的结构、原理和工艺特色的基础上，全面阐述对应的各种太阳能电池材料的基本性质、制备原理和技术以及材料结构和组成对太阳能电池性能的影响。

本书共分为7章。第1章介绍太阳能和太阳能电池材料；第2章介绍太阳能电池的物理基础；第3章介绍晶体硅太阳能电池材料；第4章介绍非晶硅和多晶硅薄膜太阳能电池材料；第 5 章介绍Ⅲ-Ⅴ族化合物太阳能电池材料；第 6 章介绍Ⅱ-Ⅵ和Ⅰ-Ⅲ-Ⅵ族化合物太阳能电池材料；第 7 章介绍新型薄膜太阳能电池。其中，第 1～6 章由许宁教授编写，第 7 章由詹义强教授、蔚安然教授编写。研究生刘风采、刘凯协助资料收集和编写，在此表示感谢。

“太阳能电池材料与应用”作为研究生专业课程已开设八年，八年来不断改进授课方式，根据太阳能电池领域最新研究成果不断融入新的教学内容，学生通过本课程的学习，不仅能够对太阳能电池材料与应用有深入的了解，比较全面地掌握太阳能电池材料性质与制备的专业知识，而且能对光电材料的性质有更深刻的理解，对他们从事的研究课题和毕业后从事的相关科研工作都能提供很好的帮助。

由于光伏产业发展迅速，编者学识有限，若书中存在疏漏之处，衷心希望读者和同行批评指正。

编　者

2022 年 6 月

目　　录

第 1 章　太阳能和太阳能电池材料

自从生物出现在地球上，它们就主要以太阳提供的热和光生存，而自古人类也懂得以阳光晒干物件并保存食物的方法，如制盐和晒咸鱼等。在近代化石燃料减少的情况下，人类开始有意识地对太阳能进行进一步的开发和利用。太阳能一般是指太阳光的辐射能量，本质上是由太阳内部氢原子发生核聚变反应释放出的巨大核能。在几十亿年内，太阳能是取之不尽、用之不竭的。人类所需能量的绝大部分都直接或间接地来自太阳，如植物通过光合作用释放氧气、吸收二氧化碳，并把太阳能转变成化学能在体内储存下来，煤炭、石油、天然气等化石燃料也是由古代埋在地下的动植物经过漫长的地质年代演变形成的。此外，水能、风能等也都是由太阳能转换来的。广义上的太阳能是地球上大多数能量的来源。

本章首先介绍太阳能的基本情况，讨论太阳能的反射、散射和吸收，了解辐射强度和大气质量等基本概念；然后介绍光伏发电产业的历史、现状以及未来的展望，了解太阳能电池的研究和开发的基本情况；最后概述半导体材料和太阳能电池材料的分类与应用。

1.1　太阳能概述

1.1.1　太阳能的基本性质

太阳是位于太阳系中心的恒星，占太阳系总体质量的 99.86%，它几乎是热等离子体与磁场交织着的一个理想球体。太阳直径大约是 1.392×10^6km，相当于地球直径的 109 倍；体积大约是地球的 130 万倍；质量大约是 2×10^{30}kg，约为地球的 33 万倍。从化学组成来看，现在太阳质量的 73.46%是氢，24.85%是氦，其他元素质量少于 2%。太阳核心处温度高达 1500 万℃，压力相当于 3000 亿个标准大气压（1 个标准大气压=1.01325×10^5Pa），随时都在进行着四个氢核聚变成一个氦核的热核反应，向太空释放光和热。根据原子核物理学和爱因斯坦的质能转换关系式：

$$E = mc^2 \tag{1-1}$$

可知每秒约有质量为 6 亿吨的氢经过热核聚变反应为 5.96 亿吨的氦，由此产生的 400 万吨质量亏损释放出巨大的能量，达到 3.8×10^{14}TW，正是这巨大的能量带给了我们光和热，但太阳每年因热核反应损失的质量与太阳的总质量相比，却是不值一提的[1]。根据对太阳内部氢含量的估计，太阳至少还有 50 亿年的正常寿命，因而，对人类而言，太阳是一个取之不尽、用之不竭的能量源泉。

1.1.2　太阳能的辐射和吸收

太阳不断向宇宙辐射巨大的能量，0.25 太阳半径～0.86 太阳半径是太阳辐射区，辐射从内部向外部传递的过程是多次被物质吸收而又再次发射的过程。从核反应区到太阳表面的行程中，能量依次以X射线、远紫外线、紫外线，最后以可见光为主要形式向外辐射。尽管太阳辐射到地球大气层的能量仅为其总辐射能量的22亿分之一，但已高达173000TW，也就是说太阳每秒照射到地球上的能量就相当于500万吨标准煤，每年太阳辐射到地球的能量是目前全球能耗的几万倍。通常，太阳能的丰度用每平方米地面全年辐射总量[单位为$MJ/(m^2 \cdot a)$]和全年日照总时数来表示，它的分布同各地的纬度、海拔和气候条件有关，相对来说，前者描述更为准确，因为相同日照时数下，太阳辐射强度会因海拔和气候条件不同而不同。从全球来看，非洲、澳大利亚、中东、中国西部地区和美国西南部地区的太阳能丰度最高。在我国，2/3地区的太阳能辐射总量大于$5024MJ/(m^2 \cdot a)$，年日照时数在2000h以上，太阳能资源较为丰富。由于喜马拉雅山脉阻挡了来自印度洋的水蒸气，横断山脉、秦岭和太行山脉阻挡了来自南方的暖湿气流，因此我国的西藏、新疆、青海、甘肃、宁夏和内蒙古的太阳能辐射总量优于国外同纬度地区。我国青藏高原的太阳能辐射总量达到$8000MJ/(m^2 \cdot a)$以上，年日照时数在3200～3300h，太阳能资源极为丰富；而四川盆地和广东、广西等一些南方地区阴雨天多、日照时间短、空气潮湿，太阳能资源相对较差[1]。

太阳光要穿过大气层之后才能到达地球表面，在这一过程中，太阳光将受到大气层的散射、反射和吸收等作用，如图1-1所示[2]。

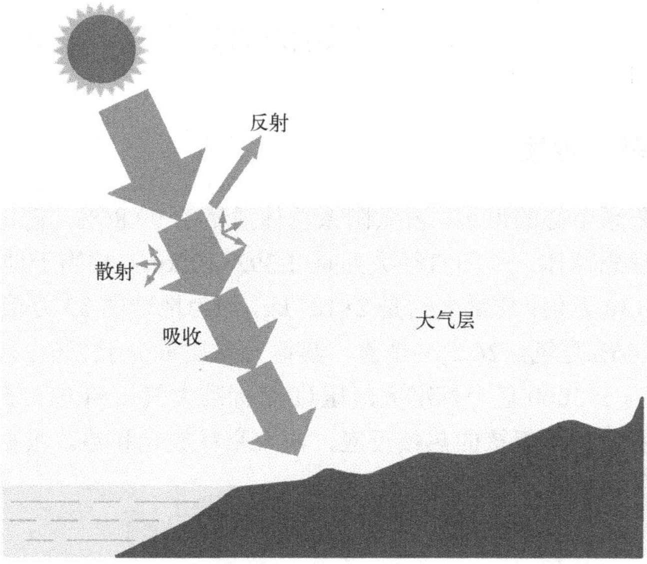

图1-1　太阳光经过大气层到达地面的示意图

太阳光在地球轨道上的自由空间中的辐射强度被定义为太阳常数(单位为W/m^2)，世界气象组织(WMO)于1981年公布的推荐数值为$1368W/m^2$。大气层对地球表面接收到的太阳光的影响程度用大气质量(AM)来表示，大气质量的取值是太阳光通过大气层的实际距离比大气层的垂直厚度。当太阳光与地面呈θ角入射时，有

$$\mathrm{AM}=\frac{1}{\cos\theta} \tag{1-2}$$

AM0特指地球大气层上界空间中接收太阳光的情况(辐射强度为太阳常数$1368W/m^2$)，

适用于在大气层外绕地飞行的航天器，如人造卫星、宇宙飞船、空间站等；AM1 是指太阳光经过大气层垂直照射到地球表面(θ = 0°)的情况；AM1.5 是指晴天时太阳光照射到地面的一般情况，此时，θ = 48.2°，对应的太阳光辐射强度为 1kW/m^2。一般情况下，只有约 73%的太阳光可以到达地面。太阳光的波长分布范围很宽，97%以上的太阳光辐射能的波长位于 0.29～3.0μm，图 1-2 给出了 AM0、AM1.5 和只经过大气层反射和散射(不考虑吸收)后的太阳辐射光谱[3]。从图 1-2 可以看出，相对 AM0，AM1.5 相当一部分太阳光被大气层反射和散射，未能到达地面，同时大气层中不同成分的气体又对太阳光进行不同程度的吸收，其中臭氧层对紫外波段太阳光吸收最为强烈，水蒸气对太阳光辐射能吸收最多。臭氧层位于地球表面之上 25～50km 处，臭氧是由三个氧原子(O_3)结合在一起的蓝色、有刺激性的气体。尽管臭氧在地球大气层中含量很低，若在气温 0℃时，将地球大气层中的臭氧全部压缩到一个标准大气压，臭氧层的总厚度才 3mm 左右，但它却能吸收太阳辐射出的 99%的紫外线，就像地球的一道天然保护屏障，使地球上的万物免遭紫外线的伤害。水蒸气对太阳光也有较大的作用，大约 20%的太阳光辐射能被大气层中的水蒸气吸收，这也是空气稀薄和干燥的高原地区太阳能丰度较高的主要原因。

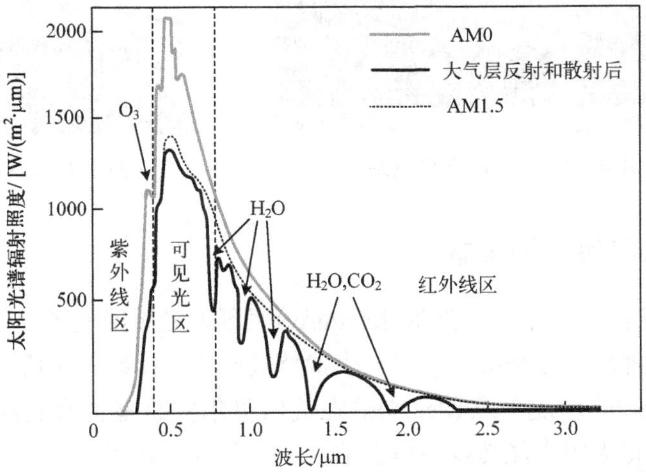

图 1-2　不同大气质量条件下的太阳辐射光谱图

1.2　光 伏 发 电

1.2.1　光伏发电简介

人类主要通过以下三种方式利用太阳能：光化学转换、光热转换和光电转换。太阳能的光化学转换是指在太阳光照射下，物质发生化学、生物反应，可将太阳能间接转换成热能、电能，如光催化水解质氢、植物的光合作用等；太阳能光热转换是指通过反射、吸收等方式收集太阳辐射能，使之直接转化为热能，如太阳能热水器、太阳能炉、太阳能集热发电等；太阳能光电转换则是指利用太阳能电池将太阳能直接转换成电能，也称光伏发电。光伏发电是利用半导体界面的光生伏特效应而将光能直接转变为电能的一种技术。太阳能电池经过串联后进行封装保护可形成大面积的太阳能电池组件，再配合功率控制器和逆变器等部件就形成了光伏发电装置。光伏发电有集中式光伏发电、分布式光伏发电和独立式光伏发电三种类型。其中，集中式光伏发电主要指大型并网光伏电站，一般都是国家级电站，主要特点是将所发电能直接输送到电网，由电网统一调配向用户供电，如图 1-3 所示；分布式光伏发电是指在用户现场或靠近用电现场配置较小的光伏发电供电系统，以满足特定用户的需求，支持现存电网的经济运行，多余或不足的电力通过连接电网来调节，如图 1-4 所示；独立式光伏发电也称离网光伏发电，包括边远地区的村庄供电系统、独立太阳能用户电源系统、通信信号电源、太阳能路灯等各种带有蓄电池的、可以独立运行的光伏发电系统。

图 1-3　集中式大型并网光伏电站

图 1-4　分布式屋顶发电

1.2.2　光伏发电的历史和现状

在 1839 年，法国科学家贝克雷尔(Becqurel)发现，光照能使半导体材料的不同部位之间产生电位差。这种现象后来被称为“光生伏特效应”，简称“光伏效应”。1954 年，美国科学家恰宾(Chapin)和皮尔森(Pearson)在美国贝尔实验室首次制成了实用的单晶硅太阳能电池，诞生了将太阳光能转换为电能的实用光伏发电技术。

20 世纪 70 年代后，随着现代工业的发展，全球能源危机和大气污染问题日益突出，传统的燃料能源正在一天天减少，对环境造成的危害日益突出，同时全球约有 20 亿人得不到正常的能源供应。这个时候，全世界都把目光投向了可再生能源，希望可再生能源能够改变人类的能源结构，维持长远的可持续发展。

太阳能以其独有的优势而成为人们重视的焦点。丰富的太阳辐射能是取之不尽、用之不竭、无污染、廉价、人类能够自由利用的能源。太阳能每秒钟到达地面的能量高达 800MW 时，假如把地球表面 1%的太阳能转换为电能，转换率为 5%，每年发电量可达 5.6×10^{12}kW·h，相当于世界上能耗的 400 倍。正是由于太阳能的这些独特优势，20 世纪 80 年代后，太阳能电池的种类不断增多、应用范围日益广阔、市场规模也逐步扩大。

20 世纪 90 年代后，光伏发电快速发展，到 2006 年，世界上已经建成了十多个兆瓦级光伏发电系统和 6 个兆瓦级的联网光伏电站。美国是最早制定光伏发电发展规划的国家。1997 年，美国又提出“百万屋顶计划”。日本于 1992 年启动了“新阳光计划”，到 2003 年日本光伏组件产量占世界的 50%，世界前十大厂商有 4 家在日本。而德国新可再生能源法规定了光伏发电上网电价，大大推动了德国光伏市场和产业的发展，使德国成为继日本之后世界上光伏发电发展最快的国家。瑞士、法国、意大利、西班牙、芬兰等国，也纷纷制定光伏发展计划，并投巨资进行技术开发和加速工业化进程。

自 2002 年无锡尚德太阳能电力有限公司第一条 10MW 太阳能电池生产线正式投产开始，中国太阳能光伏产业进入发展的快车道。至 2007 年，中国已成为全球生产太阳能电池最多的国家，产量从 2006 年的 400MW 一跃达到 1.09GW。图 1-5 给出了 2011～2020 年全球和中国的光伏组件产量增长趋势。图 1-5 显示 2019 年中国光伏组件的产量已达到 98.6GW，占全球总产量的 70%以上；2020 年中国光伏组件产量为 124.6GW，同比增长 26.4%，全球占比进一步提高。目前，光伏组件的生产成本已从 2005 年的 3 美元/W 下降到 0.5 美元/W 以下。在光伏发电上，2011 年全球光伏新增装机量约为 30.2GW，涨幅高达 52%，全球累计安装量超过 67GW。当年，全球近 2/3 的新增装机量来自欧洲，中国当年的新增装机量仅 2.2GW。此后，中国成为全球光伏发电安装量增长最快的国家，图 1-6 给出了 2011～2020 年全球和中国的光伏新增装机量增长趋势。从图 1-6 可以看出，2017 年中国的光伏新增装机量比 2011 年增长了约 24 倍，达到 53.06GW，约占全球的 53.5%。此后，中国光伏新增装机量由于补贴政策的退坡而有所回落，2019 年全球光伏新增装机量为 114.9GW，中国以 30.1GW 的规模仍然占据世界光伏新增装机量第一。中国从 2018 年开始，光伏组件的生产成本迅速下降，至 2019 年光伏发电的度电成本已降低到 0.44 元/度。2019 年随着光伏组件的生产成本迅速下降，光伏发电的度电成本已降低到 0.44 元/(千瓦·时)，已非常接近全国脱硫燃煤电价的平均值 0.36 元/(千瓦·时)，2020 年中国光伏新增装机量恢复到 48.2GW，同比增长 60%，并在 2021 年达

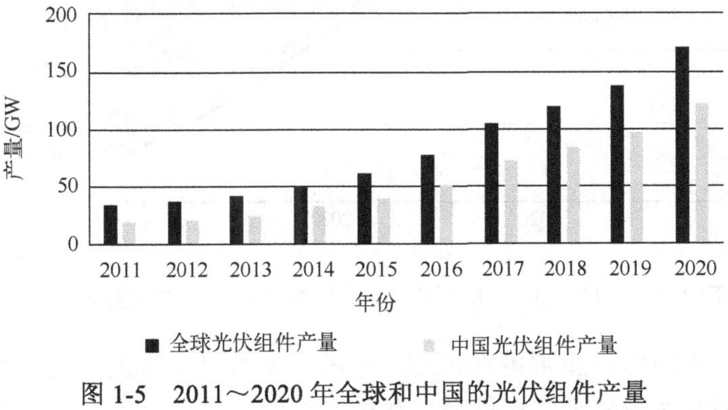

图 1-5　2011～2020 年全球和中国的光伏组件产量

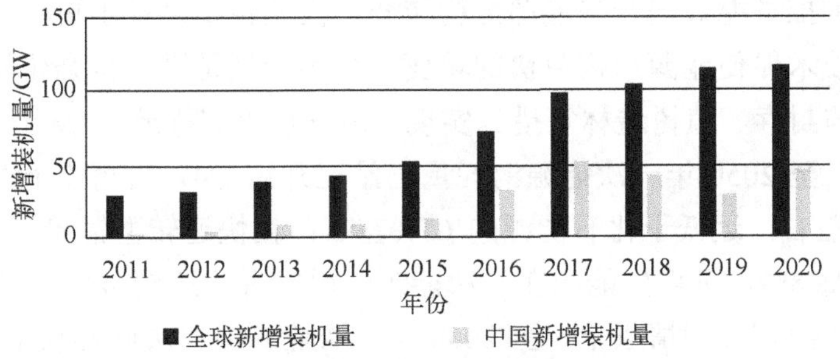

图 1-6　2011～2020 年全球和中国的光伏新增装机量

到 54.88GW，创出历史新高。可以预计，随着光伏发电平价上网成为可能，中国的光伏发电产业将进入快速发展期。

1.2.3 光伏发电在未来能源结构中的核心地位

国际能源署在《2018 年世界能源展望》报告中对未来 20 年全球能源市场的发展趋势和影响因素进行了预测。图 1-7 描绘了各种能源对策在减少碳排放方面所带来的潜力[4]。图 1-7 中上面的趋势线是指按照现有的经济增长速度和能源结构预测的到 2040 年世界的二氧化碳排放增长趋势，而下面的趋势线是“高效世界的情景”（efficient world scenario，EWS）下的二氧化碳排放趋势，和《巴黎协定》规定的减排目标相一致。虽然到 2040 年全球本地生产总值(GDP)可能翻一番，但在“高效世界的情景”下，如果从现在到 2040 年所有可用的提升能源效率的方法都得到实施，可再生能源将得到大力发展，那么到 2040 年的温室气体排放量将只有今天的一半。EWS 数据显示，仅提高能效就有可能将一次能源需求的增长限制在仅比目前略高的水平，这将使与能源相关的温室气体排放在 2020 年前达到峰值，到 2040 年下降 12%，而发展可再生能源可使温室气体排放进一步下降 10%，能源效率的提升可以完成《巴黎协定》减排目标的 80%。由此可见，发展可再生能源对实现全球气候目标是必不可少的。

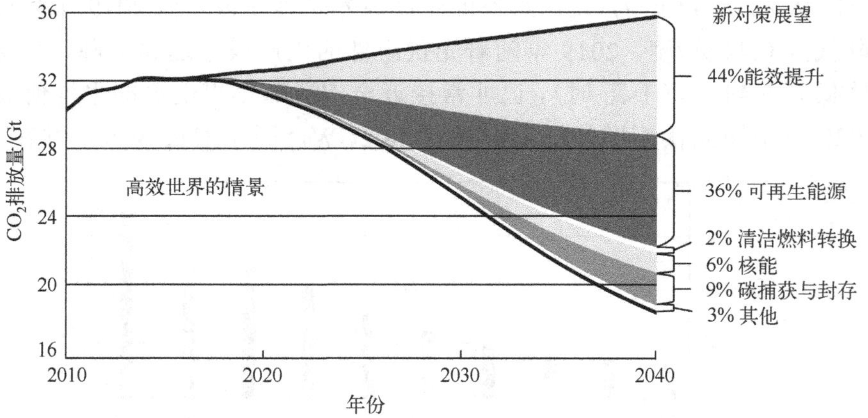

图 1-7　2010～2040 年全球在各种能源对策下的 CO_2 排放趋势[4]

国际能源署在《2020 年世界能源展望》中进一步给出未来世界能源结构发展趋势的渐进转型、快速转型和净零转型三种情景，如图 1-8 所示[5]。其中，渐进转型是指按照近年的能源政策和技术推进能效提升与能源结构转变，快速转型是推出更强有力的政策和大力发展可再生能源技术促使能源结构更快的转变，净零转型是进一步强化快速转型的各项措施并通过碳捕获与封存、植树造林等措施实现二氧化碳“零排放”。从图 1-8 可以看出，在渐进转型情景下，至 2050 年一次能源消耗量仍然提升约 1/4，可再生能源在一次能源使用中占比只有 20%左右，远低于化石能源的 65%左右；在快速转型情景下，至 2050 年一次能源消耗量仅增加 8%，可再生能源在一次能源使用中占比达到 44%左右，超过化石能源的 39%左右；而在净零转型情景下，至 2050 年一次能源消耗量同样仅增加 8%，但可再生能源在一次能源使用中的占比进一步提高到 59%左右，远远超过化石能源的 20%左右。联合国开发计划署在《世界能源发展前景报告(2020)》中指出太阳能应用技术的潜力值达到 1575 以上，远大于风能(技术潜力值为 640)、生物能(技术潜力值为 276)和氢能(技术潜力值为 50)。图 1-9 给出了按现有能耗增长速度从 2000 年到 2100 年太阳能发电(包括光伏发电和光热发电)在初级能源(即一次能源)中的占比发展趋势[6]。从图 1-9 可以看出，即使按现有能耗增长速度，太阳能发电在未来能源结构中也占有举足轻重的地位，而光伏发电相较光热发电由于能量转换效率更高、技术更为成熟、技术发展空间更大，无论现在还是未来都将是太阳能发电的主要形式。

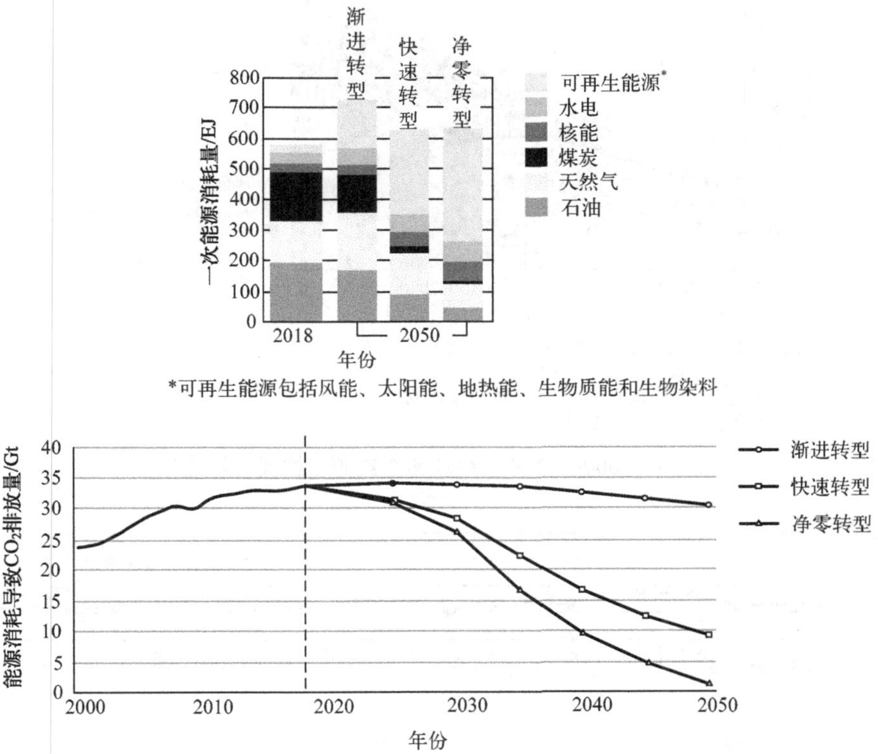

图 1-8　2000～2050 年全球在不同发展情景下的能源结构变化和 CO_2 排放趋势[5]

中国正在向低碳能源转型，我国是过去 20 年间世界上最大的能源消耗国，也是全球能源增长的最主要来源国。图 1-10 显示了中国的一次能源生产总量、总发电量和光伏发电量过去 20 年的增长趋势(其中光伏发电量只有近五年的数据)[7]。从图 1-10 可以看出，中国的一次能源生产总量、总发电量和光伏发电量的增长率总体呈现下降趋势，光伏发电量的增长率远远高于总发电量，总发电量的增长率又稍高于一次能源生产总量。以上发展趋势导致 20 年间总发电量在一次能源生产总量中的比重从 9.7%提升至 18.9%，而光伏发电量在总发电量中的比重从 0.6%提升至 1.9%。过去 20 年，中国的国内生产总值增长了 10 倍左右，而一次能源生产总量仅增长了 2.9 倍，说明中国的经济和能源正在向更可持续的增长模式发生转变。在渐进转型情景下，未来中国的能源需求预计平均每年仅增长 1.5%，低于过去的 20 年间的增长率的 1/4；同时，能源结构也将发生显著变化，由高污染的煤炭为主向清洁、低碳能源为主的能源结构进行转型。2021 年 3 月，中国政府提出了“碳达峰、碳中和”自愿性减排目标，二氧化碳排放力争于 2030 年前达到峰值，努力争取 2060 年前实现碳中和(即净零排放)，并承诺到 2030 年太阳能、风能发电总装机容量将达到 1200GW 以上。保守估计未来十年，中国的光伏发电总装机容量将扩大一倍以上，未来几十年，光伏发电产业将随着碳中和目标的实现迎来快速的发展，在未来中国的能源结构中占据越来越重要的地位。

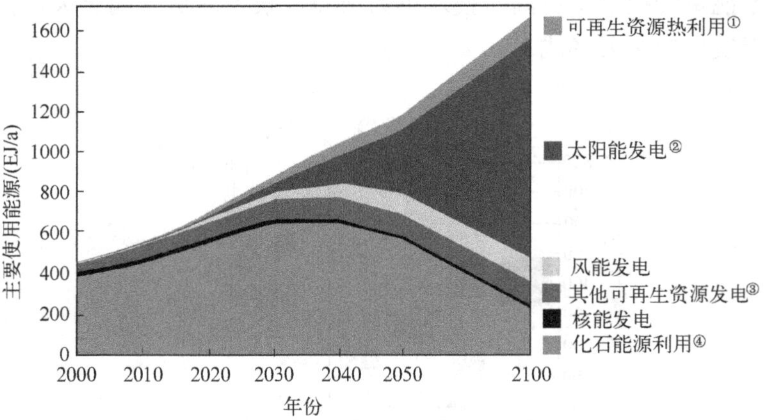

注：① 包括地热、太阳能热利用和其他可再生资源热利用；
② 包括光伏发电和光热发电；
③ 包括水力发电、生物质发电和氢能发电；
④ 包括天然气、石油和煤炭。

图 1-9　2000～2100 年全球初级能源结构变化趋势[6]

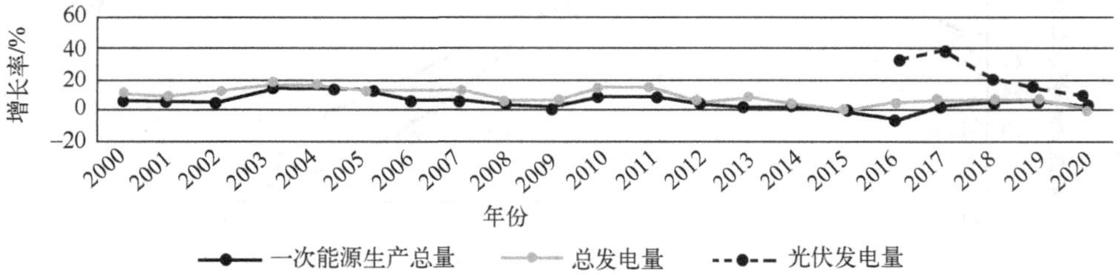

图 1-10　2000～2020 年中国的一次能源生产总量、总发电量和光伏发电量的增长趋势

1.3　太阳能电池

1.3.1　太阳能电池的类型和结构

太阳能电池就是将太阳能直接转换成电能的光电转换器件，它是光伏发电单元的核心。自 20 世纪 50 年代以来，太阳能电池的新工艺、新材料、新结构层出不穷，研制成功的太阳能电池已达一百多种。太阳能电池按制备工艺可分为体电池和薄膜电池两大类。其中，体电池主要由无机半导体材料构成，以晶硅材料为主；薄膜电池按材料可分为由无机化合物半导体材料构成的传统薄膜太阳能电池和主要由有机半导体材料构成的新型薄膜太阳能电池两大类。如果按电池结构分类，无机半导体材料构成的体太阳能电池主要是 p-n 同质结结构，无机半导体材料构成的传统薄膜太阳能电池有 p-n 异质结、p-i-n

结等结构，而有机半导体材料构成的新型薄膜太阳能电池有电解质-染料-半导体、聚合物给体-受体、空穴传输层-钙钛矿-半导体等结构。无论是何种类型和结构的太阳能电池，其作用本质上就是将吸收太阳光产生的光生电子-空穴对进行电荷分离并输运到正负电极以实现光伏发电，因此也可按工作原理将太阳能电池分为结区电荷分离型和界面电荷分离型两种工作类型。其中，结区电荷分离型太阳能电池主要是无机半导体材料构成的体太阳能电池和薄膜太阳能电池，界面电荷分离型太阳能电池主要是有机薄膜太阳能电池。下面将分别对结区电荷分离型和界面电荷分离型两种工作类型的太阳能电池的基本结构进行介绍。

1. 结区电荷分离型太阳能电池的基本结构

结区电荷分离型太阳能电池主要包括 p-n 同质结、p-n 异质结、p-i-n 结等结构，它们一般都由无机半导体材料构成。p-n 同质结太阳能电池的基本结构如图 1-11 所示，它一般是体太阳能电池，构成其 p-n 结的 p 型和 n 型材料是同一种半导体材料；p-n 异质结太阳能电池的基本结构如图 1-12 所示，它一般是薄膜太阳能电池，构成其 p-n 结的 p 型和 n 型材料是不同半导体材料。p-n 同质结和 p-n 异质结太阳能电池的工作原理基本相同，区别主要在以下几个方面。

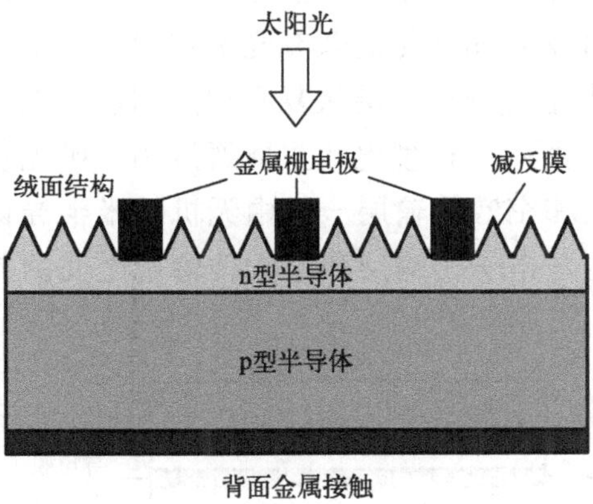

图 1-11　p-n 同质结太阳能电池基本结构图

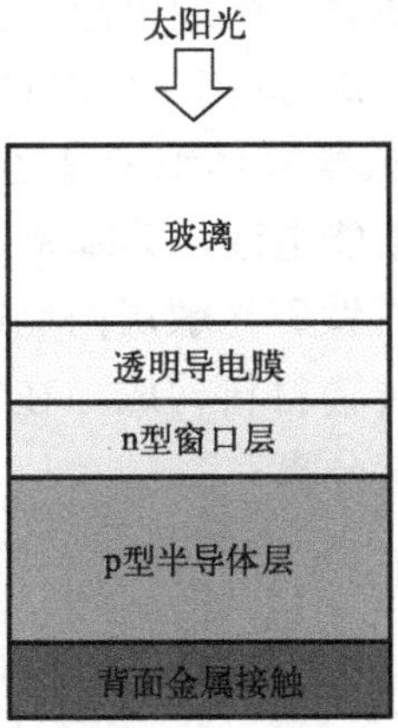

图 1-12　p-n 异质结太阳能电池基本结构图

(1) p-n 同质结太阳能电池主要是由晶硅构成的体电池，由于其光吸收系数较低，其结区厚度一般需要几十微米；p-n 异质结太阳能电池一般是由化合物半导体材料构成的薄膜电池，其光吸收系数较高，结区厚度一般只有几百纳米。

(2) p-n 同质结太阳能电池除了在受光面制备减反膜，还通过在受光面构造绒面结构来减少太阳光反射，而 p-n 异质结太阳能电池由于是薄膜型电池，一般只是通过在受光面制备减反膜来减少太阳光反射。

(3) p-n 异质结太阳能电池主要靠下面的 p 型半导体层吸收太阳光，上面的 n 型层一般很薄，很少吸收太阳光，也称窗口层。

(4) p-n 同质结太阳能电池的受光面普遍采用栅状电极，以增加太阳光的透过率，而 p-n 异质结太阳能电池常用导电玻璃的透明导电膜作为受光面的电极。

此外，p-n 同质结和异质结太阳能电池背面接触一般都含背场层和金属电极层，背场层(一般是重掺 p 型层)的主要作用是消除 p 型半导体和金属电极间的接触电阻，以实现欧姆接触。

p-i-n 结太阳能电池同 p-n 结太阳能电池原理有很大的不同，此类太阳能电池主要是由非晶硅薄膜构成的薄膜太阳能电池。图 1-13 示出了 p-i-n 结太阳能电池的基本结构图。图 1-13 中自上而下分别是玻璃、透明导电膜、重掺 p 型半导体、i 型半导体、重掺 n 型半导体和金属电极，其中 i 型半导体指的是本征半导体，即非掺杂半导体。从图 1-13 可以看出 p-i-n 结太阳能电池的 i 型半导体层较厚，一般为几百纳米，主要靠 i 型半导体层吸收太阳光；重掺 p、n 型半导体层较薄，主要是提供内建电场，起分离和收集电荷的作用。

2. 界面电荷分离型太阳能电池的基本结构

界面电荷分离型太阳能电池主要包括染料敏化型、共混型、层状复合型等结构，它们一般都由有机半导体材料构成。染料敏化型太阳能电池的基本结构如图 1-14 所示。该型电池通过附着在无机纳米半导体薄膜上的单层染料来吸收太阳光，在染料与半导体之间的界面实现电荷分离。共混型太阳能电池也常常称为本体异质结型太阳能电池，主要是有机聚合物薄膜太阳能电池，其基本结构如图 1-15 所示。该型电池通过聚合物光敏层来吸收太阳光，碳 60 衍生物(PCBM)或半导体纳米晶均匀混杂在光敏层中，在聚合物光敏层与 PCBM 或半导体纳米晶之间的界面实现电荷分离。层状复合型太阳能电池主要是钙钛矿薄膜太阳能电池，其基本结构如图 1-16 所示。该型电池主要通过钙钛矿光敏层来吸收太阳光，钙钛矿光敏层两侧的电子传输层和空穴传输层一般由无机纳米半导体和有机或无机空穴传输材料构成，在钙钛矿光敏层与电子传输层和空穴传输层之间的界面上都可以实现电荷分离。

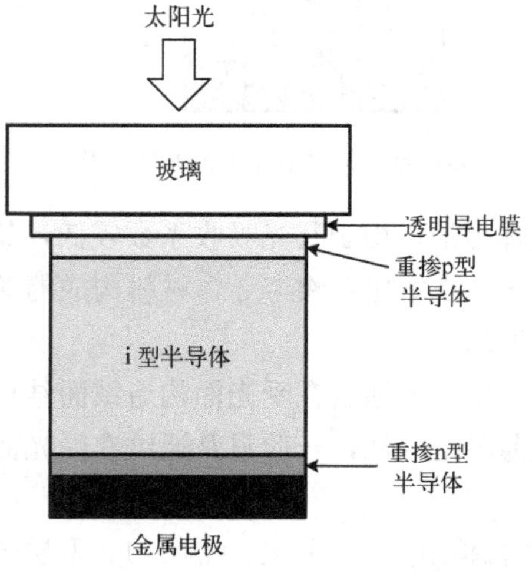

图 1-13　p-i-n 结太阳能电池的基本结构图

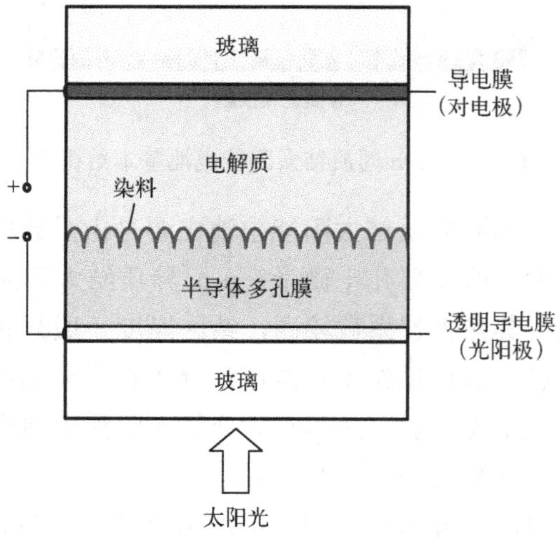

图 1-14　染料敏化型太阳能电池的基本结构

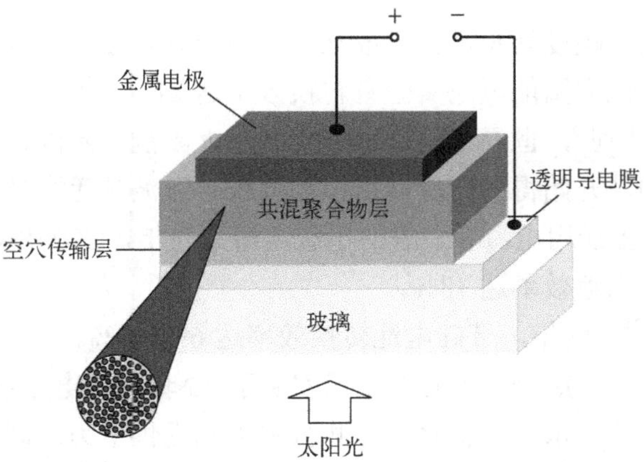

图 1-15　本体异质结型太阳能电池的基本结构

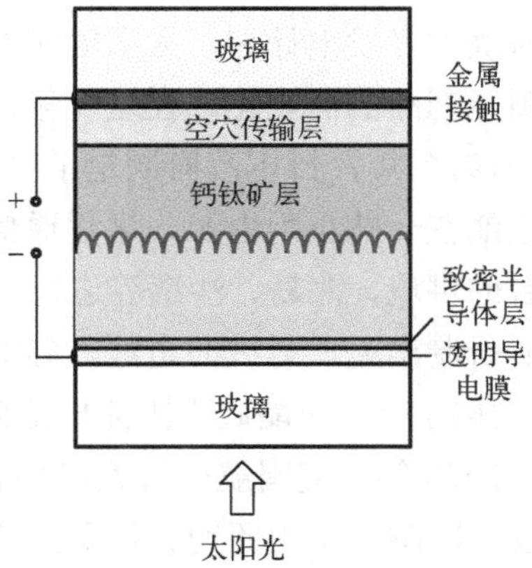

图 1-16　层状复合型太阳能电池的基本结构

1.3.2　太阳能电池研究和应用的历史与现状

太阳能电池研究和应用的历史最早可以追溯到 19 世纪 30 年代[2, 8, 9]：

1839 年，法国科学家贝克勒尔首先发现液体电解液中的光电效应。

1876 年，英国科学家亚当斯用太阳光照射硒时产生微弱电流，首次在固体中发现了光伏现象。

1883 年，美国佛瑞兹将 Au 片压在 Se 片上制成了第一个太阳能电池。

1930 年，肖特基提出 Cu_2O 势垒的“光伏效应”理论。同年，朗格首次提出用“光伏效应”制造“太阳能电池”。

1932 年，奥杜博特和斯托拉制成第一块基于 CdS 的太阳能电池。

1941 年，奥尔在硅上也发现了光伏效应。

1954 年，美国贝尔实验室的皮尔森首次制成了单晶硅太阳能电池[10]，光电转换效率为 6%左右，很快又达到 10%，拉开了现代太阳能电池研究、开发和应用的序幕，从此进入了“硅太阳能电池”的新时代。同年，韦克尔首次发现了砷化镓具有光伏效应，并通过在玻璃上沉积薄膜的方法制备出 CuS/CdS 异质结，制成了第一块薄膜太阳能电池。

1958 年，美国和苏联在人造卫星上使用了硅太阳能电池板，以后几乎所有的对成本不敏感的卫星和航天器都把太阳能电池作为主要能源。

1959 年，美国霍夫曼电子公司开始提供 10%效率的单晶硅太阳能电池板。同年，首个多晶硅太阳能电池问世，转换效率达 5%。

1960 年，硅太阳能电池首次实现并网运行。

20 世纪 60 年代，诸多学者陆续发表一系列文章，系统地阐述了 p-n 结太阳能电池的工作原理，极大地促进了 p-n 结太阳能电池的研究和应用。

1963 年，CdTe 薄膜太阳能电池实验室转换效率达 6%[11]。

1969 年，CdS 薄膜太阳能电池效率达 8%。

1972 年，美国宇航公司研发了背场电池。罗非斯基研制出紫光电池，效率达 16%。

1973 年，第一次世界石油危机爆发，从而使许多工业发达国家加强了对太阳能及其他可再生能源技术发展的支持，在世界上兴起了开发利用太阳能的热潮。同年，美国制定了政府级阳光发电计划，太阳能研究经费大幅度增长，并且成立了太阳能开发银行，以促进太阳能产品的商业化。在这一年，砷化镓太阳能电池实验室转换效率达 21.9%[12]。

1974 年，日本政府制定了“阳光计划”，世界上出现了开发利用太阳能的热潮，太阳能电池在一些小型电源、远程通信等领域开始得到广泛应用，如灯塔、微波站等野外工作站台的供电，海岛、沙漠等边远地区的生活用电，手表等的小型电源。同年，COMSAT 研究所研制出无反射绒面电池，硅太阳能电池效率达 18%。

1976 年，非晶硅太阳能电池问世[13]。同年，带硅电池转换效率达 6%～9%。

1976 年，美国航空航天局(NASA)刘易斯研究中心在全球安装了 83 套光伏电力系统，为疫苗冷藏、室内照明、诊所照明、通信、水泵、粮食加工和教室电视提供电力。同年，多晶硅太阳能电池效率达 10%。

1977 年，全球光伏发电产量超过 500kW。

1978 年，美国建成 100kW 太阳能地面光伏电站。

1980 年，单晶硅太阳能电池效率达 20%，砷化镓电池达 22.5%，多晶硅电池达 14.5%，硫化镉电池达 9.15%。

1982 年，德国大众汽车开始测试安装在 Dasher 旅行车车顶的光伏阵列，该阵列可产生 160W 电力用于汽车点火。

1983 年，全球光伏电力产量超过 21.3MW。同年，美国加利福尼亚州建成 1MW 太阳能地面光伏电站，冶金硅电池效率达 11.8%。

1985 年，澳大利亚新南威尔士大学突破了硅太阳能电池在一倍标准太阳光条件下能量转换率无法达到 20%的障碍。

1986 年，美国建成 6.5MW 光伏电站，并首次商业化生产非晶硅薄膜太阳能电池组件。

1987 年，世界太阳能汽车锦标赛首次在澳大利亚举办。

1989 年，澳大利亚新南威尔士大学的 Green 研究组首次正式报道了单晶硅的发射极钝化和背面接触(passivated emitter and rear cell，PERC)太阳能电池结构，当时达到 22.8%的实验室电池效率[14]。

1990 年，德国提出“2000 个光伏屋顶计划”，每个家庭的屋顶装 3～5kW 光伏电池；瑞士提出“能源 2000”计划，到 2000 年实现 50MW 光伏产量。同年，日本三洋公司成功开发出硅本征薄膜异质结(heterojunction with intrinsic thin-layer，HIT)太阳能电池，当时转换效率可达到 14.5%。

1991 年，瑞士洛桑高等工业学院的 Grätzel 首次报道了非 p-n 结的染料敏化太阳能电池[15]。

1992 年，联合国在巴西召开了世界环境与发展大会，会议通过了《里约环境与发展宣言》、《21 世纪议程》和《联合国气候变化框架公约》等一系列重要文件。这次会议以后，世界各国加强了清洁能源技术的开发，将太阳能与环境保护结合在一起。

1992 年，美国加利福尼亚大学的 Heeger 教授研究组首次报道了双层结构聚合物薄膜太阳能电池[16]。

1995 年，美国加利福尼亚大学的 Heeger 教授研究组报道了共混型“本体异质结”聚合物薄膜太阳能电池[17]。

1996 年，联合国在津巴布韦召开世界太阳能高峰会议，发表了《哈拉雷太阳能与持续发展宣言》，会议上讨论了《世界太阳能 10 年行动计划》、《国际太阳能公约》和《世界太阳能战略规划》等重要文件，进一步表明了联合国和世界各国对开发太阳能的坚定决心。同年，世界上最先进的、使用了 3000 片超高效太阳能电池的太阳能电力飞机 ICare 号飞越德国。

1997 年，美国提出“百万屋顶”计划，即在 2010 年以前为 100 万户安装 3～5kW 光伏电池；荷兰政府提出“荷兰百万个太阳光伏屋顶计划”，计划到 2020 年为百万家庭安装屋顶太阳能电池。

1998 年，美国 NREL 发布的 CuInSe 电池效率达到 19%，并将首个 CaInP/GaAs/Ge 三结聚光电池应用在美国 1 号空间站。

1999 年，Green 研究组报道的 PERC 单晶硅光伏电池效率达到 24.7%。

2000 年，澳大利亚奥林匹克运动会大范围应用太阳能电池。

2002 年，中国启动“光明工程”，投入 20 亿元人民币，重点发展光伏发电。同年，Brabec 等通过在铝电极和光敏层之间蒸镀一层 LiF 修饰层，使聚合物太阳能电池效率达到 2.5%，树立了全固态界面电荷分离型太阳能电池的里程碑[18]。

2005 年，加利福尼亚大学洛杉矶分校的杨阳教授研究组将聚合物太阳能电池效率提高到 4.38%。

2007 年，Spectrolab 最新研制的 GaAs 多结聚光太阳能电池转换效率达 40.7%。

2009 年，Miyasaka 等首先制备出钙钛矿结构的太阳能电池，成功地跨出了钙钛矿太阳能电池发展的第一步[19]。

2011 年，Park 等成功制备了光电转化效率为 6.54%的钙钛矿太阳能电池[20]。

2012 年，Snaith 等将钙钛矿太阳能电池的效率增加到 10.9%[21]。

2013 年，Grätzel 等制备了光电转化效率为 15%的钙钛矿太阳能电池，所采用的方法是两步连续沉积法[22]。同年，Snaith 等采用双源蒸镀法成功制备了平面异质结钙钛矿太阳能电池，其光电转换效率为 15.4%[23]。

2014 年，Kelly 等采用纳米 ZnO 薄膜代替多孔 TiO_2 膜作为电子传输层制备了光电转换效率达到 15.7%的钙钛矿太阳能电池[24]。

2015 年，日本三洋公司制备的 HIT 电池实验室转换效率达到 25.6%。同年，三洋公司的 HIT 专利保护结束，技术壁垒消除。在这一年，钙钛矿太阳能电池的光电转换效率突破了 20.1%[25]。

2016 年，《巴黎协定》正式生效，该协定为 2020 年后全球应对气候变化行动作出安排，长期目标是将全球平均气温较前工业化时期的上升幅度控制在 2℃以内，并努力将温度上升幅度限制在 1.5℃以内。同年，PERC 太阳能电池开始规模化推广，技术、工艺、供应链都更成熟。也是在该年，美国 NERL 报道钙钛矿太阳能电池的最高光电转换效率达到了 22.1%，已经接近单晶硅太阳能电池的转换效率[26]。

2019 年，HIT 太阳能电池凭借优质的发电性能和巨大潜力，在中国资本市场迎来各路的投资，规划产能已经超过 16GW。同年，韩国化学技术研究所和美国麻省理工学院报道单结钙钛矿太阳能电池的效率再创新高，达到 25.2%[26]。

2020年，中国已有4～7GW的HIT太阳能电池生产线投运，预期至2024年将有高达170GW的HIT太阳能电池生产线投运，可能使得这一年成为HIT太阳能电池的元年。

综上所述，太阳能电池的发展历史大致可以分为以下几个时期。

孕育期(1954年以前)：在此时期，太阳能电池的研究主要还是限于光伏效应的基础理论和初期实验研究，没有形成可以实用的光伏器件。

萌芽期(1954～1972年)：1954年美国贝尔实验室的皮尔森首次制成了具有实用价值的单晶硅太阳能电池，从此现代太阳能电池研究和应用开始破土而出，各种材料和类型的太阳能电池如雨后春笋般涌现，太阳能电池开始在人造卫星等航天器上使用。在这一时期，太阳能电池主要还是在实验室研究，应用主要还是限于太空飞行器，太阳能电池应用的进展相对缓慢。

成长期(1973～1990年)：1973年，各国政府开始重视太阳能电池技术的研究和开发，纷纷制定了政府的阳光发电计划，太阳能电池研究经费大幅度增长，促进了太阳能电池的商业化。中国在1980年后也启动了863、973等国家级研究计划，对太阳能电池的研究和开发给予重要支持。在这一时期，涌现了大量的太阳能研究开发项目，如太阳能房屋、工业太阳能系统、太阳能热发电、太阳能电池生产系统、分散型和大型光伏发电系统等。在此期间，单晶硅太阳能电池能量转换效率已超过20%，多晶硅电池达17%，非晶硅薄膜太阳能电池也达到10%；其他化合物太阳能电池的研究也取得积极进展，如砷化镓电池的效率达22.5%，碲化镉电池的效率达10%等。这一时期的太阳能电池研究和应用主要还是限于结区电荷分离型太阳能电池，其中建立工业生产线、实现商业化生产的主要是晶体硅太阳能电池，其他太阳能电池仅有个别应用的例子。例如，1988年，日本的CS-3卫星利用GaAs太阳能电池给卫星供电。

成熟期(1990年至今)：一方面，原油价格大幅波动，从20世纪90年代初的十几美元逐年上涨到21世纪初的一百多美元，在2008年WTI纽约原油期货达到150美元峰值以后，原油价格基本在60美元中枢上下波动；另一方面，大量燃烧矿物化石能源，造成了全球性的环境污染和生态破坏，对人类的生存和发展构成威胁，从1992年联合国通过《联合国气候变化框架公约》到2016年《巴黎协定》正式生效，确立了可持续发展的模式。在此期间，太阳能电池的研究和应用也伴随着能源价格的变化有所起伏，但整体上看，太阳能电池的新原理、新材料和新技术不断涌现，非p-n结的界面电荷分离型太阳能电池因较低的技术门槛和极低成本获得广泛的研究，其光电转换效率不断刷新纪录，已经接近单晶硅太阳能电池的转换效率。在这一时期，晶体硅太阳能电池仍然占据绝大部分光伏发电市场，PERC太阳能电池的量产效率已达到21%以上，逐渐成为主流，HIT太阳能电池也开始起步，结区电荷分离型太阳能电池技术日臻成熟，能量转换效率在不断提高，发电成本也在稳步下降，以地面光伏电站为主的光伏发电装机量迅猛增长，中国后来居上，在2007年一跃成为世界第一太阳能电池生产大国。

可以预见，未来十年，以p-n结型的PERC太阳能电池为主流的光伏发电快速发展的同时，HIT太阳能电池有可能后来居上，成为光伏发电的主流，非p-n结型的钙钛矿薄膜太阳能电池在解决了工作稳定性的问题以后有可能进入商业化生产。展望未来，随着《巴黎协定》的生效和中国碳达峰、碳中和“3060”目标的驱动，光伏发电产业必将再次迎来一个快速发展期，时间将持续几十年。在这个新的发展时期，太阳能电池研究和开发将得到加强，持续活跃。

1.4　半导体材料和太阳能电池材料

1.4.1　半导体材料

材料按形态可分为固态、液态和气态。固体材料按导电性又可分为导体、半导体和绝缘体，我们常说的半导体材料顾名思义，一般是指电阻率介于绝缘体和导体之间、在 10^{-5}～$10^{8}\Omega\cdot cm$ 的固体材料。

半导体材料具备以下基本性质：

(1) 可以具有电子和空穴两种导电载流子，而金属只能通过自由电子导电。

(2) 电阻率在杂质、电、光、磁、温度等因素作用下，可产生大范围波动，使其电学性能被调控。

(3) 具有负的电阻率温度系数，即随温度升高，电阻率下降，同金属正好相反。

(4) 构成 p-n 结后，具备整流特性，可以实现单向导电。

(5) 具备电致发光和光致发光(也称光致荧光)特性。

(6) 具备光伏效应。

由于半导体材料具有以上这些电学性能，半导体材料的电阻率对温度、光照、磁场、压力、湿度、杂质浓度等因素非常敏感，能够制成磁敏、压敏、气敏、湿敏、热敏、发光和光电转换等器件，大规模应用于晶体管、集成电路、照明和太阳能电池，用途非常广泛。

半导体材料按照成分可分为无机半导体和有机半导体两大类。无机半导体进一步可分为元素半导体和化合物半导体，有机半导体进一步可分为有机分子、聚合物和给体-受体络合物。半导体材料按照晶体结构又可分为单晶半导体、多晶半导体和非晶半导体。半导体材料还可按照特性和功能分为微电子材料、光电子(发光)材料、光伏材料、微波材料、传感器材料等。

半导体材料一般按成分结构来分类。

元素半导体有 12 种，它们分别是硅、锗、硒、硼、碳、磷、硫、碲、碘、锡、砷、锑。硅是最重要的元素半导体材料，也是应用最多的半导体材料，单晶硅是目前微电子和光伏领域使用的主要半导体材料，多晶硅和非晶硅也广泛应用于光伏领域。锗、硒和碳在实际产业中也有应用，其他元素半导体很少被直接应用，只是作为掺杂元素或化合物元素的来源被使用。锗和碳原子在构成金刚石结构时具备半导体特性，碳原子构成的金刚石是自然界最硬的材料。锡、砷和锑一般呈现金属特性，也称灰锡、灰砷和灰锑，它们只有在特定的固相时才呈现半导体性质。

化合物半导体种类众多，可分为Ⅲ-Ⅴ族半导体(如 GaAs、InP、GaN、GaAlAs)、Ⅱ-Ⅵ族半导体(如 ZnSe、CdTe)、Ⅳ-Ⅳ族半导体(如 SiC)、Ⅰ-Ⅲ-Ⅵ族半导体($CuInS_2$、$CuInSe_2$、$CuIn_xGa_{1-x}Se_2$ 等)、氧化物半导体(如 ZnO、TiO_2)、硫化物半导体(如 ZnS、CdS)、稀土化合物半导体(如 ScN、SmS)等。不同的化合物半导体具有不同的性能，应用于不同的领域。以几种有代表性的化合物半导体为例，单晶 GaAs 是除单晶硅以外的另一种重要半导体材料，具有优越的半导体性能，在集成电路、红外探测器、γ光子探测器、微波器件等方面得到重要应用，用单晶 GaAs 制成的半导体器件具有高频、耐高温、低温性能好、噪声小、抗辐射能力强等优点，以单晶 GaAs 及其外延薄膜构成的太阳能电池具备优异的性能，已经在航天领域获得应用；GaN 是一种硬度很高的宽隙的半导体材料，是目前制作发光二极管(LED)的主要材料，也可以应用于高功率、高速的光电元件如紫光激光二极管；多晶 CdTe 和 $CuIn_xGa_{1-x}Se_2$ 薄膜作为薄膜太阳能电池的 p 型光吸收材料在光伏领域已实现商业化应用；多晶 CdS 薄膜也常常用于制备Ⅳ-Ⅳ族和Ⅰ-Ⅲ-Ⅵ族半导体薄膜太阳能电池的 n 型窗口层。

有机半导体种类繁多，总体可分为有机分子、聚合物和电荷转移络合物三类。有机分子类包括芳烃(如萘、蒽)、染料(如多吡啶钌配合物、酞菁、罗丹明 B)、金属有机化合物(如金属有机卤化物)等；聚合物类包括主链为共轭型的聚合物(如乙基取代噻吩、烷基取代聚对苯撑乙烯、聚乙炔等)和饱和类聚合物；电荷转移络合物由电子给予体与电子接受体两部分组成，典型的有三苯胺、四甲基对苯二胺与四氰基醌二甲烷复合物。有机半导体材料与传统的无机半导体材料相比在电导率、载流子迁移率和能隙等方面有一定的相似性，应用领域也有一定的相似性。有机半导体具有热激活电导率且电导率为 10^{-10}～10^{-2}S/cm，导电性一般比无机半导体差，可用掺杂方法改变其导电类型和电导率。但是有机半导体材料又具有许多不同于无机半导体材料的新特点，有机半导体材料具有质量轻、柔韧性好、易加工、可低温大面积成膜等特点。近年来，将低成本的有机半导体材料用于微电子及光电子器件的研究受到高度重视，在有机薄膜场效应晶体管、有机薄膜太阳能电池等方面的研究也取得了相当不错的进展，有机电致发光二极管(OLED)在手机、电视等领域已经获得大规模应用。

半导体研究始于 19 世纪初，在 20 世纪 50 年代以后，硅成为最主要的半导体材料，在电子、微电子、光伏等领域获得广泛的应用；同时，发展出许多Ⅲ-Ⅴ族和Ⅱ-Ⅵ族化合物半导体材料，尽管它们有比硅更好的电学和光学性能，但由于成本等因素，它们只有限地应用于微波和光电子领域。有机半导体材料在 20 世纪中后期也得到人们广泛的关注，近些年，有机半导体的发展较为迅速，目前有机半导体的主要应用领域包括场效应晶体管、电致发光二极管、太阳能电池、光电导、激光器、光波导、光开关、传感器、调制器以及光电探测等；它们具有制备容易、成本低等优点，但由于稳定性差等，只在个别领域(如电致发光二极管)获得大规模应用。

1.4.2　太阳能电池材料

太阳能电池材料是指能够通过吸收太阳光将太阳能直接转换成电能的半导体材料，它们的禁带宽度一般在与太阳光谱对应的光子能量范围(0.41～4.27eV)内，满足这个条件的半导体材料理论上都可以用作太阳能电池材料。但实际上太阳能电池材料还必须同时满足以下几方面的要求：首先，太阳能电池材料需要具备一定的理论能量转换效率，这要求太阳能电池材料具有合适的禁带宽度、比较高的光吸收系数和载流子迁移率等物理性质；其次，太阳能电池材料能够被人工制备，其纯度、结晶度、电学和光学性能达到太阳能电池的要求；最后，太阳能电池材料和相关的太阳能电池都具有较低的制备成本。符合上述条件的半导体材料才具备光伏研究、开发和应用的意义。

元素半导体中可用作太阳能电池材料的有硅和锗。目前单晶硅、多晶硅已大规模应用于太阳能电池的制备，占据太阳能电池市场的绝大部分份额；非晶硅薄膜太阳能电池也已实现商业化生产；锗因为窄带隙(0.67eV)主要用于多结薄膜太阳能电池的下叠层电池，由于锗在地壳中的含量仅为一百万分之七，分布稀散，单晶锗的价格是单晶硅的十倍以上，从性价比考虑，一般不单独用于制备太阳能电池。

化合物半导体可用作太阳能电池材料的种类较多，Ⅲ-Ⅴ族半导体有 GaAs、$Al_xGa_{1-x}As$、InP、$Ga_xIn_{1-x}P$、$Al_xIn_{1-x}P$ 等，Ⅱ-Ⅵ族半导体有 CdTe、CdS 等，Ⅰ-Ⅲ-Ⅵ族半导体有 CuInSe、$CuIn_xGa_{1-x}Se$、CuInS、$CuIn_xGa_{1-x}S$ 等。由于化合物半导体材料相对稀少，单晶体制备难度和成本也都极高，所以这类材料主要用于薄膜太阳能电池的制备，只有单晶 GaAs 和单晶 InP 被用于Ⅲ-Ⅴ族薄膜太阳能电池的基底材料，其他化合物太阳能电池材料主要用于制备膜层，基底材料一般选用廉价的玻璃等。目前，用于单结化合物薄膜太阳能电池主光吸收层的材料主要有 GaAs、InP、CdTe、CuInSe、$CuIn_xGa_{1-x}Se$、CuInS、$CuIn_xGa_{1-x}S$，其他材料主要用于窗口层或多结叠层电池中的上叠或下叠的光吸收层，例如，$Al_xGa_{1-x}As$、$Ga_xIn_{1-x}P$、$Al_xIn_{1-x}P$ 可以通过调节元素配比(x 值)来改变禁带宽度，且它们同 GaAs 和 InP 的晶格匹配很好，常用作 n 型窗口层，也用于叠层电池的光吸收层；CdS 同 CdTe、CuInSe、$CuIn_xGa_{1-x}Se$、CuInS、$CuIn_xGa_{1-x}S$ 的晶格常数、热胀系数差异小，且禁带宽度较大，常用作以它们为 p 型光吸收层的薄膜太阳能电池的 n 型窗口层。GaAs 和 InP 太阳能电池的抗辐射、耐高温性能和能量转换效率均优于晶体硅太阳能电池，但它们的原材料都很稀少，单晶衬底制备难度大，电池结构复杂，电池制备成本远高于单晶硅太阳能电池，目前只在对成本不敏感的航天器上有应用，没有进入规模化生产。CdTe 和 $CuIn_xGa_{1-x}Se_2$ 薄膜太阳能电池结构简单，容易实现规模化生产，目前在国际上都已经有小规模的商业化生产。

在有机半导体中，太阳能电池材料的种类繁多，按电池类型将其划分为染料敏化太阳能电池材料、有机薄膜太阳能电池材料和钙钛矿太阳能电池材料三大类。染料敏化太阳能电池材料进一步分为无机染料和有机染料两类。无机染料包括第Ⅷ族的钌(Ru)、锇(Os)等金属多吡啶配合物、金属卟啉和酞菁等，多吡啶钌配合物染料按结构又可分为羧酸多吡啶钌、磷酸多吡啶钌和多核联吡啶钌，染料敏化太阳能电池材料以多吡啶钌配合物的光敏化性能最好。有机染料包括合成染料和天然染料，以合成染料为主，比较有代表性的有机染料有部花菁、半花菁、香豆素、吲哚啉、多烯染料等。有机染料具有种类多、成本低、吸光系数高和便于进行结构设计等优点，一般具有“给体(D)-共轭桥(π)-受体(A)”结构，借助电子给体和受体推拉电子的作用，使得染料的可吸收峰向长波方向移动，可有效利用太阳光谱中的近红外线和红外线。近年来，基于有机染料的染料敏化太阳能电池的研究发展较快，其光电转换效率已与多吡啶钌类电池相当。有机薄膜太阳能电池材料可以分为给体和受体两类，其中给体光伏材料包括共轭聚合物和有机分子，受体光伏材料包括可溶性碳 60 衍生物(PCBM)、共轭聚合物和无机半导体纳米晶。早期的主导性给体光伏材料是烷基取代聚对苯撑乙烯(PPV)，包括 MEH-PPV 和 MDMO-PPV，之后逐渐被结构规整的 3-乙基取代噻吩(P3HT)替代，P3HT 的固体薄膜的吸收峰可以较其溶液有显著的红移和拓宽，而且具有更高的空穴迁移率，由其制成的聚合物太阳能电池的效率最高。近年来，窄带隙、宽光谱吸收的共轭聚合物成为聚合物给体的研究热点，如含苯并噻二唑受体单元和一些给体单元的 D-A 共聚物以及引入共轭支链的聚噻吩衍生物；同时，具有确定的相对分子质量和很高纯度的有机小分子给体光伏材料也受到人们的重视，如以三苯胺为核具有 D-A-D 结构的星形分子，此类给体光伏材料兼具聚合物给体材料可溶液加工和成膜性好的优点，并弥补了聚合物相对分子质量分布宽、提纯困难等缺点。受体光伏材料主要是 PCBM，其与 P3HT 共混制成的聚合物太阳能电池的效率最高。由于 PCBM 可见光区吸收很弱，一些宽光谱和强吸收的共轭聚合物也被广泛研究，它们一般是通过强吸电子基团取代（如氰基取代共轭聚合物）或与具有高电子亲和势的受体单元共聚（如苝和三并噻吩的共聚物）来实现。另外，一些无机半导体纳米晶也因其独特性质被研究用于受体光伏材料，如 CdSe 纳米晶的窄带隙和 ZnO 纳米晶的快速电子传输特性。钙钛矿太阳能电池材料主要是卤化甲基胺铅，包括 $CH_3NH_3PbI_3$、$CH_3NH_3PbI_{3-x}Cl_x$ 和 $CH_3NH_3PbBr_3$。$CH_3NH_3PbI_3$ 的禁带宽度为 1.5eV，接近最佳的太阳能电池材料禁带宽度值，掺入少量氯元素后的 $CH_3NH_3PbI_{3-x}Cl_x$ 可以增大电子空穴的扩散长度，进而提高其短路电流，由其制成的钙钛矿太阳能电池效率最高。$CH_3NH_3PbBr_3$ 的禁带宽度较大，由其制成的太阳能电池具有较高的开路电压，但由于光吸收较少，电池效率比前者要低。在三类有机太阳能电池材料中，采用多吡啶钌配合物染料的液态电解质染料敏化太阳能电池在 AM1.5 太阳光照条件下能量转换效率最高可以达到 11%以上，基于 P3HT/PCBM 共混体系的聚合物薄膜太阳能电池在 AM1.5 太阳光照条件下能量转换效率最高达到 5%以上，最新报道的采用 $CH_3NH_3PbI_{3-x}Cl_x$ 的钙钛矿太阳能电池在 AM1.5 太阳光照条件下能量转换效率达到了 25.2%。由于液态电解质染料敏化太阳能电池存在易泄漏、稳定性不佳问题，而有机薄膜太阳能电池光电转换效率又难以提高，目前有机太阳能电池的研究基本都转向钙钛矿薄膜太阳能电池，虽然钙钛矿太阳能电池的能量转换效率已经达到单晶硅太阳能电池的最高水平，但截至目前仍然只限于实验室研究，阻碍其实现商业化生产的主要是电池的稳定性还达不到实际应用的要求。

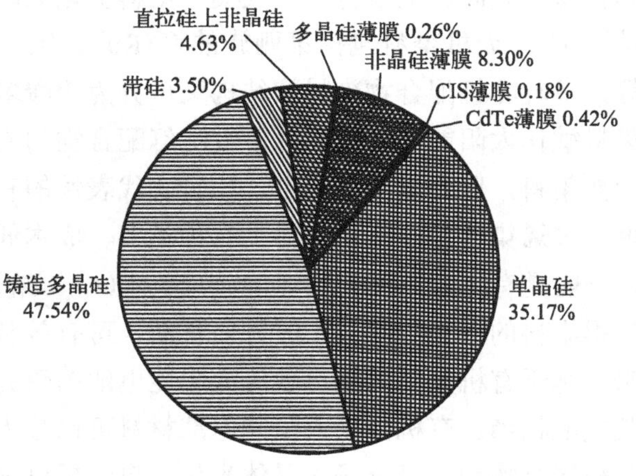

图 1-17　2001 年全球各种太阳能电池材料的市场占有率[27]

图 1-17 显示了 2001 年全球各种太阳能电池材料的市场占有率[27]。从图 1-17 可以看出，单晶硅和多晶硅（带硅也属于多晶硅）占据绝大部分市场份额，非晶硅也有一定市场占有率；化合物 CdTe 和 $CuIn_xGa_{1-x}Se_2$（CIS）太阳能电池也有小规模商业化生产，但占比不到 1%。直到现在，全球太阳能电池材料市场仍以单晶硅和多晶硅为绝对主导，单晶硅的占比有所提高，主要是因为以 PERC 为代表的新的电池结构和制备技术的出现使得单晶硅太阳能电池的效率获得较大的提升，对单晶硅纯度和晶体质量的容忍度也有所提高，单晶硅太阳能电池的综合成本大幅降低。未来几年可以预见，随着 HIT 硅太阳能电池的发展，单晶硅的市场地位可能会进一步巩固，钙钛矿薄膜太阳能电池在解决了工作稳定性问题以后有可能进入商业化生产，大大丰富了太阳能电池的应用场景。

参 考 文 献

[1] 中华人民共和国国家发展计划委员会基础产业发展司. 中国新能源和可再生能源 1999 年白皮书[M]. 北京：中国计划出版社, 2000.

[2] 杨德仁. 太阳电池材料[M]. 2 版. 北京：化学工业出版社, 2017.

[3] MARKVART T. Solar electricity[M]. New York: John Wiley & Sons Publication,1995.

[4] 国际能源署. 2018 年世界能源展望[EB/OL]. [2021-03-01]. https://www.iea.org/reports/world-energy-outlook-2018.

[5] 国际能源署. 2020 年世界能源展望[EB/OL]. [2021-03-15]. https://www.iea.org/reports/world-energy-outlook-2020.

[6] BP 集团. BP energy outlook 2020 edition[EB/OL]. [2020-09-14]. https://www.bp.com/content/dam/bp/business-sites/en/global/corporate/pdfs/energy-economics/energy-outlook/bp-energy-outlook-2020.pdf.

[7] 国家统计局. 国家数据：能源主要产品产量[EB/OL]. [2021-03-20]. https://data.stats.gov.cn/tablequery.htm?code=AA0701.

[8] 熊绍珍, 朱美芳. 太阳能电池基础与应用[M]. 北京：科学出版社, 2009.

[9] HEGEDUS S. Handbook of photovoltaic science and engineering[M]. Chippenham: Great Britain by Antony Rowe Ltd, 2002.

[10] CHAPIN D M, FULLER C S, PEARSON G L. A new silicon p-n junction photocell for converting solar radiation into electrical power[J]. Journal of applied physics, 1954, 25(5): 676-677.

[11] CUSANO D A. CdTe solar cells and photovoltaic heterojunctions in Ⅱ-Ⅵ compounds[J]. Solid state electronics, 1963, 6(3): 217-232.

[12] HOVEL H J, WOODALL J M. $Ga_{1-x}Al_xAs$-GaAs p-p-n heterojunction solar cells[J]. Journal of the electrochemical society, 1973, 120(9): 1246-1252.

[13] CALSON D E, WRONSKI C R. Amorphous silicon solar cell[J]. Applied physics letters, 1976, 28: 671.

[14] BLAKERS A W, WANG A, MILNE A M, et al. 22.8-percent efficient silicon solar-cell[J]. Applied physics letters, 1989, 55(13): 1363-1365.

[15] OREGAN B, GRÄTZEL M. A low-cost, high-efficiency solar-cell based on dye-sensitized colloidal TiO_2 films[J]. Nature, 1991, 353(6346): 737-740.

[16] SARICIFTCI N S, SMILOWITZ L, HEEGER A J, et al. Photoinduced electron-transfer from conducting polymer to buckminsterfullerene[J]. Science, 1992, 258: 1474-1476.

[17] YU G, GAO J, HUMMELEN J C, et al. Polymer photovoltaic cells enhanced efficiencies via a network of internal doner-acceptor heterjunctions[J]. Science, 1995, 270: 1474-1476.

[18] BRABEC C J. Organic photovoltaics: technology and market[J]. Solar energy & solar cells, 2004, 83: 1789-1791.

[19] KOJIMA A, TESHIMA K, SHIRAI Y, et al. Organometal halide perovskites as visible-light sensitizers for photovoltaic cells[J]. Journal of the american chemical society, 2009, 131(17): 6050-6051.

[20] IM J H, LEE C R, LEE J W, et al. 6.5% efficient perovskite quantum-dot-sensitized solar cell[J].

Nanoscale, 2011, 3(10): 4088-4093.

[21] LEE M M, TEUSCHER J, MIYASAKA T, et al. Efficient hybrid solar cells based on meso-superstructured organometal halide perovskites[J]. Science, 2012, 338(6107): 643-647.

[22] BURSCHKA J, PELLET N, MOON S J, et al. Sequential deposition as a route to high-performance perovskite-sensitized solar cells[J]. Nature, 2013, 499(7458): 316-319.

[23] LIU M, JOHNSTON M B, SNAITH H J. Efficient planar heterojunction perovskite solar cells by vapour deposition[J]. Nature, 2013, 501(7467): 395-398.

[24] LIU D, KELLY T L. Perovskite solar cells with a planar heterojunction structure prepared using room-temperature solution processing techniques[J]. Nature photonics, 2014, 8(2): 133-138.

[25] YANG W S. High-performance photovoltaic perovskite layers fabricated through intramolecular exchange[J]. Science, 2015, 348(6240): 1234-1237.

[26] NTEL. Research cell efficiency records[EB/OL]. [2022-04-17]. https://www.nrel.gov/pv/cell-efficiency.html.

[27] GOETZBERGER A, HEBLING C, SCHOCK H W. Photovoltaic materials, history, status and outlook[J]. Materials science & engineering R, 2001, 40(1): 1-46.

第 2 章　太阳能电池的物理基础

太阳能电池的光电转换来自半导体的光生伏特效应，而由电子导电的 n 型半导体和空穴导电的 p 型半导体构成的 p-n 结的整流特性是光生伏特效应的基础。当光子能量大于半导体禁带宽度的太阳光入射到半导体 p-n 结时，太阳光将被吸收，在 p-n 结区域和附近产生电子-空穴对(即激子)，在结区内或扩散进入结区的电子-空穴对在内建电场的作用下分离并向两极漂移形成光生电流和光生电压，此即太阳能电池的光生伏特效应。

对于结区电荷分离型太阳能电池，其光电转换的机制是光生伏特效应，此类太阳能电池通常是由无机半导体材料构成的体电池或薄膜电池；而对于界面电荷分离型太阳能电池，其光电转换的机制有所不同，此类太阳能电池一般是由有机半导体材料构成的薄膜电池。有机半导体材料普遍存在载流子迁移率低、扩散长度短、激子寿命短的问题，其 p 型和 n 型材料之间无法通过扩散形成有效的 p-n 结，因而，有机半导体材料在吸收太阳光产生电子-空穴对后，只有靠近两种具有不同能级的有机半导体材料的界面处的电子-空穴对才有可能在复合前扩散到界面上，并在能级差的作用下发生分离，分离后的电子和空穴分别向两极传输形成光生电流和光生电压，实现有机薄膜太阳能电池的光电转换。

本章首先介绍半导体材料的物理基础，了解半导体材料的结构、半导体的载流子和能带结构、半导体中的杂质和缺陷、热平衡下的载流子、半导体材料的光吸收、非平衡载流子、载流子的输运；然后介绍半导体 p-n 结和金属-半导体接触，了解半导体同质结和异质结的能带结构和伏安特性，金属-半导体肖特基结和欧姆接触。在此基础上，阐述光伏基本原理，了解光生伏特效应和太阳能电池的电流-电压特性、量子效率和能量转换效率；最后分别介绍非晶硅 p-i-n 结的能带结构和有机半导体的界面能级结构。

2.1　半导体物理基础

2.1.1　半导体材料的结构

半导体材料按结构可分为单晶、多晶、非晶以及新型的纳米材料(零维量子点、一维纳米线或纳米管、二维纳米片、超晶格量子阱、三维纳米晶)。在三维空间周期性整齐排列的原子构成晶体，单晶材料是指由单一晶体构成的材料，多晶材料一般是指由 10^2nm 以上的晶粒(小晶体)构成的材料。一般把原子排列短程有序(几个原子尺度)、长程无序的材料称为非晶材料。纳米材料一般是指在某个维度上的尺寸小于 100nm 的小晶体构成的材料，量子点的大小、纳米线或纳米管的直径、纳米片的厚度、超晶格量子阱每层的厚度、纳米晶的尺寸一般在几至几十纳米之间，甚至只有几个原子的尺度(如石墨烯是由一个或几个碳原子层构成的)。

半导体材料的晶体结构种类繁多，其中最常见的有金刚石结构、闪锌矿结构和纤锌矿结构[1-3]。Ⅵ族元素半导体碳、硅和锗的晶体结构都是金刚石结构，金刚石结构属于立方晶系，其晶胞为面心立方，只有一个晶格常数 a，金刚石结构可看作由两套面心立方晶格的原子沿对角线移动 1/4 长度套构而成，如图 2-1 所示。金刚石结构的两套面心立方晶格的原子都是同种元素，单个晶胞中含有的总原子数为 8，其中 4 个原子来自一个面心立方晶格(8 个顶角原子各贡献 1/8，6 个面心原子各贡献 1/2)，另外 4 个原子来自沿对角线移动 1/4 长度的另一个面心立方晶格[图 2-1(b)中将 4 个沿对角线方向移动 1/4 长度的原子移动形成的化学键以黑色示出]。金刚石结构中的每个原子的外层电子轨道发生 sp^3 杂化形成四个等同的杂化轨道，相邻轨道间的夹角为 109°28′；在一个正四面体中，如果原子居中，杂化轨道的对称轴正好指向正四面体的顶角，每个杂化轨道有一个未配对电子，每个原子外层的四个未配对电子将和四个最近邻原子中的一个未配对电子形成共价键，四个共价键的指向正好也是正四面体的四个顶角，形成四个共价键的稳定晶体结构。图 2-1(b)中用浅灰色示出了一个正四面体，它由一个中心原子和四个顶角原子构成，实际上这个正四面体只包含两个原子(一个中心原子加上四个顶角原子各贡献的 1/4)，它是金刚石结构的最小重复单元，也称物理学原胞。

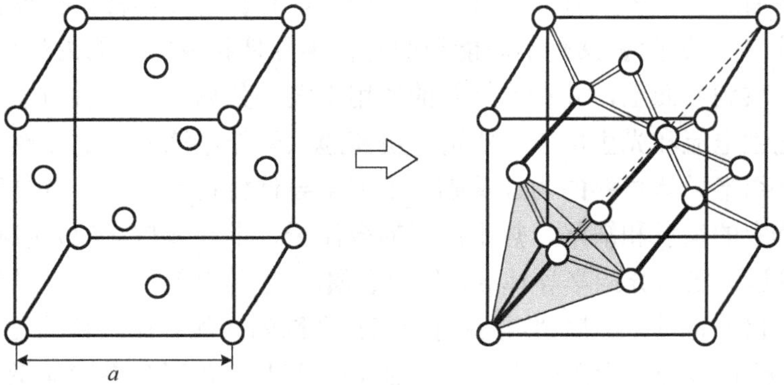

(a) 面心立方晶胞　　(b) 金刚石结构

图 2-1　立方晶系中的面心立方晶胞和由两套面心立方晶格沿对角线方向移动 1/4 长度的金刚石结构

大部分的Ⅲ-Ⅴ族和一些Ⅱ-Ⅵ族化合物半导体的晶体结构是闪锌矿结构，如 GaAs、CdTe 等。闪锌矿结构也属立方晶系，它也是由两套面心立方晶格的原子沿对角线移动 1/4 长度套构而成的，同金刚石结构的区别是闪锌矿结构的两套面心立方晶格分别由两种不同的原子构成，每个原子都同四个不同的原子形成化学键，构成四面体原胞，如图 2-2 所示。图 2-2 中白色和黑色原子分别来自两套面心立方晶格，灰色四面体是闪锌矿结构的物理学原胞。

还有一些Ⅱ-Ⅵ族化合物半导体的晶体结构是纤锌矿结构，如 CdS、CdSe、ZnSe 等；也有一些化合物半导体具有两种以上的晶体结构，如 ZnO 最常见的晶体结构是纤锌矿结构，但它也可以形成闪锌矿结构。纤锌矿结构属六方晶系，构成其晶胞的原子数目较多，它一般是由两套复合的六方晶格的原子沿 c 轴移动一个化学键长套构而成的，两套复合六方晶格分别由两种不同的原子构成，而每套复合六方晶格又由同一种原子构成的两套六方晶格套构而成，如图 2-3 所示。从图 2-3 可以看到：浅灰色原子构成一个复合六方晶格，外围 18 个浅灰色原子属于一套六方晶格，内部中间对称位置的三个浅灰色原子属于另一套六方晶格；深灰色原子全部来自沿 c 轴移动一个化学键长的另一个复合六方晶格。纤锌矿结构中的每个原子也都同四个不同的原子形成化学键，构成四面体原胞。图 2-3 示出了两个灰色四面体，它们分别是以深灰色和浅灰色原子为中心原子的两个纤锌矿结构的物理学原胞。

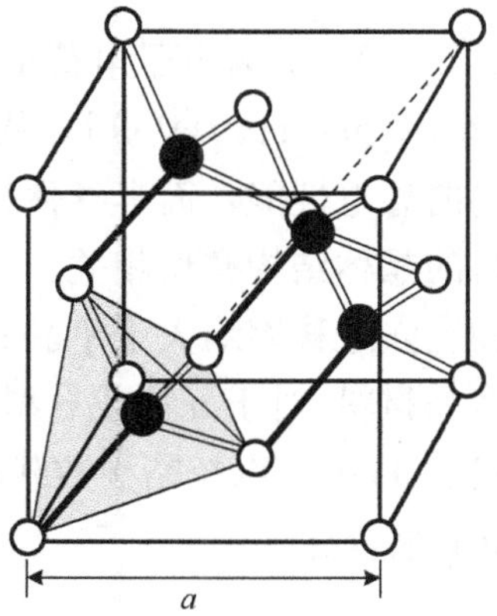

图 2-2　闪锌矿结构示意图

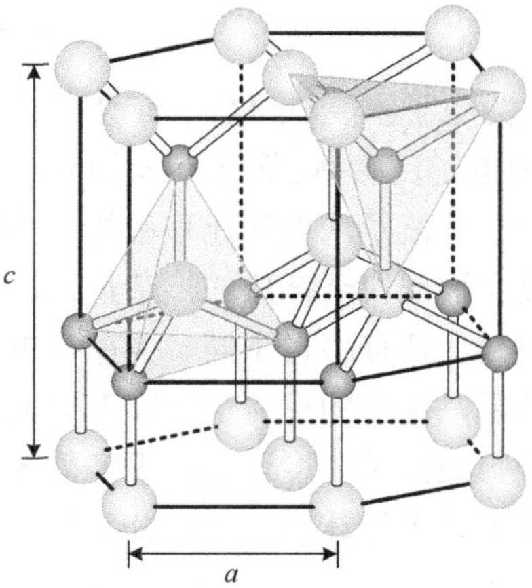

图 2-3　纤锌矿结构示意图

单晶、多晶和纳米晶半导体材料的晶体结构相同，区别只是晶体尺寸，而非晶半导体材料的原子空间排列不呈现周期性和平移对称性，晶体结构的长程有序受到破坏，其结构也被称为无定形或玻璃态结构。由于原子间的相互关联作用，非晶半导体材料在几个原子直径的小区域内还是短程有序的，在一个物理学原胞的尺寸内，同晶体相近，例如，非晶硅、非晶锗也是一个原子同最近邻四个原子形成共价键，进而形成一个正四面体，同晶体硅和晶体锗的物理学原胞很接近。

2.1.2　载流子和能带

1. 半导体的导电性能

半导体中的载流子有两种：带负电的自由电子和带正电的自由空穴。实际上，空穴就是半导体中的价键空位，一个空位的运动就相当于一个价电子的反向运动。我们知道金属导体的导电性能主要是由金属中的自由电子的浓度和迁移率决定的，由于半导体中可以具有电子和空穴两种载流子，因此半导体材料的导电性能是由半导体中的电子与空穴的浓度与迁移率共同决定的。

根据载流子类型和浓度，半导体分为本征半导体、n 型半导体和 p 型半导体三种类型。本征半导体是指没有掺入杂质的高纯半导体材料，它的电子和空穴浓度相等，在室温下，本征半导体的电子和空穴浓度一般极低。n 型半导体是指在本征半导体中掺入某种元素的杂质，使半导体中电子浓度大于空穴浓度，其在室温下的空穴浓度极低；p 型半导体恰恰相反，在本征半导体中掺入某种元素杂质后，半导体中空穴浓度大于电子浓度，其在室温下的电子浓度极低。n 型和 p 型半导体中掺入的杂质分别称为施主杂质(指提供电子)和受主杂质(指接受电子)。半导体中浓度高的载流子称为多数载流子，浓度低的载流子称为少数载流子。例如，掺入施主杂质的 n 型半导体中的电子为多数载流子，空穴为少数载流子，而掺入受主杂质的 p 型半导体正好相反。

由于半导体材料的电子和空穴可以同时参与导电，因此计算半导体的电导率时必须同时考虑两种载流子，其电导率为

$$\sigma = ne\mu_e + pe\mu_p \tag{2-1}$$

式中，n 为电子浓度(单位：cm^{-3})；p 为空穴浓度(单位：cm^{-3})；e 为电子电荷量(单位：C)；μ_e 为电子迁移率[单位：$cm^2/(V \cdot s)$]；μ_p 为空穴迁移率[单位：$cm^2/(V \cdot s)$]。从式(2-1)可以看出：载流子浓度和迁移率的大小决定了半导体材料的导电性能，而半导体材料的载流子浓度主要取决于杂质的掺杂量，迁移率同半导体材料的晶体结构密切相关。一般不同半导体材料的迁移率也不同，例如，单晶 GaAs 的电子和空穴迁移率均大于单晶硅，某种半导体的单晶材料的载流子迁移率远大于同种半导体的多晶材料。对于 n 型或 p 型半导体，由于其少数载流子浓度远远低于多数载流子的浓度，在式(2-1)中可以忽略少数载流子项，即 n 型和 p 型半导体的电导率分别通过 $\sigma \approx ne\mu_e$ 和 $\sigma \approx pe\mu_p$ 来计算。

2. 半导体的能带结构

半导体中电子和空穴的运动状态是由能带理论描述的，半导体材料的物理性质同电子和空穴的运动状态密切相关。我们知道，原子是由原子核和电子组成的，电子在不同能级的轨道上围绕原子核运动。如果设电子刚好脱离原子核束缚且动能为零时的能级为零，即真空能级，则被原子核束缚的电子能级均为负值，越靠近原子核的能级，电子受原子核束缚越强，能级越低，距离真空能级越远。把处于一系列特定能级轨道上的电子的运动状态称为量子态，每个量子态对应的能级为 E_n，N 为轨道量子数，$N = 1$ 代表最内层轨道，依次外推。以氢原子为例，其轨道能级为

$$E_n = -\frac{13.6}{N^2}(\text{eV}) \tag{2-2}$$

一个孤立原子中电子的运动轨道由内到外依次排列为 1s；2s，2p；3s，3p，3d；…，每个轨道对应一个能级，能级处于分立状态，如图 2-4 左侧所示。

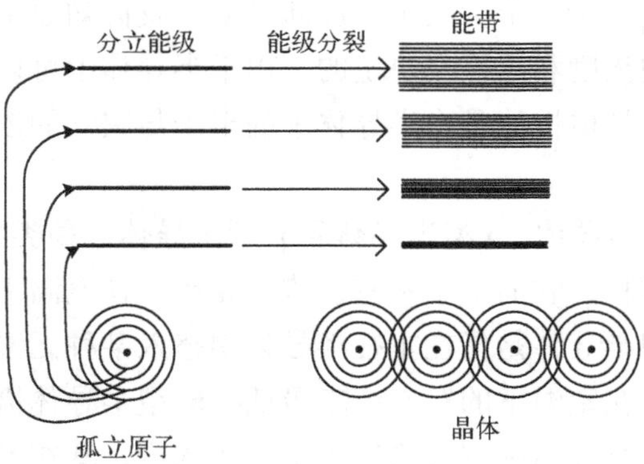

图 2-4　原子组成晶体时原子的分立能级分裂成能带的示意图

当孤立原子不断靠近，在三维空间周期性地重复排列形成晶体时，相邻原子的外层电子会发生交叠，交叠使电子运动不再局限在一个原子，而是可以在相邻原子间直至整个晶体中自由运动，即形成电子的共有化运动。此时，每个原子中的外层电子波函数除了受到自身势场的作用，还受到晶体中其他原子势场的影响，原来孤立原子的分立能级会分裂成由众多能量相近的细小能级构成的能带[2-5]。能带中细小能级的数目等于能级简并度 m 和构成晶体

的原子数目 N 的乘积。由于晶体中原子数量巨大，能带中的细小能级近乎是连续的，电子在能带中可以自由运动。能带的宽度由能级简并度和电子交叠的程度决定，越外层轨道（能级越高）的能级简并度越高，电子交叠越多，电子共有化程度越高，该能级形成的能带越宽，如图 2-4 所示。

根据能量最低原则，核外电子从低能量到高能量自内而外填满能带，外层电子在最高能带处的填充情况决定了晶体的电学性质，因而晶体的能带结构通常只显示能量最高和次高的两个能带，如图 2-5 所示。图 2-5(a)显示了半导体晶体的能带，通常下方的能带填满电子，上方能带全空或在能带底部具有少量的电子。图 2-5(a)中，由于上方能带没有填满电子，所以在上方能带底部的电子可以自由运动，形成晶体的导电性，因而上方能带称为导带；下方能带填满电子时电子不运动，但如果下方能带电子不满，在能带顶部产生空隙时，通过旁边电子的填补，其也可以在能带中移动，也能形成晶体的导电性，此即空穴导电，我们把下方能带称为价带；上下两个能带中间的区域不允许电子存在，称为禁带。由此可见，导带底和价带顶的位置决定了晶体的电学性质，所以常用导带底(E_C)和价带顶(E_V)来简化表示能带结构，导带底和价带顶的宽度即禁带宽度(E_g)，$E_g = E_C - E_V$，如图 2-5(b)所示。

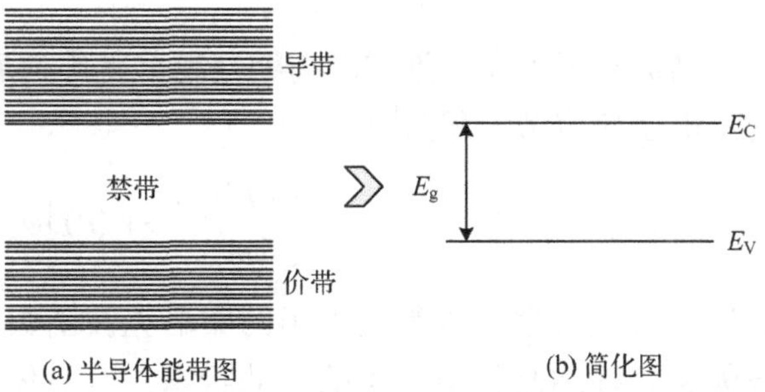

图 2-5　半导体能带图及其简化图

半导体材料的电学和光学性质都同禁带宽度密切相关，图 2-6 给出了三种不同禁带宽度的材料的能带，其中，(a)、(b)、(c)分别为绝缘体、半导体、导体。一般认为，半导体的禁带宽度 E_g 为 0.5～3.5eV；E_g 大于 5.0eV 的材料不导电，为绝缘体；E_g 小于 0.5eV 乃至负值为导体。金属的导带底 E_C 一般会在价带顶 E_V 之下，E_g 小于零，导带中具有大量自由电子，为典型的导体材料；石墨的 E_g 接近零，其二维材料石墨烯被称为零带隙材料，室温下也具有极佳的导电性。半导体材料的禁带宽度适中，在低温下，基本不导电，但随着温度升高，热激发会使少量的价带的电子跃迁到导带，如图 2-6(b)所示，从而使半导体具有

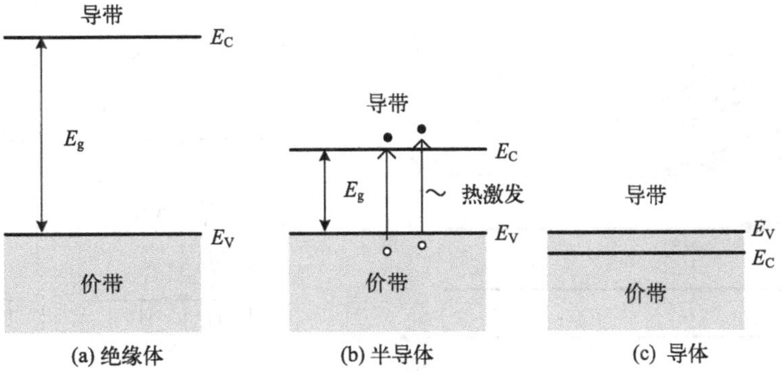

图 2-6　绝缘体、半导体和导体的能带图

导电性，此时导带中的电子和价带中空穴的浓度相等，且随温度升高而不断增加，把这种半导体称为本征半导体。对于本征半导体，电子和空穴的浓度满足以下关系：

$$n_0 = p_0 = n_i(T) \tag{2-3}$$

式中，$n_i(T)$为本征载流子浓度，其为热力学温度的函数。在室温($T = 300K$)下，半导体的导电性一般都很弱，例如，单晶硅在 300K 时的本征载流子浓度仅为 $1.5\times10^{10}cm^{-3}$，远低于金属的 $10^{22}cm^{-3}$ 量级。

3. 半导体在波矢空间的能带结构

当孤立原子在三维空间周期性地重复排列形成晶体时，在晶体周期性势场 $V(\boldsymbol{r})$ 作用下的单电子薛定谔方程为[1]

$$\left[\frac{-\hbar^2}{2m}\nabla^2 + V(\boldsymbol{r})\right]\psi_{\boldsymbol{k}}(\boldsymbol{r}) = E\psi_{\boldsymbol{k}}(\boldsymbol{r}) \tag{2-4}$$

通过求解该方程可以得到电子的布洛克波函数$\psi_{\boldsymbol{k}}(\boldsymbol{r})$及其能量本征值 E。这样，就可以用波矢 $\boldsymbol{k}$ 来描述晶体中电子的运动状态，若晶体有 N 个原子，则有 N 个不同的 $\boldsymbol{k}$ 值，对应 N 个$\psi_{\boldsymbol{k}}(\boldsymbol{r})$。电子的共有化运动将使孤立原子的不同能级扩展成包含 N 个波函数的不同能带，如图 2-7 所示。从图 2-7 可以看到：随原子间距减少，核外电子由外而内依次交叠形成能带；在晶体的正常原子间距 d 处，只有最外层两个能级轨道上的电子发生交叠形成能带。

在波矢空间，波矢决定能带内电子的能量，对于具有周期性结构的晶体，第一布里渊区中的电子能量与波矢的关系 $E(\boldsymbol{k})$就可以反映晶体的能带结构，如图 2-8 所示。图 2-8 是计算得出的比较有代表性的硅和砷化镓晶体的能带结构。其中，纵轴和横轴分别是能量 $E(\boldsymbol{k})$和波矢 $\boldsymbol{k}$ 的空间坐标，纵轴上的 0 值设在价带顶的位置，横轴上的Γ点为 $\boldsymbol{k}$ 空间的原点，Γ-X为[100]方向，Γ-X为[111]方向。外界条件的激发可使价带顶部的电子跃迁到导带底部，跃迁的最小能量为禁带宽度 E_g，跃迁过程必须满足能量与动量守恒规则。对于硅晶体，电

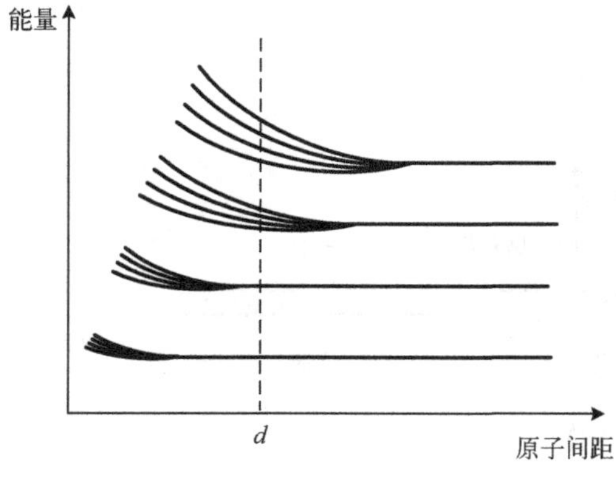

图 2-7　晶体形成过程中原子能级分裂成能带示意图[5]

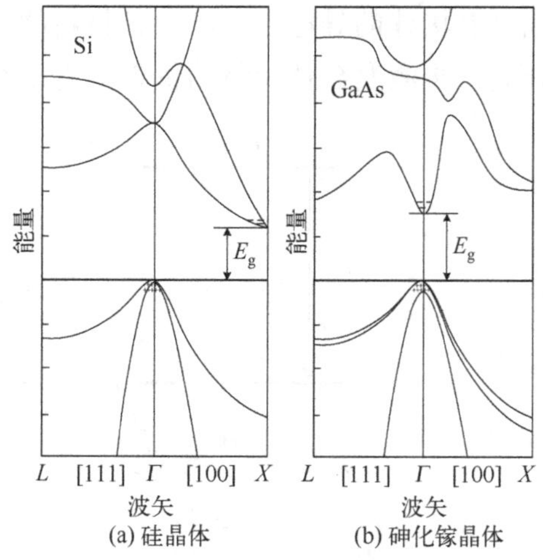

图 2-8　硅晶体和砷化镓晶体的能带图[5]

子从价带顶(Γ点处)向[100]方向能量最低的导带底(X点处)跃迁必须有声子的参与，否则无法满足动量守恒的条件，即 $\boldsymbol{k}$ 值不变，此跃迁称为间接跃迁；对于砷化镓晶体，电子可以在 $\boldsymbol{k}$ 值不变的情况下，从价带顶(Γ点处)直接跃迁到能量最低的导带底，此跃迁称为直接跃迁。具体的与硅和砷化镓晶体能带结构、电子跃迁相关的物理性质将在第 3 章和第 5 章详细讨论。

4. 半导体能带中的状态密度

半导体能带中的状态密度决定了能带中可容纳的电子数目，而能带中按能量分布的电子状态密度 $g(E)$ 由 $\boldsymbol{k}$ 空间的量子态密度和晶体能带结构来确定[4]。在 $\boldsymbol{k}$ 空间中，考虑到电子可以具有不同的自旋方向，单位体积的量子态密度为 2，总密度为 $2V$。在 $E\sim E+\mathrm{d}E$ 间的电子状态数目 $\mathrm{d}G=g(E)\mathrm{d}E$ 应该是 $\mathrm{d}E$ 在 $\boldsymbol{k}$ 空间所占体积 $4\pi\boldsymbol{k}^2\mathrm{d}\boldsymbol{k}$ 中的总量子态数目，即

$$\mathrm{d}G=g(E)\mathrm{d}E=2V\cdot 4\pi\boldsymbol{k}^2\mathrm{d}\boldsymbol{k}=2V\cdot 4\pi\boldsymbol{k}^2\frac{\mathrm{d}\boldsymbol{k}}{\mathrm{d}E}\mathrm{d}E$$

$$g(E)=8\pi V\boldsymbol{k}^2\frac{\mathrm{d}\boldsymbol{k}}{\mathrm{d}E} \tag{2-5}$$

在导带底附近，$E(\boldsymbol{k})$ 同 $\boldsymbol{k}$ 的关系如下：

$$E(\boldsymbol{k})=E_{\mathrm{C}}+\frac{(h\boldsymbol{k})^2}{2m_{\mathrm{n}}^*} \tag{2-6}$$

式中，h 为普朗克常量；m_{n}^* 为导带底附近的电子有效质量，它由半导体的导带结构决定，对不同半导体材料，由于能带结构不同，导带底附近的电子有效质量 m_{n}^* 也不同。将式(2-6)代入式(2-5)可得出导带底附近单位能量的电子状态密度为

$$g_{\mathrm{C}}(E)=4\pi V\frac{(2m_{\mathrm{n}}^*)^{3/2}}{h^3}(E-E_{\mathrm{C}})^{1/2} \tag{2-7}$$

用类似方法也可以得到价带顶附近单位能量的空穴状态密度：

$$g_{\mathrm{V}}(E)=4\pi V\frac{(2m_{\mathrm{p}}^*)^{3/2}}{h^3}(E_{\mathrm{V}}-E)^{1/2} \tag{2-8}$$

式中，m_{p}^* 为价带顶附近的空穴有效质量，同样地，由半导体的价带结构决定。

2.1.3 杂质和缺陷

1. 浅能级杂质

对于本征半导体，通过热激发产生的电子和空穴的浓度完全相等，且在室温下浓度都很低。要想让半导体获得一定的导电性，可以在半导体中掺入一定量的浅能级杂质，在禁带中靠近导带底或价带顶的地方引入杂质能级，室温下这些杂质就可以发生电离，在导带底或价带顶附近引入电子或空穴[1-6]。这样，通过控制掺入杂质的类型和浓度就可以控制半导体中电子和空穴的浓度，以达到调控半导体电学性能的目的，实现其特定的应用。如果本征半导体中掺入的浅能级杂质为半导体提供导电电子，该类掺杂半导体被称为 n 型半导

体，掺入的杂质被称为施主杂质；而掺入的浅能级杂质为半导体提供导电空穴，该类掺杂半导体被称为 p 型半导体，掺入的杂质被称为受主杂质。

以Ⅳ族元素晶体硅为例，当掺入一定量的Ⅴ族元素磷以后，磷原子在晶格中替换硅原子占据原来硅原子的位置，如图 2-9 所示。磷原子的四个价电子同邻近的四个硅原子形成共价键，另一个电子则被微弱地束缚在其周围，外界提供能量后，该电子极易脱离磷原子的束缚成为自由电子，此时掺磷的晶体硅为 n 型半导体。再看掺磷的晶体硅的能带结构，磷的杂质能级位于禁带中靠近导带底处，室温下磷就会电离，在导带底部产生可以自由移动的电子，为半导体提供负电荷导电，如图 2-10 所示。

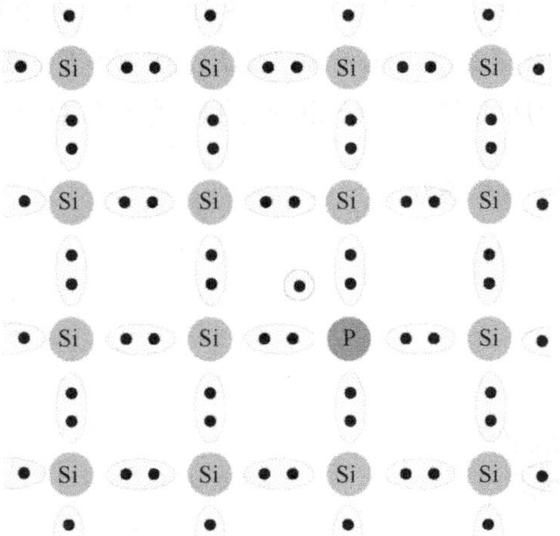

图 2-9　掺磷晶体硅的原子结构示意图

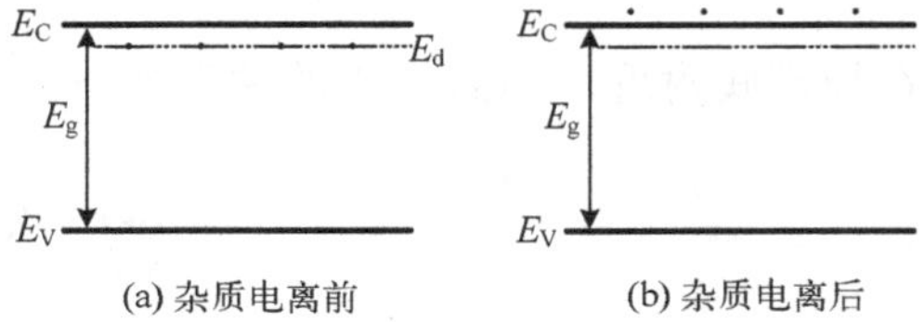

图 2-10　n 型半导体施主杂质能级示意图

与之类似，当晶体硅中掺入一定量的Ⅲ族元素硼以后，硼原子在晶格中替换硅原子占据原来硅原子的位置，如图 2-11 所示。硼原子只有三个价电子，只能同邻近三个硅原子形成共价键，硼原子同另一个邻近硅原子之间只有一个未配对电子，可以接受一个电子来配对，即形成一个空穴。该空穴也被微弱地束缚在硼原子周围，外界提供能量后，邻近的电子会来填补空穴，相当于空穴发生迁移，空穴作为载流子在整个晶体中运动形成空穴导电，因而掺硼的晶体硅为 p 型半导体。图 2-12 示出了掺硼的晶体硅的能带结构，硼的杂质能级位于禁带中靠近价带顶处，室温下价带顶的电子会被激发到硼的杂质能级，硼原子接受电子，同相邻硅原子的电子配对，就会在价带顶部产生可以移动的空穴，为半导体提供正电荷导电。

一般Ⅳ族半导体（金刚石、硅、锗）掺杂Ⅴ族元素（氮、磷、砷、锑）都会形成 n 型半导体，掺杂Ⅲ族元素（硼、铝、镓、铟）都会形成 p 型半导体；此时，Ⅴ族元素为浅能级施主杂质，Ⅲ族元素为浅能级受主杂质。但不同元素掺杂不同半导体材料的掺杂效果也会有所不同，例如，由于氮原子尺寸同硅原子差异很大，掺杂浓度很难达到要求，掺氮晶体硅载流子浓度很低。对于Ⅲ-Ⅴ族半导体（GaAs、InP 等），掺杂Ⅵ族元素（硒、碲）会形成 n 型半导体，掺杂Ⅱ族元素（铍、锌等）会形成 p 型半导体，而掺杂Ⅳ族元素（碳、硅、锗），两种类型半导体都有可能会形成（由掺杂元素的负性强弱决定），如掺硅 GaAs 晶体为 n 型半导体，掺锗 GaAs 晶体却为 p 型半导体。Ⅱ-Ⅵ族半导体（CdTe、CdS、ZnSe 等），掺杂Ⅲ族或

Ⅶ族元素(氟、氯等)会形成n型半导体，掺杂ⅠB族(铜、银、金)或Ⅴ族元素会形成p型半导体。关于化合物半导体掺杂浅能级杂质形成n型或p型半导体将在后面的无机化合物太阳能电池材料相关章节中再进一步介绍。

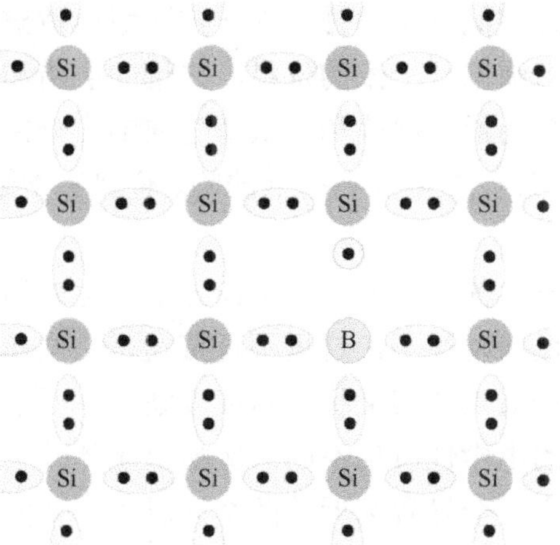

图 2-11　掺硼晶体硅的原子结构示意图

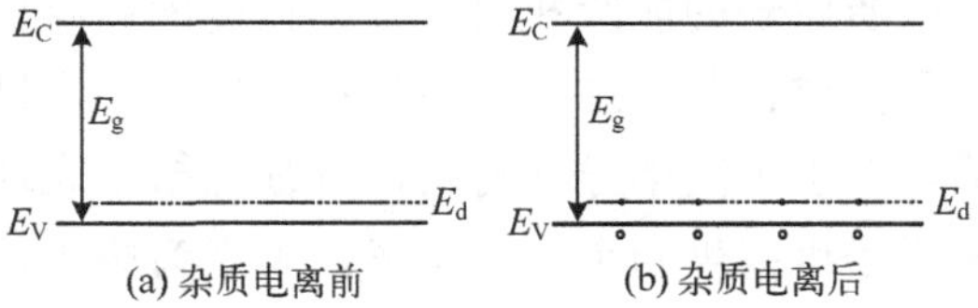

图 2-12　p型半导体受主杂质能级示意图

2. 深能级杂质

与浅能级杂质相对应，深能级杂质是指杂质能级位于禁带中央附近，距离导带底和价带顶都比较远的杂质。它们的电离能一般都比较大，在室温下不电离，不影响半导体的载流子浓度，但它们作为载流子复合中心会严重影响少数载流子的寿命。在一些半导体器件中，有时需要通过掺杂深能级杂质来降低少数载流子的寿命，以达到调控器件性能的目的；但对于太阳能电池材料，由于少数载流子为太阳能电池提供光生电流，是光伏电力的源泉，因而深能级杂质会严重影响太阳能电池的能量转换效率。

不同的半导体材料对深能级杂质的定义会有所不同，如铜、银、金对于Ⅱ-Ⅵ族半导体是浅能级受主掺杂剂，但对于晶体硅就是深能级杂质了，所以讨论半导体材料的深能级杂质时，必须针对特定的半导体材料。对于晶体硅来说，几乎所有金属元素尤其是过渡金属元素都是深能级杂质，在禁带中引入的深能级可成为电子和空穴的复合中心，从而严重影响太阳能电池的效率。过渡金属杂质在晶体硅中一般以间隙态、替位态、复合体或沉淀存在，常常会在晶体硅的禁带中引入多重深能级，它们一般是由于原材料不纯或材料和器件制备过程控制不严引入的，非人为引入，所以杂质浓度一般不高。例如，金在晶体硅中处于替代位置，当浓度水平不高时，可同时产生施主和受主能级，其施主能级位于E_C–0.55eV，受主能级位于E_V+0.35eV；钴在晶体硅中也处于替代位置，当浓度水平不高时，也能同时产生施主和受主能级，其施主能级是双重态，分别位于E_C–0.41eV和E_C–0.22eV，受主能级也是双重态，分别位于E_V+0.23eV和E_V+0.41eV；铁在GaAs晶体中可同时引入双重态受主能级，分别位于E_V+0.37eV和E_V+0.52eV；而钴可同时引入四重态受主能级，分别位于E_V+0.42eV、E_V+0.53eV、E_V+0.54eV和E_V+0.84eV。如果是重掺半导体，金属杂质的能级一般同重掺半导体的导电类型反型，例如，在重掺n型半导体中，只有金属杂质的受主能级出现，而在重掺p型半导体中，只有金属杂质的施主能级出现。

3. 缺陷

尽管目前人工已经可以制备晶格非常完美的晶体，但无论是自然晶体还是人工晶体，依然不可避免地存在各种晶格缺陷，即晶体的三维空间周期性排列在一定区域内被破坏。按缺陷结构分类，半导体晶体中主要存在零维的点缺陷、一维的位错、二维的层错和三维的微缺陷；如果按晶体生长和加工过程分类，可分为原生缺陷和二次诱生缺陷，分别来自晶体生长过程和材料加工及器件制备过程。其中，原生缺陷主要有点缺陷、位错和微缺陷，二次诱生缺陷主要是层错。

点缺陷主要包括空位、自间隙原子和杂质原子，其中杂质原子可能处于替位或间隙位置。杂质原子的能级和对半导体性能的影响前面已经阐述了，这里不再赘述。空位和自间隙原子由材料制备过程和所处温度决定，区别于杂质点缺陷又称为本征点缺陷，属于热点缺陷。对于不同半导体材料，本征点缺陷表现出的电学性质也不同。例如，晶体硅中的自间隙原子可提供四个自由电子，表现为施主，而空位会导致邻近的四个硅原子产生四个未配对电子，即产生四个悬挂键，表现为受主。化合物半导体的本征点缺陷情况更为复杂，例如，GaAs 晶体空位和自间隙原子可以是 Ga 空位和自间隙 Ga 原子，也可以是 As 空位和自间隙 As 原子，Ga 和 As 也有可能替换对方占据对方晶格的位置；一般 Ga 空位和自间隙 As 原子表现为受主，自间隙 Ga 原子和 As 空位表现为施主。

对于离子型或具有很强离子性的化合物半导体晶体，空位常常会引起自补偿效应。例如，通常 ZnS 晶体中都含有高密度 S 空位，呈现 n 型半导体性质，原因是 ZnS 晶体中的 S 空位在禁带中靠近导带底会引入杂质能级 E_{IV}，表现为施主，如图 2-13(a)所示。如果要得到 p 型 ZnS，则需要对 ZnS 晶体掺杂受主杂质以补偿 S 空位，如图 2-13(b)所示。但是一旦掺入受主杂质，就会在价带产生空穴，S 空位在导带产生的电子将会与之复合，释放出与 ZnS 的禁带宽度 E_g 相当的能量，如图 2-13(c)所示。该能量大于 S 空位的形成能，足以将 S 原子从体内移到表面，在体内产生新的 S 空位，补偿掺入的受主杂质，使导带上的电子浓度不变，如图 2-13(d)所示。CdTe 的情况与之相反，制备 CdTe 晶体时，该晶体中常常含有大量 Cd 空位，Cd 空位在禁带中靠近价带顶引入杂质能级 E_{IV}，表现为受主，含 Cd 空位的 CdTe 晶体呈现 p 型半导体性质，如图 2-14(a)所示。如果要得到 n 型 CdTe，则需要对 CdTe 晶体掺杂施主杂质以补偿 Cd 空位，如图 2-14(b)所示。但是一旦掺入施主杂质，就会在导带产生电子，其将与 Cd 空位在价带产生的空穴复合，释放出与 CdTe 的禁带宽度 E_g 相当的能量，该能量大于 Cd 空位的形成能，足以将 Cd 原子从体内移到表面，在体内产生新的 Cd 空位，将补偿掺入的施主杂质，使价带上的空穴浓度不变，如图 2-14(c)和(d)所示。

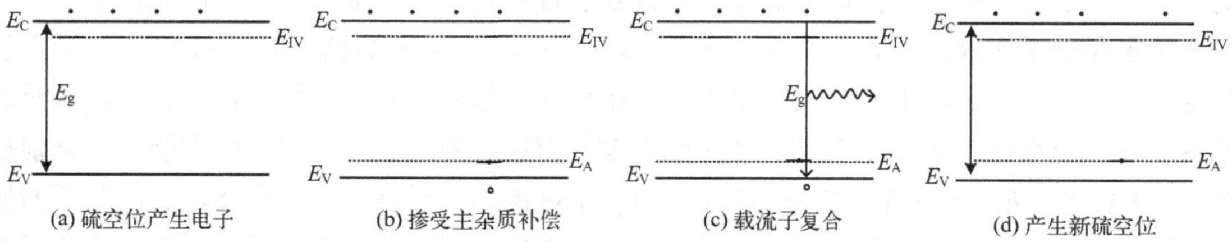

图 2-13　ZnS 晶体中的自补偿效应示意图

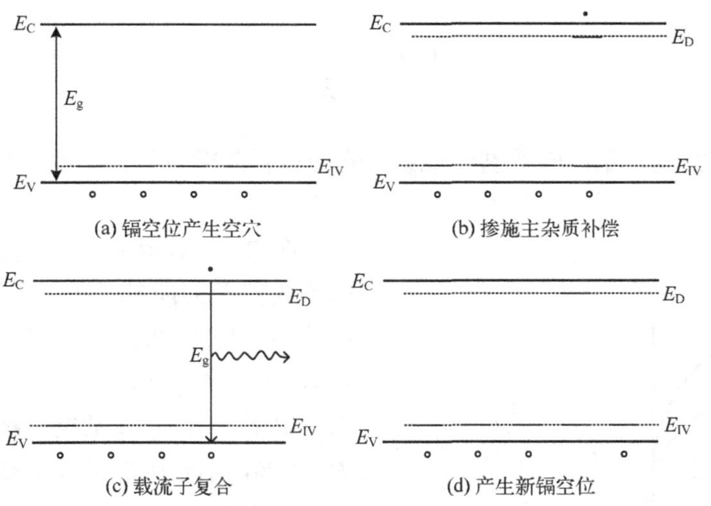

图 2-14　CdTe 晶体中的自补偿效应示意图

位错实际就是线缺陷，包括刃位错、螺位错和混合位错。一般位错上具有悬挂键，会在禁带中引入缺陷能级。有些研究认为纯净位错没有电学性质，可能是因为探测仪器的灵敏性不够，在位错上聚集了金属杂质后才可以在位错处测出明显的电活性增大的情况。对太阳能电池来说，贯穿 p-n 结的位错，由于金属沉淀，可能形成 p-n 结的软击穿，还有可能因为扩散增强现象，导致 p-n 结不平整或贯穿，严重影响太阳能电池的能量转换效率。面缺陷是指晶界和表面，晶界和表面上具有高密度悬挂键，而且常常有杂质聚集，对载流子有强烈的俘获作用，所以被认为是深能级缺陷。在太阳能电池中，面缺陷特别是横向面缺陷也会严重影响太阳能电池的能量转换效率，在材料和电池制备过程中，要尽力减少晶界，特别是横向晶界。体缺陷主要是三维空间的沉淀、空洞等体积相对较大的缺陷。由于体缺陷内部对晶体电学性质没有影响，只有缺陷与晶体的界面才会产生缺陷能级，而这类缺陷的比表面积又都很小，所以一般认为其没有引入缺陷能级而影响晶体的电学性能。

2.1.4　平衡态载流子

在不考虑外界光、电、磁等作用的情况下，在一定温度下，半导体中的载流子来自两个热激发过程：一个是通过吸收热能电子从半导体的价带直接跃迁到导带，在导带和价带中分别产生电子和空穴，即本征激发；另一个是施主或受主杂质在吸收热能后，电子从施主能级被激发到导带或价带电子被激发到受主能级，从而在导带和价带中分别产生电子和空穴，也称为电离激发。同时，热激发在导带和价带中产生的电子和空穴又会不断进行复合，最终半导体中电子和空穴的产生与复合达到热力学平衡，把这种处于动态平衡下的电子和空穴称为热平衡载流子，即平衡态载流子[1, 2, 4]。

1. 电子的费米分布

在 2.1.2 节中计算了半导体能带中的状态密度，半导体能带中的每个量子态(每个细小能级)最多只能容纳一个电子，在此基础上，电子的分布服从费米-狄拉克统计分布，习惯上用电子费米分布函数 $f(E)$ 描述，它表示能量为 E 的能级被电子占据的概率：

$$f(E)=\frac{1}{e^{\frac{E-E_F}{\kappa_B T}}+1} \tag{2-9}$$

式中，κ_B 为玻尔兹曼常量；E_F 为费米能级，它与材料的能带结构、掺杂类型、掺杂浓度等有关。

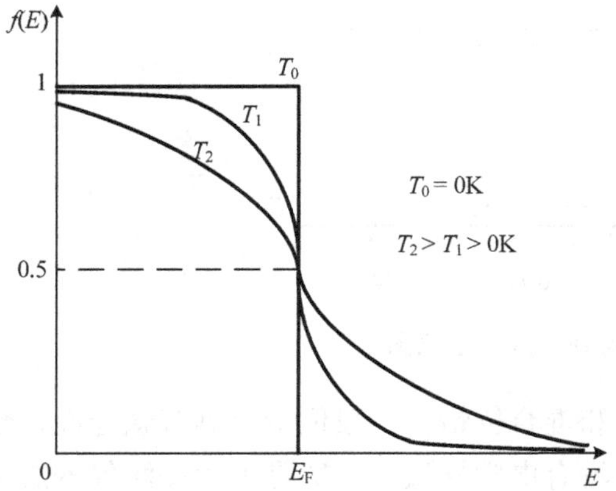

图 2-15　不同温度下的费米分布函数 $f(E)$ 同能量 E 的关系

图 2-15 显示了在不同温度下电子费米分布函数 $f(E)$ 同能量 E 的关系。从图 2-15 中可以看出：在 $T=0K$ 时，若 $E<E_F$，则 $f(E)=1$；若 $E>E_F$，则 $f(E)=0$。说明在 0K 的理论极限情况下，低于 E_F 的能级被电子占据的概率为 100%，而高于 E_F 的能级被电子占据的概率为 0。在 $T>0K$ 时，若 $E=E_F$，则 $f(E)=1/2$。E_F 两侧的电子分布具有互补性；或者说 $E<E_F$ 一侧的电子被热激发到 $E>E_F$ 一侧，留下空穴，E_F 两侧的电子和空穴分布具有对称性。而且可以看到，在 $T_2>T_1$ 的情况下，当温度为 T_2 时，$E<E_F$ 一侧的能级被电子占据的概率较 T_1 时降低，而当温度为 T_2 时，$E>E_F$ 一侧的能级被电子占据的概率较 T_1 时提高。说明随温度升高，越来越多 $E<E_F$ 一侧的电子被热激发到 $E>E_F$ 一侧，留下空穴。在 $E<E_F$ 时，由于热激发导致能级未被电子占据的概率为 $1-f(E)$，此即能级被空穴占据的概率，通过式(2-9)可以得出

$$1-f(E)=\frac{1}{e^{\frac{E_F-E}{\kappa_B T}}+1} \tag{2-10}$$

这样，在 $T>0K$ 时，若 $E<E_F$，则能级被空穴占据的概率 $1-f(E)$ 随 E 靠近 E_F 而增加；若 $E>E_F$，则能级被电子占据的概率 $f(E)$ 也随 E 靠近 E_F 而增加；在 $E=E_F$ 处，两者的概率都为 1/2，E_F 两侧的电子和空穴分布具有完全的对称性。

当 $E-E_F \gg \kappa_B T$ 时，式(2-9)可近似为

$$f(E)=e^{-\frac{E-E_F}{\kappa_B T}} \tag{2-11}$$

式(2-11)的电子费米分布函数 $f(E)$ 同经典统计力学中玻尔兹曼分布相一致，此时的电子对高能级的填充可看成是随意的，不受泡里不相容原则限制。

同样，当 $E-E_F \ll -\kappa_B T$ 时，式(2-10)可近似为

$$1-f(E)=e^{-\frac{E_F-E}{\kappa_B T}} \tag{2-12}$$

此时，能级被空穴占据的概率 $1-f(E)$ 同样也符合玻尔兹曼分布。

2. 电子和空穴的浓度

半导体中可以自由移动的电子和空穴分别位于导带底和价带顶附近，对于导带底附近的电子，其占据能级 E 的概率必须服从费米分布函数 $f(E)$；而对于价带顶附近的空穴，其占据能级 E 的概率则为 $1-f(E)$。

在导带底附近能量 $E\sim E+\mathrm{d}E$ 的电子数 $\mathrm{d}N$ 应为电子的费米分布函数 $f(E)$ 乘以量子态数目 $\mathrm{d}G$，即

$$\mathrm{d}N = f(E)\mathrm{d}G = f(E)g_{\mathrm{C}}(E)\mathrm{d}E \tag{2-13}$$

此时的能级 E 距离费米能级 E_{F} 比较远，对于非简并半导体，$f(E)$ 可采用式(2-11)，将式(2-7)和式(2-11)代入式(2-13)可得

$$\mathrm{d}N = 4\pi V\frac{(2m_{\mathrm{n}}^{*})^{3/2}}{h^3}(E-E_{\mathrm{C}})^{1/2}\exp\left(\frac{E_{\mathrm{F}}-E}{\kappa_{\mathrm{B}}T}\right)\mathrm{d}E \tag{2-14}$$

热平衡条件下，半导体中的电子浓度应为能量从导带底 E_{C} 到∞的所有电子数除以体积 V，即

$$\begin{aligned}
n_0 &= \frac{1}{V}\int_{E_{\mathrm{C}}}^{\infty}4\pi V\frac{(2m_{\mathrm{n}}^{*})^{3/2}}{h^3}(E-E_{\mathrm{C}})^{1/2}\exp\left(\frac{E_{\mathrm{F}}-E}{\kappa_{\mathrm{B}}T}\right)\mathrm{d}E \\
&= 2\left(\frac{2\pi m_{\mathrm{n}}^{*}\kappa_{\mathrm{B}}T}{h^2}\right)^{3/2}\exp\left(-\frac{E_{\mathrm{C}}-E_{\mathrm{F}}}{\kappa_{\mathrm{B}}T}\right) \\
&= N_{\mathrm{C}}\exp\left(-\frac{E_{\mathrm{C}}-E_{\mathrm{F}}}{\kappa_{\mathrm{B}}T}\right)
\end{aligned} \tag{2-15}$$

用类似的方法，通过式(2-16)也可以求出热平衡条件下价带中的空穴浓度：

$$p_0 = \frac{1}{V}\int_{-\infty}^{E_{\mathrm{V}}}[1-f(E)]g_{\mathrm{V}}(E)\mathrm{d}E \tag{2-16}$$

将式(2-8)和式(2-12)代入式(2-16)可得

$$p_0 = 2\left(\frac{2\pi m_{\mathrm{p}}^{*}\kappa_{\mathrm{B}}T}{h^2}\right)^{3/2}\exp\left(-\frac{E_{\mathrm{F}}-E_{\mathrm{V}}}{\kappa_{\mathrm{B}}T}\right) = N_{\mathrm{V}}\exp\left(-\frac{E_{\mathrm{F}}-E_{\mathrm{V}}}{\kappa_{\mathrm{B}}T}\right) \tag{2-17}$$

式(2-15)和式(2-17)中的 N_{C} 和 N_{V} 分别被称为导带底和价带顶有效状态密度，它们分别表示为

$$N_{\mathrm{C}} = 2\left(\frac{2\pi m_{\mathrm{n}}^{*}\kappa_{\mathrm{B}}T}{h^2}\right)^{3/2} \tag{2-18}$$

$$N_{\mathrm{V}} = 2\left(\frac{2\pi m_{\mathrm{p}}^{*}\kappa_{\mathrm{B}}T}{h^2}\right)^{3/2} \tag{2-19}$$

对于某种半导体材料，在一定温度下，其 N_{C} 和 N_{V} 不受费米能级 E_{F} 随掺杂杂质类型和浓度而改变的影响。

如果让 n_0 与 p_0 相乘，可以得到

$$n_0 p_0 = N_C N_V \exp\left(-\frac{E_g}{\kappa_B T}\right) \tag{2-20}$$

从式(2-20)可以看出，对于某种半导体材料，其电子和空穴浓度的乘积 n_0p_0 同费米能级无关，即不受掺杂杂质的影响，同掺杂杂质的类型和浓度无关，只同温度有关，且两者相互制约，因而 n_0p_0 被称为热平衡常数。

3. 本征半导体的载流子浓度和费米能级

我们知道本征半导体是没有任何杂质、没有任何缺陷的完美晶体，在本征半导体中的载流子只能通过本征激发产生，即价带中的电子吸收热能从半导体的价带直接跃迁到导带，从而在导带和价带中同时产生可以运动的电子和空穴。因而，在本征半导体中，电子和空穴的浓度是相等的，称其为本征载流子浓度，用 n_i 表示，并有 $n_0 = p_0 = n_i$，可以得出

$$n_i = \sqrt{n_0 p_0} = \sqrt{N_C N_V} \exp\left(-\frac{E_g}{2\kappa_B T}\right) \tag{2-21}$$

从式(2-21)可以看出，对于某种半导体材料，其本征载流子浓度仅同温度有关。通过式(2-21)还可以得出室温下半导体的本征载流子浓度极低，实验也表明本征半导体在室温下几乎是不导电的，例如，单晶硅在室温(300K)下的本征载流子浓度为 $2\times10^{10}\text{cm}^{-3}$，远低于金属中的自由电子浓度($10^{22}\text{cm}^{-3}$)，基本不导电。

对于本征半导体，电子和空穴的浓度相等，将式(2-15)和式(2-17)代入 $n_0 = p_0$，可以得出本征半导体的费米能级 E_i：

$$\begin{aligned} E_i = E_F &= \frac{1}{2}(E_C + E_V) + \frac{1}{2}\kappa_B T \ln\frac{N_V}{N_C} \\ &= \frac{1}{2}(E_C + E_V) + \frac{3}{4}\kappa_B T \ln\frac{m_p^*}{m_n^*} \end{aligned} \tag{2-22}$$

由于大多数半导体的电子有效质量 m_n^* 和空穴有效质量 m_p^* 相差都很小，且室温下的 $\kappa_B T$ 仅为 0.026eV，所以式(2-22)中的第二项可以忽略，本征半导体的费米能级 E_i 基本位于禁带的中间位置。

4. 掺杂半导体的载流子浓度、费米能级和杂质补偿

由于本征半导体室温下的载流子浓度极低，因而需要掺杂少量的杂质以实现特定的电学性能。对于掺杂半导体，其未电离的中性施主杂质能级上被束缚的电子和未电离的中性受主杂质能级上被束缚的空穴相当于被填充到杂质能级上，施主杂质能级 E_D 和受主杂质能级 E_A 上被电子和空穴填充的概率仍然满足费米分布函数，它们分别是

$$f(E_D) = \frac{1}{e^{\frac{E_D - E_F}{\kappa_B T}} + 1} \tag{2-23}$$

$$1-f(E_A)=\frac{1}{e^{\frac{E_F-E_A}{\kappa_B T}}+1} \tag{2-24}$$

如果施主杂质和受主杂质的掺杂浓度分别为 N_D 和 N_A，则在施主杂质能级 E_D 和受主杂质能级 E_A 上的电子和空穴浓度分别为

$$n_D=N_D f(E_D) \tag{2-25}$$

$$p_A=N_A[1-f(E_A)] \tag{2-26}$$

根据式(2-25)和式(2-26)，在 0K 下，施主杂质和受主杂质是不电离的，此时有 $n_D=N_D$ 和 $p_A=N_A$。随着温度升高，杂质开始电离，中性施主浓度 n_D 和中性受主浓度 p_A 开始降低，有电子从施主杂质能级激发至导带和从价带激发至受主杂质能级(相当空穴从受主杂质能级激发至价带)。如果温度升高到一定值，施主杂质和受主杂质将全部电离，此时相当于 $n_D\approx 0$ 和 $n_A\approx 0$。一般对于浅能级杂质，室温下基本会全部电离，如图 2-16 所示。

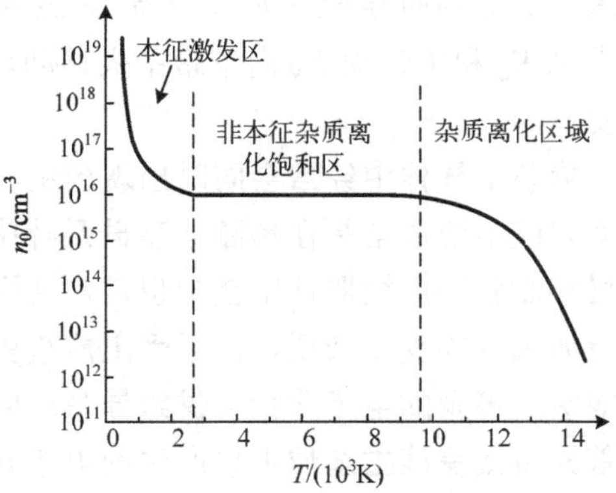

图 2-16　n 型半导体电子浓度同温度的关系

从图 2-16 可以看出，掺杂半导体在非本征杂质离化饱和区(简称非本征区)，由于杂质全部电离，载流子浓度基本不随温度变化，因而只需控制掺杂杂质的类型和浓度，就能够精确调控半导体的电学性能，半导体器件包括太阳能电池基本都工作在此区域。掺杂半导体中的正电荷数和负电荷数必须相等，此即电中性条件，可表示为

$$p_0+(N_D-n_D)=n_0+(N_A-n_A) \tag{2-27}$$

式(2-27)等号的左边为掺杂半导体单位体积内的全部正电荷数，包括价带中的空穴浓度 p_0 和电离的施主杂质浓度 N_D-n_D；等号右边为单位体积内的全部负电荷数，包括导带中的电子浓度 n_0 和电离的施主杂质浓度 N_A-n_A。

对于 n 型半导体或 p 型半导体，在非本征区，杂质全部电离，即 $n_D=0$ 或 $p_A=0$，且有 $p_0\ll N_D$ 或 $n_0\ll N_A$，式(2-27)分别变为

$$n_0\approx N_D\ (\text{n 型半导体}) \tag{2-28}$$

$$p_0\approx N_A\ (\text{p 型半导体}) \tag{2-29}$$

式(2-28)或式(2-29)分别给出了 n 型半导体或 p 型半导体中的多数载流子浓度。如果将热平衡常数 $n_0p_0=n_i^2$ 代入式(2-28)或式(2-29)，还可以得出 n 型半导体或 p 型半导体中的少数载流子浓度：

$$p_0\approx\frac{n_i^2}{N_D}\ (\text{n 型半导体}) \tag{2-30}$$

$$n_0\approx\frac{n_i^2}{N_A}\ (\text{p 型半导体}) \tag{2-31}$$

通过式(2-30)或式(2-31)可以看出室温下 n 型或 p 型半导体中的少数载流子浓度极低，例如，太阳能电池常用的掺硼 p 型单晶硅的硼掺杂浓度 N_D 一般为 $10^{16}cm^{-3}$ 量级，对应的少数载流子空穴的浓度 p_0 只有 10^4cm^{-3} 量级。

再看 n 型半导体或 p 型半导体的费米能级情况，将式(2-28)或式(2-29)代入式(2-15)或式(2-17)，则可分别得到 n 型半导体或 p 型半导体的费米能级 E_n 或 E_p：

$$E_n = E_C - \kappa_B T \ln \frac{N_C}{N_D} \tag{2-32}$$

$$E_p = E_V + \kappa_B T \ln \frac{N_V}{N_A} \tag{2-33}$$

从式(2-32)和式(2-33)可以看出：在一定温度下，当掺杂浓度提高时，n 型和 p 型半导体的费米能级分别向导带底 E_C 和价带顶 E_V 靠近；而当温度升高时，它们的费米能级都将偏离导带底 E_C 和价带顶 E_V 向禁带中央移动，说明本征激发的影响增大，半导体材料的电学性能变差。

掺杂半导体中经常会同时出现施主和受主杂质，将会引起杂质补偿效应。例如，晶体硅太阳能电池通常是在掺硼 p 型硅晶片中通过掺磷工艺制备 n 型层来构成 p-n 结，晶体硅在材料制备和后续器件工艺中也常常会引入一些相反导电类型的杂质和缺陷。在 n 型半导体中如果存在受主杂质，由于受主能级更低，施主杂质电离时，电子将首先补偿给受主杂质能级，多余的电子才会提供给导带；同样，在 p 型半导体中，受主杂质电离时，受主能级首先将接受施主杂质电离产生的电子并将空穴补偿给施主杂质能级，然后才会接受价带提供的电子在价带中产生空穴。当杂质全部电离时，有 $n_D = 0$ 和 $p_A = 0$，再忽略少数载流子浓度，根据电中性条件式(2-27)，可以得出经过杂质补偿后的载流子浓度：

$$n_0 \approx N_D - N_A \text{ (n 型半导体)} \tag{2-34}$$

$$p_0 \approx N_A - N_D \text{ (p 型半导体)} \tag{2-35}$$

在遇到施主和受主杂质同时存在于半导体中的情况时，可以据此计算相应的载流子浓度。

2.1.5　非平衡载流子的产生与复合

前面讨论的都是在没有外界光、电、磁等作用的情况下，仅凭热激发在导带和价带中产生的电子和空穴，并同时进行复合，最终，在一定温度下，电子和空穴的产生与复合达到热力学平衡。此时，无论是本征半导体还是掺杂半导体，只有平衡态载流子分布，它们只是温度的函数。当有外界条件作用时，例如，光照对半导体进行光注入，对 p-n 结加正向电压进行电注入、高能粒子辐照等，都能够使半导体内载流子浓度提高，使半导体处于非热平衡状态，这些额外增加的载流子被称为非平衡载流子。对于太阳能电池，太阳光是光伏发电的源泉，这里将主要讨论光吸收导致的非平衡载流子的产生与复合。

1. 半导体材料的光吸收

当一束平行光垂直射入半导体表面时，实验可以测出光强 I 同其射入深度 x 的关系为

$$I(x) = I_0 e^{-\alpha x} \tag{2-36}$$

式中，I_0 为入射光在表面处的光强；α为半导体材料的光吸收系数。从式(2-36)可以发现入射光的光强 I 随其射入深度 x 按指数规律衰减，实验和理论都表明，光在半导体材料中传播时的光强衰减是半导体材料吸收一定能量光子使半导体中较低能量状态电子跃迁到较高能量状态所导致的。半导体中存在多种光吸收过程，包括导带和价带之间的本征吸收、杂质能级与能带之间的杂质吸收、缺陷能级与能带之间的缺陷吸收、激子吸收、同一能带内载流子吸收、晶格振动能级之间的晶格吸收等[3-7]。图 2-17 给出了一个设想的半导体材料光吸收谱，其中的吸收峰在各种实测半导体光吸收谱中都有出现，但不一定能全部出现，例如，半导体中某种杂质浓度或缺陷密度很低，导致其光吸收低于仪器检测限。不同的光吸收过程在光吸收谱中对应不同光子能量或光波长处的吸收峰，反映了电子或声子的不同跃迁机制。下面将对太阳能电池最基本的光吸收过程——本征吸收进行讨论。半导体材料的本征吸收是指当入射光的光子能量 $h\nu > E_g$ 时，半导体吸收光子能量使其电子从价带跃迁到导带的光吸收过程。半导体材料的本征吸收分为两种类型：直接跃迁和间接跃迁。无论是直接跃迁还是间接跃迁，电子跃迁必须同时满足能量守恒定律和动量守恒定律。

1) 直接带隙半导体的本征吸收

直接带隙半导体的能带结构及其本征吸收过程如图 2-18 所示，其价带顶和导带底在波矢空间中都位于Γ点($k=0$)。对于直接带隙半导体，若吸收一个能量($h\nu$)大于或等于禁带宽度(E_g)的光子，根据能量守恒定律将激发一个电子从价带顶跃迁到导带底，电子在跃迁过程中 k 值没有变化，即同时也满足了动量守恒定律。这种价带电子吸收光子能量从价带顶垂直跃迁到导带底的电子跃迁称为直接跃迁，直接跃迁一般发生在直接带隙半导体中。

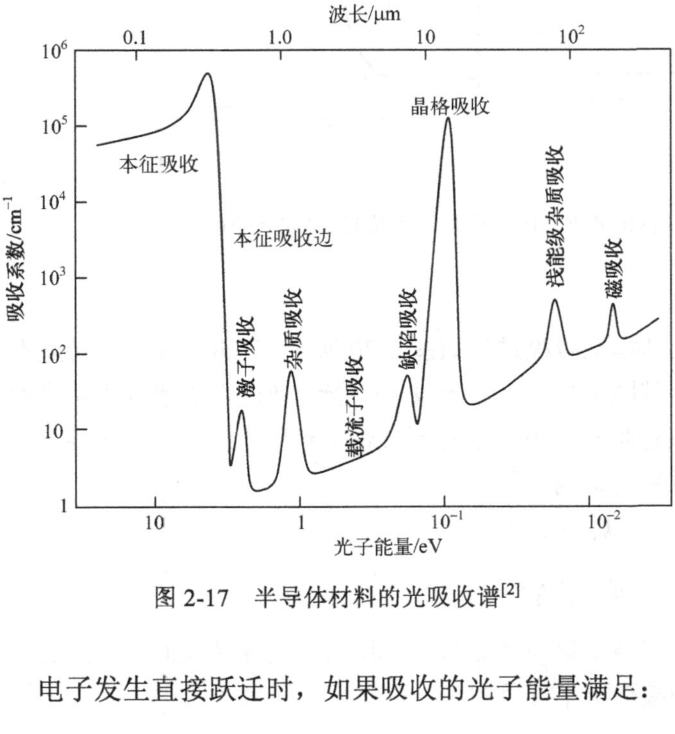

图 2-17　半导体材料的光吸收谱[2]

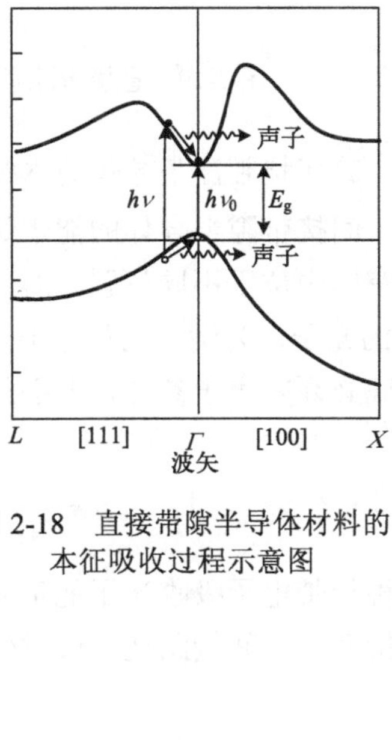

图 2-18　直接带隙半导体材料的本征吸收过程示意图

电子发生直接跃迁时，如果吸收的光子能量满足：

$$h\nu_0 = \frac{hc}{\lambda_0} = E_g \tag{2-37}$$

此时的ν_0或λ_0称为半导体的本征吸收限，即与能够引起本征吸收的光子最低能量相对应的最低光频率或最长光波长。习惯上采用$E_g = 1.24/\lambda_0$(E_g的单位为 eV，λ_0的单位为μm)来换算与禁带宽度能量对应的光波长。当入射光能量大于E_g时，跃迁到导带的电子和价带中产生的空穴将以释放声子，即释放热量的形式回到导带底或价带顶，以维持能量最低状态。

化合物半导体材料大都是直接带隙半导体，如 GaAs、InP、CdTe、CdS、$CuInSe_2$、$CuInS_2$、$CuIn_xGa_{1-x}Se_2$、$CuIn_xGa_{1-x}S_2$等。直接跃迁的光吸收系数与光子能量的关系也称为 Tauc 关系式，可表示为

$$\alpha(\nu) = \frac{A}{h\nu}(h\nu - E_g)^{1/2} \tag{2-38}$$

式中，A 是与半导体材料相关的参数，可通过半导体材料的光吸收谱求出。从式(2-38)可以发现，$(\alpha h\nu)^2$与$h\nu - E_g$呈线性关系，可以通过将光吸收谱中的本征吸收边按$(\alpha h\nu)^2 \sim h\nu$的关系重新作图，如图 2-19 所示，得出$\alpha = 0$时对应的$\nu_0$值，再根据式(2-37)，就能够获得半导体材料的禁带宽度$E_g = h\nu_0$。

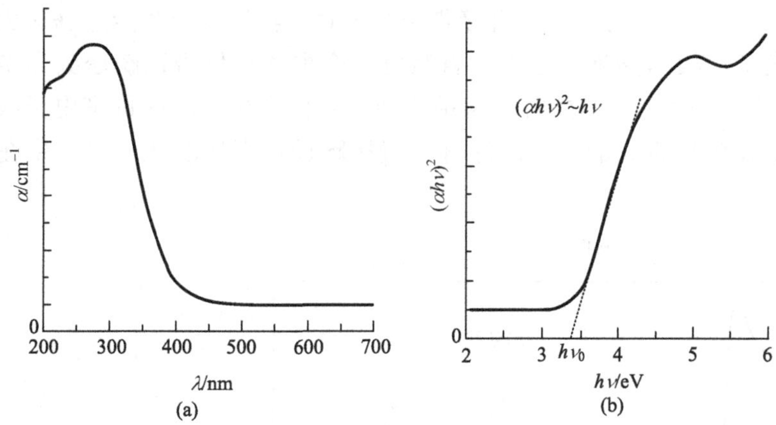

图 2-19　直接带隙半导体材料光吸收谱的本征吸收边及其$(\alpha h\nu)^2 \sim h\nu$的关系图

2) 间接带隙半导体的本征吸收

间接带隙半导体的能带结构及其本征吸收过程如图 2-20 所示，其价带顶和导带底在波矢空间中位于不同位置。对于间接带隙半导体，若吸收一个能量$h\nu_1$大于或等于禁带宽度E_g的光子，为满足动量守恒定律只能将一个电子激发至禁带中相同k值处，电子要到达导带底必须有声子参与，即必须同时满足下列条件：

$$\boldsymbol{k}_V = \boldsymbol{k}_C \pm \boldsymbol{q} \tag{2-39}$$

$$E_g = h\nu_1 \pm h\nu_q \tag{2-40}$$

这种价带电子吸收光子能量后必须有声子参与才能从价带顶跃迁到导带底的电子跃迁称为间接跃迁，间接跃迁一般发生在间接带隙半导体中。

图 2-21 是典型的直接带隙半导体材料砷化镓晶体和间接带隙半导体材料硅晶体的吸收光谱[7]。从图 2-21 可以看出：砷化镓在本征吸收限对应的光子能量 E_g 处，有一个陡直的本征吸收边，而硅在本征吸收限附近吸收系数上升比较平缓，在光子能量小于 3.4eV 的区域内，硅的吸收系数比砷化镓低两个数量级左右。这是由于硅晶体吸收光后发生的间接跃迁需要声子参与，增加了跃迁的难度，跃迁成功的概率大大低于直接跃迁，导致其吸收系数大幅降低。同时，根据式(2-39)，硅晶体吸收光子的能量可以随参与声子的能量变化，因而没有明显的吸收边。从图 2-21 还可以看出：在光子能量升至 3.4eV 附近时，硅的吸收系数有一个比较陡直的快速上升。这主要是由于随着光子能量的升高，硅吸收光子后的电子跃迁由间接跃迁转变为直接跃迁，直接跃迁的概率大于间接跃迁，如图 2-20 中所示的光子能量为 $h\nu_2$ 和 $h\nu_3$ 时引发的直接跃迁。

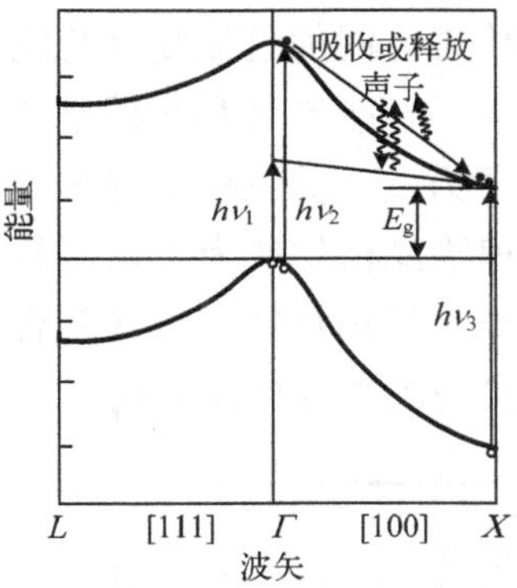

图 2-20　间接带隙半导体材料的本征吸收过程示意图

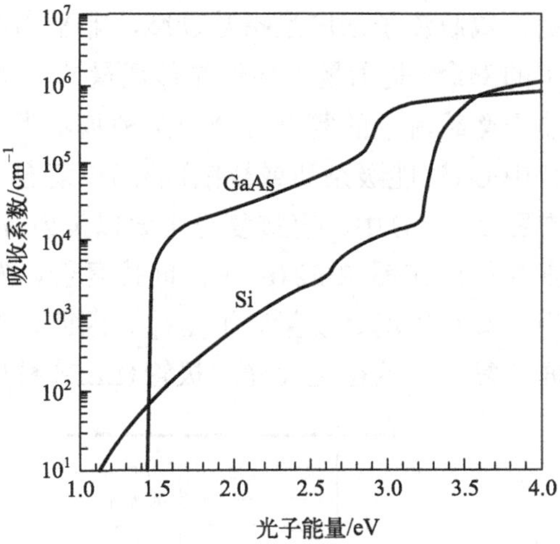

图 2-21　砷化镓晶体和硅晶体的吸收光谱比较图[7]

2. 非平衡载流子的产生、复合和寿命

上面讨论了半导体材料的本征吸收产生电子-空穴对的过程，实际上半导体材料在外界光、电、磁等的作用下，都能够使半导体内载流子浓度提高，产生非平衡载流子[5-9]。下面将主要讨论同太阳能电池材料的本征吸收相关的非平衡载流子的产生、复合及寿命。

从前面的讨论可知，光吸收系数决定了太阳能电池材料产生非平衡载流子的能力，如果用非平衡载流子的产生率 $g(x)$ 表示在半导体中沿光照方向 x 处单位时间、单位体积内光吸收产生的非平衡载流子数量，则有

$$g(x)=\int_{\nu_0}^{\infty}[1-r(\nu)]\alpha(\nu)q(\nu)\mathrm{e}^{-\alpha(\nu)x}\mathrm{d}\nu \tag{2-41}$$

式中，$r(\nu)$ 是材料对频率为 ν 的入射太阳光的光反射率；$\alpha(\nu)$ 是材料对频率为 ν 的入射太阳光的光吸收系数；$q(\nu)$ 为太阳光的光子流密度的光谱分布，代表单位时间、单位面积的入射太阳光中，光子能量为 $h\nu$ 的光子数分布。

已知平衡态是电子和空穴的产生与复合达到热力学平衡后的载流子分布的稳定状态，是一种动态平衡。非平衡载流子产生后，电子和空穴同样会发生复合，在稳定的外界条件(如

入射光强度恒定)下最终达到一个新的平衡状态。当外界条件消失时，非平衡载流子的产生率为零，但复合继续进行，最终回到平衡态载流子分布。例如，n型半导体在光照停止后，非平衡少数载流子浓度Δp的减少率$-\mathrm{d}(\Delta p)/\mathrm{d}t$应等于单位时间、单位体积中复合的非平衡载流子数量$\Delta p/\tau$($\tau$为非平衡载流子的寿命)，即有如下方程：

$$\frac{\mathrm{d}(\Delta p)}{\mathrm{d}t}=-\frac{\Delta p}{\tau} \tag{2-42}$$

通过求解此方程可以得出

$$\Delta p=\Delta p_0 \mathrm{e}^{-\frac{t}{\tau}} \tag{2-43}$$

式中，Δp_0为光照刚停止时的非平衡少数载流子浓度。从式(2-42)可以看出：光照停止后，非平衡少数载流子浓度呈指数衰减，非平衡载流子的寿命越短，衰减越快，因此，非平衡载流子的寿命τ是衡量半导体晶体质量的一个重要参量。

非平衡载流子的复合可分为两种基本类型：导带和价带之间的直接复合与通过禁带中间复合中心(深能级杂质或缺陷)的间接复合。图2-22显示了直接复合和间接复合的微观过程。在图2-22(a)中，直接复合主要以发射$h\nu=E_g$的光子为主，其过程是绝热过程，无须声子参与；而在图 2-22(b)中，间接复合以发射声子传递给晶格生热为主，其复合过程常需要声子参与以满足动量守恒定律。因此，对于直接带隙半导体材料，直接复合的概率远大于间接复合，这也是发光二极管(LED)材料主要是直接带隙半导体材料的原因。

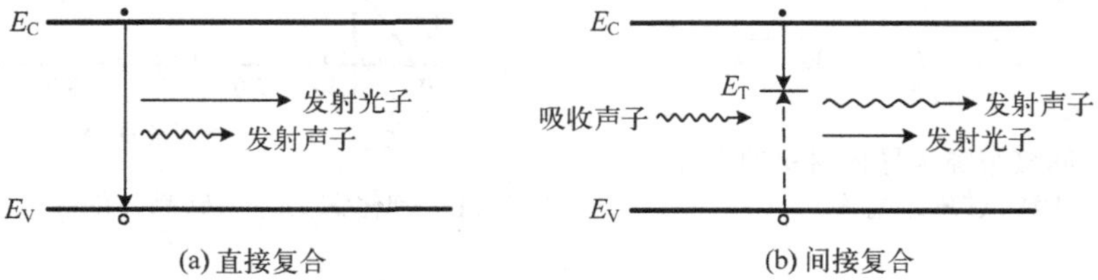

图2-22 直接复合和间接复合的过程示意图

1) 直接复合时非平衡少数载流子的复合率和寿命

设导带和价带上电子与空穴发生直接复合的概率为r_D，并定义电子和空穴复合率R_D为

$$R_D=r_D np \tag{2-44}$$

式中，n、p为非平衡态半导体的总载流子浓度，即$n=n_0+\Delta n$、$p=p_0+\Delta p$。从式(2-44)可以看出，复合率R_D与材料的总载流子浓度n和p成正比。在热平衡状态，载流子的复合率$R_0=r_D n_0 p_0$，并且复合率等于产生率，即$R_0=G_0$。在稳定外场条件(如光照)下，载流子的复合率和产生率都会增加，非平衡载流子的产生与复合也会达到新的平衡，即有$R=G$。当外场消失(如光照停止)时，只有热平衡时的产生率G_0，此时复合率$R>G_0$，非平衡载流子浓度开始减少，净复合率为

$$R_{DN}=R_D-G_0=r_D(np-n_0 p_0) \tag{2-45}$$

在小注入(Δn或$\Delta p \ll n_0+p_0$)情况(如太阳光照射)下：

对于n型半导体($n_0 \gg p_0$)，式(2-44)变为 $R_{DNn} \approx r_D n_0 \Delta p \approx r_D N_D \Delta p$，其中 N_D 为施主杂质浓度，此时非平衡少数载流子的净复合率又可表示为

$$R_{DNn} = \frac{\Delta p}{\tau_{\Delta p}} \tag{2-46}$$

式中，$\tau_{\Delta p}$ 为非平衡少数载流子的寿命。将 $R_{DNn} \approx r_D N_D \Delta p$ 代入式(2-46)可得出

$$\tau_{\Delta p} = \frac{1}{r_D N_D} \tag{2-47}$$

式(2-47)表明n型半导体中非平衡少数载流子的寿命反比于施主杂质的掺杂浓度。

采用同样的分析方法，对于p型半导体($p_0 \gg n_0$)，非平衡少数载流子的净复合率为

$$R_{DNp} = \frac{\Delta n}{\tau_{\Delta n}} \tag{2-48}$$

式中，$\tau_{\Delta n}$ 为非平衡少数载流子的寿命。可得出

$$\tau_{\Delta n} = \frac{1}{r_D N_A} \tag{2-49}$$

式中，N_A 为受主杂质浓度。p型半导体中非平衡少数载流子的寿命同样反比于掺杂浓度。

2)间接复合时非平衡少数载流子的复合率和寿命

非平衡少数载流子的间接复合是通过禁带中间复合中心进行的复合过程，复合中心一般由深能级杂质或缺陷构成，如图 2-23(b)所示。间接复合的过程大致是导带电子先被禁带中间的杂质或缺陷能级 E_T 俘获，然后价带上的空穴再被 E_T 俘获，最后电子和空穴在 E_T 上复合消失。

间接复合的净复合率通过式(2-50)表示：

$$R_T = \frac{np - n_0 p_0}{\tau_{\Delta n}(n + n_T) + \tau_{\Delta p}(p + p_T)} \tag{2-50}$$

式中，n_T 和 p_T 分别为费米能级与缺陷能级 E_T 重合时的电子和空穴浓度：

$$n_T = N_C e^{\frac{E_T - E_C}{\kappa_B T}}, \quad p_T = N_V e^{\frac{E_V - E_T}{\kappa_B T}} \tag{2-51}$$

间接复合时非平衡少数载流子的寿命可通过式(2-52)表示：

$$\tau_{\Delta n} = \frac{1}{v_n \sigma_n N_T}, \qquad \tau_{\Delta p} = \frac{1}{v_p \sigma_p N_T} \tag{2-52}$$

式中，v_n 和 v_p 分别为电子和空穴的平均热运动速度；σ_n 和 σ_p 分别表示复合中心的缺陷能级 E_T 对电子和空穴的俘获截面，而 N_T 为复合中心的浓度。

综上所述，非平衡载流子的复合过程实际就是在半导体中一定位置处的能量释放过程，根据能量释放的方式和复合发生的位置又可以把非平衡载流子的复合分为以下几种复合机制。

(1)辐射复合。

辐射复合时，电子与空穴的复合以发射光子的形式释放能量，如图 2-23 所示。直接复

合和间接复合都有可能以发射光子的形式释放能量，直接复合过程无须声子参与，而间接复合过程需要声子参与。对于直接带隙半导体材料，由于直接复合过程是没有声子参与的绝热过程，其直接复合的概率要远大于间接复合，因而其释放能量的方式以发射光子为主。目前制备 LED 都采用直接带隙半导体材料，如 GaN、GaAsP 等。

(2) 非辐射复合。

非辐射复合时，电子与空穴复合释放的能量以发射声子的方式传递给晶格，如图 2-23 所示。直接复合和间接复合也都有可能以发射声子的形式释放能量，间接复合过程以非辐射复合为主。对于间接带隙半导体材料，由于复合过程需要声子参与以满足动量守恒定律，因而其间接复合概率较高，即使带隙中没有复合中心，其复合过程也类似间接复合，主要还是以非辐射复合方式释放能量。例如，晶体硅作为间接带隙半导体材料，发光效率很低，一直难以用于制备 LED，但只要其吸收足够多的太阳光，其光电转换效率可以达到很高，因而晶体硅目前在 LED 领域还没有应用，而在太阳能电池领域已获得了广泛应用。

(3) 俄歇复合。

俄歇复合是另一种非辐射复合机制，其能量释放方式不同于一般的非辐射复合。在俄歇复合过程中，导带电子和价带空穴复合释放的能量被近邻的导带电子或价带空穴吸收，近邻的导带电子或价带空穴吸收能量后，在带内跃迁到更高能态，然后通过发射声子回到导带底或价带顶，如图 2-23 所示。

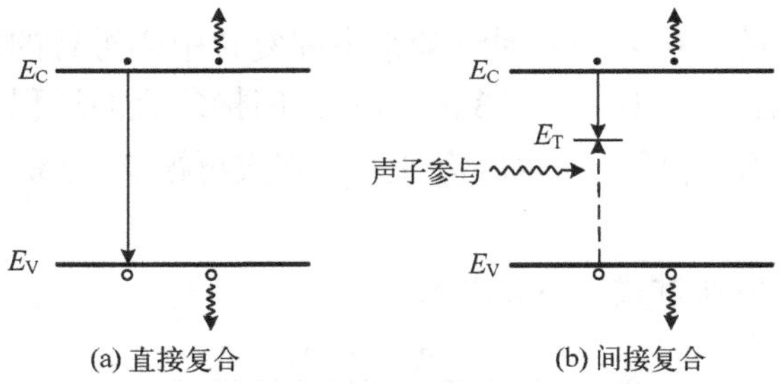

图 2-23　导带电子与价带空穴直接复合和间接复合时的俄歇复合过程示意图

(4) 表面和界面复合。

非平衡载流子的复合机制除了由与能级结构相关的能量释放过程决定外，还同复合发生的位置有很大关系。非平衡载流子在半导体晶体内部与表面和界面的复合情况大相径庭。通过对半导体晶体材料制备工艺过程的严格控制，半导体晶体内部的深能级杂质和缺陷密度一般都很低；而在半导体晶体的表面和界面处因晶体原子的周期性排列中断、表面损伤和表面玷污而产生大量悬挂键、缺陷和杂质，它们都可能在带隙中引入缺陷态能级，把它们统称为表面态。图 2-24 显示了半导体晶体表面附近的原子结构示意图，图中示出了悬挂键、缺陷和杂质三种表面态。悬挂键可以几乎布满整个裸露表面、晶界，后续材料加工和器件制备也可能在表面引入缺陷和杂质，在不同半导体材料的交界面，晶格失配也可能导致大量缺陷。半导体材料的表面态常常会超过内部缺陷态成为引起非平衡少数载流子复合的主要因素，而非平衡少数载流子是太阳能电池光伏发电的动力和源泉，因此，在制备太阳能电池时，要特别重视对太阳能电池材料表面态的控制，尽可能减少表面态对太阳能电池能量转换效率的影响。

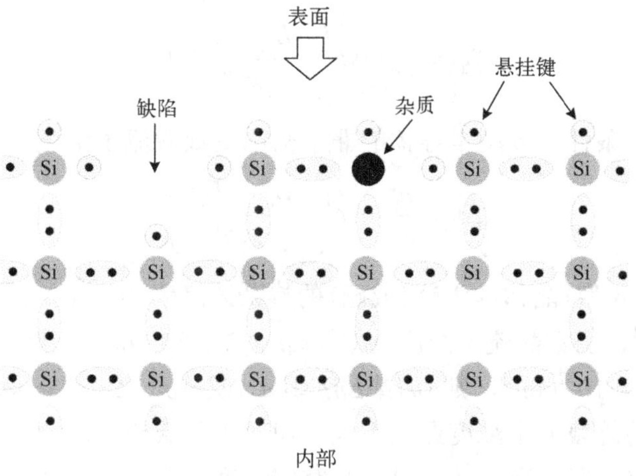

图 2-24　在半导体晶体表面附近的原子结构示意图

3. 非平衡载流子浓度

在非平衡稳态，导带电子和价带空穴在稳定外场作用下将很快达到新的平衡态，区别于热平衡态，将之称为次热平衡态。在次热平衡态，由于导带和价带之间明显的能量差别，导带电子和价带空穴没有统一的费米能级，设其费米能级分别为次费米能级 E_{Fn} 和 E_{Fp}，根据费米-狄拉克分布函数式(2-9)和式(2-10)可以得出非平衡态的总载流子的分布式：

$$f_n(E)=\frac{1}{e^{\frac{E-E_{Fn}}{\kappa_B T}}+1} \tag{2-53}$$

$$1-f_p(E)=\frac{1}{e^{\frac{E_{Fp}-E}{\kappa_B T}}+1} \tag{2-54}$$

根据上述分布函数，可以得出非平衡态的总载流子浓度：

$$n=N_C\exp\left(-\frac{E_C-E_{Fn}}{\kappa_B T}\right) \tag{2-55}$$

$$p=N_V\exp\left(-\frac{E_{Fp}-E_V}{\kappa_B T}\right) \tag{2-56}$$

此时电子和空穴的乘积为

$$np=N_C N_V\exp\left(-\frac{E_C-E_V}{\kappa_B T}\right)\exp\left(-\frac{E_{Fn}-E_{Fp}}{\kappa_B T}\right)=n_i^2\exp\left(-\frac{E_{Fn}-E_{Fp}}{\kappa_B T}\right) \tag{2-57}$$

从式(2-57)可以看出电子与空穴的次费米能级之差反映了半导体偏离平衡态的程度；当 $E_{Fn}=E_{Fp}$ 时，即又形成了单一费米能级，此时有 $n=n_0$、$p=p_0$，意味着半导体又回到热平衡状态。

以小注入条件下的 n 型半导体为例，其 $n_0\approx N_D$、$n_0\gg p_0$，虽然 $\Delta n\ll n_0$，但一般情况下 $\Delta p\gg p_0$，由式(2-57)可得出其非平衡态少数载流子浓度为

$$\Delta p = \frac{n_i^2}{N_D}\exp\left(-\frac{E_{Fn}-E_{Fp}}{\kappa_B T}\right) \tag{2-58}$$

同理也可得出小注入条件下 p 型半导体的非平衡态少数载流子浓度：

$$\Delta n = \frac{n_i^2}{N_A}\exp\left(-\frac{E_{Fn}-E_{Fp}}{\kappa_B T}\right) \tag{2-59}$$

如果实际的 n 型(或 p 型)晶体硅中磷(或硼)的掺杂浓度为 $10^{17}cm^{-3}$，则其多数载流子浓度 n_0(或 p_0) $\approx 10^{17}cm^{-3}$、少数载流子浓度 p_0(或 n_0) $\approx 2\times10^3cm^{-3}$，若恒定光照产生的非平衡载流子浓度$\Delta n = \Delta p = 10^{12}cm^{-3}$，则$\Delta p$(或$\Delta n$) $\gg n_0$(或 p_0)、$\Delta n + \Delta p \ll n_0 + p_0$，即光照对 n 型(或 p 型)晶体硅的总载流子浓度影响不大，但对少数载流子浓度的影响极大。

我们知道在恒定光照下半导体的电子和空穴浓度分别为 $n_0 + \Delta n$ 和 $p_0 + \Delta p$，且非平衡态载流子浓度$\Delta n = \Delta p$，那么其电导率应为

$$\sigma = (n_0 + \Delta n)e\mu_e + (p_0 + \Delta p)e\mu_p \tag{2-60}$$

从式(2-60)可以看出，由于光照时电子和空穴浓度较平衡态时分别增加了Δn 和Δp，半导体的电导率也将相应增加。将光照时非平衡态电导率与无光照时热平衡态电导率之差定义为光电导σ_P，则

$$\sigma_P = \sigma - \sigma_0 = \Delta n e(\mu_e + \mu_p) \tag{2-61}$$

光电导是衡量半导体材料光电性能的一个重要参数。

2.1.6 载流子输运性质

半导体中导带电子和价带空穴有两种主要的运动：一种是在浓度场的作用下的扩散运动，另一种是在电场作用下的漂移运动[5, 6]。把载流子的运动称为“输运”，下面对半导体中载流子特别是非平衡少数载流子的输运性质进行讨论。

1. 载流子的扩散运动

当晶体中载流子浓度的空间分布不均匀时，载流子将在浓度场的作用下从高浓度区向低浓度区发生扩散运动，例如，p 型和 n 型半导体接触时，因为界面两侧的载流子浓度的巨大差异，界面两侧 p 型半导体中的空穴和 n 型半导体中的电子将发生相向扩散运动，从而形成 p-n 结。而当一束光垂直照射到半导体表面时，入射光的强度从表面向体内随光的入射深度而呈指数衰减，半导体的光吸收产生的非平衡载流子浓度从表面向体内也是递减的，非平衡载流子将从表面向体内进行扩散运动，如图 2-25 所示。图 2-25 显示的一维扩散模型基本接近实际太阳能电池的工作情况，在该模型下，光生电子扩散运动形成的扩散电流密度为

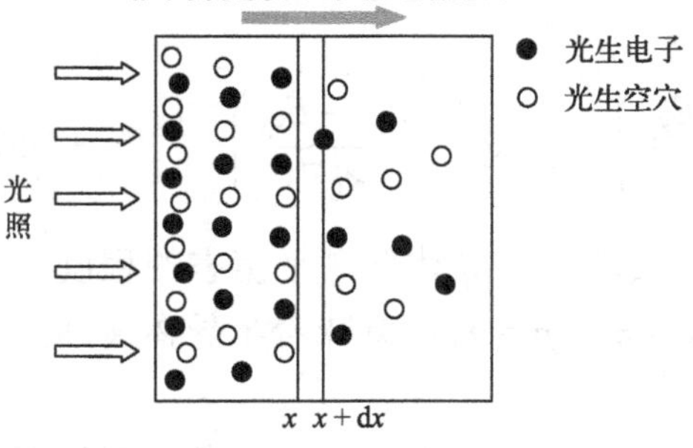

图 2-25 光照时半导体内非平衡载流子浓度分布和一维扩散示意图

$$J_{n扩} = -qD_n \frac{d(\Delta n)}{dx} = eD_n \frac{d(\Delta n)}{dx} \tag{2-62}$$

式中，负号表示光生电子扩散方向同浓度梯度方向相反，对于电子 $q = -e$。同样，光生空穴扩散运动形成的扩散电流密度为

$$J_{p扩} = -qD_p \frac{d(\Delta p)}{dx} = -eD_p \frac{d(\Delta p)}{dx} \tag{2-63}$$

式(2-62)和式(2-63)中，D_n 和 D_p 分别为电子和空穴在半导体中的扩散系数(单位为 cm^2/s)。总非平衡载流子扩散电流密度为

$$J_{扩} = J_{n扩} + J_{p扩} = eD_n \frac{d(\Delta n)}{dx} - eD_p \frac{d(\Delta p)}{dx} \tag{2-64}$$

2. *载流子的漂移运动*

半导体中的电子和空穴在电场作用下，电子沿电场反方向运动，空穴沿电场方向运动，均可形成电流，把电子和空穴受电场力作用而发生的运动称为载流子的漂移运动。载流子在电场力作用下获得加速，但这种加速又会被晶体中偏离周期场的畸变势散射，通俗地讲，就是晶格热振动、杂质、缺陷等会打断这一加速过程，然后载流子又被重新加速，散射和加速不断进行，在恒定电场下，载流子最后会达到一个稳定的漂移速度。从上述过程可以看出，半导体中载流子的漂移速度 v_D 应正比于电场强度 E，可写成 $v_D = \mu E$；其中 μ 称为半导体材料的迁移率，可理解成单位电场强度下的载流子的漂移速度，单位为 $cm^2/(V{\cdot}s)$，它由晶体中偏离周期场的畸变势对载流子的散射决定，故同半导体材料中的晶格热振动、杂质、缺陷等有关。对于理想的半导体晶体，迁移率 μ 只与晶格热振动相关，即只受温度影响；理论上，在温度降至 0K 时，晶格热振动消失，μ 将趋于无穷大，即进入超导状态。一般，半导体材料的迁移率通过室温下的实验测量获得。若半导体材料的电子浓度为 n，则其电子漂移运动形成的漂移电流密度为

$$J_{n漂} = -qnv_D = en\mu_n E \tag{2-65}$$

式中，负号代表电子的运动方向与电场 E 反向，即与漂移速度反向(漂移速度已被设为与 E 同向)，而电子的电荷量 $q = -e$。若其空穴浓度为 p，则空穴漂移运动形成的漂移电流密度为

$$J_{p漂} = qpv_D = ep\mu_p E \tag{2-66}$$

半导体材料的总漂移电流密度为

$$J_{漂} = J_{n漂} + J_{p漂} = e(n\mu_n + p\mu_p)E = \sigma E \tag{2-67}$$

其中，$\sigma = e(n\mu_n + p\mu_p)$，前面的式(2-1)即由此推出。

如果只有光照，没有外加电场，非平衡载流子的扩散会导致半导体中正、负离子的产生，由于电子和空穴的扩散系数不同，半导体内某处的正、负离子数不等，从而产生电场，并形成漂移电流。由于不存在外加电场，平衡时电子的总电流和空穴的总电流都将为零，即

$$J_n = J_{n扩} + J_{n漂} = 0 \tag{2-68}$$

$$J_{\mathrm{p}} = J_{\mathrm{p扩}} + J_{\mathrm{p漂}} = 0 \tag{2-69}$$

结合式(2-62)、式(2-63)、式(2-65)和式(2-66)，可以推出：

$$\frac{D_{\mathrm{n}}}{\mu_{\mathrm{n}}} = \frac{\kappa_{\mathrm{B}}T}{e}，\quad \frac{D_{\mathrm{p}}}{\mu_{\mathrm{p}}} = \frac{\kappa_{\mathrm{B}}T}{e} \tag{2-70}$$

此即著名的爱因斯坦关系式。该式将半导体的扩散系数同迁移率相互联系起来，只要知道其中一个参数，就能推出另一个参数。一般半导体电子和空穴的迁移率比较容易通过实验测出，通过爱因斯坦关系式就可以计算出相同温度下电子和空穴的扩散系数。

3. 非平衡载流子在电场下扩散与漂移的基本方程

在外场(电场、光场)作用下，半导体中的非平衡载流子将同时进行扩散和漂移运动。在一维情况下，半导体沿 x 方向有一外加电场 E，E 与光照产生的非平衡载流子扩散运动方向相同。根据式(2-64)和式(2-67)可以得出半导体中总的电流密度为

$$J = J_{扩} + J_{漂} = e\left[D_{\mathrm{n}}\frac{\mathrm{d}(\Delta n)}{\mathrm{d}x} + n\mu_{\mathrm{n}}E\right] + e\left[-D_{\mathrm{p}}\frac{\mathrm{d}(\Delta p)}{\mathrm{d}x} + p\mu_{\mathrm{p}}E\right] \tag{2-71}$$

式中，等号右边第一项为电子总电流密度；第二项为空穴总电流密度，可以写成：

$$J_{\mathrm{n}} = e\left[D_{\mathrm{n}}\frac{\mathrm{d}(\Delta n)}{\mathrm{d}x} + n\mu_{\mathrm{n}}E\right] \tag{2-72}$$

$$J_{\mathrm{p}} = e\left[-D_{\mathrm{p}}\frac{\mathrm{d}(\Delta p)}{\mathrm{d}x} + p\mu_{\mathrm{p}}E\right] \tag{2-73}$$

在 x～$x+\mathrm{d}x$ 内，单位时间单位体积中积累的电子数和空穴数分别为

$$-\frac{1}{(-e)}\frac{\partial J_{\mathrm{n}}}{\partial x} = D_{\mathrm{n}}\frac{\partial^2 n}{\partial x^2} + \mu_{\mathrm{n}}E\frac{\partial n}{\partial x} + n\mu_{\mathrm{n}}\frac{\partial E}{\partial x} \tag{2-74}$$

$$-\frac{1}{e}\frac{\partial J_{\mathrm{p}}}{\partial x} = D_{\mathrm{p}}\frac{\partial^2 p}{\partial x^2} - \mu_{\mathrm{p}}E\frac{\partial p}{\partial x} - n\mu_{\mathrm{p}}\frac{\partial E}{\partial x} \tag{2-75}$$

由式(2-46)和式(2-48)可知半导体中的非平衡载流子的净复合率，并设其他因素在半导体中引起的电子和空穴的浓度变化为 G_{n} 和 G_{p}，则在 x 处电子和空穴浓度随时间的变化率分别为

$$\frac{\partial n}{\partial t} = D_{\mathrm{n}}\frac{\partial^2 n}{\partial x^2} + \mu_{\mathrm{n}}E\frac{\partial n}{\partial x} + n\mu_{\mathrm{n}}\frac{\partial E}{\partial x} - \frac{\Delta n}{\tau_{\Delta\mathrm{n}}} + G_{\mathrm{n}} \tag{2-76}$$

$$\frac{\partial p}{\partial t} = D_{\mathrm{p}}\frac{\partial^2 p}{\partial x^2} + \mu_{\mathrm{p}}E\frac{\partial p}{\partial x} + p\mu_{\mathrm{p}}\frac{\partial E}{\partial x} - \frac{\Delta p}{\tau_{\Delta\mathrm{p}}} + G_{\mathrm{p}} \tag{2-77}$$

式(2-76)和式(2-77)就是电场和光照同时存在时，非平衡载流子运动的连续性方程。

在稳态情况下，$\frac{\partial n}{\partial t} = \frac{\partial p}{\partial t} = 0$。对于 n 型半导体，其少数载流子浓度 $p \approx \Delta p$，故有

$$D_{\mathrm{p}}\frac{\partial^2 \Delta p}{\partial x^2} + \mu_{\mathrm{p}}E\frac{\partial \Delta p}{\partial x} + \Delta p\mu_{\mathrm{p}}\frac{\partial E}{\partial x} - \frac{\Delta p}{\tau_{\Delta\mathrm{p}}} + G_{\mathrm{p}} = 0 \tag{2-78}$$

同样，对于 p 型半导体有

$$D_n \frac{\partial^2 \Delta n}{\partial x^2} + \mu_n E \frac{\partial \Delta n}{\partial x} + \Delta n \mu_n \frac{\partial E}{\partial x} - \frac{\Delta n}{\tau_{\Delta n}} + G_n = 0 \tag{2-79}$$

式(2-78)和式(2-79)就是分析太阳能电池中非平衡少数载流子的基本方程。

2.2　半导体的 p-n 结

半导体的 p-n 结就是通过不同的工艺将掺杂受主杂质的 p 型和掺杂施主杂质的 n 型半导体材料紧密结合在一起，在两者的结合面处构成的具有整流特性的结构。p-n 结是构成大多数半导体器件和集成电路的基本结构单元，也是太阳能电池的核心结构。本节将主要介绍 p-n 结的结构及其制备方法、p-n 结形成的物理过程及其能带结构、p-n 结的伏安特性以及异质结的能带结构和特性。

2.2.1　p-n 结的结构和制备

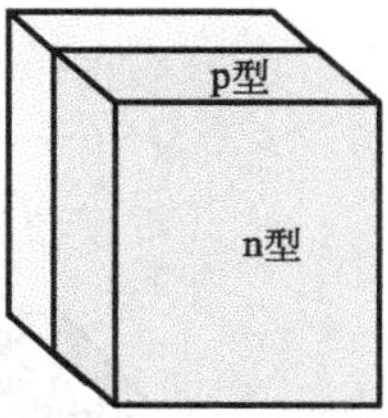

图 2-26　半导体 p-n 结的基本结构示意图

p-n 结的基本结构如图 2-26 所示，其性质同 p 型和 n 型半导体掺杂杂质的浓度及分布密切相关。根据掺杂杂质的浓度分布可以将 p-n 结分为突变结和缓变结两种类型，其中突变结在 p-n 结结合面两侧的受主和施主杂质掺杂浓度的变化是陡直的，一般是浅结；而缓变结在 p-n 结结合面附近的受主和施主杂质掺杂浓度的变化是线性缓慢变化的，一般掺杂较深[6]。p-n 结有多种制备工艺，比较常用的有扩散工艺、合金工艺、离子注入工艺、薄膜生长工艺，不同的器件对 p-n 结特性的要求不同，采用的制备工艺不同。

1. 扩散工艺

扩散工艺是在 p 型或 n 型半导体中通过高温扩散掺入相反导电类型杂质，在半导体表面下一定深度的区域内使相反导电类型杂质浓度高于原导电类型杂质浓度，从而使得该区域具备相反导电类型，以此构成 p-n 结。扩散工艺制备的 p-n 结一般是缓变结，例如，晶体硅太阳能电池主要通过这种工艺制备 p-n 结，由于晶体硅的光吸收系数较低，因而需要比较深的结区以充分吸收太阳光。图 2-27 显示了晶体硅太阳能电池制备中常用的通过扩散工艺制备 p-n 结的工艺过程。该工艺中首先把掺硼的 p 型晶体硅片加热至 800～1200℃，然后通入气态 P_2O_5，P_2O_5 在硅片表面分解生成磷，磷在硅片表面沉积并向体内扩散，最终在硅片表面下一定深度内形成一层磷浓度大于硼浓度的 n 型半导体，它与下面的 p 型半导体在分界面处就构成了 p-n 结。

2. 合金工艺

合金工艺是在 p 型或 n 型半导体上铺设金属或元素半导体材料，通过高温熔化铺设的金属或元素半导体材料同下面的半导体形成合金，再通过冷却结晶在半导体表面区域形成含铺设材料元素的反型层，从而构成 p-n 结。通过合金工艺制备的 p-n 结一般是突变结，掺杂浓度较高、深度较浅，适合制备太阳能电池中的背场层、多结太阳能电池中的隧道结等。例如，将铝粉铺设在 n 型单晶硅表面，升温至 900～1000℃，铝先熔化成液体，在界面处有硅原子不断溶入，在单晶硅表面形成合金液体，直至硅浓度饱和，然后降温使合金液体结晶形成含高浓度铝的 p 型硅单晶层，它同下面的 n 型单晶硅就构成突变型 p-n 结，如图 2-28 所示。

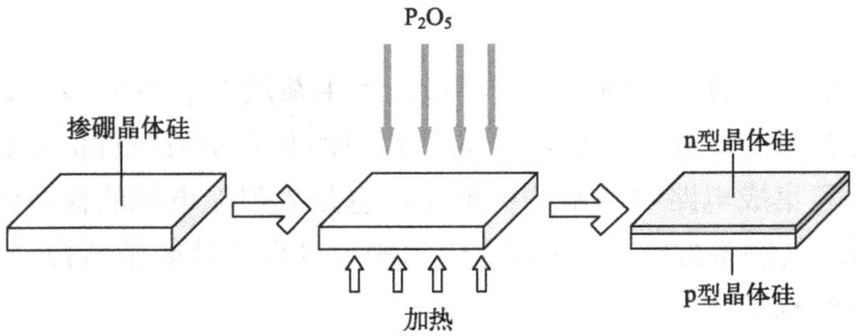

图 2-27　在掺硼晶体硅上通过扩散工艺制备 p-n 结的过程

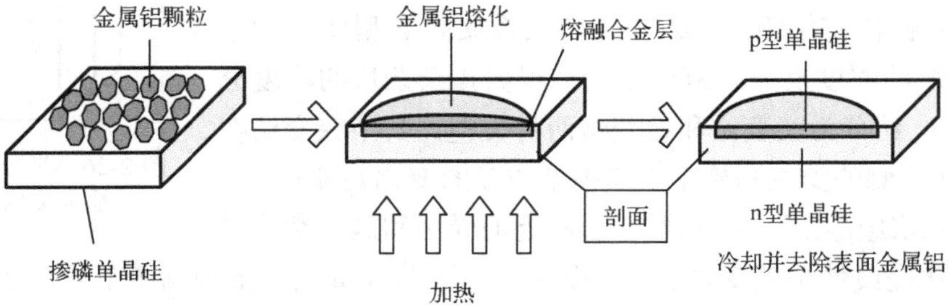

图 2-28　在掺磷晶体硅上通过合金工艺制备 p-n 结的过程

3. 离子注入工艺

离子注入工艺是将反型掺杂原子的离子束在静电场中加速，获得高动能，注入 p 型或 n 型半导体的表面区域，在表面形成导电类型与体内相反的半导体层，从而构成 p-n 结。例如，利用静电场将硼离子加速到几十万电子伏的能量，自表面注入 n 型单晶硅中，在 n 型单晶硅表面区域形成 p 型半导体层，从而构成 p-n 结。离子注入工艺的优点是可以通过控制加速电压和离子束强度来精确调控掺杂杂质的浓度与深度分布，缺点是较高能量的离子会破坏半导体的晶体结构，因而，一般在注入离子后需要进行必要的退火过程来恢复晶体结构，并使掺杂杂质原子进入替换位置。此工艺由于成本等因素，在太阳能电池制备中较少使用。

4. 薄膜生长工艺

薄膜生长工艺是在 p 型或 n 型半导体表面，通过气相、液相等薄膜沉积或外延技术，生长一层导电类型相反的半导体薄膜，在两者界面处形成 p-n 结。该工艺普遍用于薄膜太阳能电池的制备，例如，在 p 型 GaAs 薄膜上生长 n 型 GaAs 薄膜，在 p 型 CdTe 薄膜上生长 n 型 CdS 薄膜等；也用于一些新型晶体硅太阳能电池，例如，HIT 单晶硅太阳能电池就是通过在 n 型单晶硅表面生长 p 型非晶硅薄膜形成 p-n 结。

以上大致介绍了四种常用的 p-n 结制备工艺，具体的 p-n 结的制备方法将在后面各章节分别予以详述。

2.2.2　热平衡下 p-n 结的能带结构

热平衡时，独立的 p 型和 n 型同质半导体的能带结构如图 2-29(a)所示，它们都呈电中性，但它们都有各自的费米能级，p 型半导体具有高空穴浓度，n 型半导体具有高电子浓度[4]。当 p 型和 n 型半导体接触时，在交界面处，由于电子和空穴的浓度差异，它们将在浓度梯度的作用下，发生向低浓度方向的扩散运动。空穴将从 p 型半导体一侧向 n 型半导体一侧进行扩散，留下负离子；同时，电子将从 n 型半导体一侧向 p 型半导体一侧进行扩散，留下正离子。在交界面一侧的 p 型半导体区域，由于空穴流出，留下负离子，以及电子流入，形成负空间电荷区；而在交界面另一侧的 n 型半导体区域，由于电子流出，留下正离子，以及空穴的流入，形成正空间电荷区，如图 2-29(b)上部所示。正负空间电荷区的形成导致在空间电荷区内产生一个由 p 型半导体区指向 n 型半导体区的内建电场，电子和空穴在内建电场作用下将发生与扩散运动方向相反的漂移运动。最终在空间电荷区内电子和空穴的扩散运动与漂移运动达到平衡，空间电荷区宽度和内建电场都达到稳定值，即构成了热平衡下稳定的 p-n 结。从能带结构上看，当 p 型和 n 型半导体接触后，随着电子和空穴向低浓度方向的扩散，p 区的 E_{Fp} 将随能级一起上移，n 区的 E_{Fn} 随能级一起下移，能带发生弯曲，如图 2-29(b)下部所示。当扩散运动与漂移运动达到平衡时，p-n 结具有同一费米能级，在空间电荷区的 p 区和 n 区能级之间将形成一个稳定的势垒 V_B，产生稳定的内建电场 E，也可以认为是势垒 V_B 阻止了电子和空穴向低浓度方向进一步的扩散运动，最终形成稳定的 p-n 结。在空间电荷区外的 p 型和 n 型半导体的能带保持不变，热平衡下呈现电中性，没有对外电流。

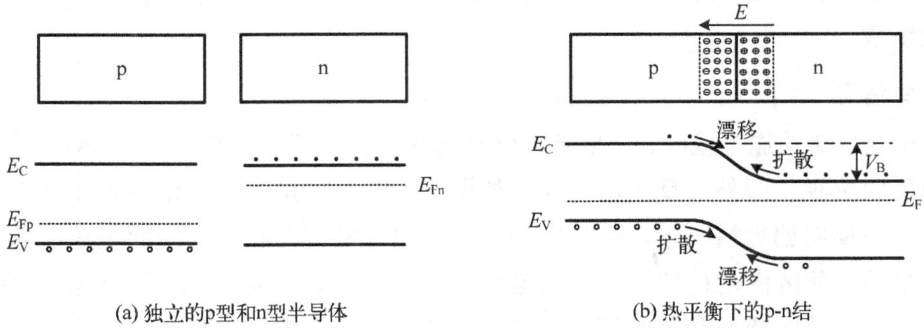

图 2-29　独立的 p 型和 n 型半导体以及热平衡下 p-n 结的能带结构图

通过以上分析，可以得出 p-n 结的势垒高度：

$$eV_B = E_{Fn} - E_{Fp} \tag{2-80}$$

将式(2-32)和式(2-33)代入可得

$$eV_B = E_{Fn} - E_{Fp} = E_C - E_V - \kappa_B T \ln\frac{N_C N_V}{N_D N_A} \tag{2-81}$$

如果将热平衡下的本征载流子浓度式(2-21)代入，式(2-81)还可以写成：

$$eV_B = \kappa_B T \ln \frac{N_D N_A}{n_i^2} \tag{2-82}$$

从式(2-82)可以看出热平衡下 p-n 结的势垒高度由 p 区和 n 区的掺杂浓度决定。

2.2.3 p-n 结的伏安特性

在外加电场作用下，p-n 结将由热平衡态变为非平衡态，p-n 结对外将形成电流。由于空间电荷区内可移动的载流子很少，该区域的电阻率很高，而空间电荷区外的载流子浓度高，电阻小，因此外加电压将基本落在空间电荷区，此时 p-n 结的伏安特性同空间电荷区内的物理过程密切相关[4-6]。

1. 外加电场作用下 p-n 结的基本物理过程

1) 正向偏置

当 p-n 结两端外加电压时，p 型半导体一端接电源正极，n 型半导体一端接电源负极，此时称为正向偏置，即外加正向电压 V，如图 2-30(b)所示。对比图 2-30(a)和图 2-30(b)可以发现，在正向偏置情况下，外加电场与内建电场的方向相反，空间电荷区内电场强度 E 减小，导致空间电荷区内电荷减少，空间电荷区变窄，势垒高度从 eV_B 降低至 $e(V_B-V)$。此时，空间电荷区中的热平衡被打破，由于区内的电场强度减小、势垒高度降低，因此区内漂移电流减小、扩散电流增大，产生净扩散电流。电子从 n 区进入 p 区的净扩散电流，造成电子 p 区边界积累，在 p 区边界积累的电子作为非平衡少数载流子，其浓度远高于 p 区外的电子浓度；同样，在 n 区边界也积累了大量非平衡少数载流子空穴，其浓度远高于 n 区外的空穴浓度。在浓度梯度的作用下，积累在空间电荷区边界的非平衡少数载流子将向 p-n 结两端扩散形成对外电流，对外电流由从 n 区向 p 区的电子流和从 p 区向 n 区的空穴流共同组成。

2) 反向偏置

当 p-n 结两端外加电压时，n 型半导体一端接电源正极，p 型半导体一端接电源负极，此时称为反向偏置，即外加反向电压 V，如图 2-30(c)所示。对比图 2-30(a)和图 2-30(c)可以发现，在反向偏置情况下，外加电场与内建电场的方向相同，空间电荷区内电场强度 E 增强，空间电荷区内电荷增加，空间电荷区变宽，势垒高度从 eV_B 升高至 $e(V_B+V)$。此时，由于空间电荷区势垒高度升高，因此区内扩散电流将被大大抑制；而区内的电场强度增大，将不断将 n 区(或 p 区)的少数载流子空穴(或电子)抽取到对面的 p 区(或 n 区)，漂移电流将有所增加，产生净漂移电流。由于净漂移电流是通过抽取少数载流子形成的，因而在 p 区(或 n 区)边界积累的空穴(或电子)数量很少，其浓度远低于 p 区(或 n 区)外的多数载流子空穴(或电子)浓度。一方面，空间电荷区中产生的净漂移电流很小；另一方面，空间电荷区外的电场很小，浓度梯度也小，无论是漂移电流还是扩散电流都很小，因而对外呈现的电流非常微弱。

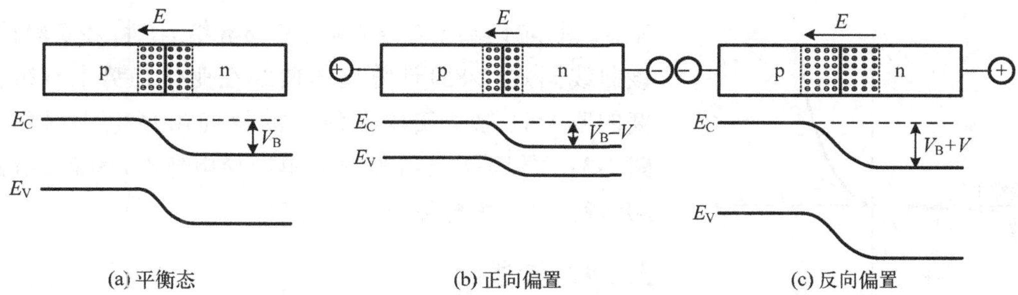

图 2-30　热平衡、正向偏置和反向偏置情形下 p-n 结的空间电荷区和能带结构

2. p-n 结的电流-电压特性

通过上面的分析可以推断：p-n 结正向偏置时，随着外加电压的增大，空间电荷区内的势垒高度不断降低，区内电场强度不断减小，空间电荷区越来越窄，导致区内净扩散电流迅速增大，对外电流也同步增大；而 p-n 结反向偏置时，随着外加电压的增大，空间电荷区内的势垒高度不断增加，区内电场强度不断增大，空间电荷区越来越宽，虽然会导致区内净漂移电流有所增大，但净漂移电流只是在很低的水平上增大，总体上对外电流依然很微弱。

对于理想的 p-n 结，即空间电荷区无载流子产生也无复合，空间电荷区外的少数载流子浓度与热平衡时的浓度相等，电场近似为零，根据非平衡少数载流子连续性方程，可以求出注入 p 区和 n 区的非平衡少数载流子浓度，进而得出 p 区电子和 n 区空穴的扩散电流密度分别为

$$J_n = \frac{eD_n n_i^2}{N_A L_n}\left(e^{\frac{eV}{\kappa_B T}} - 1\right) \tag{2-83}$$

$$J_p = \frac{eD_p n_i^2}{N_D L_p}\left(e^{\frac{eV}{\kappa_B T}} - 1\right) \tag{2-84}$$

式中，$L_n = \sqrt{D_n \tau_n}$ 和 $L_p = \sqrt{D_p \tau_p}$ 分别是 p 区和 n 区的非平衡少数载流子——电子和空穴的扩散长度；$n_i^2 = n_0 p_0$（n_0 和 p_0 为热平衡时的电子和空穴浓度）。设 p-n 结的面积为 A，其总电流应为 p 区电子和 n 区空穴的扩散电流之和，从而得出 p-n 结的电流-电压(I-V)关系：

$$I = A(J_n + J_p) = Aen_i^2\left(\frac{D_n}{N_A L_n} + \frac{D_p}{N_D L_p}\right)\left(e^{\frac{eV}{\kappa_B T}} - 1\right) \tag{2-85}$$

以上就是理想 p-n 结的 I-V 特性。式(2-85)又可以写成：

$$I = I_0\left(e^{\frac{eV}{\kappa_B T}} - 1\right) = I_0 e^{\frac{eV}{\kappa_B T}} - I_0 \tag{2-86}$$

式中，$I_0\exp[eV/(\kappa_B T)]$为正向电流；I_0 为反向饱和电流。根据式(2-86)，正向偏置时，由于 I_0 很小，I 随 V 的增大基本呈指数上升；反向偏置时，指数项趋近零，I 趋近反向饱和电

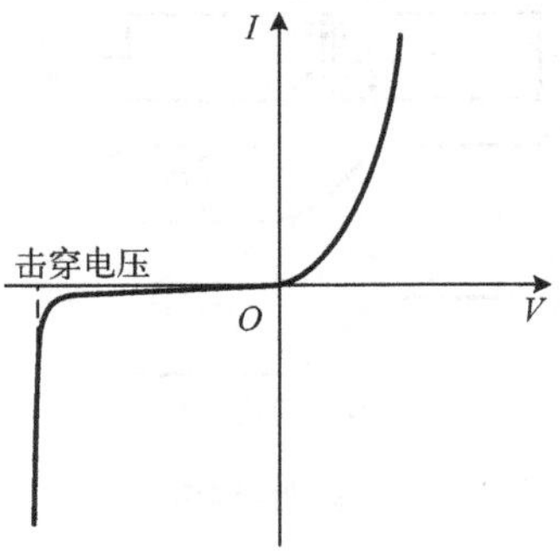

图 2-31　p-n 结的 I-V 特性

流 I_0。图 2-31 给出了一个典型的 p-n 结 I-V 特性实验曲线，该曲线同式(2-85)计算出的曲线在变化趋势上有很大程度的吻合，除了实验曲线中的反向击穿电压部分。从图 2-31 可以看出 p-n 结具有单向导电特性，因而 p-n 结的 I-V 特性又称为整流特性。

2.2.4　异质结

以上讨论了同一种半导体材料通过掺杂不同导电类型杂质构成的 p-n 结，也称同质结；实际上同质结也可以是相同导电类型不同掺杂浓度的同一种半导体材料接触形成的结，如 p-Si/p^+-Si。顾名思义，异质结就是两种不同带隙宽度的半导体材料接触所构成的 p-n 结，如 n-CdS/p-CdTe；同样，异质结也包括相同导电类型、不同带隙宽度的半导体材料接触形成的结，如 p-$Al_{0.7}Ga_{0.3}As$/p-GaAs[10, 11]。异质结一般都通过薄膜生长工艺制备，同样可分为突变异质结和缓变异质结，突变异质结的过渡区只有几个原子层，一些先进的薄膜制备技术可以将过渡区宽度做到 1～2 个原子层，缓变异质结的过渡区一般大于几个扩散长度。异质结在太阳能电池中被广泛应用，如 GaAs、CdTe、$CuIn_xGa_{1-x}Se$ 等化合物薄膜太阳能电池，还有非晶硅薄膜与单晶硅构成的 HIT 电池等。

1. 异质结的能带结构

热平衡时，独立的具有不同禁带宽度的 p 型半导体 1 和 n 型半导体 2 的能带结构如图 2-32(a)所示。图中，E_0 是真空能级，它是电子恰好脱离半导体、动能为零时的能量状态；A 是电子亲和势，其值为 E_0–E_C，指导带底的电子脱离半导体所需的最低能量；W 为功函数，其值为真空能级 E_0 与费米能级 E_F 之差，一般指半导体中的电子脱离半导体所需的最低能量。p 型半导体 1 和 n 型半导体 2 单独存在时，都呈电中性，但它们都有各自的禁带宽度、费米能级、电子亲和势和功函数，p 型半导体具有高空穴浓度，n 型半导体具有高电子浓度。当 p 型半导体 1 和 n 型半导体 2 接触时，与同质 p-n 结一样，在交界面处，电子和空穴将在浓度梯度的作用下发生向低浓度方向的扩散运动。空穴将从 p 型半导体 1 一侧向 n 型半导体 2 一侧进行扩散，留下负离子，同时，电子将从 n 型半导体 2 一侧向 p 型半导体 1 一侧进行扩散，留下正离子，在交界面两侧形成空间电荷区，产生一个由 n 型半导体 2 区指向 p 型半导体 1 区的内建电场，如图 2-32(b)上部所示。空间电荷区内的电子和空穴在内建电场作用下将发生与扩散运动方向相反的漂移运动，最终在空间电荷区内，电子和空穴的扩散运动与漂移运动达到平衡，构成了热平衡下稳定的 p-n 结。由于两种半导体材料的扩散长度、载流子迁移率等不同，因此两种半导体的空间电荷区宽度有所不同。从能带结构上看，当 p 型和 n 型半导体接触后，随着电子和空穴向低浓度方向的扩散，p 区的 E_{Fp} 将随能级一起上移 eV_{B1}，n 区的 E_{Fn} 随能级一起下移 eV_{B2}，能带发生弯曲，具有同一费米能级 E_F，如图 2-32(b)下部所示。对于同质 p-n 结，界面处的能带是连续的；但对于异质 p-n 结，界面两侧半导体材料的禁带宽度的不同会导致能带在界面处的不连续，产生导带和价带的带阶 ΔE_C 和 ΔE_V。带阶常常会以尖峰形态出现，如图 2-32(b)所示的导带带阶 ΔE_C。在异质 p-n 结的空间电荷区的势

垒高度 $eV_B = E_{F2} - E_{F1} = W_1 - W_2$，它应等于 p 区的能级上移量 eV_{B1} 和 n 区能级下移量 eV_{B2} 之和，即热平衡时 p 区和 n 区的静电势之差。与同质 p-n 结一样，在空间电荷区外的 p 型半导体 1 和 n 型半导体 2 的能带保持不变，热平衡下呈现电中性，没有对外电流。

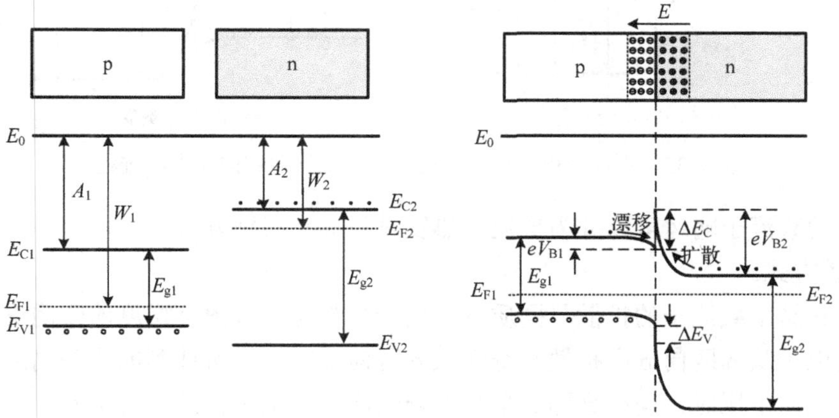

(a) 接触前　　(b) 接触后

图 2-32　异质 p-n 结的空间电荷区和能带结构

2. 异质结的光吸收和载流子输运特性

具有不同禁带宽度的异质结将会对不同波长范围的入射光产生光吸收。图 2-33 分别给出了不同导电类型的异质结[图 2-33(a)]和相同导电类型的异质结[图 2-33(b)]的光吸收过程。图 2-33 中，满足光子能量 $h\nu_1 \geqslant E_{g1}$、$h\nu_2 \geqslant E_{g2}$ 的入射光能够被异质结吸收产生电子-空穴对，当入射光子能量恰好等于禁带宽度时，电子从价带直接跃迁到导带底，对应图中电子跃迁过程①；而当入射光子能量大于禁带宽度时，跃迁到导带的电子需要通过释放热量(发射声子)回到导带底，对应图中电子跃迁过程②。对于太阳能电池来说，电子跃迁过程①是光电转换效率最高的光吸收方式，此时光吸收不会因电池发热而产生能量损失，因而具有不同禁带宽度的异质结通过对太阳光谱进行波段分配光吸收可以有效提高太阳能电池的能量转换效率。但是，在设计异质结太阳能电池时，需要注意的是，太阳光必须从异质结带隙较宽的半导体材料一侧入射，才能实现充分的分波段光吸收，从而提高光电转换效率；如果太阳光从异质结带隙较窄的半导体材料一侧入射，带隙较窄的半导体材料将提前吸收本应由带隙较宽的半导体材料吸收的光波段，这样就无法实现有效的分波段光吸收，加上表面复合增加等因素，异质结太阳能电池的能量转换效率可能反而会低于相同带隙的同质结太阳能电池。因此，在异质结太阳能电池中，习惯上把带隙较宽的半导体层称为“窗口层”，太阳光从窗口层射入，窗口层一般很薄，以便于让更多的光被下面带隙相对较窄的半导体层吸收，同时可以减少自身吸收产生的载流子向表面扩散而导致的表面复合。

对比图 2-32、图 2-33 和图 2-29 可以发现，异质结与同质结在能带结构上的最大区别在于异质结中的电子和空穴在输运过程中遇到的势垒高度有所不同，而同质结是相同的，从图 2-32 和图 2-33 都可以看到异质结的能带在界面处存在势垒尖峰，即带阶ΔE_C和ΔE_V，带阶对载流子的输运特性有很大的影响。

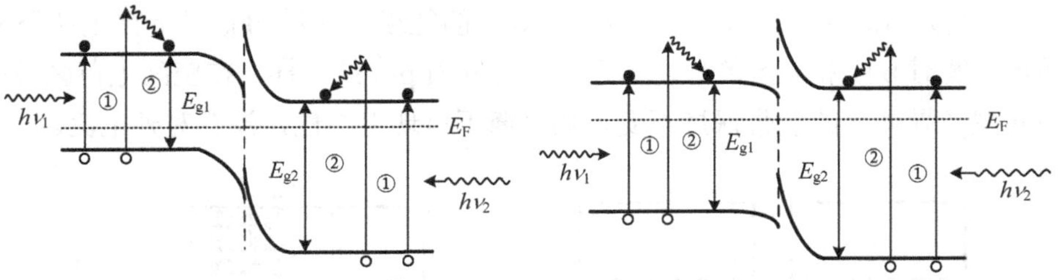

(a) 不同导电类型　　(b) 相同导电类型

图 2-33　不同导电类型和相同导电类型异质结的光吸收过程

异质结的载流子输运可以分为扩散、热发射和隧穿三种方式。

(1) 扩散方式。

异质 p-n 结中载流子的扩散与同质 p-n 结一样都是通过浓度梯度的作用进行的，区别在于异质结电子从 n 区向 p 区扩散与空穴从 p 区向 n 区扩散所遇到的势垒高度不同。在异质 p-n 结加正向电压时，同样会因势垒高度降低而产生电子扩散流与空穴扩散流增大的现象，从而实现整流。

(2) 热发射方式。

异质结的热发射载流子输运是通过载流子的热运动速度来翻越势垒，而不是像扩散一样通过浓度梯度的作用，因而热发射的电流密度同扩散系数和扩散长度无关，主要由同热运动速度相关的温度决定。由于异质结电子和空穴从 n 区向 p 区与从 p 区向 n 区输运所需翻越的势垒高度不同，因而会产生净热发射电流。

(3) 隧穿方式。

异质结界面处能带的尖峰形态的带阶结构给了电子通过隧穿方式实现载流子输运的可能。在势垒较薄时，能量低于势垒高度的电子可以通过量子隧穿方式从 n 区到达 p 区，载流子以隧穿方式输运基本同温度无关，隧穿电流主要取决于势垒宽度和正向偏压。在多结太阳能电池中的隧道结就是以这种方式实现载流子输运的。

2.3　金属-半导体接触

前面讨论了半导体 p-n 结的能带结构和整流效应，实际上金属-半导体接触形成的结构也可以具有整流效应，称为肖特基结。在太阳能电池中，金属电极和半导体之间的接触常常需要消除整流效应，这种接触被称为欧姆接触。而在一些新型太阳能电池中，也利用金属-半导体接触以及金属-绝缘体-半导体接触形成的具有整流效应的结构来构成光电转换单元[6, 12]。

2.3.1　金属-半导体肖特基结

图 2-34 给出了金属同 n 型半导体接触后空间电荷区的形成以及能带结构的变化情况。从图 2-34(a)可以看到，金属同 n 型半导体接触前，金属的功函数大于 n 型半导体，对应的金属费米能级 E_{Fm} 低于 n 型半导体的费米能级 E_{Fn}。对于电子来说，由于其带负电，因此真空能级 E_0 之下，离开 E_0 越远，能级越低；反之，对于空穴，由于其带正电，因此真空

能级 E_0 之下，离开 E_0 越远，能级越高。从图 2-34(b)可以看出，当金属同 n 型半导体接触后，由于 n 型半导体的费米能级 E_{Fn} 高于金属的费米能级 E_{Fm}，n 型半导体的导带电子将流向金属，金属中电子浓度增加带负电，n 型半导体电子流失，剩下正离子带正电，金属和 n 型半导体的正、负电荷数相等，整个体系保持电中性。由于金属的高导电性，流到金属的电子由于受 n 型半导体正离子吸引将聚集在交界面金属一侧的一个原子层内，而交界面 n 型半导体一侧的正离子将形成具有一定厚度的空间电荷区，产生一个由 n 型半导体指向金属的内建电场，如图 2-34(b)上部所示。n 型半导体带正电，电势将升高，能带下移 eV_{Bn}，向上弯曲；金属带负电，电势降低，费米能级上移 eV_{Bm}，从而使金属和 n 型半导体具有同一费米能级 E_F，在空间电荷区产生一个势垒，如图 2-34(b)下部所示。与半导体 p-n 结相似，与内建电场相联系的势垒将会阻止 n 型半导体中的电子进一步流向金属，因此又把 n 型半导体中的势垒区称为电子阻挡区。当达到平衡时，在金属-n 型半导体的空间电荷区两边的电势差 $eV_{mn}=E_{Fn}-E_{Fm}=W_m-W_n$，它应等于金属能级移动量 eV_{Bm} 和 n 型半导体能级移动量 eV_{Bn} 之和，即热平衡时金属和 n 型半导体的静电势之差，此电势差也称为金属-半导体接触电势差。与半导体 p-n 结一样，金属-n 型半导体肖特基结在空间电荷区外的金属和 n 型半导体的能带保持不变，热平衡下呈现电中性，没有对外电流。

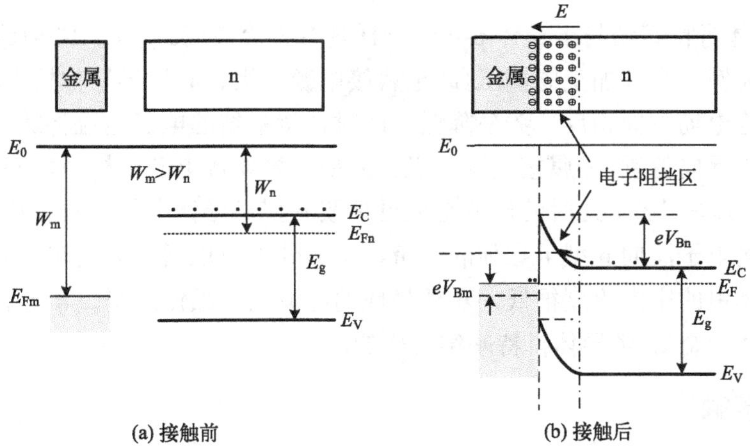

图 2-34　金属同 n 型半导体接触前、后空间电荷区的形成以及能带结构的变化

金属同 p 型半导体也可以构成肖特基结，图 2-35 给出了金属同 p 型半导体接触后空间电荷区的形成以及能带结构的变化情况。图 2-35(a)显示，金属同 p 型半导体接触前，金属的功函数小于 p 型半导体，对应的金属费米能级 E_{Fm} 高于 p 型半导体的费米能级 E_{Fp}。对于空穴来说，由于其带正电，因此真空能级 E_0 之下，离开 E_0 越远，能级越高。从图 2-35(b)可以看出，由于 p 型半导体的费米能级 E_{Fp} 高于金属费米能级 E_{Fm}，p 型半导体的价带空穴将流向金属，相当于金属中电子流失留下正离子，正离子将聚集在交界面金属一侧的一个原子层内，p 型半导体空穴流失剩下负离子，在交界面附近形成具有一定厚度的空间电荷区，空间电荷区内具有低空穴浓度，产生一个由金属指向 p 型半导体的内建电场，此区域称为空穴耗尽区，如图 2-35(b)上部所示。此时，p 型半导体带负电，电势将降低，能带上移 eV_{Bp}，向下弯曲；金属带正电，电势升高，费米能级下移 eV_{Bm}，从而使金属和 p 型半导

体具有同一费米能级 E_F，在空间电荷区产生一个势垒，如图 2-35(b)下部所示。与半导体 p-n 结相似，与内建电场相联系的势垒将会阻止 p 型半导体中的空穴进一步流向金属，因此也把 p 型半导体中的势垒区称为空穴阻挡区。金属-p 型半导体肖特基结的其他情况与金属-n 型半导体肖特基结分析方法类似，这里不再赘述。

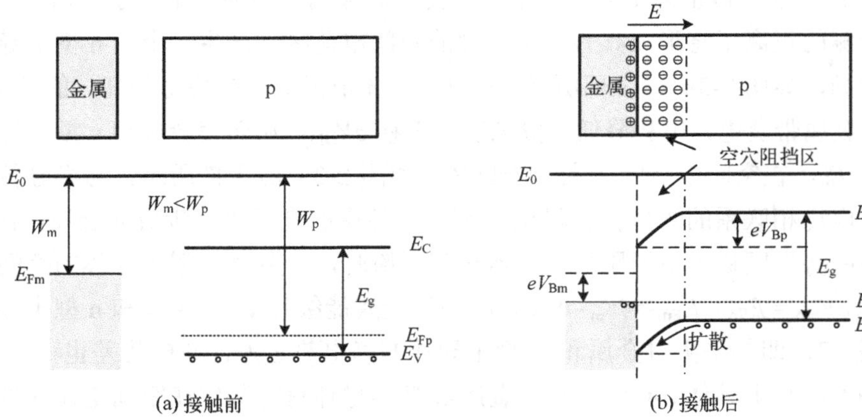

图 2-35　金属同 p 型半导体接触前、后空间电荷区的形成以及能带结构的变化

金属-半导体肖特基结与半导体 p-n 结一样具有整流效应。以图 2-34(a)的金属-n 型半导体肖特基结为例，当外加正向偏压(即金属接电源正极、n 型半导体接电源负极)时，产生的电场同内建电场方向相反，势垒降低，此时肖特基结的电子电流将随外加电压增加呈指数函数增大；反向偏置(金属接电源负极、n 型半导体接电源正极)时，外加电场同内建电场方向相同，势垒升高，此时的电流是通过抽取 n 型半导体中的少数载流子空穴形成的，也可认为是金属电子流向 n 型半导体的价带，虽然外加电压增加会引起空穴电流增加，但由于 n 型半导体中的空穴浓度很低，对外呈现的电流处于很低水平。半导体器件中的肖特基二极管就是基于金属-半导体肖特基结制成的。

2.3.2　欧姆接触

半导体器件包括太阳能电池常常需要没有整流效应的金属和半导体之间的接触，即欧姆接触。欧姆接触主要出现在半导体器件的金属电极上，太阳能电池的电极也需要尽可能地实现欧姆接触。对于理想的欧姆接触，金属同半导体之间的接触电阻与半导体样品或器件中的电阻相比应当很小，当有电流流过时，欧姆接触上的电压降应当远小于器件本身的压降，这种接触不影响器件的 *I-V* 特性。从能带结构上看，要形成欧姆接触，金属的功函数必须小于 n 型半导体或大于 p 型半导体，这样可在半导体一侧形成电子或空穴高电导区，阻止整流效应产生。

图 2-36 给出了金属的功函数小于 n 型半导体时金属同 n 型半导体欧姆接触的能带结构的变化情况。从图 2-36 可以看到，由于 n 型半导体的费米能级 E_{Fn} 低于金属费米能级 E_{Fm}，当金属与 n 型半导体接触时，金属电子将流向 n 型半导体的导带，金属中电子流失留下正离子，正离子将聚集在交界面金属一侧的一个原子层内，n 型半导体电子浓度增加，受金属侧正离子吸引，在交界面附近形成具有一定厚度的空间电荷区，空间电荷区内具

有高电子浓度，产生一个由金属指向 n 型半导体的内建电场，如图 2-36(b)上部所示。此时，n 型半导体带负电，电势将降低，能带上移 eV_{Bn}，向下弯曲；金属带正电，电势升高，费米能级下移 eV_{Bm}，从而使金属和 n 型半导体具有同一费米能级 E_F，在空间电荷区产生一个高度较低的势垒，如图 2-36(b)下部所示。与图 2-34 不同的是，势垒区的内建电场能够促进 n 型半导体的电子流向金属，因此又把 n 型半导体中具有较高电子浓度的空间电荷区称为电子高导电区。下面再来看看图 2-36 所示的欧姆接触中载流子的输运过程：当金属接电源正极(或作为太阳能电池阴极)时，n 型半导体中多数载流子(电子)会通过电子高电导区顺利注入金属，而当金属接电源负极(或作为太阳能电池阳极)时，势垒降低，金属电子注入 n 型半导体的电子电流也会增大，因此，接触电阻都很小，不会影响器件本身的 *I-V* 特性。

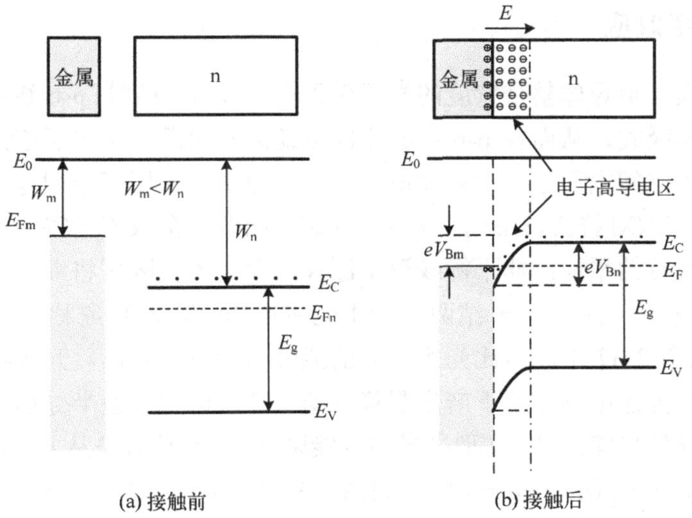

图 2-36　金属同 n 型半导体欧姆接触的空间电荷区以及能带结构

前面从能带结构上对理想金属-半导体欧姆接触进行了分析。实际上，欧姆接触还会受到其他因素影响，其中最重要的是表面态。在半导体的表面，由于存在自身缺陷、吸附物质、氧化物或与电解液中的物质发生作用等，表面存在不饱和的共价键，表面电子的量子状态会形成分立的能级或很窄的能带，称为表面态。在半导体高表面态密度时，其影响甚至会远远超过金属-半导体之间功函数的差异引起的势垒。在实际工艺中，常用的欧姆接触制备技术如下。

(1) 低势垒接触。

该技术主要是通过选择合适的金属材料使金属和半导体的功函数相差很小，势垒很低，室温下载流子就可以在金属和半导体间自由流动，从而消除整流效应。对于太阳能电池来说，合适的金属有金、铂、铝等。

(2) 高复合接触。

该技术是通过打磨或金属扩散形成合金等手段，在半导体表面引入大量复合中心，复合掉扩散载流子，使得势垒区无法建立，以此来消除整流效应。但此种方法由于引入了大量复合中心会导致大量光生载流子的复合，不适合太阳能电池电极的制备。

(3) 高掺杂接触。

该技术就是在半导体表面掺入高浓度施主或受主杂质，导致金属-半导体接触的势垒区很薄。室温下，电子可以通过隧穿效应产生隧穿电流，使势垒无法阻挡电子流动，形成欧姆接触。该方法在太阳能电池电极的制备中被广泛使用，如太阳能电池铝背场和多结电池中的隧道结都采用了这种技术。

2.4　光伏基本原理

在了解了半导体 p-n 结特性的基础上，下面将对光照条件下半导体 p-n 结偏离热平衡后的能带结构、电流电压特性、光电转换效率进行分析和讨论。

2.4.1　光生伏特效应

当光子能量大于半导体禁带宽度的光照射入半导体 p-n 结时，p-n 结将对入射光产生以本征吸收为主的光吸收，从而在 p-n 结的空间电荷区及附近产生电子-空穴对，p-n 结处于非平衡状态。由于空间电荷区存在内建电场，在内建电场作用下空间电荷区内以及从附近扩散而来的电子-空穴对将会发生电荷分离，分离后的非平衡载流子将向空间电荷区两端进行漂移，打破了原有的平衡，非平衡载流子漂移出空间电荷区后将继续向两端进行扩散，从而形成光生电流 I_g，并在 p-n 结两端产生光生电压 V，此现象称为光生伏特效应，如图 2-37 所示。在图 2-37 中，对比光照前后的能带结构可以看出，光照在空间电荷区产生的非平衡载流子在内建电场作用下产生漂移运动，空穴流向 p 型半导体、电子流向 n 型半导体导致 p 型半导体势能升高、n 型半导体势能降低，p-n 结势垒从 eV_B 降为 $e(V_B-V)$，费米能级分裂为 E_{Fn} 和 E_{Fp} ($E_{Fn}-E_{Fp}=eV$)，如图 2-37(b) 所示。半导体 p-n 结在光照时的光生伏特效应可以使其产生光生电流和光生电压，从而具备向外输出电能的能力，它是太阳能电池和其他光电转换器件的基本工作原理。通过类似的分析可知肖特基结和 MIS 结构也可以产生光生伏特效应。

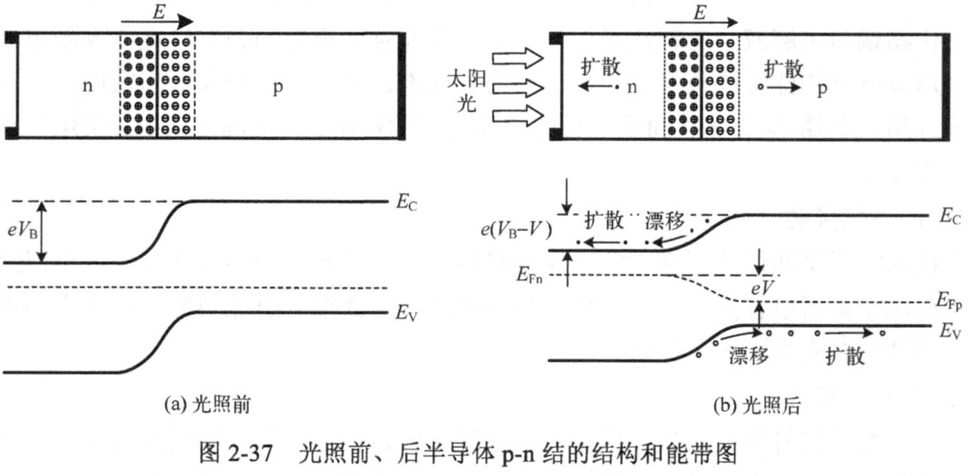

(a) 光照前　　(b) 光照后

图 2-37　光照前、后半导体 p-n 结的结构和能带图

2.4.2　太阳能电池伏安特性

假设有一个结构如图 2-37 所示的 p-n 结太阳能电池，一束光垂直入射到 p-n 结表面，入射光在 p-n 结区被吸收产生电子-空穴对的平均产生率为恒定值 G，如果忽略电子-空穴对在空间电荷区的复合，则 p-n 结内产生的从 n 区流向 p 区的光生电流为[13]

$$I_{\mathrm{g}} = eAG(L_{\mathrm{n}} + L_{\mathrm{p}} + W) \tag{2-87}$$

式中，A 为 p-n 结的光照面积；$L_{\mathrm{n}} = \sqrt{D_{\mathrm{n}}\tau_{\mathrm{n}}}$ 和 $L_{\mathrm{p}} = \sqrt{D_{\mathrm{p}}\tau_{\mathrm{p}}}$ 分别是 p 区和 n 区的非平衡少数载流子——电子和空穴的扩散长度；W 为空间电荷区的宽度。从式(2-87)可以看出，只有在空间电荷区内以及以外一个扩散长度内的光生电子-空穴对对光生电流有贡献，空间电荷区外离空间电荷区较远的光生电子-空穴对在扩散到空间电荷区之前就已经复合，对光生电流没有贡献。因此，在图 2-37 所示的 p-n 结太阳能电池中，n 型半导体层一般较薄，以减少无效的光吸收，p 型半导体层的厚度也不应过厚，否则也会增大载流子输运过程中的复合率。

半导体 p-n 结的光生伏特效应使其产生光生电流和光生电压的同时，也相应产生一个同光生电流方向相反的正向电流，光生电压相当于在 p-n 结两端加正向偏压，此时的正向电流可根据式(2-86)计算如下：

$$I_1 = I_0\left(\mathrm{e}^{\frac{eV}{\kappa_{\mathrm{B}}T}} - 1\right) \tag{2-88}$$

式中，V 为光生电压；I_0 为 p-n 结的反向饱和电流。当 p-n 结与外电路相连时，总的电流应为

$$I = I_{\mathrm{g}} - I_1 = I_{\mathrm{g}} - I_0\left(\mathrm{e}^{\frac{eV}{\kappa_{\mathrm{B}}T}} - 1\right) \tag{2-89}$$

式(2-89)就是光照下 p-n 结型太阳能电池的 I-V 特性，即伏安特性。图 2-38 给出了太阳能电池无光照和光照条件下的伏安特性曲线。从图中可以发现，太阳能电池光照下的 I-V 特性就是将光电流叠加到半导体 p-n 结的整流特性之上的结果。其中，I_{SC} 是 $V=0$(相当于短路)时的电流，称为短路电流；V_{OC} 是 $I=0$(相当于断路)时的电压，称为开路电压。

短路电流和开路电压都是评价太阳能电池性能的重要参数，它们同入射光强度的关系如图 2-39 所示。其中，短路电流会随着光照强度增大而线性增长；而开路电压由于受到禁带宽度限制，随光照强度增大呈对数增加，最后逐渐接近饱和值。

2.4.3　太阳能电池的效率

太阳能电池的能量转换效率(η)，就是当太阳能电池外接电路时将光能转换为输出的电能的百分比。在标准测试环境下，太阳能电池的能量转换效率是通过用太阳能电池的最大输出功率(P_{m})除以入射光的强度(I_{in}，单位 $\mathrm{W/m^2}$)和太阳能电池表面面积(A，单位为 $\mathrm{m^2}$)的乘积，可写成：

$$\eta = \frac{P_{\mathrm{m}}}{P_{\mathrm{in}}} = \frac{I_{\mathrm{m}}V_{\mathrm{m}}}{I_{\mathrm{in}}A} \tag{2-90}$$

式中，I_m 和 V_m 是指太阳能电池在最大输出功率时的电流和电压[5, 6]。标准测试环境是指环境温度为 25℃、光强度为 1000W/m²、AM1.5 的太阳光谱。在该测试条件下，能量转换效率为 10%、面积为 10cm²(0.001m²)的太阳能电池可以产生大约 1W 的功率。

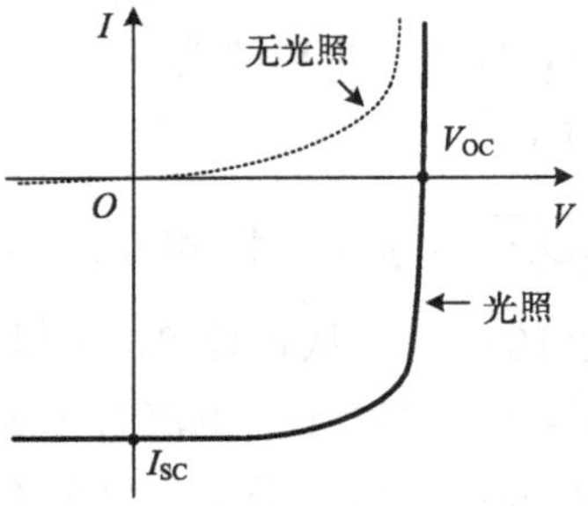

图 2-38　p-n 结型太阳能电池有光照和无光照时的 I-V 特性[5]

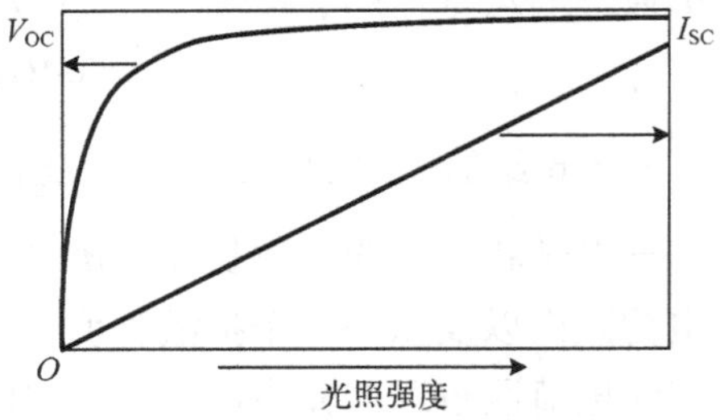

图 2-39　p-n 结型太阳能电池光照强度同开路电压和短路电流的关系[6]

太阳能电池的能量转换效率受多种因素影响，包括反射、吸收、热力学、复合、寄生阻抗等。由于很难对这些影响因素进行测试，所以一般通过短路电流(I_{SC})、开路电压(V_{OC})和填充因子(FF)三个参数来得出太阳能电池的能量转换效率。根据式(2-89)可以得出

$$I_{SC} = I_g \tag{2-91}$$

$$V_{OC} = \frac{\kappa_B T}{e} \ln \frac{I_g + I_0}{I_0} \approx \frac{\kappa_B T}{e} \ln \frac{I_g}{I_0} \tag{2-92}$$

从式(2-91)和式(2-92)可以看出：短路电流 I_{SC} 等于光生电流 I_g，因而 I_{SC} 随着光照强度的增大而线性增长；而开路电压 V_{OC} 与光生电流 I_g 为对数关系，因而其随光照强度增大呈对数增加，符合图 2-39 所示的光照强度同开路电压和短路电流的关系。根据式(2-89)还可以得出太阳能电池的对外输出功率为

$$P = IV = I_g V - I_0 V\left(e^{\frac{eV}{\kappa_B T}} - 1\right) \tag{2-93}$$

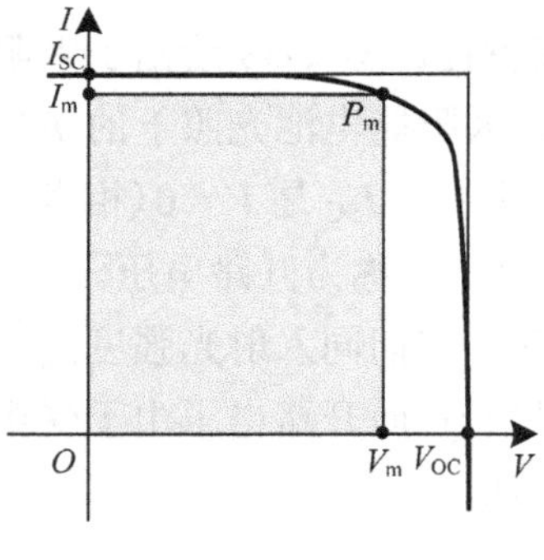

图 2-40　p-n 结型太阳能电池的 I-V 特性曲线

通过式(2-93)求极值可以获得太阳能电池的最大输出电压 V_m 和最大输出电流 I_m。由于实际太阳能电池的 I-V 特性曲线受多种因素影响，一般都是通过实验测量得出的 I-V 曲线找出最大输出功率点来获得 V_m 和 I_m，如图 2-40 所示。

在图 2-40 中，填充因子 FF 为灰色矩形面积($I_m V_m$)与白色矩形面积($I_{SC} V_{OC}$)之比：

$$FF = \frac{I_m V_m}{I_{SC} V_{OC}} \tag{2-94}$$

对于太阳能电池，FF 越大越好，理想情况下，FF = 1。引入 FF 后，式(2-90)的太阳能电池能量转换效率可写为

$$\eta = \frac{I_{SC} V_{OC} FF}{I_{in} A} \tag{2-95}$$

只要知道I_{SC}、V_{OC}和 FF，就可以通过式(2-95)计算出标准测试条件下的η，因而，I_{SC}、V_{OC}、FF 和η都是描述太阳能电池性能的重要参数。

2.4.4　太阳能电池效率分析

从上面的分析可以知道，太阳能电池的效率取决于短路电流I_{SC}、开路电压V_{OC}和填充因子 FF。实际上，以上三个参数同太阳能电池的材料选择、结构设计和制备工艺都密切相关，导致太阳能电池的效率受多种因素影响，其能量损失可以分解成反射损失、吸收损失、热力学损失、复合损失、电子阻抗损失等，其总的能量损失是由上述各种损失综合而成的[13-15]。图 2-41 显示了一个典型的晶体硅太阳能电池的结构。从图中可以看到，受光面具有绒面结构，金属电极呈栅线状，并有一层减反膜，这是为了尽可能减少太阳光的反射，增加进入太阳能电池内部被吸收的太阳光能量；p-n 结的 n 区较薄、p 区较厚，主要是由于 n 区的少数载流子空穴的迁移率远远小于 p 区的少数载流子电子的迁移率，这样的设计可以最大限度地减少光生载流子扩散过程中的复合损失；电池背光面的p^+-背场层有利于降低背面载流子复合率，有助于背电极的载流子的收集。

1. 量子效率

太阳能电池的短路电流I_{SC}即光生电流I_g与入射光的光子能量有关，常用量子效率(QE)来表征光电流与入射光的关系。太阳能电池的量子效率有时也称为太阳能电池光电转换效率(incident-photon-to-electron conversion efficiency，IPCE)，又分为外量子效率(external quantum efficiency，EQE)和内量子效率(internal quantum efficiency，IQE)。外量子效率 EQE 的定义是：整个照射太阳光谱，每个波长为λ的光子能够对外电路提供一个电子的概率：

$$\mathrm{EQE}(\lambda) = \frac{I_{SC}(\lambda)}{eAQ(\lambda)} \tag{2-96}$$

式中，$Q(\lambda)$为光子流谱密度；A为电池面积。EQE(λ)反映了对太阳能电池短路电流有贡献的光生载流子密度与外部入射到太阳能电池表面的具有一定光子能量(波长λ)的光子流密度之比。而 IQE 的定义是：被太阳能电池吸收的波长为λ的一个入射光子能够对外电路提供一个电子的概率：

$$\mathrm{IQE}(\lambda) = \frac{I_{SC}(\lambda)}{eA(1-s)Q(\lambda)[1-R(\lambda)-T(\lambda)]} \tag{2-97}$$

式中，s为栅电极面积在电池面积中的占比；$R(\lambda)$为电池的半球反射率；$T(\lambda)$为半球投射率。它反映的是太阳能电池中产生的载流子数目与外部入射到太阳能电池内部被吸收(没有被太阳能电池表面反射回去，也没有透射过太阳能电池)的一定光子能量(波长λ)的光子数目之比。对比式(2-96)和式(2-97)，忽略栅电极的影响($s \ll 1$)，可以得出内量子效率 IQE(λ)与外量子效率 EQE(λ)的关系：

$$\mathrm{IQE}(\lambda)=\frac{\mathrm{EQE}(\lambda)}{1-R(\lambda)-T(\lambda)} \tag{2-98}$$

从式(2-98)可以看出内量子效率通常大于外量子效率。内量子效率低则表明太阳能电池的活性层对光子的利用率低；外量子效率低，除了有太阳能电池的活性层对光子的利用率低的因素，也可能有光的反射、透射比较多的因素。若电池足够厚，可使 $T(\lambda)\to 0$；若电池的绒面结构和减反膜设计合理，也可使 $R(\lambda)$ 尽可能小。对于一个理想太阳能电池，其非平衡少数载流子的扩散长度可以远大于 p 区或 n 区的厚度，光生载流子的寿命可以认为趋于∞，表面复合可以趋近于 0，因此，对于 $h\nu>E_g$ 的入射光，电池的 IQE(λ) 是可以等于 100% 的。图 2-42 给出了能量转换效率分别为 17.6%和 18.1%的两个实际晶体硅太阳能电池的内量子效率谱。从图中可以看出，对于短波长入射光，IQE(λ) 接近 100%。

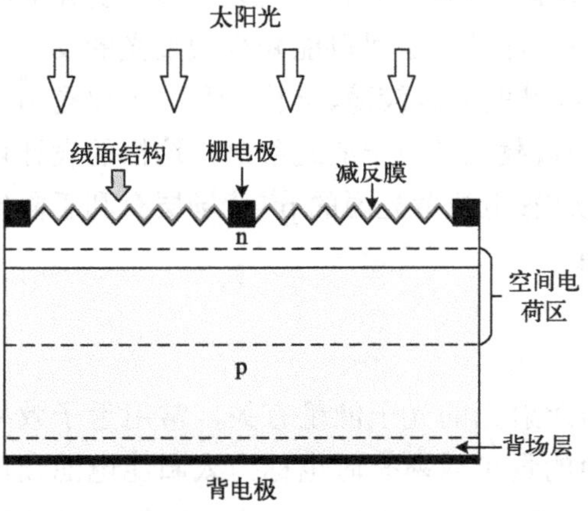

图 2-41 典型的晶体硅太阳能电池的几何结构示意图

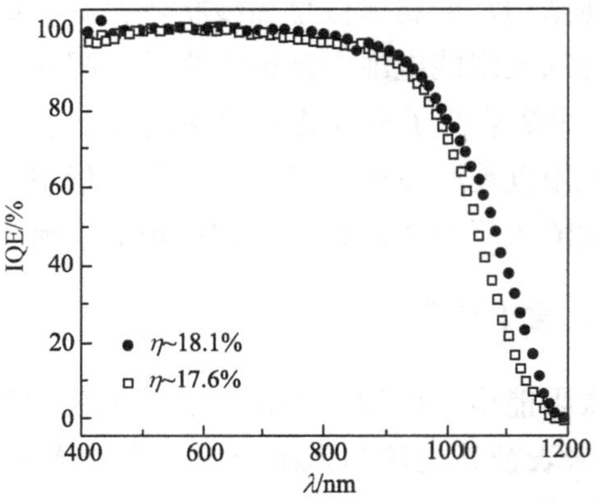

图 2-42 能量转换效率分别为 17.6%和 18.1%的晶体硅太阳能电池的内量子效率谱[5]

2. 半导体材料的禁带宽度

入射太阳能电池的太阳光中，只有能量大于禁带宽度 E_g 的光子可以被太阳能电池吸收产生电子-空穴对，形成短路电流 I_{SC}，即光生电流 I_g，从而对太阳能电池效率有贡献，因此，E_g 决定了太阳光谱的利用率，是影响太阳能电池效率的重要因素。但是，对于太阳能电池，半导体材料的 E_g 也不是越小越好，E_g 的减小虽然可以降低太阳能电池的光吸收下限，拓宽太阳能电池对太阳光谱的吸收，但同时会使本征载流子浓度 n_i 增加，根据式(2-85)，反向饱和电流 I_0 正比于 n_i^2 [对照式(2-86)]，再根据式(2-92)，开路电压 V_{OC} 会随 I_0 增大而减小，最后的结果就是 E_g 的减小导致 V_{OC} 的减小；反之，如果半导体材料的 E_g 增大，虽然可使 V_{OC} 增大，但吸收光谱变窄，光生电子-空穴对减少，I_{SC} 随之减小。所以，太阳能电池材料的 E_g 过大或过小都不利于效率的提升，存在一个最优值。研究表明，与太阳能电池的最大能量转换效率对应的 E_g 最优值在 1.4eV 附近。

3. 少数载流子寿命

从前面的讨论可以知道，光生电流 I_g 由光照产生非平衡少数载流子构成，少数载流子寿命对太阳能电池的性能有至关重要的影响。当 p 区少数载流子的寿命很短时，其扩散长度 L_n（$L_n=\sqrt{D_n\tau_n}$）可以远小于 p 区宽度 W_p，其在 p 区的输运过程中基本上会被复合，p 区少数载流子寿命越短，短路电流越小。另外，根据式(2-85)可以得出 p 区的反向饱和电流为

$$I_{0n}=Aen_i^2\frac{D_n}{N_AL_n} \tag{2-99}$$

从式(2-99)可以看出，反向饱和电流反比于 L_n，小的 L_n 会引起大的反向饱和电流，从而降低开路电压 V_{OC}[根据式(2-92)]。由此可以看出，p 区少数载流子寿命短不仅会使短路电流小而且会导致开路电压较低，结果就是太阳能电池效率较低。表 2-1 列出了一个理论计算得出的晶体硅太阳能电池的结构和材料性质的参数。表中，p 区和 n 区的同少数载流子寿命相联系的扩散长度(L_n、L_p)均远大于它们的宽度(W_p、W_n)，少数载流子基本都能扩散到电极，I_{SC} 和 V_{OC} 都趋于理想值，根据此表中的参数计算出来的 I-V 曲线的填充因子 FF 可以达到 0.83。目前实际晶体硅太阳能的厚度已经可以做到 100μm 以下，对于表中给出的少数载流子寿命，电池可以达到理想的能量转换效率，但如果少数载流子寿命降低，使 L_n 小于电池厚度时就会对电池效率产生负面影响。

表 2-1　晶体硅太阳能电池的结构和材料性质的计算参数[13]

n 区		p 区	
参数	数值	参数	数值
A	$100cm^2$	A	$100cm^2$
W_n	0.35μm	W_p	300μm
N_D	$1\times10^{20}cm^{-3}$	N_A	$1\times10^{15}cm^{-3}$
D_p	$1.5cm^2/(V\cdot s)$	D_n	$35cm^2/(V\cdot s)$
S_n	$3\times10^4m/s$	S_p	100m/s
τ_p	1μs	τ_n	350μs
L_p	12μm	L_n	1100μm

对太阳能电池而言，半导体材料中的深能级复合中心是影响少数载流子寿命的主要因素。深能级复合中心主要是材料和器件制备过程中引入的金属杂质或缺陷。对于体材料，深能级复合中心主要是金属杂质，如 Cu、Al、Fe、Mn、Ni、Mo、W、Ti 等。其中，电池的能量转换效率对 Mo、W、Ti 等金属极为灵敏，当其含量达到 $10^{11}cm^{-3}$ 时，电池效率就会明显下降，而对 Cu、Al 的灵敏度很小，当其含量达到 $10^{17}cm^{-3}$ 时，电池效率才会下降。总体而言，太阳能电池材料对金属杂质的容忍度远远高于半导体材料，有可能运用低成本技术制备太阳能电池材料，从而降低太阳能电池的制造成本。对于薄膜材料，深能级复合中心除了有金属杂质，缺陷也不能忽略，需要在薄膜制备过程中加以控制，但薄膜太阳能电池一般都是直接带隙半导体材料，厚度仅有 1～2μm，少子寿命对电池效率的影响相对较小。

4. *表面复合*

表面复合是指光生电子-空穴对扩散到表面处发生复合而损失掉，它对太阳能电池效率

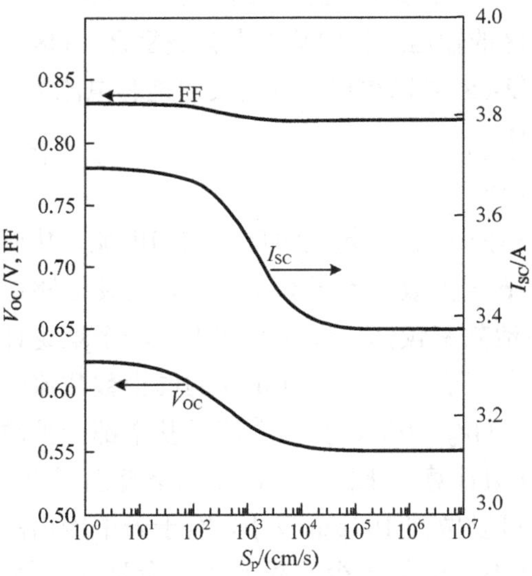

图 2-43　太阳能电池背面复合速率对短路电流、开路电压和填充因子的影响[13]

有重要的影响。表 2-1 中列出的 S_n 和 S_p 分别表示 n 区的表面复合速率和 p 区的背面复合速率。先看 p 区的背面复合情况，从前面的分析知道，当 $L_n < W_p$ 时，特别是当 $L_n \ll W_p$ 时，载流子扩散到背电极之前大多或全部已经复合，此时的背面复合对电池性能影响较小或没有影响；但当 $L_n > W_p$，特别是当 $L_n \gg W_p$ 时，背面复合会严重影响电池的性能。表面复合同电池制备工艺密切相关，在没有背场的情况下，当 $L_n \gg W_p$ 时，S_p 将趋于无限大，但如果存在背场层，S_p 可以被抑制得很低。图 2-43 给出了根据表 2-1 的太阳能电池参数计算出来的 S_p 同 I_{SC}、V_{OC} 和 FF 的关系，从图中可以看到，随 S_p 增大，太阳能电池的 I_{SC}、V_{OC} 和 FF 都会减少，从而导致电池效率降低。实际的太阳能电池的 L_n 都远大于 W_p，因此背场层的制备极为重要。

再看 n 区的表面复合情况，n 区一般很薄，实际太阳能电池的 n 区厚度一般在 0.25μm 左右，因而对于 n 区的少数载流子，有 $L_n \gg W_p$，仅从扩散角度看，光生载流子全部可以扩散到电池前表面，此时的表面复合速率 S_n 由两部分构成：一部分是扩散到金属栅电极之间的载流子的复合，该部分复合速率相对较小；另一部分是扩散到金属栅电极处载流子的复合，由于金属电极与 n 型半导体间的欧姆接触，此处的复合速率极高。总的来看，n 区的表面复合速率 S_n 还是比较大的；但是 n 区一般很薄，吸收的入射光有限，复合的光生载流子同总的光生电流相比很小，另外，空间电荷区的内建电场也会阻止电荷区内的少数载流子向表面扩散，所以太阳能电池受光面的复合对电池效率的影响总体很有限。

5. 寄生电阻

前面讨论的都是理想情况下的太阳能电池的伏安特性，实际的太阳能电池都存在寄生电阻，所有的寄生电阻可以等效成一个串联电阻和一个并联电阻。图 2-44 为实际的太阳能电池的等效电路图，其中，虚线框内为理想电池情况，其 *I-V* 特性、短路电流和开路电压符合式 (2-89)、式 (2-91) 和式 (2-92)，而整个电路的输出电流 I' 和输出电压 V' 需要考虑串联电阻 R_s 和并联电阻 R_{sh} 的影响。电池的串联电阻主要来自电池的体电阻、前金属栅线电极接触电阻、金属栅线间电阻和背电极接触电阻；并联电阻主要来自 p-n 结内部和边缘的漏电流。太阳能电池的串联电阻和并联电阻既同电池设计也同电池材料的选择和电池的制备工艺密切相关，例如，电池过厚、半导体材料中杂质和缺陷

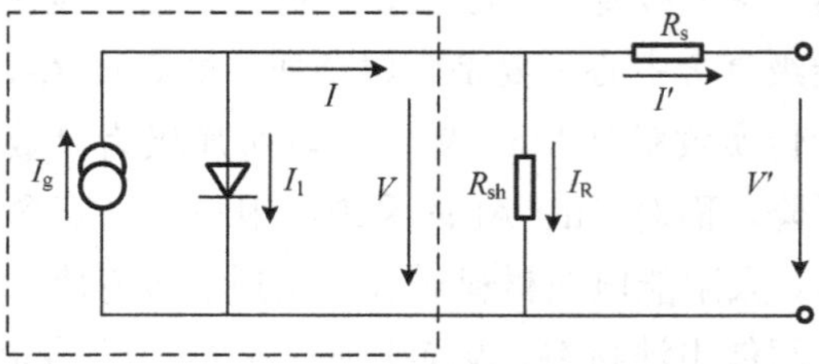

图 2-44　一个实际太阳能电池的等效电路图（虚线框内为理想电池的情况）

多、金属电极同半导体材料形成较高肖特基势垒等，都可能形成串联电阻；而贯穿 p-n 结或整个电池的线缺陷在被电活性杂质缀饰后形成的导电通道、电池边缘的沉积物等也都可能形成并联电阻。

考虑 R_{sh} 和 R_s 后，电池的电流和电压的关系变为

$$I' = I_g - I_0\{[\exp[e(V' + I'R_s)/(\kappa_B T)] - 1\} - \frac{V' + I'R_s}{R_{sh}} \tag{2-100}$$

$V' = 0$ 时的短路电流的关系式为

$$I'_{SC} = I_g - I_0\{\exp[eI'_{SC}R_s/(\kappa_B T)] - 1\} - I'_{SC}\frac{R_s}{R_{sh}} \tag{2-101}$$

$I' = 0$ 时的开路电压的关系式为

$$V'_{OC} = I_g R_{sh} - I_0 R_{sh}\{\exp[eV'_{OC}/(\kappa_B T)] - 1\} \tag{2-102}$$

图 2-45 给出了按照表 2-1 的电池参数、根据式(2-100)计算出的实际太阳能电池的 I-V 特性曲线，其中，图 2-45(a)是在假设 $R_{sh} = \infty$时不同 R_s 的 I-V 特性曲线，图 2-45(b)是在假设 $R_s = 0$ 时不同 R_{sh} 的 I-V 特性曲线。从图 2-45 可以看出，R_s 和 R_{sh} 主要影响的是太阳能电池的填充因子 FF。当串联电阻 R_s 很大时，除了使 F 减小外，还会使短路电流减小，但不影响开路电压[图 2-45(a)]；而当并联电阻 R_{sh} 很小时，除了使 F 减小外，还会使开路电压降低，但不影响短路电流[图 2-45(b)]。

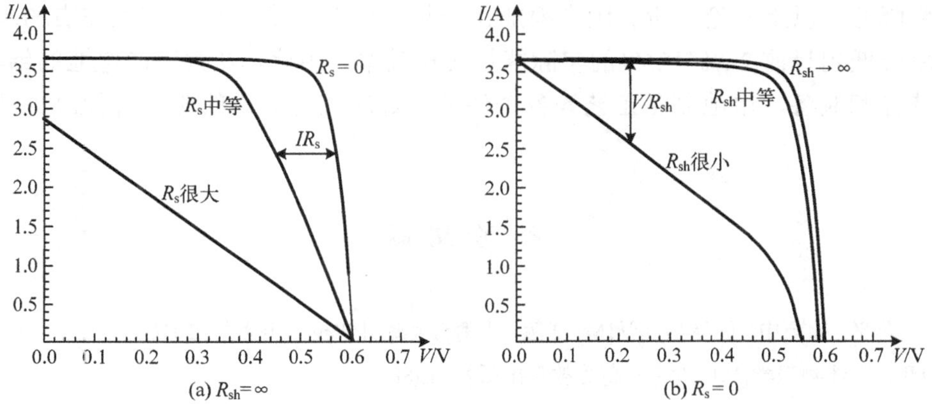

图 2-45　一个实际太阳能电池的 I-V 特性曲线[13]

6. 其他影响因素

除了前面讨论的几种影响太阳能电池效率的因素，太阳能电池在工作中还有一些过程也会影响电池的性能，图 2-46 显示了太阳光射入太阳能电池后可能发生的一系列过程。

首先，照射太阳能电池的太阳光谱中能量大于 E_g 的光将被本征吸收(过程①)，产生的电子和空穴将会通过释放热量的形式回到导带底或价带顶(过程②)；能量小于 E_g 的入射光也可能被晶格吸收产生热量。其次，处于导带底和价带顶的电子-空穴对在输运过程中可能会发生直接复合(过程③)或遇到杂质或缺陷发生间接复合(过程④)，这些复合可能会以非辐射复合的方式释放热量。以上这些过程释放的热量会使电池温度上升，根据式(2-21)，

半导体材料的本征载流子浓度 n_i 会随温度以指数形式增加，从而导致开路电压较快的下降。另外，太阳能电池材料的禁带宽度也会随温度发生变化，$E_g(T)$ 同 T 的关系为

$$E_g(T) = E_g(0) - \frac{\alpha T^2}{T + \beta} \tag{2-103}$$

式中，α和β是同半导体材料相关的常数；$E_g(0)$是 0K 时的禁带宽度。从式(2-103)可以看出，禁带宽度随温度升高会有所减小，从而导致光吸收有所增加，结果就是光生电流增大。但温度上升引起的光生电流有限增大无法弥补开路电压的下降，太阳能电池的效率总体会随电池温度上升而下降。

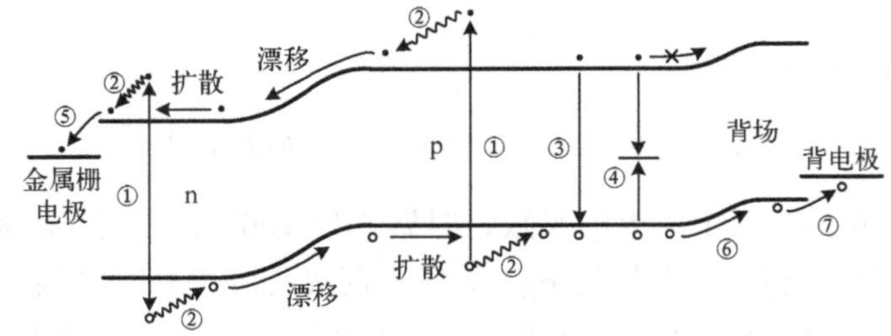

图 2-46　太阳能电池的工作过程示意图

太阳能电池 n 区的光生电子输运到前金属栅电极处会发生过程⑤，p 区的光生空穴输运到背场和背电极处会发生过程⑥和⑦，这些过程会导致开路电压进一步下降，从而使电池效率降低。以上讨论的所有因素叠加在一起，使太阳能电池从 33%左右的理想能量转换效率降低到目前 24%～25%的实际能量转换效率，因此，在太阳能电池的结构设计、材料的选择和制备、电池制备工艺等各个环节，针对上述因素的影响进行改进是非常重要的。

参 考 文 献

[1] 陆栋，蒋平，徐至中. 固体物理学[M]. 2 版. 上海：上海科学技术出版社, 2010.
[2] 韩汝琦. 固体物理学[M]. 北京：高等教育出版社, 1988.
[3] 杨树人，王宗昌，王兢. 半导体材料[M]. 3 版. 北京：科学出版社, 2013.
[4] 刘恩科，朱秉升，罗晋生. 半导体物理学[M]. 7 版. 北京：电子工业出版社, 2011.
[5] 熊绍珍，朱美芳. 太阳能电池基础与应用[M]. 北京：科学出版社, 2009.
[6] 杨德仁. 太阳电池材料[M]. 2 版. 北京：化学工业出版社, 2017.
[7] LUQUE A，HEGEDUS S. Handbook of photovoltaic science and engineering[M]. 2nd ed. Hoboken: John Wiley & Sons Ltd, 2010.
[8] PANKOVE T I. Optical properties of semiconductors[M]. Englewood CliFFs: Prentice Hall, 1971.
[9] LANDSBERG P T. Recombination in semiconductors[M]. New York: Cambridge University Press, 1991.
[10] SHARMA B L, PIROHIT R K. Semiconductors heterojunctions[M]. London: Pergamon, 1974.
[11] 虞丽生. 半导体异质结物理[M]. 2 版. 北京：科学出版社, 2006.

[12] 施敏. 半导体器件物理与工艺[M]. 2 版. 赵鹤鸣, 钱敏, 黄秋萍, 译. 苏州: 苏州大学出版社, 2002.

[13] GRAY G L. Handbook of photovoltaic science and engineering[M]. Steven Hegedus: John Wiley & Sons Ltd, 2002.

[14] MATHERS C D. Upper limit of efficiency for photovoltaic solar cells[J]. Journal of applied physics, 1977, 48: 3182.

[15] SHOCKLEY W, QUEISSER H J. Detailed balance limit of efficiency of p-n junction solar cells[J]. Journal of applied physics, 1961, 32: 510.

第 3 章　晶体硅太阳能电池材料

自从 1954 年首次制成了具有实用价值的单晶硅太阳能电池以来，特别是 1973 年世界能源危机后，太阳能电池获得了广泛的研究和应用，涌现出各种材料和结构的太阳能电池。迄今为止，基于晶体硅(包括单晶硅和多晶硅)的结区电荷分离型太阳能电池一直占据 90%以上的太阳能电池市场份额，除了传统的p-n结型晶体硅太阳能电池，还开发了IBC、PERC、HIT 等新型结构晶体硅太阳能电池，晶体硅太阳能电池不仅在航天领域被广泛使用，也在与住宅屋顶相结合的分布式光伏发电和大规模的光伏电站等民用发电领域被普遍使用。随着“碳达峰、碳中和”减排行动的实施，可以预计未来作为无明显缺点的新能源光伏发电会获得高度的重视和更快的发展，而晶体硅太阳能电池依然会在其中起到不可或缺的重要作用。

晶体硅分为单晶硅和多晶硅两种晶体材料，单晶硅又根据制备方法分为区熔单晶硅和直拉单晶硅，而多晶硅主要是通过铸造法制备的铸造多晶硅。区熔单晶硅在纯度、电学性能、光电转换效率等方面优于直拉单晶硅，但直拉单晶硅在直径、机械加工性、成本等方面优于区熔单晶硅。目前，商业化生产的单晶硅太阳能电池基本都采用直拉单晶硅，只有在少数对电池效率要求特别高、对成本又不敏感的特殊领域才使用区熔单晶硅。以后，随着太阳能电池的大规模商用，铸造多晶硅因制备成本低，市场份额开始超过单晶硅并长期保持，但最近几年，随着电池技术的一些重要改进，单晶硅太阳能电池对材料杂质和缺陷的容忍度有很大提高，制造成本大幅降低，单晶硅太阳能电池因为更高效率又重新焕发了生机，国内外很多新建的太阳能电池厂在采用新的电池技术后又开始采用单晶硅作为太阳能电池材料。

本章首先介绍晶体硅的基本性质和太阳能电池，阐述晶体硅的结构、能带结构和基本特性，先后了解常规和新型晶体硅太阳能电池的结构和制造工艺；然后，分别介绍单晶硅和多晶硅的制备与加工工艺；最后分析晶体硅中的杂质和缺陷对太阳能电池性能的影响，并讨论通过氢钝化和吸杂来消除杂质与缺陷对太阳能电池的负面影响。

3.1　硅的基本性质

硅在地壳中的丰度达到 26%左右，是仅次于氧的元素，而晶体硅是目前世界上最易人工制备，也是能够制备出的晶格最完整、体积最大、纯度最高的晶体材料。晶体硅是目前半导体和微电子工业最主要的半导体材料，也是最主要的太阳能电池材料，晶体硅太阳能电池占据了 90%以上的全球太阳能电池市场。

3.1.1　晶体硅的能带结构和晶体结构

硅在元素周期表中属Ⅳ族元素，原子序数为 14。硅原子的电子结构本应为 $1s^22s^22p^63s^23p^2$，但硅原子相互接近形成晶体时，根据轨道杂化理论，硅的 3s 轨道将和 3p 轨道杂化简并后形成新的能带，如图 3-1 所示[1]。从图 3-1 中可以看到，当原子间距变小时，3s 和 3p 能级开始分裂，形成最初的能带。设晶体硅由 N 个硅原子构成，3s 和 3p 的简并度分别为 1 和 3，故 3s 和 3p 能级分别含有 $2N$ 和 $6N$ 个细小能级，电子可能占据其中一个细小能级，形成电子态。由于 N 是个大数，故能带中的细小能级可看成连续的。当原子间距进一步变小时，开始产生 s-p 轨道杂化，两能带合并成一个能带，能带中含有 $8N$ 个细小能级，可容纳 $8N$ 个电子。当原子间距进一步减小，接近平衡距离 d_0 时，合并成的能带再次分裂成两个新的能带，能级将会重新分配，每个新能带有 $4N$ 个细小能级，分别可容纳 $4N$ 个电子。根据能量最低原则，低温时，$4N$ 个价电子将占据低能量的能带，高能量能带则没有电子占据。

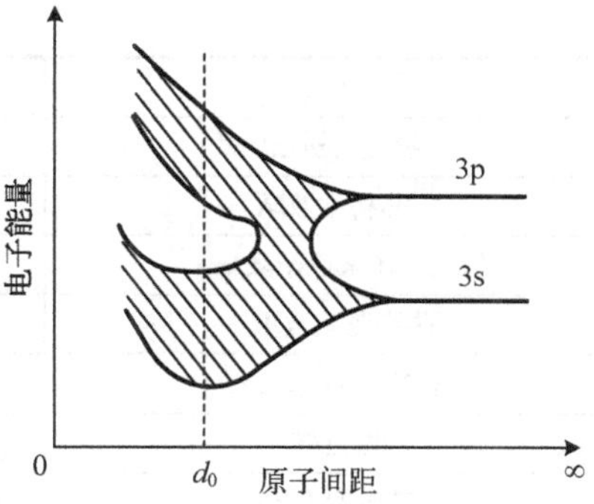

图 3-1 硅原子构成晶体时的能带形成示意图

从晶体硅的能带形成过程可以知道，晶体硅中硅原子经过轨道杂化后，实际的电子结构变为 $1s^2 2s^2 2p^6 3sp^3$，即最外层形成了 4 个能量等同的 sp^3 杂化轨道(能级)，每个杂化轨道有一个未配对电子。实际晶体硅中，硅原子的相邻 sp^3 杂化轨道间的夹角为 109°28′，杂化轨道对称轴正好指向正四面体的顶角。每个硅原子外层的 4 个未配对电子将和相邻硅原子的一个未配对电子形成共价键，键的指向也正好是正四面体的四个顶角，形成 4 个共价键的稳定晶体结构，即金刚石结构[2, 3]。金刚石结构在 2.1.1 节中已有介绍，其结构如图 2-1(b) 所示，由两套面心立方晶体结构的原子沿对角线移动 1/4 长度而构成，两套面心立方晶体结构的原子都是硅原子。硅晶体的金刚石结构属立方晶系，其晶胞中包含的总原子数为 8，晶格常数 $a = 5.4395$Å，相邻原子间距为 2.35Å，原子密度为 $5\times10^{22}cm^{-3}$。

晶体硅最重要的原子面是(111)、(110)和(100)，相应的晶向是<111>、<110>和<100>。其中，(111)面是双原子层面，有一大一小两个面间距，大的为相邻两个双原子层之间的距离，即(111)面的面间距(2.35Å)，小的为一个双原子层中两个原子层之间的距离(0.78Å)。(111)面的面密度包含双原子层单位面积内的所有原子，而键密度为相邻两个双原子层之间的化学键密度。(111)面是原子密排面，面间距最大，键密度最小；(110)面的面密度、面间距和键密度适中；(100)面是原子稀疏面，面间距最小，键密度最大。由于(111)面的面间距最大、键密度最小，硅晶体最易沿(111)面解离，(110)面是第二解离面，它们是硅器件工艺中常用的划片方向。<110>方向是原子密排方向，(111)面的<110>方向是晶体硅最易滑移体系。沿(110)面和(100)面生长的硅晶片，由于它们的(111)解离面与表面呈较大角度，故(110)面和(100)面硅片容易碎。因为(111)面是密排面，表面态密度大，所以化学腐蚀速率低；而(110)面和(100)面是非密排面，表面态密度相对较小，因而腐蚀速率相对较大。

3.1.2 晶体硅的性质

硅的相对原子质量为 28.085，常压下为金刚石结构，其物理性质如表 3-1 所列[3, 4]。

表 3-1　硅材料的物理性质

参数	数值	参数	数值
密度/(g/cm^3)	2.33	本征载流子浓度/cm^{-3}	1.5×10^{10}
晶格常数/Å	5.43	电子迁移率/[$cm^2/(V\cdot s)$]	1350
每立方厘米原子数/cm^{-3}	4.97×10^{22}	空穴迁移率/[$cm^2/(V\cdot s)$]	480
热膨胀系数/K^{-1}	2.5×10^{-6}	器件最高工作温度/℃	150
热导率/[$W/(cm\cdot K)$]	1.48	临界剪切力/MPa	1.00
熔点/℃	1414	硬度/(kgF/mm^2)	1850 左右
禁带宽度/eV	1.12	断裂应力/MPa	250

硅在常温下是具有灰色金属光泽的固体，硬度较高，易破碎，抗拉应力远远大于抗剪切力，没有延展性。但硅在热处理温度大于 750℃时，会由脆性材料转变为塑性材料，在外加应力作用下，产生滑移位错，发生塑性形变。硅的化学性质稳定，不溶于单一的酸，但能够被两种以上混合酸腐蚀。容易氧化，硅在自然界中一般以氧化物存在，在自然状态下，晶体硅材料表面会生成几至几十纳米的自然氧化层。经氧化处理，晶体硅表面可生成一层致密的绝缘二氧化硅层，可作为硅器件的保护层、选择扩散层或绝缘层。

晶体硅为间接带隙半导体材料，具有良好的半导体性质，其电学和光学性质可概括如下。

(1) 导电特性。

可掺入少量 n 型(V 族元素)或 p 型(Ⅲ族元素)杂质把电阻率调控在 $10^{-5}\sim10^{10}\Omega\cdot cm$；室温下本征硅的载流子浓度仅为 1.5×10^{10} 个/cm^3，电阻率为 $1.5\times10^{10}\Omega\cdot cm$；电子迁移率较高，达到 $1350cm^2/(V\cdot s)$；空穴迁移率相对较低，约为 $480cm^2/(V\cdot s)$。

(2) p-n 结特性。

晶体硅 p-n 结具备单向导电，其 *I-V* 特性如图 2-31 所示。以晶体硅 p-n 结为基本结构的半导体器件和太阳能电池结漏电流较小，工作温度可达 150℃。但硅的电子迁移率比其他一些半导体材料(如 Ge、GaAs)小，高温、高频条件下，硅器件的性能不如 GaAs 器件，抗辐射性能也不如 GaAs 器件。

(3) 光电特性。

硅材料的禁带宽度为 1.12eV，属间接带隙半导体材料，其能带结构见图 2-8(a)，光吸收处于红外波段以内，吸收系数较直接带隙化合物半导体低 2～3 个数量级，可让能量低于 1.12eV 的红外光透过。晶体硅构成的 p-n 结在光作用下可产生电流，此性质已应用于太阳能电池。晶体硅 p-n 结在电作用下，虽然也会产生光，但由于晶体硅是间接带隙材料，其激子复合需要声子参与，故其发光效率极低，目前仍在探索如何提高晶体硅的发光效率。

3.2　晶体硅太阳能电池

晶体硅太阳能电池的研究和开发最早从 20 世纪 50 年代就已经开始了[5]。最初的太阳能电池的成本很高，主要应用于卫星和航天器上；但 20 世纪 70 年代“石油危机”后，各国政府开始重视太阳光电技术的研发，太阳能电池在一些小型电源、远程通信等领域开始得到广泛应用；20 世纪 90 年代以来，全球化石能源的资源有限问题以及造成的碳排放问题日益突出，晶体硅太阳能电池技术得到快速发展，太阳能电池的成本持续降低，与住宅屋顶相结合的太阳能电池开始并网发电，大规模的太阳能电站也已在全球各处建立。

3.2.1　常规晶体硅太阳能电池的结构和基本工艺

1. 常规晶体硅太阳能电池的结构

晶体硅太阳能电池的结构自 20 世纪 60 年代开始定型，之后又经过不断改进，图 3-2 显示了晶体硅太阳能电池在结构上的变化过程[6-9]。从图 3-2(a)可以看到，最初的晶体硅太阳能电池受光面已采用栅线状金属电极，并有一层 SiO_2 减反膜。这样的结构一方面能够让尽可能多的太阳光进入太阳能电池内部被 p-n 结吸收，另一方面，金属电极同 n 型硅接触面积的减小有利于减少表面复合。SiO_2 减反膜实际上也起到了钝化表面的作用。另外，在图 3-2(a)中，p-n 结的 n 区较薄、p 区较厚，主要是由于 n 区的少数载流子空穴的迁移率远远小于 p 区的少数载流子电子的迁移率，这样的设计可以减少光生载流子扩散过程中的复合损失。但是由于技术条件的限制，为了避免金属电极同 p 型半导体的接触，n 区的厚度仍然达到 0.5μm，表面复合使得当时的晶体硅太阳能电池对波长在 0.5μm 以下的蓝光响应较差。到 20 世纪 70 年代，随着制备技术的提高，晶体硅太阳能电池的结构获得改进，如图 3-2(b)所示。电池结构的改进主要体现在以下两方面：一是 n 区厚度变薄，只有 0.25μm。一方面，n 区变薄使 n 区光吸收减少，可以大大减少受光面的表面复合；另一方面，n 区变薄可以减小磷扩散在表面形成的电活性很低的“死层”厚度，使得电池的蓝光至紫外线的响应都大大提高。关于磷扩散在表面形成的“死层”，在后面的基本工艺部分再作进一步介绍。由于 n 区厚度变薄，电阻增加，因此通过增加金属栅线密度进行了弥补。二是在电池的背面增加一层重掺 p^+型层，即背场层。p^+-背场降低了背面载流子复合率，并有助于背电极的载流子的收集，背场的原理在 2.4.4 节和图 2-46 中已有解释。另外，减反膜材料改成对蓝光和紫外线透射率更高的 TiO_2 或 Ta_2O_5。随着硅片加工技术的提高，电池总厚度也有所减小，这样有利于减小串联电阻，增加背电极的电荷收集。之后，对晶体硅太阳能电池结构又做了进一步改进，如图 3-2(c)所示。从图 3-2(c)可以看到电池结构主要的改变是受光面由平面结构变成了具有金字塔形的绒面结构，在绒面结构上再蒸镀减反膜。图 3-3 显示，垂直照射的太阳光经过绒面结构需要经过两次反射才能离开电池表面，而每次反射时的透射光经折射后都改变了方向，由垂直入射变成斜入射。这样，一方面可以大幅度减少太阳光的反射，另一方面可以增加入射太阳光在电池内传播的路程，提高电池对太阳光的吸收率。具有绒面结构的晶体硅太阳能电池表面呈深蓝色甚至黑色，因而，又被称为黑体电池。我们所指的常规晶体硅太阳能电池就是图 3-2(c)所示的结构，该结构的太阳能电池在 AM1.5 标准测试条件下的最高效率可以达到 17%左右。

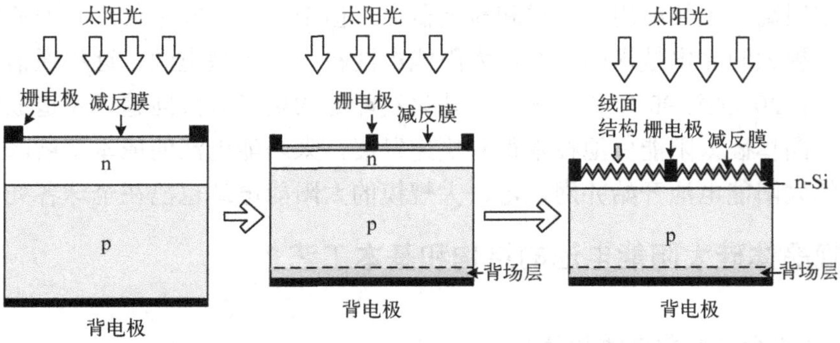

图 3-2　晶体硅太阳能电池在结构上的变化过程

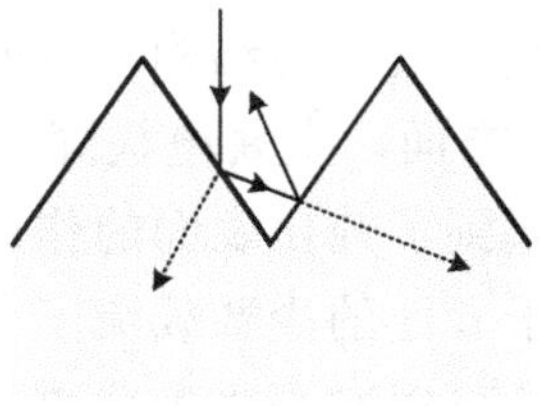

图 3-3　金字塔形的绒面结构的反射光(带箭头实线)和折射光(带箭头虚线)示意图

2. 常规晶体硅太阳能电池的基本工艺

晶体硅太阳能电池的主要工艺步骤包括绒面制备，p-n结制备，背场、背电极和前电极的制备以及减反膜的制备。

1) 绒面制备

早期晶体硅太阳能电池用硅片的绒面制备采用机械刻槽方法，但这种方法会带来比较严重的机械损伤，对浅结n型层影响很大，因此，以后都采用化学腐蚀方法制备绒面结构[10,11]。实际上，切割硅片时都会造成硅片表面10～20μm的机械损伤层，也需要通过化学腐蚀去除。

硅片的化学腐蚀分为择优化学腐蚀和非择优化学腐蚀两种方法。其中，择优化学腐蚀指的是腐蚀液对不同晶面的腐蚀速率不同，该方法的腐蚀速率相对较低，硅片的绒面制备就采用这种方法，而非择优化学腐蚀是一种快速腐蚀方法，对各晶面腐蚀速率相同，一般用于硅片表面的化学清洗或损伤层去除。

单晶硅太阳能电池一般采用(100)单晶硅片，需要首先通过非择优化学腐蚀去除损伤层，再通过择优化学腐蚀剂进行腐蚀，在(100)单晶硅片表面形成金字塔形绒面结构。多晶硅太阳能电池一般都采用非择优化学腐蚀，将损伤层去除和绒面制备的腐蚀过程合二为一，但多晶硅片腐蚀后的表面形貌不是金字塔形，而是凹球面形，减反效果相对金字塔形绒面结构会差一些。

对于(100)单晶硅片，常用NaOH(或KOH)作为择优化学腐蚀剂，化学反应式为

$$Si + 2NaOH + H_2O \xrightarrow{80\sim90℃} Na_2SiO_3 + 2H_2 \tag{3-1}$$

腐蚀后，(100)单晶硅片的4个(111)面构成金字塔结构，如图3-4所示。图3-4(a)给出了具有绒面结构的(100)单晶硅片的表面形貌扫描电镜照片，图3-4(b)显示了择优化学腐蚀形成金字塔形绒面结构的机理。从图3-4(b)可以看到：与表面平行的透明Si(100)面为原子稀疏面，化学腐蚀速率最快，而灰色Si(111)面为原子密排面，化学腐蚀速率最小，所以化学腐蚀将自上而下逐层腐蚀Si(100)面，而Si(111)面则被保留下来，四个相交的Si(111)面就形成一个金字塔形结构。为了改善绒面制作效果，还可加入一些添加剂，如异丙醇，

不仅可帮助解除硅表面的氢气气泡，还可促进大金字塔的形成。在实际工艺中碱溶液浓度、添加剂、反应温度和时间等都会对绒面结构产生影响。图 3-5 和图 3-6 分别显示了 NaOH 浓度和反应温度对绒面形貌的影响。

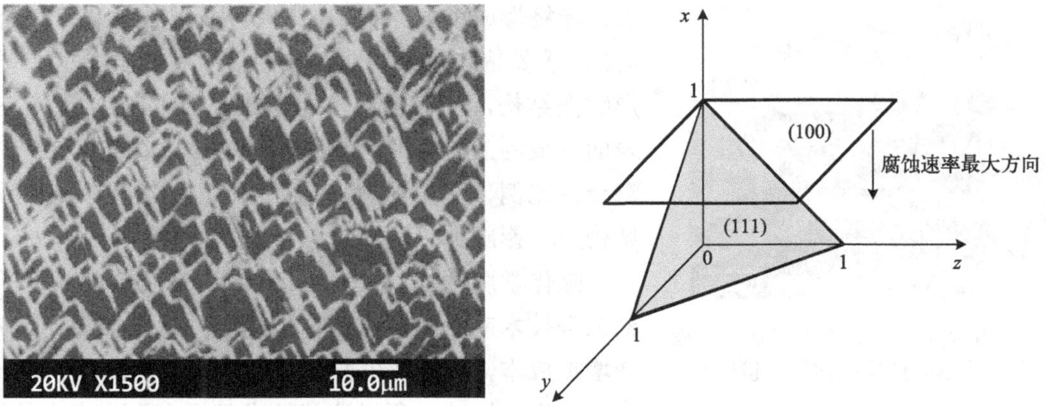

(a) 金字塔形绒面结构形貌　　(b) 化学腐蚀形成金字塔结构的过程示意图

图 3-4　(100)单晶硅片的金字塔形绒面结构形貌和化学腐蚀形成金字塔结构的过程示意图

(a) 0.5% NaOH　　(b) 1.5% NaOH　　(c) 5.5% NaOH

图 3-5　90℃不同 NaOH 浓度溶液在(100)单晶硅片上化学腐蚀产生的金字塔形绒面结构形貌

(a) 80℃　　(b) 85℃　　(c) 90℃

图 3-6　不同温度的 5.5%NaOH 溶液在(100)单晶硅片上化学腐蚀产生的金字塔形绒面结构形貌

对于多晶硅片，一般采用酸性腐蚀剂进行非择优腐蚀在硅片表面产生绒面结构。使用最多的酸性腐蚀剂是 HF 和 HNO_3 的混合液，其化学反应式如下：

$$3Si + 4HNO_3 \longrightarrow 3SiO_2 + 2H_2O + 4NO\uparrow \quad (3\text{-}2)$$

$$SiO_2 + 6HF \longrightarrow H_2(SiF_6) + 2H_2O \quad (3\text{-}3)$$

以上两个反应交替进行，使得对硅片表面的腐蚀可以持续，最终形成绒面结构，如图 3-7 所示。从图 3-7 可以看出：球多晶硅片经酸性腐蚀剂腐蚀后的表面呈凹球面形绒面结构，凹球面形可能是式(3-2)的化学反应在硅表面形成的 NO 气泡所导致的。同样，在实际工艺中，混合液比例、添加剂、反应温度和时间等也都会对绒面结构产生影响。

图 3-7　铸造多晶硅片经非择优化学腐蚀产生的绒面结构的扫描电镜照片

除化学腐蚀外，也有研究利用激光刻槽和等离子体刻蚀等技术制备绒面结构。但这些技术需要专门设备，会增加成本，也容易在表面引入应力和损伤，在后处理中形成内部缺陷，所以这些技术都没有在生产中使用。

2) p-n 结制备

在实际工艺中，一般是利用 1～2Ω·cm 的掺硼 p 型(100)硅片作为基体材料，对应的掺杂浓度在 10^{16}～$2\times10^{16}cm^{-3}$。硅片加热到 900℃左右，通过扩散磷原子形成 p-n 结。磷扩散形成的 n 型层的深度一般为 250nm 左右，甚至更浅，但要保证足够的掺杂浓度，一般在 $1\times10^{19}cm^{-3}$ 以上。磷扩散工艺主要有气态磷扩散、固态磷扩散和液态磷扩散三种形式[3, 4, 12]。

(1) 气态磷扩散。

在扩散系统内，通入含磷气体(如 PH_3)，通过在硅片上高温分解，磷原子扩散进入硅片。其化学反应式为

$$2PH_3 \xrightarrow{900℃} 2P + 3H_2 \quad (3\text{-}4)$$

(2) 固态磷扩散。

利用丝网印刷、喷涂、旋涂、化学气相沉积等技术，在硅片表面制备一层 P_2O_5，再通过高温反应生成磷原子，磷原子借助浓度梯度向硅体内扩散，最终在硅片表面一定深度内，形成 n 型半导体层，构成 p-n 结。其化学反应式为

$$5Si + 2P_2O_5 \xrightarrow{900℃} 5SiO_2 + 4P \quad (3\text{-}5)$$

还有一种方法是将相同形状的磷微晶玻璃片[$Al(PO_3)_3$]与硅片相贴，一定高温下发生下列分解反应生成 P_2O_5：

$$Al(PO_3)_3 \xrightarrow{900℃} AlPO_4 + P_2O_5 \quad (3\text{-}6)$$

生成的 P_2O_5 从磷微晶玻璃片挥发出来，附着在硅片表面并与硅反应生成磷原子[反应式 (3-5)]，磷原子再向硅片内扩散，形成 p-n 结。

(3) 液态磷扩散。

首先，把液态磷源(通常为三氯氧磷)通过保护气体带入反应系统；然后，其在 800～1000℃分解沉积在硅片表面形成磷化合物(P_2O_5)；最后，通过高温反应生成磷原子[反应式 (3-5)]，扩散到硅片体内，形成 p-n 结。涉及的化学反应式如下：

$$5POCl_3 \xrightarrow{800\sim1000℃} P_2O_5 + 3PCl_5 \quad (3\text{-}7)$$

磷扩散还可通过两步热处理方法：第一步将磷源在 1000℃左右分解沉积在硅片表面；第二步在 800～900℃进行热处理，使表面磷原子扩散到硅片体内形成 p-n 结，这样可以更好地控制磷原子的扩散浓度和深度。图 3-8 给出了在不同扩散时间下具有电活性的磷掺杂浓度自硅片表面向内的深度分布实验数据。图中可以看到靠近表面的浓度有一个平台，此处磷的浓度已经大于其在硅中的固溶度，因此电活性很差，被称为“死层”，该层会降低太阳能电池的效率。图 3-8 显示，随着扩散时间的缩短，磷的扩散深度变浅，死层可以变得很薄。另外，磷在向硅片内部扩散时也常会在硅片表面同表面的 SiO 形成一层磷硅玻璃(PSG)，PSG 可金属吸杂，但也会影响太阳能电池工作，一般在吸杂后需要通过稀释的 HF 将其去除掉。

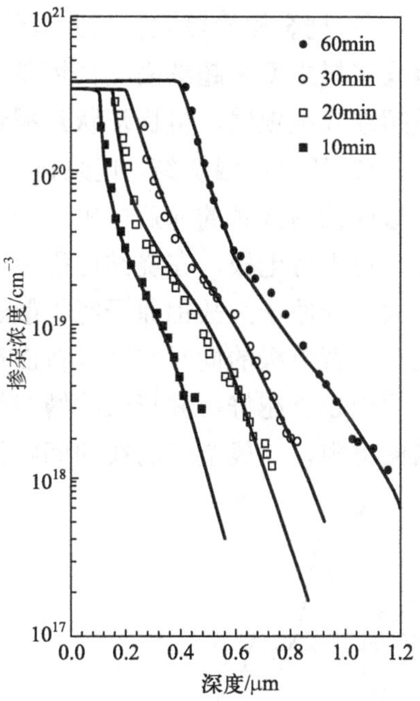

图 3-8　扩散温度 1000℃，不同扩散时间，硅片表面活化的磷掺杂浓度随深度的分布[12]

3) 背场、背电极和前电极的制备

背场就是在电池的背面 p 型半导体和背电极之间增加一层重掺 p 型层，用 p^+表示，见图 3-2(b)和(c)。从 p^+-背场同 p 型层的能级结构(图 2-46)可以知道，背场的作用可以阻止少数载流子(光生载流子)扩散到背面金属电极接触面处复合；同时，根据 2.3.2 节中通过高掺杂技术实现金属与半导体之间欧姆接触的原理，也可得出 p^+-背场能够促进 p 型半导体同背面金属电极之间的欧姆接触，减少串联电阻。

p^+-背场最初的制备方法是：先利用溅射或热蒸发等技术在硅片背面沉积一层铝膜；然后在 800～1000℃进行热处理，使铝膜和硅合金化并扩散，形成一层高铝掺杂浓度的 p^+层，即铝背场；最后通过化学腐蚀将背面的铝膜去除，完成铝背场制备。

铝背场制备好后，可以利用同一设备制备背面电极，即蒸镀一层银膜作为背面金属电极，采用同一设备有利于降低太阳能电池的制造成本。铝背场和银背电极的制备过程如图 3-9 所示。

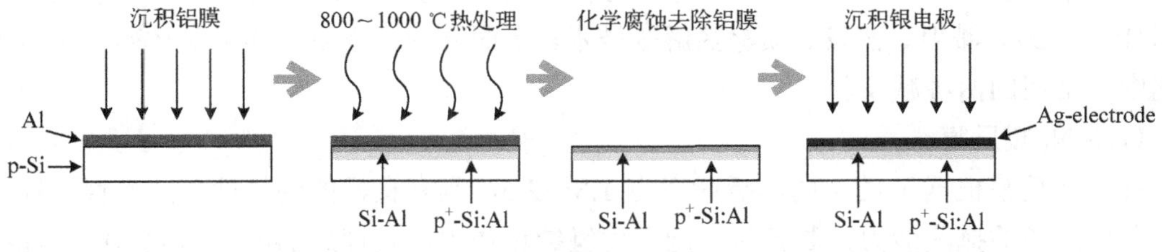

图 3-9　早期铝背场和银背电极的制备过程示意图

目前采用镀膜的方法制备背场和电极主要是在实验室里，工业上普遍采用丝网印刷技术制备背场+背电极和前电极，丝网印刷技术具有自动化程度高、产量大、重复性好、成本低的优点，该技术的工艺过程可简单概括如下。

(1)把金属导体浆料按照设计电极图形印刷在已制备好 p-n 结的硅片正反面。背电极的金属浆料主要是超细高纯银铝浆或纯铝浆，电极形状可以是条形、梳齿形等；前电极主要是超细高纯银浆，电极形状是栅线形。

(2)通过高温烧结，使浆料中有机溶剂挥发，金属颗粒与硅表面形成牢固的硅合金，从而形成欧姆接触的前后电极。

对于背电极，在烧结过程中，由于铝原子尺寸和硅原子相当(略小于)，而银原子尺寸远大于硅原子，故铝原子将扩散进入硅片，通过控制银铝浆的配比、烧结温度和时间可以在形成背电极的同时在硅片背面形成铝背场。对于前电极，要求硅电池受光面金属电极所占面积越小越好，并形成欧姆接触，但金属电极的栅线间距也不能太大，以免增加电池的横向电阻，一般金属栅线的间距为 3～4mm，宽度为 100～200μm，厚度为 10～15μm。

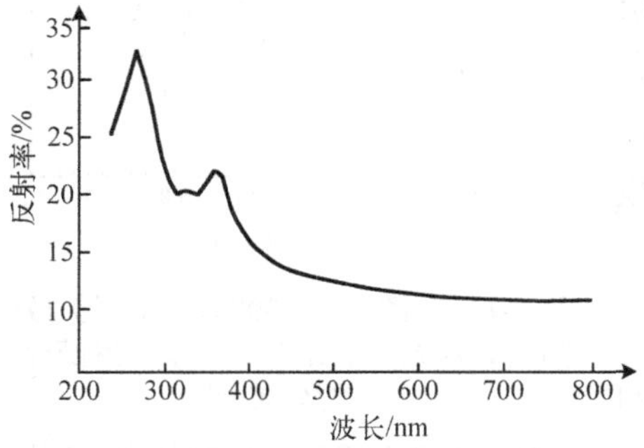

图 3-10　具有金字塔形绒面结构的硅片表面的太阳光反射率随波长的变化情况

4)减反膜的制备

常规晶体硅太阳能电池通过受光面的绒面结构来减少太阳光的反射，图 3-10 给出了硅片制绒后的太阳光反射率随波长的变化情况[13]。从图 3-10 可以看出：在太阳光谱最强的黄绿光波段(500～600nm)，反射率仍然在 10%以上；在蓝光和紫外波段(450nm 以下)，反射率更高。因此，晶体硅太阳能电池在受光面制备绒面结构以后，一般都需要再蒸镀一层减反膜来进一步减小太阳光的反射率。

减反膜的基本原理就是通过干涉相消来减少反射、增加透射，可以通过简单的理论计算得出需要制备的减反膜厚度。例如，对于玻璃封装的晶体硅太阳能电池，玻璃的折射率 $n_B = 1.5$，晶体硅的折射率 $n_{Si} = 3.6$，最合适的减反膜折射率为 $n = \sqrt{n_B n_{Si}} = 2.3$。若取 $\lambda =$ 550nm，则可以计算出减反膜的最佳厚度为 $d = \dfrac{\lambda}{4n} \approx 60\text{nm}$。另外，还要求减反膜具有极低的光吸收性、良好的耐化学腐蚀性、良好的硅片附着性，最好还有导电性。

实际工艺采用的减反层材料有 TiO_2、SiN_x、Ta_2O_5、SiO_2、SnO_2、ITO、MgF_2 等，厚度根据折射率控制在 60～100nm，制备方法有化学气相沉积(CVD)、等离子体辅助化学气相沉积(PECVD)、溅射、蒸发、喷涂热解等技术。下面介绍一下目前实际晶体硅太阳能电池工艺中最常用的两种减反膜。

(1) SiN_x 减反膜。

SiN_x 减反膜根据 x 的不同，折射率为 1.8～2.5，具有良好的绝缘性、致密性、稳定性和对杂质离子的掩蔽能力，制备时还能产生氢钝化作用，是理想的晶体硅太阳能电池减反膜材料。SiN_x 减反膜在工业上和实验室主要采用 PECVD 方法制备，PECVD 具有沉积温度低、薄膜均匀性好、缺陷密度低、沉积速率较高等优点。该方法是将反应气体甲烷和高纯氨气通入真空反应室，在 300～400℃的晶体硅衬底上，反应沉积 SiN_x 薄膜，反应式为

$$3SiH_4 + 4NH_3 \xrightarrow{300\sim400℃} Si_3N_4 + 12H_2 \tag{3-8}$$

可以看到反应中有氢气生成，故在薄膜生长时同时进行了氢钝化，使得薄膜中缺陷态密度降低。通过该方法在平滑晶体硅片上制备的 SiN_x 减反膜在 600～800nm 波段的光反射率低于 5%。在具有绒面结构的晶体硅片沉积 SiN_x 减反膜后，其光反射率可以大致按照两者乘积估算，在 600～800nm 波段的光反射率将低于 1%，在 500～600nm 和 800nm 以上波段的光反射率将低于 2%，在蓝光及紫外波段的光反射率也大大降低。

(2) TiO_x 减反膜。

TiO_x ($x \leqslant 2$) 减反膜的折射率为 2.0～2.7，透明波段中心在 550nm，各项参数都很理想。TiO_x 薄膜有多种制备方法，如 CVD、电沉积、金属有机化学气相沉积(MOCVD)、磁控溅射、喷雾热解等。其中，喷雾热解法是一种简便而经济的制备方法，它是利用氮气携带钛酸异丙酯水蒸气喷射到加热硅片上，在硅片表面发生水解反应生成非晶 TiO_x 薄膜，其反应式为

$$Ti(OC_3H_7)_4 + 2H_2O \xrightarrow{\text{加温}} TiO_2 + 4(C_3H_7)OH \tag{3-9}$$

减反膜的制备一般是在金属栅线电极制备完成后进行，是晶体硅太阳能电池的最后一道工艺，对电池效率的提升有明显的作用，目前已成为现代晶体硅太阳能电池制造的一个必不可少的工艺环节。

3.2.2　新型晶体硅太阳能电池的结构和工艺特色

除了上述常规晶体硅太阳能电池结构的发展路径，科学家也设计了一些新颖的电池结构，有些是针对常规太阳能电池结构存在的问题进行进一步的改进(如 PERC 电池)，有些是通过结构上的全新设计来提高太阳能电池的效率(如 IBC、HIT 电池)，其中有的已经在晶体硅太阳能电池生产中获得大规模应用，成为目前或未来晶体硅太阳能电池制造的主流技术或主要发展方向。下面对比较有代表性的几种新型太阳能电池进行简单的介绍。

1. IBC 太阳能电池

IBC 太阳能电池，即梳齿交叉背面接触(interdigitated back contact)太阳能电池，最早出现于 20 世纪 70 年代，具有当时最高的能量转换效率，主要应用于聚光系统中。IBC 电池也被称为全背电极接触晶硅太阳能电池，它采用将正负两极金属接触均移到电池片背面的背结技术，通过绒面结构和减反膜可使电池的受光面呈全黑色，完全看不到多数太阳能电池正面呈现的金属栅线电极，如图 3-11 所示。

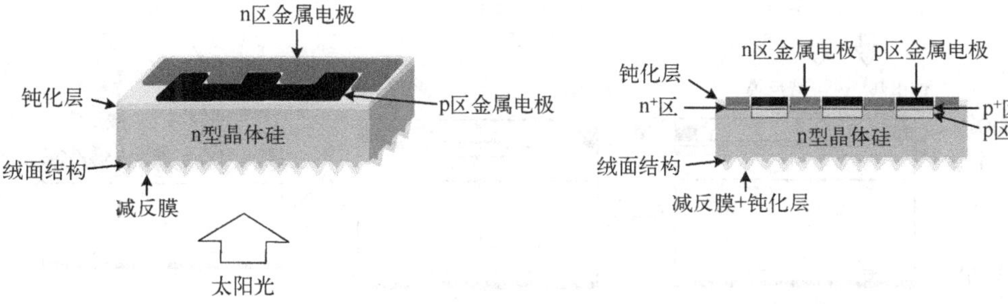

(a) 外部　(b) 内部

图 3-11　IBC 太阳能电池外部和内部结构示意图

IBC 电池选用 n 型晶体硅作为衬底材料，前后表面均覆盖一层热氧化膜作为钝化层，以降低表面复合，前表面的钝化层同时具备减反膜的功能。利用光刻技术，在电池背面分别进行磷、硼局部扩散，形成指状交叉排列的 p 区、n 区，以及位于其上方的 p^+和 n^+区，可有效消除高聚光条件下的电压饱和效应。此外，p^+和 n^+区上面接触电极的覆盖面积几乎达到了背表面的 1/2，大大减小了串联电阻。更重要的一点是：IBC 电池因为 p-n 结都在背面，且距离很短，因而可用 n 型晶体硅作为光吸收的主体材料；而常规晶体硅太阳能电池因为空穴迁移率低，为了避免少数载流子在输运过程中复合，必须采用 p 型晶体硅作为主体材料。由于 IBC 电池的主体材料是 n 型晶体硅，这就解决了常规晶体硅太阳能电池的主体材料 p 型掺硼晶体硅因硼氧复合体导致的效率衰减问题，使得晶体硅太阳能电池的效率获得较大的提升。

IBC 电池需要在电池背面制备出呈叉指状间隔排列的 p 区和 n 区，技术难度较高，因而，迄今为止应用较为有限，可能是由于成本问题，没有实现大规模生产。

2. PERL 太阳能电池

PERL 太阳能电池即钝化发射极和背面局域扩散太阳能电池(passivated emitter and rear locally-diffused cell)最早起源于 20 世纪 80 年代，1989 年由澳大利亚新南威尔士大学的 M.A.Green 研究组首次正式报道了 PERL 电池结构，当时达到 22.8%的实验室电池效率[14]；至 1999 年，其实验室研究的 PERL 电池创造了转换效率为 25%的世界纪录。

在 PERL 电池之前，已经有人尝试采用顶部表面钝化技术来提高晶体硅太阳能电池的效率，获得了显著的效果。最初的顶部表面钝化是电池顶部(受光面)制备金属-绝缘体-n-p 结(MINP)结构，如图 3-12(a)所示。在 20 世纪 70 年代中期，该型电池获得了当时最高的太阳能电池效率 18%。它采用双层减反膜，在金属电极和 n 型硅之间又加入一层极薄的 SiO_2 层，形成 MIS 结构，电子可以隧穿方式通过 SiO_2 层，而 SiO_2 层可以有效阻止光生载流子在金属电极接触面上的复合。另外，n 型硅上有一层重掺 n^+层，也可阻止光生载流子的复合，原理同背场类似。以后又在金属电极和 n^+层之间的 SiO_2 绝缘层上开了一条细缝，使金属电极同 n 型半导体有了欧姆接触，电池效率获得进一步提升，该型晶体硅太阳能电池被称为 PESC 电池，即钝化发射极太阳能电池(passivated emitter solar cell)，如图 3-12(b)所示。随后又把这种结构应用在绒面结构的电池上，如图 3-12(c)所示。

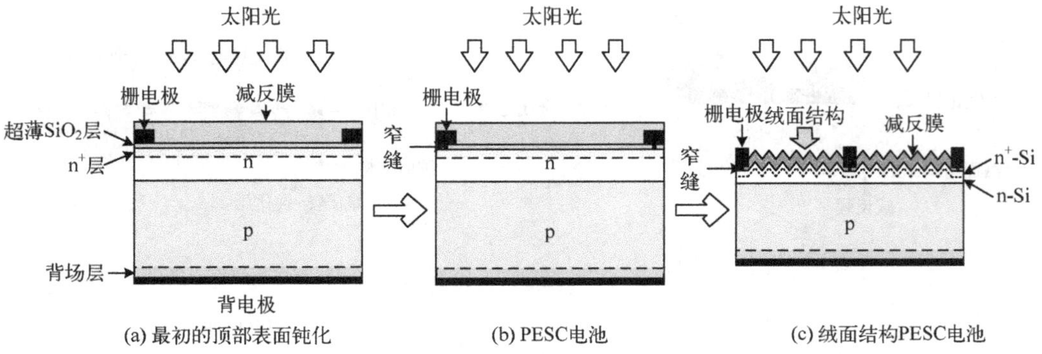

图 3-12 晶体硅太阳能电池顶部表面钝化技术的发展过程示意图

PERL 太阳能电池的结构如图 3-13 所示。在图 3-13 中，背面金属电极通过下方介质膜上的一个个微小圆孔同 p^+层接触。从图 3-13 可以看出：与 PESC 电池相比，PERL 电池除了前表面钝化，背表面也通过超薄介质膜钝化，并采用局域扩散加金属点接触，大大降低了背表面复合速度，同时增加了背表面的光反射。该型电池在实验室首先突破了晶体硅太阳能电池 22%的能量转换效率，在 1999 年创下 25%能量转换效率的世界纪录。该技术在太阳能电池生产中被广泛应用，成为目前晶体硅太阳能电池市场的主流技术。图 3-14 显示了 2017 年太阳能电池市场主流晶体硅太阳能电池的能量转换效率，可以看出，PERL 电池在转换效率上的优势明显。

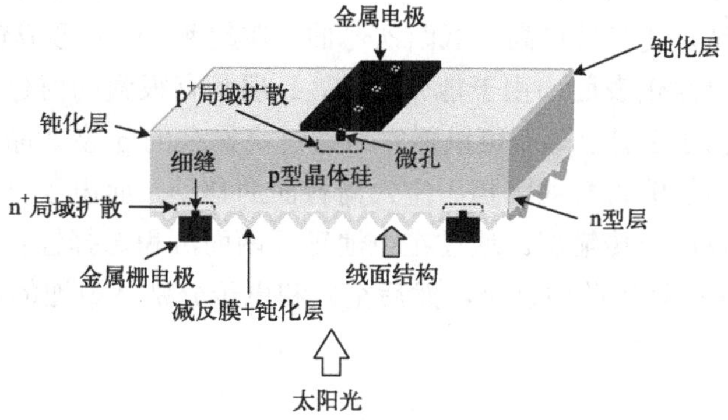

图 3-13　PERL 太阳能电池结构示意图

美国 SunPower 公司自 20 世纪 80 年代后期一直从事全背面点接触太阳能电池的开发和应用。这种电池是把 IBC 和 PERL 电池技术相结合，采用正负两极金属接触均在电池片背面的设计(类似图 3-11 中的外观)，受光面呈全黑色，没有金属栅线，背面都被超薄介质膜钝化，p 区和 n 区上的金属电极均采用点接触加局域扩散技术，如图 3-15 所示。在图 3-15 中，和图 3-14 中的电极部分类似，通过在正负电极下方的超薄介质膜上挖孔，让金属电极通过微小圆孔同 p^+和 n^+层接触。全背面点接触太阳能电池在 2003 年建立了生产线，到 2007 年其产能已达到 200MW。

图 3-14　2017 年太阳能电池市场主流晶体硅太阳能电池的能量转换效率

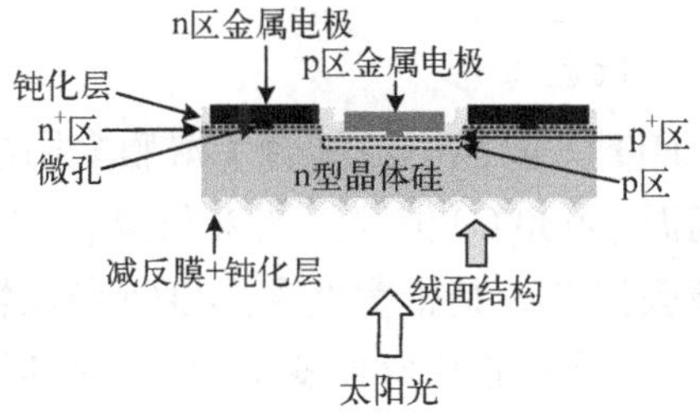

图 3-15　全背面点接触太阳能电池结构示意图

3. HIT 太阳能电池

HIT 太阳能电池，即本征薄层异质结(heterojunction with intrinsic thinlayer)太阳能电池，由日本 Sanyo 公司在 21 世纪初发明，其特点就是在晶体硅片上沉积一层非掺杂(本征)氢化非晶硅薄膜和一层与晶体硅掺杂种类相反的掺杂氢化非晶硅薄膜[15]。通过优化硅片清洗工艺和提高非晶硅薄膜的质量等措施，改善了异质结的性能，从而使 HIT 太阳能电池的转换效率达到 23%，创造了当时的世界纪录，目前其开路电压仍保持 729mV 的最高纪录，并且全部工艺可以在 200℃以下实现。

HIT 太阳能电池是由单结晶体硅(c-Si)和非晶型硅(a-Si:H)薄膜构成的异质结太阳能电池，其结构如图 3-16(a)所示。从其能带结构看，电池前后存在 p^+-i-n 和 n-i-n^+两个异质结，使能带自高而低渐次弯曲，在超薄 i 层内形成较强的内建电场，如图 3-16(b)所示。在电池正表面，由于能带弯曲，i 层具有很强的内建电场，阻挡了电子向正面移动，空穴则由于 i 层很薄而可以隧穿后通过高掺杂的 p^+型非晶硅，构成空穴传输层。同样，在背表面，由于能带弯曲阻挡了空穴向背面的移动，而电子可以隧穿后通过高掺杂的 n^+型非晶硅，构成电子传输层。通过在电池正反两面沉积选择性传输层，使得光生载流子只能在吸收材料 n 型晶体硅中富集，然后空穴和电子分别从电池的前后表面流出，从而实现两者的分离。

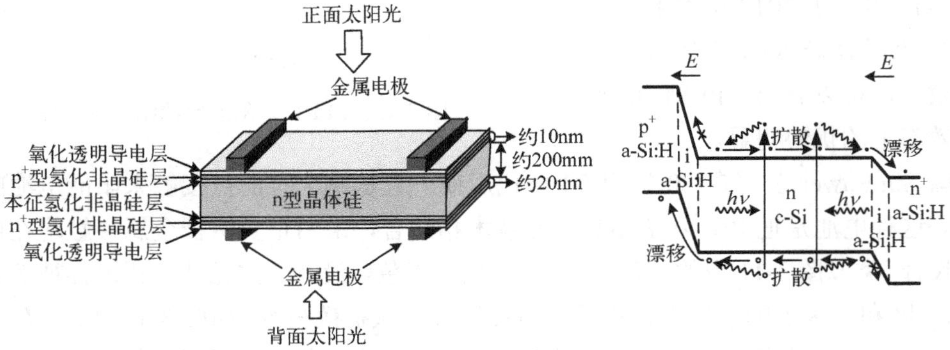

(a) HIT太阳能电池的结构　　(b) 能带结构

图 3-16　HIT 太阳能电池的结构和能带结构示意图

实际上目前 HIT 太阳能电池的前表面也都采用了制绒工艺，使其同常规晶体硅太阳能电池一样具备低反射率。同常规晶体硅太阳能电池相比，HIT 太阳能电池的优势和特点可归纳如下。

1) 低温工艺

HIT 太阳能电池结合了薄膜太阳能电池低温(<200℃)制造的优点，从而避免采用传统的高温(>900℃)扩散工艺来获得 p-n 结。这种技术不仅节约能源，而且低温环境使得 a-Si:H 基薄膜掺杂、禁带宽度和厚度等可以较精确控制，工艺上也易于优化器件特性。低温沉积过程中，单晶硅片弯曲变形小，因而其厚度可采用晶体硅光吸收所要求的最低值(约 80μm)。同时低温过程消除了硅衬底在高温处理中的性能退化，从而允许采用“低品质”的单晶硅甚至多晶硅来作衬底。

2) 双面光吸收

HIT 太阳能电池是非常好的双面电池，正面和背面基本无颜色差异，且双面率(指电池背面效率与正面效率之比)可达到 90%以上，最高可达 96%，背面发电的优势明显。

3) 高效率

HIT 太阳能电池独有的带本征薄层的异质结结构，在形成 p-n 结的同时完成了单晶硅的表面钝化，大大降低了表面、界面漏电流，提高了电池效率。高温环境下发电量高，在一天的中午时分，单面光照时 HIT 太阳能电池的发电量比一般晶体硅太阳能电池高出 8%～10%，前后都用玻璃封装的双面玻璃 HIT 组件(背面的光也可利用)的发电量比一般晶体硅太阳能电池高出 20%以上，具有更高的用户附加值。

4) 高稳定性

困扰晶体硅太阳能电池最重要的问题之一就是光致衰减，而 HIT 太阳能电池的基体材料是 n 型晶体硅，天然无衰减，甚至在光照下效率还会有一定程度的提高。因此，HIT 太阳能电池的光照稳定性好，与单晶硅电池–0.5%/℃的温度系数相比，HIT 太阳能电池的温度系数可达到–0.25%/℃，即使在光照升温的情况下仍有较好的输出。

5) 对称结构适于薄片化

HIT 太阳能电池完美的对称结构和低温度工艺使其非常适于薄片化，电池薄片化不仅可以降低硅片成本，其应用也可以更加多样化。

6) 低成本潜力

HIT 太阳能电池的厚度薄，可以节省硅材料；低温工艺可以减少能量的消耗，并且允许采用廉价衬底；高效率使得在相同输出功率的条件下可以减少电池的面积，从而有效降低了电池的成本。

当然，HIT 太阳能电池同常规晶体硅太阳能电池相比，技术难度提高，主要的技术难点包括以下几方面：首先，相较常规太阳能电池，HIT 太阳能电池对 n 型硅片质量有更高的要求，对硅片表面洁净度要求也非常高；其次，HIT 太阳能电池制备非晶硅镀膜时，需要注意各工序时间节点的控制，保证连续投料；最后，在 HIT 太阳能电池制备过程中，浆料黏度较大，需要避免虚印、断栅现象，焊带拉力稳定的窗口也很窄，特别是双玻双面发电的组件结构的串联难度很大。

此外，HIT 太阳能电池产业化也需要考虑材料成本问题，HIT 太阳能电池成本前四项为硅片、导电银浆、靶材、制绒添加剂。针对这几个高成本部分，可进行专项降本，包括降低原材料的消耗量、关键设备的国产化、关键原材料的国产化、新技术的导入等。虽然 HIT 太阳能电池存在上述问题，但其拥有工艺温度低、钝化效果好、双面光吸收、无光致衰减等一系列独特优势，随着技术的成熟和成本的控制，已经展现出非常好的发展前景。目前，HIT 太阳能电池已经实现了大规模的量产，量产电池效率可以达到 24%以上，很有希望成为下一代主流太阳能电池产品。

3.3　多晶硅原料的制备

硅储量丰富，在地壳中的丰度达到 26%左右，仅次于氧，但地球上的硅都以氧化物的形式存在，几乎不存在天然纯硅原料，要制备晶体硅首先必须制备多晶硅原料。根据原料的纯度，多晶硅原料分为高纯多晶硅原料和太阳能级多晶硅原料，高纯多晶硅原料早期用于制备太阳能电池用单晶硅，现在主要用于制备微电子和半导体器件用单晶硅，目前商用晶体硅太阳能电池一般使用成本较低的太阳能级多晶硅原料，对特殊用途的高效晶体硅太阳能电池才有可能使用高纯多晶硅原料。多晶硅原料一般先要把天然氧化硅原料制备成纯度较低的金属硅，再根据工艺要求看是否需要进一步制备升级金属硅。

3.3.1　高纯多晶硅原料的制备

高纯多晶硅在 2005 年时的产量已达 39 万吨，主要的生产厂家有美国海姆洛克半导体公司、德国瓦克公司和我国协鑫新能源控股有限公司等。高纯多晶硅纯度达到 99.999999%～99.9999999%，杂质含量(原子占比)在 10^{-9} 以下水平。高纯多晶硅的原料是较高纯度的石英砂，其制备过程主要分为以下两步[3, 4]。

第一步，制备金属硅。

金属硅又称冶金硅公司工业硅，纯度为 95%～99%，呈多晶态，含有过多杂质，只能用于冶金工业中的添加剂，要用在半导体相关的工业，还必须进行进一步的提纯。制备金属硅的方法是：在电弧炉中，将 99%纯度的石英砂同焦炭或木炭混合，在 1800℃左右进行还原反应，生成金属硅，反应式为

$$SiO_2 + 3C \xrightarrow{\text{高温}} SiC + 2CO \tag{3-10}$$

$$2SiC + SiO_2 \xrightarrow{\text{高温}} 3Si + 2CO \tag{3-11}$$

第二步，制备高纯多晶硅。

高纯多晶硅制备过程如图 3-17 所示。

图 3-17　高纯多晶硅制备过程

固态金属硅首先要通过化学反应变成气态或液态中间化合物以便于提纯，再根据不同中间化合物采用不同的技术进行提纯，工业中应用的制备高纯多晶硅的主要技术有三氯氢硅氢还原法和硅烷热分解法。

3.3.2　太阳能级多晶硅原料的制备

太阳能电池材料对杂质的容忍度比微电子材料大得多，早期可以利用微电子工业的半导体级单晶硅废料或未达标的电子级高纯多晶硅，但随着这些年商用太阳能电池产业的迅猛发展，利用微电子工业废料已远远无法满足用量，需要以较低成本进行大规模的太阳能级多晶硅原料的制备。

太阳能级多晶硅主要是通过对金属硅进行低成本提纯来制备，金属硅中杂质浓度通常在 0.5%以上，需降低到 1×10^{-6} 量级以下。由于金属杂质在硅晶体和熔体中的浓度相差极大，分凝系数在 10^{-5} 以下，因而可以通过定向凝固方法去除，而 B、P、C、O 等非金属杂质分凝系数较大，可以利用化学反应去除。目前，金属硅的提纯主要是通过组合使用以下几种技术方式来实现的。

(1) 定向凝固方式。

在真空中，先将金属硅熔化再定向凝固，使得金属杂质被排进熔体并在熔体表面挥发。

在该技术中，需要通过快速抽出保护气体来排出挥发的气相杂质，促使杂质尽快挥发；或通过电磁等离子法，使得熔体和坩埚不接触，增加熔体表面积，以使杂质尽快挥发。

(2)化学反应挥发方式。

利用化学反应使杂质变成挥发性物质予以去除。可通过加入含氧、含氢和含氯气体，与杂质反应生成挥发性物质；或加入一些化学药品，与杂质反应生成挥发性物质，不过需要注意加入的化学药品不能增添新的杂质。

(3)化学反应分离方式。

利用化学反应使杂质形成炉渣，浮于表面或沉于底部，凝固后自然与硅材料分开。例如，通入氧气形成氧化物炉渣。

以下是两种典型的金属硅提纯工艺。

(1)热交换定向凝固技术。

该工艺首先将金属硅熔化，通过化学反应挥发或分离方式精炼提纯；再通过定向凝固方法去除金属杂质。该工艺需要控制的参数包括真空度，由氧气、氢气或水蒸气组成的保护气体成分及流动速率，形成炉渣的化学药品成分，熔体上端空间和内部的温度等。

(2)电磁感应等离子技术。

该工艺首先需要通过化学清洗、定向凝固甚至吹气反应，使金属硅提纯成升级的金属硅；然后利用等离子体电磁感应加热，以含氧气和氢气的混合气体为反应气体，与硅熔体中的杂质进行化学反应，生成挥发性气体或炉渣，以去除杂质。

图 3-18 给出了电磁感应等离子提纯多晶硅工艺的示意图[11]。图 3-18 中，上部原料为升级的金属硅，反应气体是氧气和氢气。原料首先和反应气体一起输送到中部的高频电磁场区域，在该区域中反应气体和辅助气体及易电离物质经电离后一起形成等离子体，通过 ICP 控制，即对电感耦合等离子体(inductively coupled plasma)的控制，使等离子体与原料发生充分的反应而挥发；然后原料进入冷坩埚中被中频电磁场进一步加热挥发，熔融的原

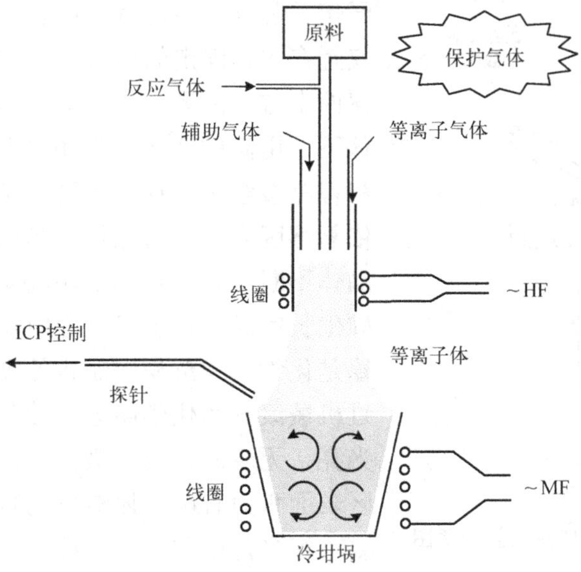

图 3-18　电磁感应等离子提纯多晶硅工艺的示意图[11]

料在冷坩埚中同坩埚不接触，使杂质可以快速挥发。上面的工艺过程整体处于流动的保护气体环境中，以利于挥发的杂质尽快排出，提高提纯效率。

经过以上两种工艺，多晶硅原料中的杂质浓度基本上可以满足太阳能电池的要求。

3.4 单晶硅的制备

迄今为止，单晶硅和多晶硅仍然占据绝大部分太阳能电池材料市场份额。从 20 世纪 70 年代开始，随着太阳能电池的大规模商用，铸造多晶硅因制备成本低，市场份额逐渐超过单晶硅，但在最近几年，单晶硅太阳能电池因为效率提升和成本降低重新焕发了生机，国内一些新建太阳能电池厂又开始采用单晶硅作为太阳能电池材料。要获得太阳能电池用的单晶硅片，需要先用多晶硅原料制备出单晶硅锭，然后将单晶硅锭切片加工成可用的硅片。单晶硅锭的制备方法主要有悬浮区熔法和直拉法两种，制备出的单晶硅分别称为区熔(FZ)单晶硅和直拉(CZ)单晶硅。早期，对电池效率有一定要求的太阳能电池都采用 FZ -Si，以后随着电池技术的改进，对材料杂质的容忍度有所提高，大规模单晶硅太阳能电池的生产都采用 CZ-Si，只有在少数对电池效率要求特别高的特殊情况下才使用 FZ-Si。本节先简要介绍区熔单晶硅制备方法，然后较为详细地介绍直拉单晶硅的制备。

3.4.1 区熔单晶硅

悬浮区熔方法制备的区熔单晶硅具有很高的纯度、均匀的电学性能、高光电转换效率等优点，但也存在直径小、机械加工性差、成本高等缺点。区熔单晶硅在 20 世纪 50 年代被提出[16]，经过不断的技术改进，特别是采用“针眼”工艺后，区熔单晶硅的尺寸达到 200mm，在半导体工业上获得大量的应用。

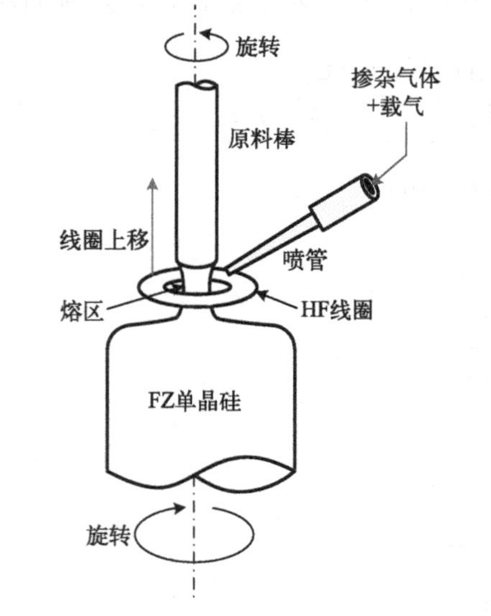

图 3-19　区熔单晶硅的制备工艺示意图

图 3-19 给出了区熔单晶硅制备工艺的示意图。区熔单晶硅制备过程为：首先将高纯多晶硅原料棒安置在垂直固定的<111>或<100>晶向的单晶硅籽晶棒的上方，两者刚好接触；然后，在流动的保护气体下，用高频感应线圈加热多晶硅棒，使多晶硅棒和籽晶接触区域形成熔区；接着，熔区逐渐上移，依靠熔区表面张力保持多晶硅棒平衡，熔区下方的晶体不断生长，直至单晶硅原料棒全部熔融，单晶硅生长完成。在上述过程中需要注意：多晶硅原料棒是化学气相沉积法制备的高纯多晶硅棒，需要经过机械滚磨和化学腐蚀，使其具有一定直径、表面光亮、无表面金属污染；在单晶硅生长时，由于熔区表面张力有限，原料棒的直径比所需单晶硅直径要小很多，以防止原料棒跌落，保证晶体生长顺利进行，此即“针眼”工艺；在单晶硅生长过程中，原料棒和生长中的单晶硅反向旋转，以便于气泡和缺陷排出，保证生长的单晶硅的晶体质量。另外，在 FZ-单晶硅生长时，可以

在氩气保护气体中加入 3%～10%的氮气。研究表明，掺氮可降低 FZ-单晶硅中的缺陷密度，并可钉扎其内部的位错移动，提高其机械强度。在 FZ-单晶硅生长时，也可在氩气载气中加入稀释磷化氢 PH_3 或乙硼烷 B_2H_6 喷吹熔区部位，或在制备原料棒时掺入 P 或 B，得到 n 型或 p 型 FZ-单晶硅。

3.4.2 直拉单晶硅

1917 年，波兰的 J.Czochralski 发明了直拉晶体生长技术。1950 年，Teal 等运用该技术生长了单晶锗，并首次生长了单晶硅[17]。以后直拉单晶硅技术经过了不断改进，比较重要的改进包括 Dash 提出的“缩颈”技术、G.Ziegler 提出的“引颈”技术等。目前直拉单晶硅技术是现代半导体工业制备大直径、无位错单晶硅的基本方法，也是太阳能电池用单晶硅的主要制备方法。

1. 直拉单晶硅的生长装置

图 3-20 给出了直拉单晶硅的制备装置示意图。从图中可以看到，多晶硅原料在一个周边环绕加热器的石英坩埚中熔化，单晶硅是通过一个籽晶从熔融的液态硅中垂直拉出后冷却结晶制得。籽晶固定在拉晶杆的下端，拉晶杆上下移动的速率可精确控制，并可同时旋转。熔硅用的石英坩埚放置在石墨托内，石墨托可上下移动，并可旋转。单晶硅在拉制过程中，熔硅周围和液面上方都被保温罩和热屏隔热保护，以保证熔硅中温度分布均匀。拉出的单晶硅锭也被导流筒环绕以保证一定的温度梯度。所有石墨和石英部件都是高纯材料，以防污染。生长炉抽真空，在单晶硅生长时通入低压氩气或氩气/氮气混合气体作为保护气体。单晶硅生长过程中，可通过生长炉上部的窗口观察生长情况、测量晶锭直径、监测生长温度等。

2. 直拉单晶硅的生长工艺

图 3-21 显示了直拉单晶硅的生长工艺过程，图中可以看到生长工艺的各个步骤，具体包括多晶硅的装料、熔化、种晶、缩颈、引颈、放肩、等颈和收尾。下面将对直拉单晶硅生长工艺的各步骤由先而后分别进行介绍。

1) 装料和熔化

太阳能电池用直拉单晶硅采用的原料为太阳能级多晶硅，多晶硅原料首先需要粉碎成一定尺寸以内的小颗粒，然后用硝酸和氢氟酸进行化学清洗(高纯多晶硅原料则无须化学清洗)，再放入高纯石英坩埚。装料时要注意底部不要留过大空隙，以免熔硅外溅或溅到石英坩埚上边沿，黏结在石英坩埚上边沿的多晶硅在晶体生长时可能会落回熔硅，溅起的液滴会影响单晶硅的生长质量。装料完成后，将石英坩埚放入石墨托中，炉腔抽真空后充入保护气体，然后加热至硅的熔点 1412℃以上，使其溶化。

2) 种晶

多晶硅原料熔化后，保温一段时间，使熔硅的温度和流动达到稳定；然后将固定在旋转拉杆上的单晶籽晶缓缓下降，距液面几毫米处停留一段时间，以减少温差造成的热冲击；

再让籽晶慢慢接触熔硅，使其头部少量熔化，这样，籽晶棒和熔硅之间就形成了一个固液界面。籽晶一般是具有<111>或<100>方向、直径 5mm 左右的圆柱形单晶棒，籽晶的方向将决定直拉单晶硅的生长方向，籽晶棒需经过化学抛光去除表面损伤和表面污染，以免籽晶上的缺陷和污染延伸或进入生长的单晶硅中。

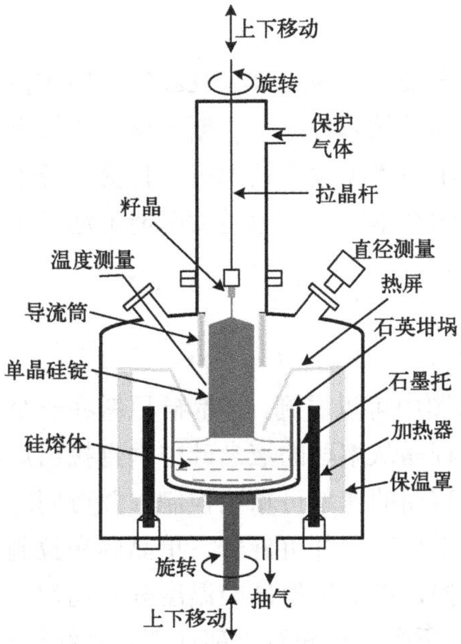

图 3-20　直拉单晶硅的制备装置示意图

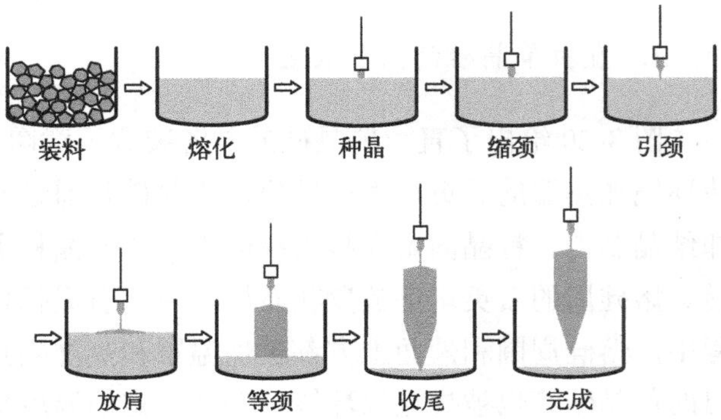

图 3-21　直拉单晶硅的生长工艺过程示意图

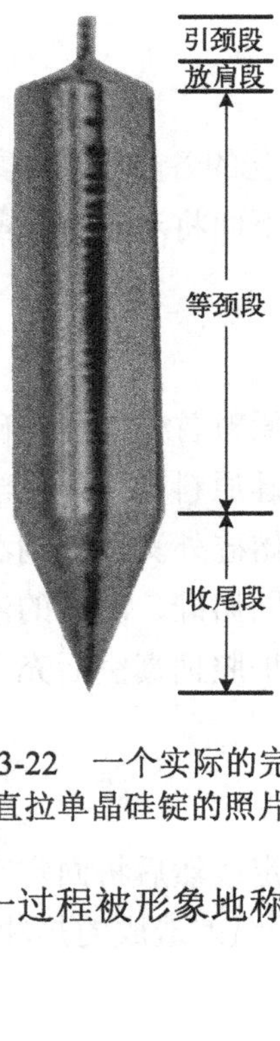

图 3-22　一个实际的完整直拉单晶硅锭的照片

3) 缩颈和引颈

籽晶和熔硅接触时的热振动可能会在晶体中产生位错，并延伸到整个晶体，因此，需要通过“缩颈”和“引颈”来保证晶体无位错生长。具体的方法是：通过提高籽晶的提升速度来缩小直径，使籽晶棒下面的单晶硅直径减小到 3mm 左右，长度为直径的 6～10 倍，如图 3-22 所示。我们知道单晶硅的滑移系为(111)面的<110>方向，而单晶硅的生长方向即为籽晶的方向<111>或<100>，生长的单晶硅中一旦产生位错，将会沿滑移面向体外滑移；当生长的单晶硅很细时，位错就很容易滑移出表面，这样就可以保证单晶硅无位错地生长。需要注意的是颈部直径不能过小，否则无法承受生长的单晶硅的重量，如直径 400mm 单晶硅重量可达 410kg。

4) 放肩

缩颈和引颈完成后，需要放慢提升速度，此时晶体生长速度也同时放慢，晶体直径将急速增大，形成一个近 180°的圆锥角，这一过程被形象地称为“放肩”，如图 3-22 所示。

5) 等颈

当放肩达到预定晶体直径时，提高拉升速度到一定值再保持稳定，使单晶硅也保持在一个固定直径生长，这一过程称为等颈，如图 3-22 所示。等颈生长时必须保持无位错产生，可能导致位错产生的两个重要因素分别如下。

(1) 晶体硅径向热应力。

晶体硅生长时，坩埚径向存在温度梯度，晶体离开固液界面冷却时，也存在径向冷却速度梯度，这些均可导致晶体内部热应力的产生。如果晶体内部的热应力超过位错产生的临界应力，就会在生长的单晶硅中形成位错。

(2) 单晶炉内的细小颗粒。

晶体硅表面挥发的 SiO_2 气体，如果不能及时排出，会在炉壁上冷却形成 SiO_2 颗粒，形成的 SiO_2 颗粒有可能掉入硅熔体，最终进入单晶硅，导致位错产生。

判断晶体硅是否产生位错的简单方法就是观察生长的单晶硅是否有“断苞”，即<111>晶向生长的单晶硅锭侧面的 3 条对称棱线或<100>晶向生长的单晶硅锭侧面的 4 条对称棱线中断。

6) 收尾

当晶体硅生长结束时，再次加快提升速度，同时升高熔体温度，使晶体硅直径不断缩小，直至离开液面，形成一个倒圆锥体，此过程形象地称为“收尾”。之所以会有收尾步骤，是因为如果熔硅耗尽后单晶硅再脱离硅熔体液面，将会在生长完成的单晶硅下端面产生很大的热应力，导致大量位错产生，位错一般会向上部单晶延伸一个直径，所以要逐渐缩小直径至很小一点，形成一个倒圆锥体，再脱离液面，如图 3-22 所示。

图 3-22 显示了一个实际的完整直拉单晶硅锭，其形状同图 3-22 中最后完成生长时的形状基本相同。直拉单晶硅技术需要严格控制的重要工艺参数有坩埚在炉内所处的位置及其转速和移动速度、籽晶的上升速度和转速、热场的设计及调节等。

3. 直拉单晶硅生长工艺上的技术改进

1) 重装料直拉单晶硅生长

“重装料”是指在一只单晶硅生长完成后，在同一坩埚内继续装料重复生长单晶硅。直拉单晶硅所用高纯石英坩埚价格一般较贵，占据单只单晶硅锭成本的很大一部分。由于石英同硅晶体的热胀系数有较大差异，单晶硅生长完成并冷却后，一般会因为热胀冷缩而破裂。重装料直拉单晶硅技术可降低更换石英坩埚的成本，节省时间，在太阳能电池用单晶硅生产中得到广泛应用。但需要注意，多次加料可使硅熔体中的杂质特别是金属杂质含量增加，石英坩埚长时间使用也会受到腐蚀，产生更多杂质特别是氧杂质，从而使晶体硅质量变差。虽然太阳能电池对单晶硅杂质含量的容忍度比半导体器件和微电子芯片高，但是重装料次数也有一定限制。

2) 连续加料直拉单晶硅生长

“连续加料”技术的思路是：在直拉单晶硅生长时，通过在熔硅中不断添加原料，使熔硅液面保持不变，在每只单晶硅生长完成更换籽晶棒后也一样，从而使整个单晶硅生长环境的热场分布在任何时候都保持不变，这样就可实现直拉单晶硅的大规模、标准化、连续稳定的生产。

目前已有三种连续加料直拉单晶硅生长技术被尝试。

(1)连续固态加料。

该技术直接将颗粒多晶硅加入熔硅，但容易使熔硅溅起液滴影响单晶硅的生长质量。

(2)连续液态加料。

该技术需要熔料炉和生长炉两部分，加料在熔料炉中进行，通过控制两炉液态熔硅之间的压力差，将液态熔硅通过输送管不断输送到生长炉中，使生长炉中熔硅液面保持不变。

(3)双坩埚液态加料。

该技术采用一内一外两只大小不同的坩埚。内坩埚尺寸较小，且底部有洞，放置在外坩埚中，专门用于单晶硅生长；外坩埚尺寸较大，用于加料。在单晶硅生长时，由于内、外坩埚中的熔硅液面是一致的，所以只要外坩埚中液面保持不变，就可保证内坩埚液面不变。

虽然连续加料技术特别是后两种技术有利于实现直拉单晶硅的大规模、标准化生产，但设备复杂度提高，设备上的成本会增加，替换现有设备也需增加投入，当然同样也存在多次生长后熔硅中杂质含量增加、石英坩埚腐蚀问题，所以目前还没有被广泛应用。

3)磁控直拉单晶硅生长

该技术就是在单晶硅生长时，让熔硅处于强磁场环境中，利用磁场对熔硅中带电粒子的洛伦兹力作用来抑制熔硅中的热对流，以减少生长界面处因温度波动和起伏导致的杂质条纹与缺陷条纹，并减少因硅熔体与石英坩埚作用引入的氧杂质[18]。该技术最早用于区熔单晶硅的制备，以后也被用于直拉单晶硅的制备，例如，1980 年，Sony 公司将该技术用于直拉单晶硅的商业化生产。该技术所需的磁场强度要达到 1000～5000GS($1GS = 10^{-4}T$)，有横向磁场、纵向磁场和非均匀磁场。不同磁场方向对热对流抑制作用有很大不同，横向磁场效果较纵向磁场好，但横向磁场需要在生长炉两侧横向设置两个线圈，成本较高，而纵向磁场只需在外围设置一个同轴线圈，成本相对较低。应用最多的是“钩形”磁场，它是在同生长炉垂直方向设置上下两组与生长晶体同轴的超导线圈，在熔硅中产生非均匀“钩形”磁场，线圈设置成本同纵向磁场差不多，抑制热对流的效果同横向磁场也相差不大。磁控生长技术可改善直拉单晶硅的晶体质量，提高生长速率，但生产成本高于普通直拉单晶硅技术，目前该技术主要在集成电路用的大直径单晶硅生产中应用，很少用于太阳能电池用小直径直拉单晶硅的生产。

3.5 铸造多晶硅的制备

虽然晶体硅太阳能电池的成本不断下降，但是跟常规电力相比，一直都缺乏竞争力，直到 2020 年，晶体硅太阳能电池的发电成本才降到燃煤发电水平，但考虑到太阳能发电在时间和地域上的限制，其实际发电利用率的成本还是高于传统电力发电成本，所以不断降低成本一直是光伏界追求的目标。1975 年，德国瓦克公司发明浇铸法制备多晶硅材料，并用于制造太阳能电池。几乎同时，其他研究小组也提出了不同的铸造工艺，如美国 Solarex 公司的结晶法、美国晶体系统公司的热交换法、日本电气公司和大阪钛科技公司的模具释放铸锭法等。铸造多晶硅的技术不断改进，质量不断提高，应用也越来越广泛。自 20 世纪 90 年代后，铸造(MC)多晶硅太阳能电池生产线已占据新建产线的主流，到 21 世纪初，多晶硅太阳能电池占太阳能市场的份额已超过单晶硅太阳能电池，达到 50%以上，后来虽然有所回落，但其相较单晶硅太阳能电池成本低的优势一直存在。

同直拉单晶硅相比，铸造多晶硅的优点主要就是低成本，其低成本的原因可以归纳为以下几点：

(1) 由于可以直接铸造成方形，因而制成方形太阳能电池的材料损耗较小；

(2) 制备工艺操作简便，易于大尺寸生长，易于自动化控制；

(3) 由于一次生产的晶锭尺寸较大，按单位产出计算的能耗更小；

(4) 由于多晶硅太阳能电池的效率相对较低，因而铸造多晶硅对多晶硅原料杂质含量的容忍度更高。

铸造多晶硅的缺点主要就是具有晶界、高密度位错、微缺陷和相对较高的杂质浓度，这些因素会在一定程度上降低多晶硅太阳能电池的光电转换效率。本节将对铸造多晶硅的制备技术进行较详细的介绍。

3.5.1　铸造多晶硅的制备装置

早期，铸造多晶硅的制备采用浇铸法，以后逐渐发展成为直熔法，又称布里奇曼法。后者生长质量较好，且易于控制，也更容易实现自动化。目前，用于太阳能电池的铸造多晶硅主要采用直熔法生长。

浇铸法制备多晶硅的大致过程如下：首先，多晶硅原料在上部预熔坩埚内熔化；然后，将熔化后的原料倒入下部凝固坩埚；待熔硅在凝固坩埚中稳定后，凝固坩埚下方的冷却板开始通冷却水，同时坩埚下移或隔热装置上移，熔硅从底部开始结晶，形成一个水平的固液界面；随着坩埚或隔热装置的移动，固液界面逐渐平行地上移，最终全部熔硅结晶。在该方法中，多晶硅的生长速度可以达到 1cm/h 或 10kg/h。

直熔法的生长装置如图 3-23 所示，它同浇铸法的区别主要是没有预熔坩埚，硅原料的熔化和结晶在同一坩埚进行。直熔法的冷却方式同浇铸法有所不同，它是通过温区控制，在凝固坩埚内形成自上而下的温度梯度，底部温度最低。制备过程是：先通过冷却板通水，使熔硅从底部开始结晶；然后凝固坩埚降温，在降温过程中，始终控制坩埚内的温度梯度，这样随着温度的降低，固液界面平行上移，最终完成多晶硅的生长。在直熔法多晶硅的生长过

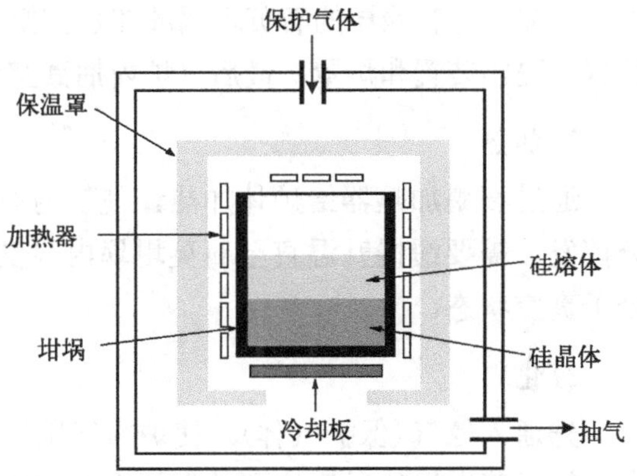

图 3-23　直熔法制备铸造多晶硅的装置示意图

程中，坩埚始终不动，完全通过控制温度完成全部结晶，这样控制较浇铸法更方便，结晶也可以稍快一些。但在多晶硅制备过程中，要注意避免在固液界面处形成较大的横向的温度梯度(一般电磁感应加热的外缘温度低于中间温度)，从而影响多晶硅的生长质量，这就需要合理设计保温罩和精确控制温区。

3.5.2 铸造多晶硅的生长工艺

1. 铸造多晶硅生长所用的原料和坩埚

1) 铸造多晶硅的原材料

因为多晶硅太阳能电池对材料杂质含量的容忍度高，所以铸造多晶硅使用的原材料主要是太阳能级多晶硅和剩余料。剩余料包括半导体工业单晶硅头尾料、坩埚底料，还有单晶和多晶硅片制备时的剩余料。剩余料成本较低，但质量不统一，如 n 型和 p 型掺杂单晶硅的剩余料，需要进行精细分类和用量控制，否则会造成电学参数不合格。一般铸造多晶硅使用的剩余料比例不超过 40%。

2) 坩埚

对于纯度要求不高的铸造多晶硅一般使用方形纯石墨坩埚，其优点就是成本低、可重复使用，缺点是碳和金属杂质污染较多。但对于纯度要求高的优质铸造多晶硅则必须采用高纯石英坩埚，其优点是污染少，但成本较高，容易在冷却时因晶体硅同坩埚热膨胀系数不同而破裂，长时间接触高温熔硅也会对石英坩埚产生腐蚀，导致氧浓度较高。为了弥补石英坩埚使用中的缺点，人们进行了一些重要的技术改进，主要是在石英坩埚内壁蒸镀 Si_3N_4 或 SiN/SiO 涂层，以隔离硅熔体与石英坩埚。这样，一方面解决了硅熔体在石英坩埚内壁上的黏滞问题，使得石英坩埚可重复使用；另一方面，降低了生长的多晶硅中的氧浓度。

2. 铸造多晶硅的生长工艺

直熔法制备铸造多晶硅的具体工艺如下。

1) 装料

首先，将有涂层的石英坩埚放在热交换台即冷却板上，再投入硅原料；然后，安装加热装置、隔热装置和炉罩；最后，炉内抽真空至 0.05～0.1mbar ($1mbar = 10^2Pa$)，并保持真空。

2) 加热

通过石墨加热器给炉体加热，使炉内石墨部件、隔热层、硅原料等的表面吸附气体充分挥发。需要缓慢升温直至石英坩埚内温度达到 1200～1300℃，此过程需要 4～5h，全程处于真空状态。

3) 化料

先通入氩气(保护气体)，使炉内气压达到并保持在 400～600mbar，再逐渐增加加热功率，使石英坩埚的温度达到并保持在 1500℃左右，此时硅原料开始熔化，此过程通常需要 9～11h。

4) 晶体生长

硅原料全部熔化后，降低加热功率，使坩埚温度降至 1420～1440℃；然后，冷却板通水，底部开始结晶；接着，凝固坩埚整体缓慢降温，在降温过程中，通过温区控制，始终控制坩埚内的温度梯度(底部温度最低)。随着温度的降低，熔硅在底部结晶后，逐渐向上生长，在生长过程中，固液界面要始终保持与水平面平行，直至熔硅全部结晶。此过程耗时较长，一般需要 20～22h。

5) 退火

多晶硅生长完成后，停止冷却水，并保持一定加热功率，使晶锭温度在熔点附近稳定 2～4h，让整个晶锭的温度均匀一致，以减少热应力。

6) 冷却

退火后，完全关闭加热功率，提升隔热装置或完全下降晶锭，并通入大量氩气，增加晶锭的散热速度，晶锭逐渐降温。待晶锭温度降至室温时，炉内氩气气压升至大气压，开腔去除晶锭。此过程也需 10h 左右。

图 3-24 显示了实际生长的铸造多晶硅晶锭照片。铸造多晶硅晶锭的尺寸可以达到 990mm×990mm×350mm，重量达到 800～1200kg，生长速度为 0.1～0.2mm/min，总的制备过程需要 35～45h。

3. 多晶硅生长的影响因素

与直拉单晶硅通过籽晶生长的过程不同，铸造多晶硅的生长无需籽晶，生长过程实际就是典型的定向凝固过程，其生长过程可以大致描述如下：坩埚底部温度率先降低到硅熔点(1414℃)以下，底部开始形成许多细小晶硅核心；然后，核心横向长大至相互接触；此后，晶粒开始向上生长，并通过兼并相邻晶粒或择优生长，尺寸不断增大，形成垂直于底面的柱状晶粒，直至所有熔硅结晶。图 3-25 显示了生长完成的铸造多晶硅晶锭的上表面和剖面图像。图中可以看到晶锭表面平整，没有裂纹、孔洞等宏观缺陷。从上表面看，呈现多晶态，晶界和晶粒清晰[图 3-25(a)]；从剖面看，晶粒呈柱状形态，晶柱几乎垂直于底面[图 3-25(b)]。铸造多晶硅硅片表面和晶柱界面垂直，界面对载流子输运的阻挡作用将很小，

图 3-24　铸造多晶硅晶锭照片

(a) 上表面　(b) 剖面

图 3-25　铸造多晶硅晶锭的上表面和剖面图像[4]

可有效避免晶界对太阳能电池效率的影响，这也是多晶硅太阳能电池效率较单晶硅太阳能电池相差不大、性价比较高的主要原因。另外，对于铸造多晶硅，即使晶柱界面同载流子输运方向相同，晶界还是会对少数载流子寿命和输运产生影响，因而，晶粒尺寸也要越大越好，这样可减少晶界的面积，从而减少晶界对电池效率的影响。实际工业生产的铸造多晶硅晶粒尺寸一般为 1～10mm，高质量的可达 10～15mm。

铸造多晶硅生长的全部技术要求可概括为：尽量垂直生长；尽量均匀的固液界面温度，使热应力尽量小；尽量大的晶粒；尽可能少的坩埚污染。为了避免出现铸造多晶硅晶粒细小和生长同表面不垂直的情况，需要掌握平面固液界面凝固技术，即在晶体凝固过程中，固液界面要与水平面保持平行。如果固液界面呈凹形或凸形，则由于熔体和晶体密度不同，重力会影响凝固过程，将会产生晶粒细小、不垂直生长等问题。为此需要设计特殊热场，使硅熔体凝固过程中固液界面始终保持与水平面平行。一般在晶体凝固过程中，边缘散热使其温度较中部低，中部和边缘存在温度梯度，这不仅会引起固液界面凹凸，还会导致生长晶体中产生热应力和位错生长，甚至导致晶锭破裂。所以，必须对晶体生长部分进行很好的隔热，保证没有较大的横向温度梯度，同时保证熔体凝固结晶，体积减小后，温度没有变化。此外，冷却速度的控制也很重要，冷却速度快，虽然会让晶体生长加快，但会引起横向和纵向温度梯度增大，导致的生长晶体中热应力增大，位错密度偏高。早期浇铸法制备的铸造多晶硅就是因为冷却速度快而使其晶粒尺寸比直熔法制备的铸造多晶硅要小很多。一般情况下，在多晶硅生长初期，生长速率要尽量低，以保证晶核中尽可能少的缺陷密度；然后，在保持固液界面平行和温度梯度小的情况下，尽量提高生长速率。

图 3-26 给出了不同热场情况下生长的铸造多晶硅晶锭的剖面图[19]。在图 3-26(a)～(d)

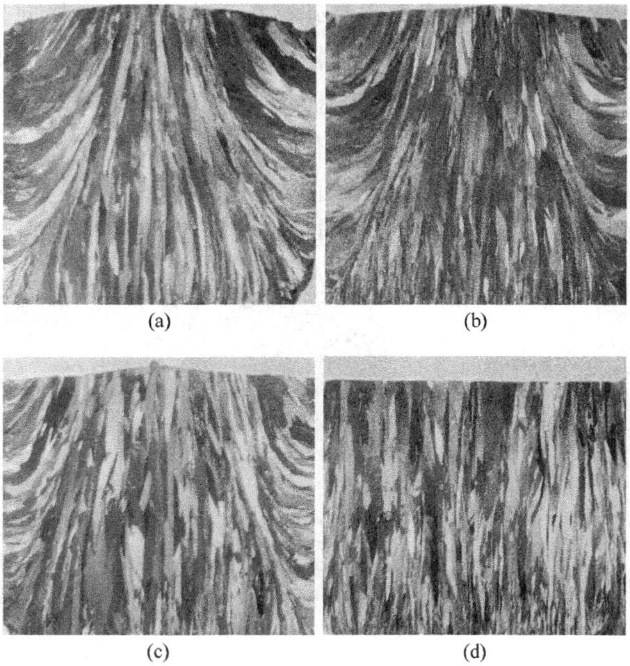

(a) (b) (c) (d)

图 3-26　在不同热场情况下制备的铸造多晶硅晶锭的剖面图像[19]

中，经过热场不断调整，固液界面从(a)～(d)逐渐与水平面平行，在剖面图上体现为晶粒逐渐全部变为垂直生长。此外，图 3-26 中还可以发现底部晶粒普遍细小，往上变得越来越大。实际上，铸造多晶硅的晶粒尺寸同生长过程和所处位置有很大关系，一般底部细小，向上生长时，大的变得更大，小的会逐渐萎缩，即择优生长，还会发生晶粒兼并现象，故越向上，尺寸越大。熔硅结晶时，坩埚壁与固液界面接触处温度较低，不断有新晶核产生，导致晶锭边缘晶粒小、不垂直。因此，一般铸造多晶硅底部和边缘的少数载流子寿命较低，不能应用于太阳能电池，需要去除。铸造多晶硅都会产生一些底、边、角废料，它们可以回收继续作为原料使用，但它们含有较多碳化物和氮化物，在原料中的比例不能过大，所以在铸造多晶硅制备时要尽量减少低质量区域。

3.5.3　新型铸造晶体硅生长工艺

1. 电磁感应冷坩埚连续拉晶法

利用上述定向凝固方式制备的铸造多晶硅，生长速度慢，坩埚损耗大，且晶锭底部、边缘和上部有几厘米厚质量差的部分无法应用。为了弥补这些缺点，电磁感应(EMCP)冷坩埚连续拉晶法被发明。EMCP 法制备铸造多晶硅的工艺过程如图 3-27 所示，其基本原理就是利用电磁感应加热的冷坩埚来熔化硅原料。从图 3-27 中可以看出 EMCP 法具有以下优点：

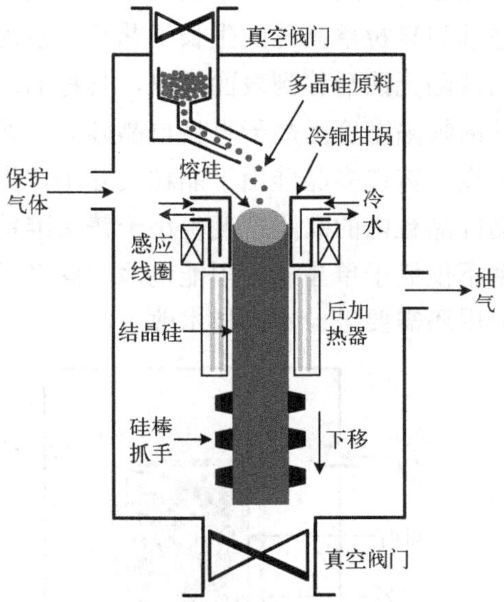

图 3-27　EMCP 法制备铸造多晶硅的工艺过程示意图[20]

(1) 熔化和凝固在不同部位同时进行，节约了生产时间；

(2) 通过电磁感应加热，熔体和坩埚不接触，这样就不会有坩埚损耗，也不会有来自坩埚的杂质污染，多晶硅中氧浓度可大幅降低；

(3) 可连续生长，速度较快，可达 5mm/min；

(4) 电磁力作用于硅熔体，可使掺杂剂的分布更均匀。

当然 EMCP 法的缺点也很明显，其严重凹形的固液界面会导致晶粒生长不垂直，晶粒小，并会引入较多缺陷。生长速度快也会导致生长的晶粒比较细小，一般只有 3～5mm，且大小不均。因此，该技术制备的铸造多晶硅的少数载流子寿命较直熔法低，太阳能电池的效率也较低。该技术制备的铸造多晶硅晶锭的尺寸最大可达 35cm×35cm× 300cm，电池效率较直熔法要低 3%左右。目前只有日本 Sumitomo 等少数公司用该方法进行商业化生产，更大规模的生产需要进一步改进技术和提高晶体质量。

2. 铸造准单晶硅制备技术

从前面介绍的直拉单晶硅和铸造多晶硅的制备与性质可以将两者的优缺点简单概括为：直拉单晶硅具有整体单晶结构、缺陷少、纯度高、电池效率高的优点，但其制备成本高、材料损耗大、晶锭尺寸小；铸造多晶硅具有制备成本低、材料损耗小、晶锭尺寸大的优点，但其整体多晶结构缺陷多、杂质浓度高、电池效率较低。为了同时发挥以上两种技术的优点，T.F.Ciszek 等发明了铸造准单晶硅制备技术，即通过直熔法制备单晶硅[21]。由于这种方法制备的单晶硅缺陷较多，且晶锭只有中央部分是单晶硅，四周边缘部分仍是多晶硅，故将其称为准单晶硅或类单晶硅。

铸造准单晶硅的制备工艺如图 3-28 所示。从图中可以看到，铸造准单晶硅的制备装置和定向凝固过程基本同直熔法铸造多晶硅相同，不同之处在于铸造准单晶硅在放料时在多晶硅原料底部整齐放置一层单晶硅籽晶。籽晶可通过直拉单晶硅切块制成，多晶硅原料全部采用太阳能级多晶硅。化料时，底部温度最低，始终处于熔点附近，使得熔硅和单晶硅籽晶之间形成一个水平固液界面，以后的生长过程同直熔法基本相同。通过对比铸造准单晶硅和直拉单晶硅的生长工艺可以发现，由于没有缩颈和引颈过程，晶体硅在生长时产生的缺陷无法滑移到表面排出，且籽晶之间的缝隙处会产生大量缺陷，因此实际铸造准单晶硅的缺陷密度远高于直拉单晶硅。再通过对比铸造准单晶硅和铸造多晶硅的晶体结构可以知道，铸造多晶硅由于晶粒尺寸小，生长时产生的缺陷容易滑移到晶界排出，因而铸造多晶硅晶粒内的缺陷密度也小于铸造准单晶硅。因此，铸造准单晶硅制备的太阳能电池的效率不仅低于单晶硅太阳能电池，同多晶硅太阳能电池相比，性价比也处于劣势，其大规模应用还需要进一步的技术改进。

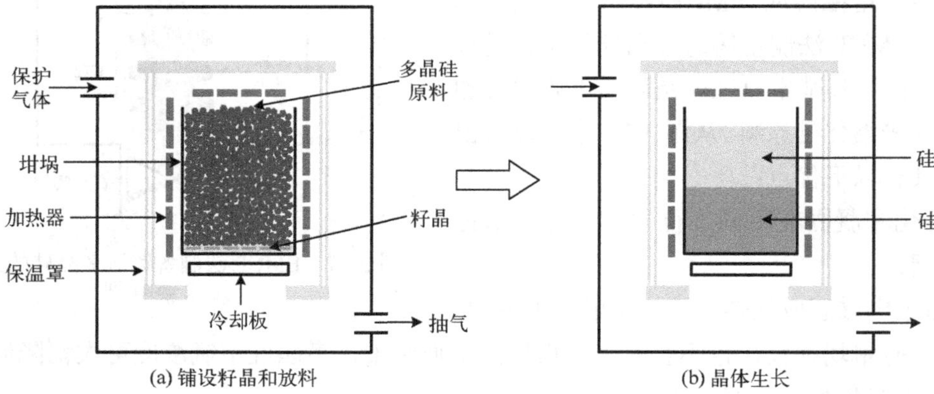

图 3-28　铸造准单晶硅的制备工艺过程示意图[21]

3.6　晶体硅的掺杂

半导体的 p-n 结是太阳能电池的核心结构，由于本征硅室温下的载流子浓度极低，需要通过不同的工艺在晶体硅中掺杂少量的受主杂质和施主杂质以构成 p-n 结。理论上，晶体硅为Ⅳ族元素，要形成 p 型硅，可掺入Ⅲ族元素杂质，而要形成 n 型硅，可掺入Ⅴ族元素杂质，但在实际生产中，除了需要考虑掺杂剂的成本，还要考虑其分凝系数。掺杂剂的分凝系数决定了其在晶体硅中的浓度分布，分凝系数过小(<1)将导致掺杂杂质在晶体硅中的不均匀分布，不利于规模化生产；而分凝系数接近 1 将大大降低在晶体硅中均匀掺杂的技术难度。

3.6.1　分凝和分凝系数

两种以上元素的混合固溶体在熔化后再结晶的过程中，浓度低的元素在浓度高的元素的晶体和熔体中的浓度会不同，称为分凝现象。图 3-29 给出了 A、B 两种组元混合后形成的固溶体的相图。图中显示：浓度为 X_1(B 的浓度，A 端为 0，B 端为 100%)、温度为 T 的混合熔体，在降温过程中，温度降为 T_1 时，固体开始析出，此时固溶体放出热量，温度保持在 T_1 不变，待熔体全部凝固成固体时，浓度变为 X_2，然后温度才开始继续降低，整个降温凝固过程的路径如图 3-29 中箭头所示。由此可见，对于晶体硅中的杂质，在晶体硅生长时，杂质在晶体硅和熔体硅中的浓度将取决于杂质的分凝。

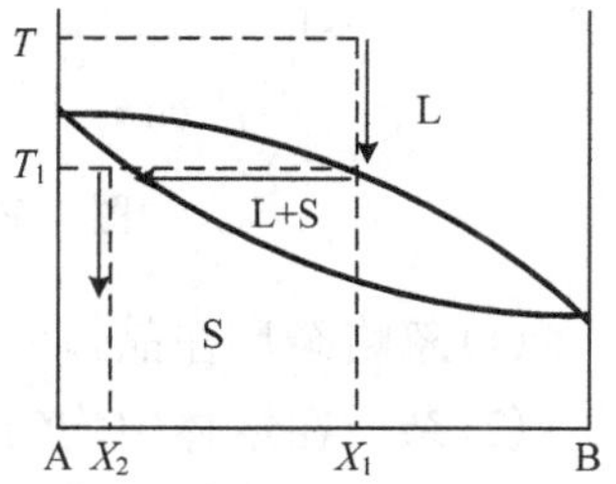

图 3-29　A、B 两种组元构成的固溶体的相图

在晶体硅结晶时，假如硅晶体是无限缓慢地从硅熔体析出(接近平衡状态)的，则有

$$k_0 = \frac{c_S}{c_L} \tag{3-12}$$

式中，k_0 定义为杂质平衡时的分凝系数；c_S 为硅晶体中杂质的浓度；c_L 为硅熔体中杂质的浓度。如果设硅为 A，杂质为 B，则 B 无论是被有意掺杂或无意引入，其浓度都很低。当 B 的浓度极小(靠近 A 端)时，固相线和液相线都近似为直线，此时 B 的平衡分凝系数 k_0 就是固相线和液相线的斜率之比，且对不同杂质，平衡分凝系数也不同。图 3-30 给出了不同 k_0 情况下的硅和杂质组成的固溶体的相图。从图中可以看出：$k_0 < 1$ 时，$c_S < c_L$，在晶体硅生长过程中，杂质将在熔体硅中富集，导致晶体硅尾部杂质的浓度高于头部杂质浓度；$k_0>1$ 时，$c_S > c_L$，杂质将在晶体硅中富集，晶体硅尾部杂质的浓度低于头部；$k_0 = 1$ 时，$c_S = c_L$，此时，杂质在晶体硅中的浓度将保持一致。实际晶体硅生长时，都是非平衡状态，熔体中的杂质也不是均匀分布的。对于 $k_0 < 1$ 的杂质，硅熔体结晶时，杂质将从固液面被排进硅熔体；反之，对于 $k_0 > 1$ 的杂质，硅熔体结晶时，杂质将从固液面被吸入硅晶体。如果杂质在硅熔体中的扩散速度小于晶体生长速度，则在硅熔体一侧将出现杂质富集层或杂质洁净层，此时固液界面处硅晶体侧杂质浓度 c_S 和硅熔体中的杂质浓度 c_L 的比值称为有效分凝系数。有效分凝系数 k_e 和平衡分凝系数 k_0 满足 BPS 关系式：

$$k_e = \frac{k_0}{(1-k_0)e^{-v\delta/D} + k_0} \tag{3-13}$$

式中，v 为晶体硅生长速度；δ为扩散层厚度；D 为扩散系数。从式(3-13)可以看出：当 $v \to 0$，$k_{eFF} \to k_0$ 时，即对于接近平衡状态的凝固过程，有效分凝系数 k_e 和平衡分凝系数 k_0 基本上是一致的；而当 v 较大时，$k_e \neq k_0$。在晶体硅生长速率较快时，对于 $k_0 < 1$ 的杂质，$k_e > k_0$，即晶体硅中的杂质含量较平衡态凝固过程会升高；对于 $k_0 > 1$ 的杂质，$k_e < k_0$，即晶体硅中的杂质含量会较平衡态的凝固过程降低。

在晶体生长时，如果所有原料熔化后在单一界面下全部生长成晶体，而且假设满足下列条件：

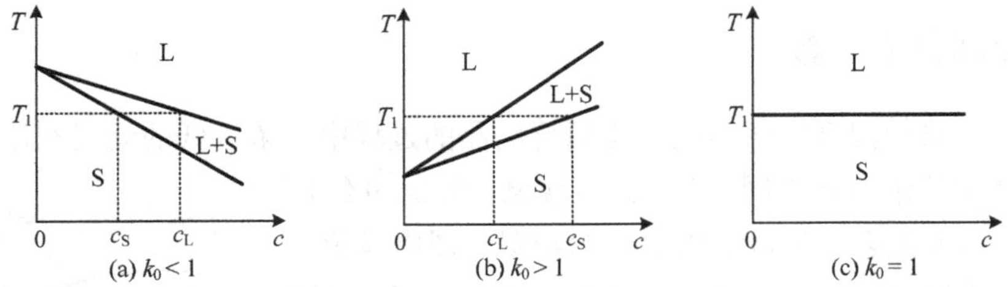

图 3-30　不同 k_0 情况下的硅和杂质组成的固溶体的相图

(1) 忽略杂质在晶体中的扩散(扩散速度远小于凝固速度)；

(2) 杂质在熔体中均匀分布(扩散速度远大于凝固速度)；

(3) 杂质的分凝系数为常数 k_0(固相线和液相线都为直线，且凝固速度缓慢)；

(4) 生长时固体和熔体密度分别保持不变。

此过程称为晶体的正常凝固过程。对于太阳能电池用小直径直拉单晶硅，绝大部分杂质的扩散速度($10^{-4}\sim10^{-3}$cm/s)远小于晶体生长速度，满足条件(1)；硅熔体中有强烈热对流和机械对流，可使条件(2)满足；杂质在硅熔体中的浓度极小，且晶体硅生长速度缓慢，可认为也满足条件(3)；晶体硅生长时，温度在熔点附近变化不大，自然也满足条件(4)；所以，晶体硅的实际生长过程近似于正常凝固过程。对于正常凝固的单位体积晶体，设横截面积和长度均为 1，g 为凝固分数(图 3-31)，S 为凝固 g 后熔体中的杂质总量，则靠近界面的固体中的杂质浓度为

$$c_S = -\frac{dS}{dg} \tag{3-14}$$

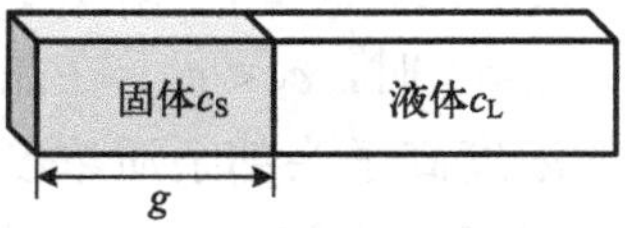

图 3-31　晶体正常凝固过程示意图

熔体中的杂质浓度为

$$c_L = \frac{S}{1-g} \tag{3-15}$$

将式(3-14)、式(3-15)与式(3-12)联立可得

$$-\frac{dS}{dg} = \frac{k_0 S}{1-g} \tag{3-16}$$

分离变量后积分可得

$$S = S_0(1-g)^{k_0} \tag{3-17}$$

从而得到

$$c_S = -\frac{dS}{dg} = k_0 c_0 (1-g)^{k_0-1} \tag{3-18}$$

式(3-17)和式(3-18)中，S_0 为初始单位硅熔体内杂质总量；c_0 为初始硅熔体中的杂质浓度，两者相等。式(3-18)可用来计算太阳能电池用小直径直拉单晶硅生长时杂质在晶体中的浓度分布，但在直拉多晶硅收尾部分不适用，由于尾部生长速率较高，固液界面熔体杂质富集，分凝系数发生变化，晶体生长不属于正常凝固过程[条件(2)、(3)均不满足]。对于铸造多晶硅，由于生长速率很慢，甚至小于杂质在晶体硅中的扩散速度[条件(1)不满足]，严格讲，晶体生长也不属于正常凝固过程，因此，式(3-18)也不适合用来计算铸造多晶硅内

的杂质浓度分布，铸造多晶硅内的杂质在长时间的生长过程中将因热扩散而趋于更为均匀的分布。

3.6.2　掺杂

1．晶体硅的掺杂方法

对于晶体硅，掺入 B、Al、Ga、In 等Ⅲ族元素杂质都可实现 p 型导电，掺入 P、As、Sb 等Ⅴ族元素杂质可实现 n 型导电。实际生产中，在综合考虑掺杂剂的成本、分凝系数、掺杂难度、有无毒性等诸多因素后，p 型晶体硅主要采用硼掺杂，n 型晶体硅主要是磷掺杂。表 3-2 列出了一些常见杂质在晶体硅中的分凝系数。p 型晶体硅选择硼掺杂的最主要原因是其分凝系数大(接近 1)，另外成本也不高；而其他几种Ⅲ族元素的分凝系数过小，很难实现均匀掺杂。例如，掺 Ga 虽然可以避免掺 B 太阳能电池因 B-O 复合体而导致效率衰减的问题，但 Ga 的分凝系数只有 0.01，且价格昂贵，因而不被采用。n 型晶体硅选择磷掺杂的原因主要是磷的原子尺寸和硅接近，易于掺杂，而且成本较低；而砷的原子尺寸比硅要大不少，还有剧毒；锑的分凝系数太小，原子尺寸和硅也相差过大。

表 3-2　杂质在晶体硅中的分凝系数表

杂质	分凝系数	杂质	分凝系数
Li	1×10^{-2}	O	1.25
B	0.9	S	1×10^{-5}
Al	0.004	Cd	1×10^{-8}
Ga	0.01	Cu	4×10^{-4}
In	5×10^{-4}	Ag	1×10^{-8}
C	0.07	Au	3×10^{-5}
Sn	0.02	Pt	1×10^{-8}
N	7×10^{-4}	Pd	1×10^{-8}
P	0.35	Fe	5×10^{-4}
As	0.3	Co	1×10^{-4}
Sb	0.04	Mn	1×10^{-5}
Bi	8×10^{-4}	Zn	1×10^{-5}

常规太阳能电池主要用 p 型掺硼晶体硅作为基体，再通过扩散掺磷来构成 p-n 结；而一些新型晶体硅太阳能电池，如 IBC、HIT 电池，则采用 n 型掺磷晶体硅作为基体，再通过扩散掺硼或镀膜来制备 p-n 结或 p-i-n 结构。晶体硅太阳能电池基体的电阻率一般在 1Ω·cm 左右，对应的掺杂浓度在 $10^{16}cm^{-3}$ 量级，而在基体上制备的 p-n 结反型层的掺杂浓度较高，一般在 $10^{19}cm^{-3}$ 以上。在 p 型或 n 型晶体硅基体上制备反型层在 2.2.1 节和 3.2.1 节中已有详细描述，不再赘述；这里主要介绍 p 型或 n 型晶体硅基体的掺杂方法。

直拉单晶硅和铸造多晶硅的 p 型或 n 型掺杂方法主要就是将一定量的 B_2O_3 或 P_2O_5 和硅原料一起放入坩埚熔化，B_2O_3 高温分解或 P_2O_5 与 Si 反应生成的 B 或 P 熔入硅熔体，最后进入多晶硅体内。

B_2O_3的高温分解反应式为

$$2B_2O_3 \xrightarrow{\text{高温}} 4B + 3O_2 \uparrow \tag{3-19}$$

由于硼在硅中的分凝系数为 0.9，所以自晶体底部到顶部，容易做到均匀掺杂。研究表明，掺硼铸造多晶硅晶锭从底部到顶部的电阻率相当均匀，说明自晶锭底部到顶部硼的掺杂浓度比较均匀。

P_2O_5与 Si 的反应式同式(3-5)，这里重新写出：

$$5Si + 2P_2O_5 \xrightarrow{900℃} 5SiO_2 + 4P$$

反应式中生成的SiO_2绝大部分会在熔体表面蒸发，P 将随熔硅一起掺入晶体硅中。由于磷的分凝系数仅为 0.35，在制备直拉单晶硅和铸造多晶硅时较难实现均匀掺杂，实际这也是制约 n 型晶体硅规模化生产的重要原因。

2. 晶体硅掺杂浓度控制

太阳能电池用晶体硅一般使用 B 或 P 作为 p 型或 n 型掺杂剂，晶体硅的电阻率与掺杂浓度的关系式为

$$\rho = \frac{1}{\sigma} = \frac{1}{c_S e\mu} \tag{3-20}$$

式中，μ为电子或空穴迁移率，分别为 $1350cm^2/(V·s)$和 $480cm^2/(V·s)$；c_S为掺杂浓度，电阻率为 1Ω·cm 的 p 型掺 B 晶体硅和 n 型掺 P 晶体硅的c_S分别为$4.2×10^{16}cm^{-3}$和$1.4×10^{16}cm^{-3}$。图 3-32 给出了室温下单晶硅的电阻率与掺杂浓度的关系，由图可以看出，通过控制掺杂剂的浓度，就能够控制单晶硅的电阻率和载流子浓度。

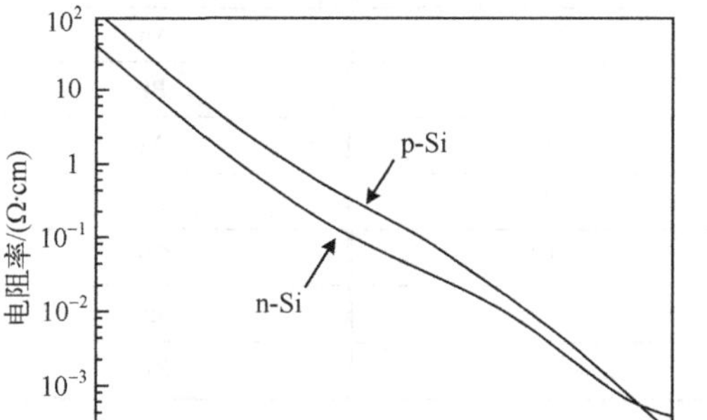

图 3-32　室温下 p 型掺 B 和 n 型掺 P 单晶硅的电阻率与掺杂浓度的关系[4]

晶体硅的掺杂一般是在多晶硅原料装料时，加入掺杂剂；多晶硅熔化时，掺杂剂熔入硅熔体，并最终进入晶体硅。根据平衡态分凝系数计算公式[式(3-12)]，可推出多晶硅原料中需加入杂质重量的计算公式：

$$m = V \cdot \frac{M}{N_0} \cdot c_L = \frac{W}{d} \cdot \frac{M}{N_0} \cdot \frac{c_S}{k_0} \tag{3-21}$$

式中，W 为多晶硅原料的重量；d 为硅的密度；M 为杂质原子量；N_0 为阿伏伽德罗常量；c_S 为晶体硅的目标杂质浓度。实际应用中，确定原料中加入的杂质量时还需考虑蒸发系数。由于杂质在硅熔体中会蒸发，若按上述公式的计算值确定加入杂质量，最后晶体硅中实际杂质浓度一般都要比目标值小，所以加入杂质量要根据蒸发系数和经验比计算值多一些。例如，P 的蒸发系数较大，很容易从硅熔体表面蒸发，除了需要增加掺入杂质的量，还需采用特殊技术保证晶体硅中 P 的浓度。另外，晶体硅中的掺杂量还受原料杂质含量和坩埚的影响，消除这些影响的方法是：先进行非掺晶体硅的生长，通过测试电阻率，得到本底载流子浓度 c_B，再计算得到目标电阻率的杂质掺杂量。

3.7 硅 片 加 工

在单晶硅或多晶硅晶锭制备完成后，需要将其加工成符合器件制备要求的硅片。对于大规模集成电路用单晶硅，需进行比较复杂的加工工序，包括切断、滚圆、切片、倒角、磨片、化学腐蚀、抛光等一系列工艺，在不同的工艺间还需进行不同程度的化学清洗；而对于太阳能电池用硅片，工艺相对简单很多，只需要切割或切断、切方块或滚圆、切片和化学腐蚀。

3.7.1 切割、切方块和滚圆

1. 切割

切割即切去生长完的直拉单晶硅晶锭的头尾部分或铸造多晶硅晶锭的四边质量较差部分。通常利用外圆切割方式，如图 3-33 所示。外圆切割机的刀片边缘有金刚石涂层，刀片较厚、切割速度快、操作方便，但外圆切割方式比较浪费材料，切片表面机械损伤严重。

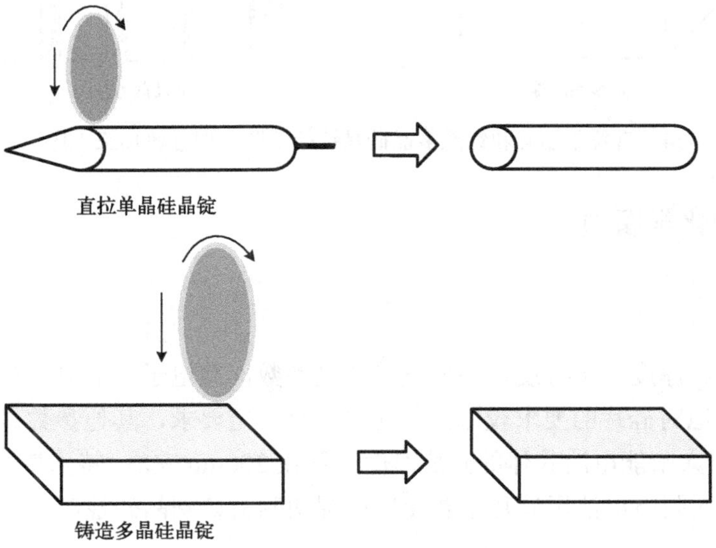

图 3-33　直拉单晶硅和铸造多晶硅晶锭的外圆切割示意图

2. 切方块、滚圆

太阳能电池用单晶硅片有圆形和方形两种形状，圆形硅片的加工成本比方形硅片低，但其空间利用率低，相应也会增加电池的单位发电成本。一般，太阳能电池特别是高功率太阳能电池的硅片形状都为方形。由于无论直拉单晶硅棒还是区熔单晶硅棒都因热振动、热冲击等有一定的表面起伏和尺寸偏差，直拉单晶硅棒还存在棱线，因此，加工圆形硅片所用的单晶硅棒需要经过滚圆工艺，就是用金刚石砂轮磨削单晶硅棒的侧面，将其加工成所需尺寸、直径统一的标准圆柱体，如直径 3in、4in（1in = 2.54cm）圆柱体。加工方形单晶硅片所用的单晶硅棒需要先经过切方块工序，就是在单晶硅棒的纵向用外圆切割机切割成横截面为正方形的方柱体，如横截面尺寸为 100mm×100mm、125mm×125mm、150mm×150mm 的方柱体。而太阳能电池用多晶硅片一般只有方形，加工方形多晶硅片需要先把去除四边质量较差部分后的铸造多晶硅晶锭用外圆切割机切割成横截面为正方形的方柱体，如横截面尺寸为 100mm×100mm、150mm×150mm、210mm×210mm 的方柱体。图 3-34 显示了直拉单晶硅和铸造单晶硅晶锭的滚圆与切方块加工工序示意图。滚圆或切方块会对晶体硅表面造成比较严重的机械损伤，甚至微裂纹，需要通过控制金刚石砂轮和外圆切割机的转速、磨削或切割速度、金刚石粒度等来减少损伤。一般在加工硅片前，晶体硅圆柱或方柱都要进行化学腐蚀，去除机械损伤。

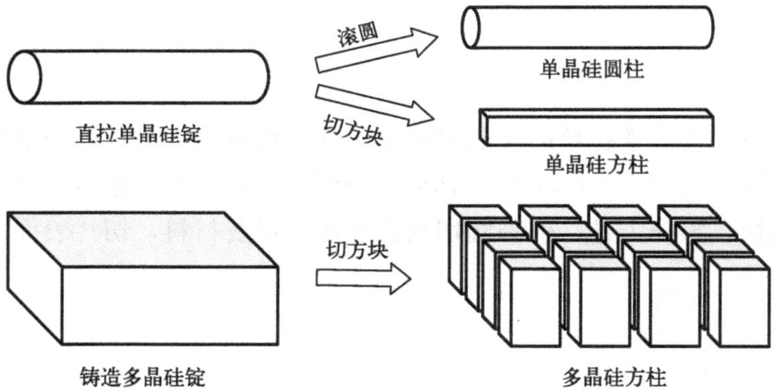

图 3-34　直拉单晶硅和铸造多晶硅晶锭的滚圆和切方块加工工序示意图

3.7.2　切片和化学腐蚀

1. 切片

硅片有晶向、厚度、平行度、翘曲度等关键参数，微电子工业对这些参数都有严格要求，但太阳能电池对硅片的要求较低，只对厚度有一定要求，其他参数只要偏差不太大就可以。目前，用于太阳能电池基体的硅片厚度一般在 200μm 左右，特殊情况下可以到 100～150μm。早期的太阳能电池用硅片主要使用内圆切割机切割晶硅柱制取，以后普遍使用线切割机。

内圆切割机的切片工艺如图 3-35 所示。它是用环状刀片的内侧进行切割，通过将晶硅柱自圆环状刀片内向下移动来切片。圆环状刀片由钢板制成，刀片厚度为 250～300μm，环内边缘涂有金刚石颗粒，转速为 1000～2000r/min。内圆切割机具有刀片稳定性好(相对外圆切割机)、硅片平整度好(相对线切割机)、价格便宜、维修方便的优点，但也存在材料损耗大(损耗一半以上材料)、切割速度慢、效率低、表面损伤大的问题。

由于内圆切割机一次只能切割一片，切片效率较低，无法适应规模化生产的要求。1995年后开始普遍使用线切割机，切割效率提高了几十倍。线切割机的切片工艺如图 3-36 所示。它是通过粘有金刚石颗粒的金属丝线在晶硅柱上加力后的移动进行切片的，金属丝线的总长度可达 100km 以上，丝线直径可以达到 150μm 以下，可同时切割 300 片硅片。由于线切割机的金属丝线移动速度较慢，且直径较小，故材料损耗比内圆切割降低 50%以上，而且应力较小，硅片表面的损伤也较轻。线切割的缺点是硅片平整度稍差、设备昂贵、维修困难。由于太阳能电池对硅片平整度要求不高，线切割机切片工艺非常适合太阳能电池用硅片的规模化生产。

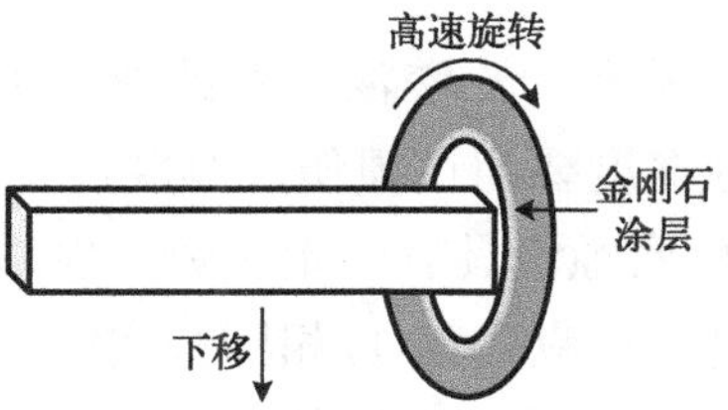

图 3-35　内圆切割机的硅片切片工艺示意图

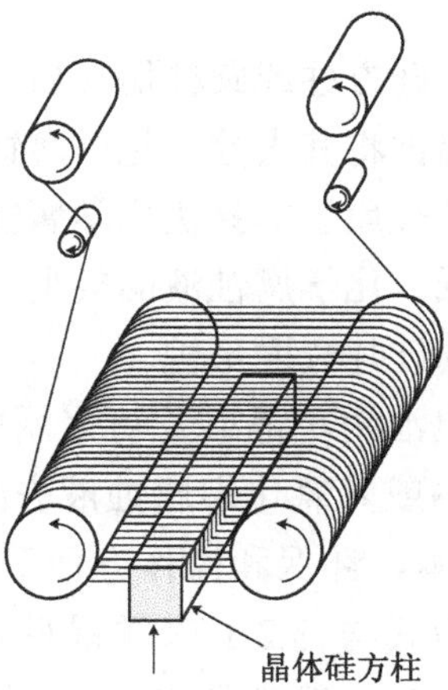

图 3-36　线切割机的硅片切片工艺示意图

作为脆性材料，晶体硅切片后，表面都会有机械损伤层，损伤层一般可划分为由破碎微晶粒组成的碎晶区、存在大量位错的位错网络区和存在应力的弹性应变区。通过控制切割机的切割精度、稳定性、切割速度、冷却液等可将硅片的损伤层尽可能降低。利用 X 射线多晶衍射(XRD)，用逐层腐蚀测量的方法，通过多次测量可以测出硅片损伤层的厚度，XRD 的单次测量深度约为 1μm。单晶硅的 XRD 衍射峰具有一定的本征宽度，硅片表面的多晶结构、位错和弹性应变都可使衍射峰的宽度增加，一般多晶硅的晶界对衍射峰宽的影响程度最大，位错次之，弹性应变最小。通常，晶界密度越大(多晶硅的晶粒粒度越小)，位错密度越大，弹性应变越大，衍射峰越宽。图 3-37 给出了切片后未经处理的直拉单晶硅片和铸造多晶硅片通过逐层腐蚀 XRD 测量法得到的衍射峰半高宽随深度的变化，可以看出单晶硅片和多晶硅片损伤层的厚度大约为 7μm，多晶硅片由于内部存在大量晶界和缺陷，其本底衍射峰半高宽大于单晶硅片[22]。晶体硅切片后造成的表面损伤层一般都要通过化学腐蚀去除掉。

另外，太阳能电池用硅片表面的晶向、平整度、翘曲度也不能偏差太大，现代切割机一般都带有在线监测装置，可以随时控制切割机的各个运行参数。

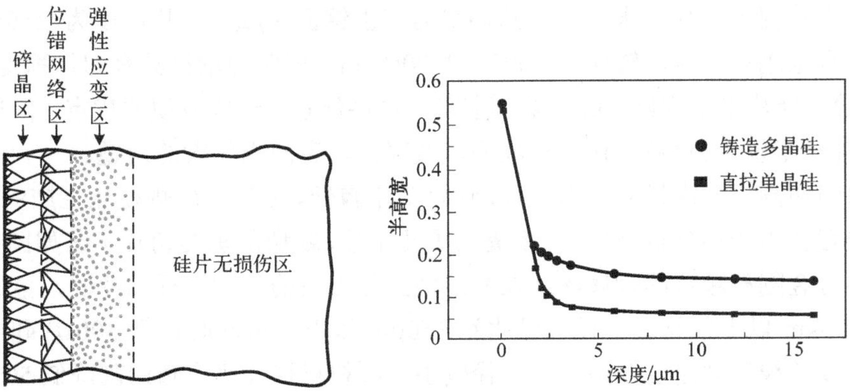

图 3-37　逐层腐蚀 XRD 测量法测得的单晶硅片和多晶硅片表面的衍射峰半高宽同深度的关系

2. 化学腐蚀

在对晶体硅方柱或圆柱切片后，硅片表面会有机械损伤层和金属离子等杂质污染，必须通过化学腐蚀将其去除。化学腐蚀所用的腐蚀液有酸性腐蚀液和碱性腐蚀液两种类型，一般酸性腐蚀液属于非择优化学腐蚀，腐蚀速率较高；而碱性腐蚀液属于择优化学腐蚀，腐蚀速率较低。化学腐蚀液的类型、配比、温度、搅拌以及硅片放置方式都会影响腐蚀速度和腐蚀后的硅片表面形貌。

太阳能电池用单晶硅片可采用酸性的氢氟酸、硝酸、乙酸混合腐蚀液，也可采用碱性的氢氧化钠或氢氧化钾腐蚀液去除损伤层，腐蚀深度要超过损伤层厚度，一般为 20～30μm。从成本、环保和操作方便等因素考虑，碱性腐蚀液具有一定优势，氢氧化钠腐蚀液与硅的反应式与 3.2.1 节单晶硅片制绒部分给出的反应式(3-1)相同，实际上，太阳能电池用单晶硅片一般都是<100>晶向，在太阳能电池工艺中，可以把化学腐蚀去除损伤层和绒面制备合二为一，这样既节约了成本，又简化了工艺过程。由于氢氧化钠与硅的反应只生成氢气，不会像酸性腐蚀液一样产生 NO 有毒气体，因此，采用碱性腐蚀液也可节约废气处理的成本。但碱性择优腐蚀液的腐蚀速度较慢，从节约时间、提高效率的角度考虑，一般还是先通过酸性非择优腐蚀液腐蚀去除损伤层，再通过碱性择优腐蚀液进行表面制绒。

对于多晶硅片，一般只能采用酸性腐蚀液进行非择优腐蚀，既可以高效去除硅片表面的损伤层，又可以在硅片表面产生绒面结构。使用最多的酸性腐蚀剂是 HF/HNO_3 体系的混合液，其中常加入一定比例的乙酸作为稀释剂，控制反应速度。HF/HNO_3 体系与硅的化学反应式与 3.2.1 节多晶硅片制绒部分给出的反应式(3-2)和反应式(3-3)相同，两个反应交替进行，不仅可以将硅片表面的损伤层去除，而且最后还可以形成凹球面形貌的绒面结构。当 $HF/HNO_3 = 4.5$ 时，HF/HNO_3 体系腐蚀液对硅的腐蚀速率最大，加入乙酸可以降低硝酸的电离度，从而降低腐蚀速率。酸性腐蚀液的优点是腐蚀速率高，缺点是会产生有毒气体 NO，对单晶硅制绒无法形成金字塔形貌，但对多晶硅制绒不存在这个问题。实际工艺中，可以根据需要调节酸性腐蚀液的 HF/HNO_3 比例、添加剂量、温度等控制腐蚀速度和腐蚀后的硅片表面形貌。

3.8　晶体硅中的杂质和缺陷对太阳能电池的影响

晶体硅的生长和加工过程中都会引入杂质与缺陷，杂质包括氧、碳、氮、氢和金属杂质，缺陷有点缺陷、位错、层错、微缺陷和晶界。直拉单晶硅和铸造多晶硅因为制备方法和晶体结构不同，它们的杂质和缺陷的结构、形态和性质都有所不同。太阳能电池用直拉单晶硅中，主要的杂质是氧、碳和金属杂质，其他非金属杂质含量很低，对太阳能电池性能的影响可以忽略，但金属含量虽少，却可能严重影响电池性能；缺陷主要是位错，点缺陷对电池性能影响不大，层错、微缺陷都很少。在铸造多晶硅中，非金属杂质主要是氧、氮和碳，其中碳和氮浓度都高于直拉单晶硅；金属杂质的含量也高于直拉单晶硅；缺陷主要是高密度的晶界、位错及微缺陷，缺陷密度很高，一般都需要进行氢钝化。

3.8.1　晶体硅中的氧杂质

1. 氧杂质的结构和类型

晶体硅中氧杂质的含量一般为 10^{17}～10^{18}cm^{-3}，以过饱和间隙态存在，与周围两个硅原子以共价键结合，呈电中性。氧可与空位结合或几个氧原子团聚形成氧热施主，还可形成结构为 SiO_x 的氧沉淀，从而对太阳能电池的性能造成影响。太阳能电池用直拉单晶硅由于生长速度快，经历的热过程短，氧热施主和氧沉淀形成机会与数量较少，对电池性能影响有限。而铸造多晶硅的高温热过程持续时间长达几十小时，氧热施主和氧沉淀对电池性能影响会比较大，需要重视研究。此外，在掺硼 p 型晶体硅中，氧很容易同硼结合形成 B-O 复合体，B-O 复合体会导致太阳能电池效率衰减，需要格外引起重视。

2. 氧杂质的产生、浓度和分布

1) 氧杂质的产生

晶体硅生长时，熔硅温度高达 1420℃，可以侵蚀石英坩埚，导致氧进入晶体硅。熔硅与石英坩埚的化学反应式为

$$Si + SiO_2 \xrightarrow{\text{高温}} 2SiO \tag{3-22}$$

$$SiO \xrightarrow{\text{高温}} Si + O \tag{3-23}$$

氧通过上述两步反应自石英坩埚最终进入晶体硅的大致过程是：熔硅首先侵蚀石英坩埚发生如式(3-22)所示的反应，生成的 SiO 进入硅熔体，再通过机械对流、热对流等方式，将绝大部分 SiO 传输到熔体表面。由于 SiO 的蒸气压为 12mbar，高于生长系统气压，所以传输到熔体表面的 SiO 将以气体形式挥发，并随保护气体排出，只有很少的 SiO 通过式(3-23)的反应溶解在熔硅中，产生氧原子。由于氧在晶体硅中的浓度受固溶度限制，故仅有约 1%的 SiO 会溶解在熔硅中，最终以氧原子形态进入晶体硅。图 3-38 显示了直拉单晶硅和铸造多晶硅生长过程中氧的流动趋势。

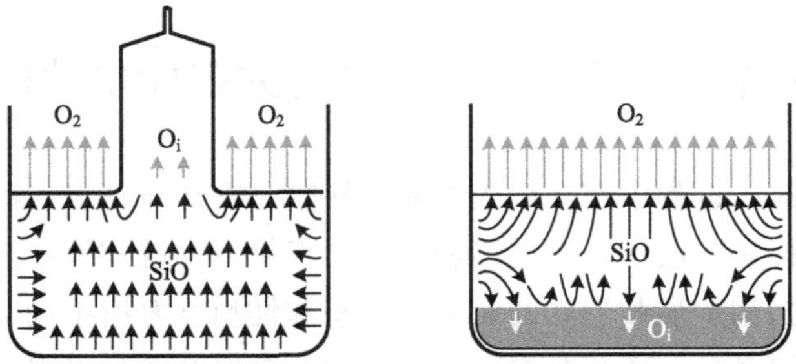

(a) 直拉单晶硅　　(b) 铸造多晶硅

图 3-38　直拉单晶硅和铸造多晶硅生长过程中氧的流动趋势图

2) 直拉单晶硅中氧杂质的浓度和分布

氧在晶体硅生长过程中存在分凝现象，分凝系数大于 1(约为 1.25)。对于直拉单晶硅，其头部先结晶，随晶体生长，熔体中氧含量不断降低，故头部氧含量较高，一般可达 $10^{19}cm^{-3}$ 量级，尾部氧含量较低，轴向高低浓度相差不超过 20%，但收尾部分由于生长条件急剧变化，氧含量会升高；其径向氧含量变化不大，从中心到边缘渐次降低，幅度在 10%以内。图 3-39 给出了直拉单晶硅内部氧浓度大致分布的示意图。直拉单晶硅内的氧浓度受熔硅中热对流、熔硅与石英坩埚接触面积、机械对流、表面蒸发等因素影响，可通过精细工艺、石英坩埚涂层、外加磁场等措施进行控制。当然，制备太阳能电池用直拉单晶硅方法时，还要更多地从节约成本的角度合理采取必要的氧浓度控制措施。此外，集成电路用单晶硅片可利用氧沉淀吸除单晶硅表面的金属杂质来提高集成电路成品率，即“内吸杂”工艺；而太阳能电池用单晶硅片由于工作区域是整个横截面，因而不能利用“内吸杂”工艺吸除金属杂质，需要采用其他方法来减少金属杂质，如各种“外吸杂”工艺。

3) 铸造多晶硅中氧杂质的浓度和分布

与直拉单晶硅不同，铸造多晶硅没有机械对流，只有热对流。这样，一方面，硅熔体对石英坩埚壁的冲蚀作用减弱，降低了熔硅中的氧浓度；另一方面，氧在硅熔体中扩散减少，输送到熔体表面挥发的 SiO 也减少。总体上，铸造多晶硅中的氧浓度比直拉单晶硅低一个数量级，一般在 10^{17}～$10^{18}cm^{-3}$。由于晶体硅中氧的分凝系数大于 1，氧在先凝固的底部浓度较高，向上逐渐降低，底部氧浓度可达 $1.3\times10^{18}cm^{-3}$，顶部接近 $3\times10^{17}cm^{-3}$。同时，由于铸造多晶硅只有热对流，径向氧浓度分布也不均匀，边缘氧浓度可达 $1.4\times10^{18}cm^{-3}$，离开 2cm，氧浓度迅速降到 $3\times10^{17}cm^{-3}$ 附近。图 3-40 给出了铸造多晶硅中大致的氧浓度分布示意图。实际铸造多晶硅工艺中常使用涂覆 Si_3N_4 等涂层的石英坩埚，使熔硅和坩埚实现物理隔离，可大幅降低氧浓度。目前优质铸造多晶硅的平均氧浓度可低于 $5\times10^{17}cm^{-3}$。

3. 氧杂质的测量

晶体硅中氧浓度的测量有多种方法，包括红外吸收光谱法、带电粒子活化法、熔化分析法、二次离子质谱法等，从费用、效率、简便性、精确度等方面考虑，最佳也是常用的方法是红外吸收光谱法。红外吸收光谱法主要测量晶体硅中间隙氧的浓度，操作简便快捷，费用低廉，对样品制备没有特殊要求。在晶体硅的室温红外吸收光谱中，对应于晶体硅中

Si-O-Si的不同振动模式，有多个吸收峰(460cm^{-1}、505cm^{-1}、1107cm^{-1}、1720cm^{-1}等)。其中，对应于反对称伸缩红外局域振动模式的1107cm^{-1}峰最强，如图3-41所示，常被用来计算晶体硅中间隙氧浓度，其计算公式为

$$c_{\text{Oi}} = C\alpha_{\max} \times 10^{17} (\text{cm}^{-3}) \tag{3-24}$$

式中，C为校正系数，其值为3.14±0.09；$\alpha_{\max}$为吸收系数的峰值。由于掺杂晶体硅对红外光谱也会有较强吸收，所以需要用相同掺杂浓度的不含氧的参比样品来扣除来自硅晶格和载流子的背景吸收。此外，参比样品的表面粗糙度、测量温度也都会对测量精度产生影响，所以测试样品都需要双面抛光，测量环境要保持恒温。

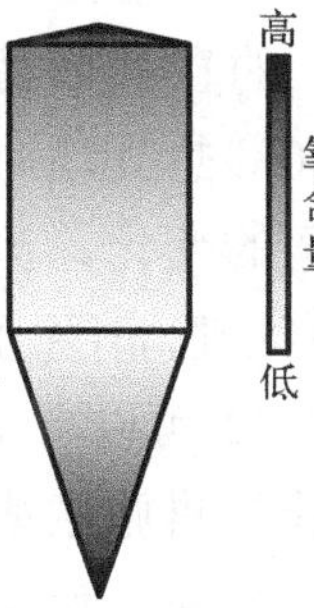

图3-39　直拉单晶硅中氧浓度分布示意图

图3-40　铸造多晶硅中氧浓度分布示意图

需要注意的是红外吸收测量的仅是间隙氧浓度，要测量总的氧浓度(包括复合体和氧沉淀等)，通常将晶体硅加热到1300℃以上进行热处理，使复合体和氧沉淀等重新融入硅熔体，再快速降温，使融入的氧没有时间重新复合和沉淀，全部以间隙氧形态存在于晶体硅中。

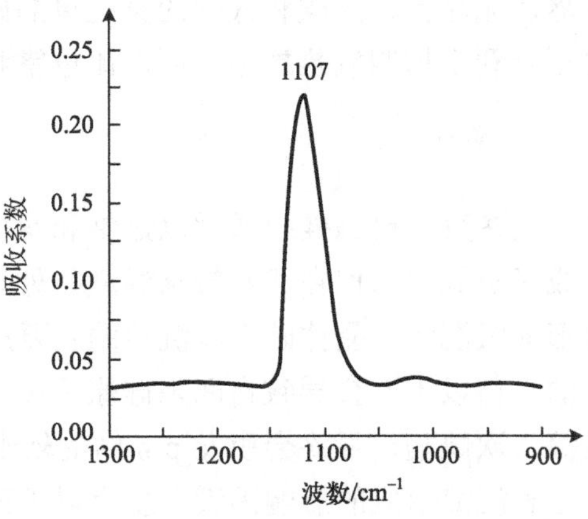

图3-41　晶体硅在900～1300cm^{-1}波数范围的室温红外光谱图

4. 氧热施主

晶体硅在300～500℃热处理时会产生热施主效应，450℃的热处理对热施主的产生最有效。研究发现热施主与氧原子偏聚相关，故将其称为氧热施主，已提出多种氧热施主结构模型，有4间隙氧聚集、双原子氧、空位-氧、自间隙硅-氧等。氧热施主浓度一般随热处理时间增加逐渐增加，在100～200h后，达到最高，然后较快地降低。一旦形成热施主，可以在550℃以上短时间热处理予以消除，较佳的热施主消除温度为650℃。研究表明，热施主一般是双施主，可提供2个自由电子，能级位于0.06～0.07eV和0.13～0.15eV，极易电离。目前已经发现的热施主已经有16种形态，相差2meV，短时间热处理后，一般只剩2～3种形态。氧热施主浓度最高可以达到1×10^{16}cm^{-3}，此时热施主已能够影响晶体硅的载流子浓度，它会使n型晶体硅的电阻率下降，p型晶体硅的电阻率上升。研究还发现，碳、氮会抑制氧热施主的产生，但氢会促进它们的产生。

对于太阳能电池用直拉单晶硅，虽然氧浓度较高，但生长和保温时间都较短，在热施主形成温区时间较短，生成的热施主浓度($1\times10^{15}cm^{-3}$ 以下)对总载流子浓度影响有限。直拉单晶硅在 550～850℃热处理时，还会产生新的氧热施主，但“新施主”的形成时间一般需 10h 以上，太阳能电池用直拉单晶硅在该温区冷却时间较短，“新施主”一般可忽略。铸造多晶硅经历不同热处理过程时，与直拉单晶硅相同的是过饱和间隙氧也会形成氧热施主，不同的是存在大量晶界、位错及其他缺陷，对氧热施主浓度会有影响。图 3-42 给出了间隙氧浓度都为 $1\times10^{18}cm^{-3}$ 的直拉单晶硅和铸造多晶硅样品在 450℃热处理时氧热施主浓度随热处理时间的变化，测试用的样品已经过 650℃热处理，消除了原生热施主的影响。从图 3-42 可以看出，直拉单晶硅和铸造多晶硅氧热施主浓度随热处理时间的变化趋势相同，说明两者的氧热施主形成过程遵循同样的动力学和热力学规律；还可发现直拉单晶硅热施主浓度始终高于铸造多晶硅，表明位错或晶界有利于抑制氧热施主的形成。有人专门做过有位错和无位错、有晶界和无晶界、高碳和低碳的直拉单晶硅样品的氧热施主浓度对比，发现高密度位错比晶界更有利于抑制氧热施主，而碳比位错和晶界都更能抑制热施主。

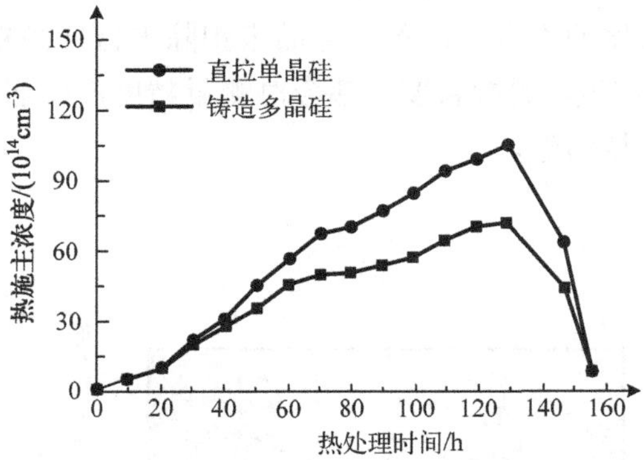

图 3-42　相同氧含量的直拉单晶硅和铸造多晶硅样品在 450℃热处理时氧热施主浓度与热处理时间的关系

5. 氧沉淀

氧在直拉单晶硅中通常以过饱和间隙态存在，在低温热处理时，过饱和氧从硅中聚集形成氧热施主，但在相对较高温度热处理或多步热处理循环时，过饱和氧就可能从硅中析出形成氧沉淀。晶体硅中氧沉淀的主要成分是 SiO_x，本身没有电学性能，但其体积是硅原子的二倍以上，会导致自间隙硅原子产生，而自间隙硅原子过饱和偏聚又会引起位错、层错等二次缺陷，最终会引发 p-n 结的软击穿、漏电流等。

氧沉淀形成的影响因素主要有以下三个。

1) 初始氧浓度

初始氧浓度不仅可以决定氧沉淀是否能够形成，而且还影响最终形成的氧沉淀量。在不考虑氧外扩散的情况下，氧沉淀量可以通过红外吸收测量热处理前后的间隙氧浓度的降低量来确定。晶体硅中初始氧浓度有一个阈值，当低于阈值时，无法形成氧沉淀。铸造多晶硅和直拉单晶硅初始氧浓度与氧沉淀量的关系基本一致，阈值一般在 10^{17}～$10^{18}cm^{-3}$ 范围，不同文献因测试条件和数据处理的差异而有所不同。

2) 热处理温度

热处理温度可以决定氧沉淀的成核、密度、尺寸、形貌等，是影响氧沉淀形成的一个主要因素。图 3-43 给出了不同氧浓度铸造多晶硅和直拉单晶硅在热处理 24h 后的间隙氧浓度随热处理温度的变化情况。其中，Mc1 样品为低氧浓度铸造多晶硅，原始间隙氧浓度为 $2.0\times10^{17}cm^{-3}$；Mc2 样品为高氧浓度铸造多晶硅，原始间隙氧浓度为 $8.4\times10^{17}cm^{-3}$；Cz 样品为高氧浓度直拉单晶硅，原始间隙氧浓度为 $8.8\times10^{17}cm^{-3}$。从图中可看出，低氧浓度铸造多晶硅的间隙氧浓度始终没有变化，说明没有氧沉淀形成；而高氧浓度铸造多晶硅和直拉单晶硅样品的变化规律几乎相同，即在 750℃以下基本没有氧沉淀，在 750℃以上，间隙氧浓度开始降低，氧沉淀开始形成，在 1050℃附近，间隙氧浓度降低最多，氧沉淀量最大。

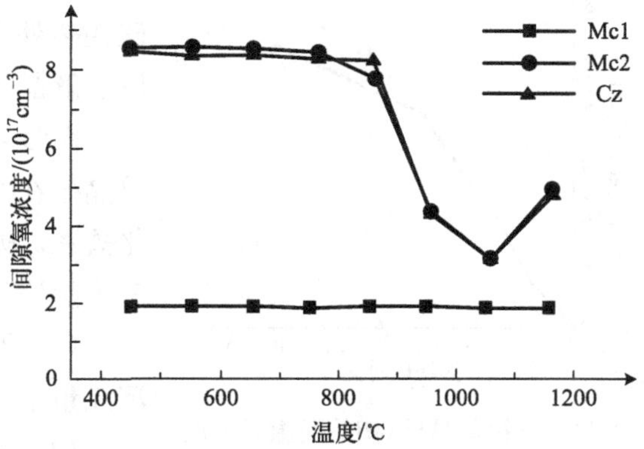

图 3-43　不同氧浓度铸造多晶硅和直拉单晶硅在热处理 24h 后的间隙氧浓度同热处理温度的关系曲线

氧沉淀的形成是氧的过饱和度和氧扩散竞争的结果，热处理温度直接影响这一竞争过程，可以把热处理温度大致分为三个温区。

(1) 低温区 (400～750℃)。

该区又称“氧沉淀形核”温区。在该温区，间隙氧过饱和度较大，临界形核半径小，易于形核，核密度较大，但由于氧扩散很慢，核的生长速度很慢。该温区虽然氧沉淀密度高，但尺寸很小，消耗氧原子很少，这意味着氧沉淀量很少。已发现该温区的氧沉淀呈纳米棒状。

(2) 中温区 (850～1050℃)。

该区又称“氧沉淀长大”温区。在该温区，间隙氧过饱和度仍然比较大，氧扩散也较快，核心易长大，氧沉淀量大大增加。电镜观察发现，该温区的氧沉淀呈纳米片状，对角线长 30～50nm，厚为 1～4nm。

(3) 高温热处理区 (900～1250℃)。

该区的间隙氧过饱和度较低，形核驱动力弱，临界形核半径大，成核很困难，但扩散很快，一旦成核，生长很快。该温区的高温会导致小于临界形核半径的氧沉淀重新熔入硅基体，使氧沉淀的核心密度更小。由于氧沉淀核心太少，该温区实际产生的氧沉淀量不多，氧沉淀主要是多面体沉淀，在 15～100nm。

实际退火中，温度分区不是很严格，在一个温区往往也会同时出现两种以上氧沉淀，只是属于该温区的氧沉淀类型占主要部分而已。

3) 热处理时间

晶体硅生长过程中和完成后的保温与冷却过程，相当于经历了热处理过程。太阳能电池用直拉单晶硅会经过 3.5h 左右 700～1000℃和 400～700℃的热过程，铸造多晶硅会经过 30h、800～1000℃和 10h、400～700℃的热过程，所以都可能产生原生氧沉淀，特别是铸造多晶硅由于高温和低温过程时间较长，可能会产生比较多的氧沉淀和氧热施主。研究氧沉淀时，一般需将晶体硅在 1300℃左右处理 1～2h，然后迅速冷却，让原生氧沉淀溶解后

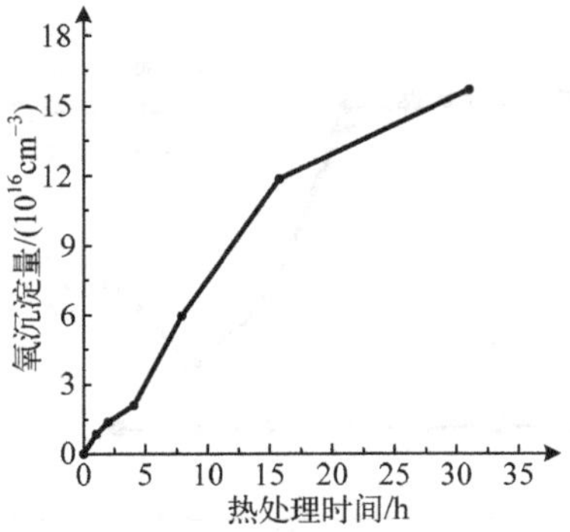

图 3-44　直拉单晶硅(初始间隙氧浓度为 $9.5\times10^{17}cm^{-3}$)在 900℃热处理时氧沉淀量随热处理时间的变化关系

重新以间隙态存在，以消除热历史。通过测量原生晶体硅在热处理前后的红外吸收谱，从间隙氧浓度增加量可以了解晶体硅中的原生氧沉淀量。

图 3-44 是初始间隙氧浓度为 $9.5\times10^{17}cm^{-3}$ 的直拉单晶硅在 900℃热处理时，氧沉淀量随热处理时间的变化关系。从图中可以看出，晶体硅在高温形成氧沉淀有三个阶段。

(1) 孕育期(0～5h)。该阶段主要是氧沉淀形核，氧沉淀量很少。

(2) 快速生长期(5～15h)。该阶段氧沉淀核心长大，氧沉淀量快速增加。

(3) 缓慢生长期(15h 以后)。氧沉淀核心长大消耗大量间隙氧后，间隙氧浓度下降，逐渐接近饱和固溶度，导致该阶段的氧沉淀量增加缓慢、趋近饱和。

从图 3-44 可以推断，太阳能电池用直拉单晶硅在生长过程中，由于 700～1000℃的高温阶段只有 3.5h，且初始氧浓度只有 4×10^{17}～$5\times10^{17}cm^{-3}$，形成的原生氧沉淀会很少。研究表明：太阳能电池用直拉单晶硅，由于初始氧浓度很低，30h 以上的单步高温热处理几乎不产生氧沉淀，只有经过多步热处理才会产生氧沉淀。实际太阳能电池的工艺基本上都是单步热处理，主要是制备 p-n 结时的磷扩散有高温热处理过程，因而直拉单晶硅太阳能电池中氧沉淀较少。根据图 3-44 还可以推断，铸造多晶硅在其生长过程中，由于 800～1000℃的高温阶段长达 30h 以上，当初始间隙氧浓度较高时，会产生可观的氧沉淀。

铸造多晶硅与直拉单晶硅除了热处理过程不同，在晶体结构上也不同，铸造多晶硅存在大量晶界、位错及其他缺陷。前面已经知道位错和晶界会抑制氧热施主的生成，有人对位错和晶界对氧沉淀的影响也进行了研究，研究发现：在 950℃时，位错和晶界对氧沉淀影响很小，而在 1150℃时，铸造多晶硅的晶界、位错对氧沉淀有明显的促进作用。一方面，这是由于氧沉淀 SiO_x 的体积比 Si 原子体积大 2.25 倍，当氧沉淀形成时会向硅基体发射大量自间隙硅原子，而位错和晶界作为沉积点可吸收大量自间隙硅原子，从而促进氧沉淀的形成；另一方面，氧沉淀属于氧扩散控制机制，间隙氧扩散的时间和距离也是决定氧沉淀的主要因素。在 950℃和 1150℃热处理 24h 后，氧的扩散距离仅从 10μm 增加到 11μm，说明铸造多晶硅的平均位错间距恰好在 10～11μm。热处理温度在 950℃以下时，位错对氧沉淀几乎没有影响，而热处理温度在 1150℃时，位错对氧原子的沉淀有明显影响，此时氧原子可以扩散到位错处沉积，从而加速了间隙氧原子的消失。通过上述实验结果和分析，可以得出以下结论：只有高温热处理，铸造多晶硅中的高密度位错才会对氧沉淀起到明显的促进作用，而铸造多晶硅中晶界的间距很大，对氧沉淀的促进作用不大。

此外，热处理气氛也会影响氧沉淀的形成。纯氧气氛可以在晶体硅表面形成 SiO_2 层，导致大量自间隙硅原子进入体内，对氧沉淀形成空间有限制作用，从而抑制氧沉淀的形成。氮气氛可以使硅片表面形成氮化层，会产生大量空位扩散到体内，从而促进氧沉淀。碳、氮及缺陷对氧沉淀的形成也有影响，杂质、点缺陷都可能提供氧沉淀的异质核心，这些影响在后面还会进一步讨论。

6. 硼-氧复合体

1972 年，W. Pschunder 等首先发现直拉单晶硅太阳能电池在太阳光照射下会出现效率衰退现象[23]，在经过 200℃热处理后又能完全恢复，该问题一直是晶体硅太阳能电池效率提升的瓶颈。目前，区熔单晶硅太阳能电池的最高效率可以达到 24.7%，而直拉单晶硅电池经过不断的技术改进，效率也只有 21%左右。

研究发现：掺 B 无氧或低氧直拉单晶硅电池、掺 P 含氧直拉单晶硅电池、掺 Ga 含氧直拉单晶硅电池中都没有光照效率衰减现象，只有掺 B 含氧区熔单晶硅太阳能电池(无其他杂质)与掺 B 含氧直拉单晶硅电池一样有光照衰减现象，说明光照效率衰减同 O 和 B 有关，是一种 B-O 复合体的亚稳态缺陷。在此基础上，Schmidt 研究了掺 B 直拉单晶硅光照后缺陷密度与硅中 B 和 O 浓度的关系，发现亚稳态缺陷更加依赖氧浓度，因此提出了双氧原子与替位 B 结合形成的 B_sO_{i2} 复合体模型，并认为 B 原子半径(0.88Å)小于 Si 原子半径(1.17Å)，易于吸引间隙氧结合，从而导致 B_sO_{i2} 复合体的形成。Adey 进一步通过理论计算得出 B_sO_{i2} 复合体的分解能为 1.2eV。B_sO_{i2} 复合体是目前人们比较认可的亚稳态缺陷结构。

图 3-45 给出了不同掺杂的 p 型直拉单晶硅在光照前后少数载流子寿命的变化，样品氧浓度均为 7×10^{17}～$8\times10^{17}cm^{-3}$。可以看出：掺 Al、Ga、In 的直拉单晶硅经光照后，少数载流子寿命变化不大，只有掺 B 直拉单晶硅经光照后，少数载流子寿命缩短，而且 B 的掺杂浓度越高，电阻率越小，这种缩短也越多。这一结果也证实了 B_sO_{i2} 亚稳态缺陷结构的合理性，Al、Ga、In 由于原子半径比硅大 8%～23%，在晶体结构中没有空间容纳 $2O_i$，不能形成相关复合体缺陷。图 3-45 中掺 Al 直拉单晶硅中少数载流子寿命短，可能是由 Al 相关的其他缺陷导致的，同光照效率衰减无关。

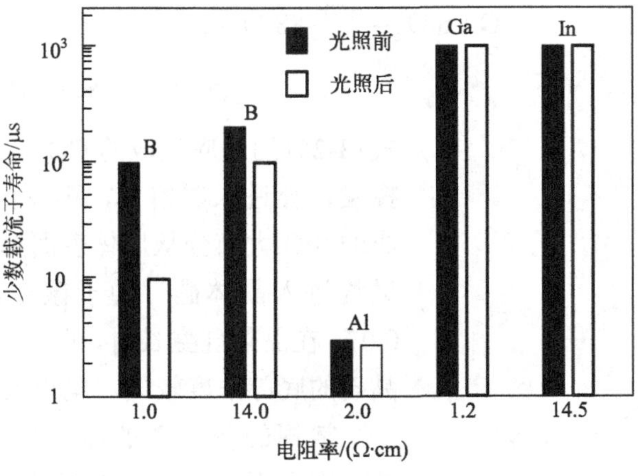

图 3-45　不同掺杂的 p 型直拉单晶硅在光照前后少数载流子寿命的变化

为避免 B-O 复合体的出现，已有多种技术工艺和电池结构被提出，其中比较有代表性四种技术是：

(1)利用低氧单晶硅如区熔单晶硅或磁控直拉单晶硅(MCZ)作为太阳能电池的 p 型基体材料，电池效率可达 24.5%～24.7%，但成本太高。

(2)利用 n 型单晶硅作为太阳能电池的基体材料，但该技术一方面需改变现有工艺，而且 n 型硅中空穴迁移率低于 p 型硅中的电子，电池效率的提升被很大程度抵消。

(3)用 Ga 代替 B 作为掺杂剂，电池效率可达 24.5%，但由于晶体硅中镓的分凝系数仅为 0.01，晶体硅中头尾或上下的电阻率差别会很大，不利于规模生产。另外，Ga 的成本也比较高。

(4)设计新的太阳能电池结构，如 HIT、IBC 等，采用 n 型单晶硅的电池结构。其中，IBC 电池技术比较复杂，难度也高，大规模生产的可能性不大；HIT 电池可以双面吸收光，且无光致衰减，技术难度和成本都可以控制，量产电池效率可以达到 24%以上，目前已经实现了大规模量产，很有希望成为下一代主流太阳能电池产品。

3.8.2　晶体硅中的碳

1. 晶体硅中的碳的基本性质

碳在硅中一般占据替代位置，碳原子半径小于硅，会引入晶格应变。碳是四价元素，在晶体硅中本身不具备电活性，不影响载流子浓度。但是，碳可同晶体硅中的氧作用，促进氧沉淀的形成，也可以和自间隙硅原子结合形成复合体，在碳浓度超过其固溶度较多时，还会产生碳沉淀或 SiC 沉淀，严重时会导致位错、层错和晶界产生。这些缺陷可能会使硅器件击穿电压大大降低，漏电流增加，影响器件性能。

晶体硅中碳杂质主要来自多晶硅原料、石英坩埚与石墨加热件反应以及生长炉内的剩余气体。早期，在真空中生长的单晶硅中碳浓度很高，以后多晶硅原料质量不断提高，并采用减压氩气保护，使炉内 CO 被带出，碳浓度大幅降低。目前，铸造多晶硅中碳杂质的浓度一般在 $10^{17}cm^{-3}$ 量级，直拉单晶硅由于原料质量较好、生长时间较短，碳杂质的浓度要低一个数量级左右。晶体硅生长时，石英坩埚和石墨加热件发生的反应如下：

$$C + SiO_2 \xrightarrow{\text{高温}} SiO + CO\uparrow \tag{3-25}$$

$$CO + Si \xrightarrow{\text{高温}} SiO + C \tag{3-26}$$

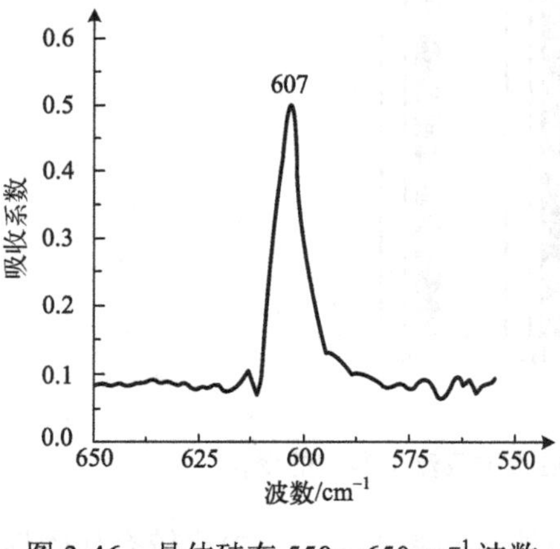

图 3-46　晶体硅在 550～650cm^{-1} 波数范围的室温红外光谱图

式(3-25)的反应生成的 CO 气体分子质量较大，不易挥发，会进入硅熔体，再发生式(3-26)的反应，生成的 SiO 大部分从熔体表面挥发，C 则留在熔硅中，最终进入晶体硅。由于碳在硅中的分凝系数只有 0.07，在晶体硅生长时，直拉单晶硅的头部或铸造多晶硅的底部浓度较低，尾部或顶部较高。

常规的替位碳的测试方法也是红外吸收光谱法。室温下，替位碳强度最大的红外振动吸收峰位于 607cm^{-1} 处，如图 3-46 所示，其浓度计算公式为

$$c_{C_s} = C\alpha_{max} \times 10^{17}(cm^{-3}) \tag{3-27}$$

式中，C 为校正系数；α_{max} 为 607cm^{-1} 峰最大吸收系数。在替位碳吸收峰附近，晶格吸收很强烈，载流子浓度在 10^{16}cm^{-3} 左右时也能够对红外产生额外吸收，所以测量时一定要用无碳、具有相同载流子浓度的晶体硅标样，扣除两者的影响。

2. 碳对氧热施主和氧沉淀的影响

目前，太阳能电池用直拉单晶硅和铸造多晶硅中碳的浓度(10^{17}cm^{-3})都不是很高，高温时碳本身很难沉淀，但能够促进晶体硅中的氧热施主和氧沉淀，特别是对高氧浓度的样品，其促进作用不可忽视。不论高氧还是低氧铸造多晶硅样品，其位错和晶界对碳的基本性质以及碳促进氧热施主和氧沉淀的作用没有大的影响，其基本规律同单晶硅中的碳基本相同。

研究表明：无论是直拉单晶硅还是铸造多晶硅，当其氧浓度较低时，碳无论含量高低都不影响氧热施主和氧沉淀的形成，说明碳对氧热施主和氧沉淀没有促进作用。但对于高氧浓度($>5\times10^{17}$cm^{-3})晶体硅，碳含量的高低对氧热施主和氧沉淀的形成都有影响，但影响程度不同。图 3-47 给出了高碳浓度(2.4×10^{17}cm^{-3})和无碳(低于 5×10^{15}cm^{-3})的铸造多晶硅样品在热处理 24h 后间隙氧浓度的减少率和碳浓度同热处理温度的关系，其中只有高碳样品的碳浓度同热处理温度的关系被给出。从图中可以发现：在 850℃以下热处理后，高碳样品的间隙氧浓度降低较多，特别是在 550℃的新施主形成温区有明显的下降，对应碳浓度也有所下降，说明低温时碳作为异质核心促进了氧施主的形成；而在高温(850℃以上)热处理后，高碳样品和无碳样品的间隙氧浓度都下降很多，且变化趋势基本相同，说明两者都有大量氧沉淀生成，碳对氧沉淀影响不大。对于高氧浓度直拉单晶硅的研究也同样显示碳对氧热施主形成有明显的促进作用，而对氧沉淀基本没有影响。

从前面的数据和分析知道，在晶体硅单步高温热处理中，碳对氧沉淀的促进作用不大，这可能与原生氧沉淀核心较少有关。研究发现，在低-高温两步热处理时，在高温热处理阶段，碳明显参与氧沉淀的形成。图 3-48 显示了碳和氧浓度分别为 2.4×10^{17}cm^{-3} 和 6.3×10^{17}cm^{-3} 的铸造多晶硅样品(同图 3-47 中的高碳高氧样品)在 750℃低温预处理后再进行 1050℃高温热处理时，间隙氧浓度减少率和碳浓度随热处理时间的变化情况[4]。从图 3-48 中可以看到，单步热处理时，碳浓度降低很少，说明很少量的碳参与氧沉淀；而两步热处理时，碳浓度线性降低，说明较多的碳参与了氧沉淀的形成和长大。同时，在高温热处理阶段，经过低温预热处理样品的间隙氧的浓度随时间的减少率也明显高于单步高温热处理样品，证实了碳会在两步热处理时很大程度地促进氧沉淀的生成。以上结果表明，晶体硅在两步热处理时碳对氧沉淀有明显的促进作用，无论是直拉单晶硅还是铸造多晶硅，在涉及两步以上热处理的太阳能电池制备工艺时，需要对碳的影响特别予以重视。

3.8.3 晶体硅中的氮

1. 晶体硅中的氮的基本性质

晶体硅中只有 1%左右的氮原子处于替位位置，浓度低于 1×10^{13}cm^{-3}，绝大多数都以间隙氮对形式存在，不呈施主特性，对器件性能影响极小[4,24]。氮可增加晶体硅的机械强度、抑制位错和微缺陷，但也会促进氧沉淀。晶体硅中氮的饱和固溶度比碳和氧低很多，在硅熔点 1420℃时约为 $5\times10^{15}cm^{-3}$。一般情况下，氮的浓度低于其饱和固溶度。当氮浓度超过饱和固溶度时，可能产生 Si_3N_4 颗粒，一般存在于多晶硅界面上，其介电常数与晶体硅不同。如果 Si_3N_4 颗粒在固液界面产生，还可能形成微晶，增加界面数目和面积。以上都会影响太阳能电池的性能。

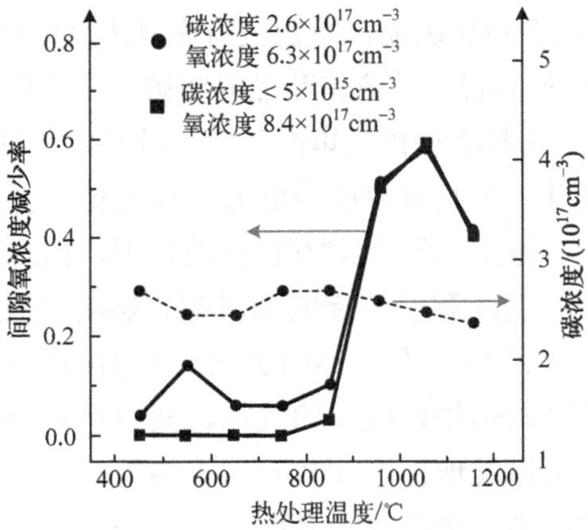

图 3-47　高碳和无碳铸造多晶硅样品在热处理 24h 后间隙氧浓度的减少率和碳浓度同热处理温度的关系

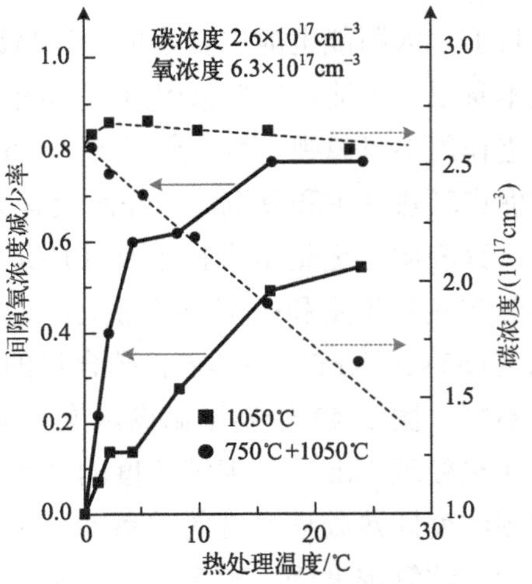

图 3-48　原生和 750℃、16h 预处理后的高碳高氧铸造多晶硅样品在 1050℃热处理时间隙氧浓度的减少率和碳浓度同热处理温度的关系

氮在晶体硅中存在的主要形式是氮对，氮对的两个未配对电子与两个硅原子以共价键结合，呈电中性。目前有两种氮对结构：

(1) 一个替位氮与一个间隙氮沿<100>方向结合，该种结构氮对占比很小；

(2) 两个间隙氮相互结合并与相邻硅结合，该种结构氮对占绝大多数。

晶体硅中氮的测量可用带电粒子活化分析法和二次离子质谱法。它们主要是测量晶体硅中氮的总浓度，探测极限为 $3\times10^{14}cm^{-3}$，但它们无法测出氮的各种形态，且费用昂贵、操作复杂，因此，这两种方法很少被采用。实际晶体硅中氮的测量最常用的方法还是红外光谱法。图 3-49 给出了一个掺氮直拉单晶硅样品的室温红外光谱，谱中，$963cm^{-1}$ 和 $766cm^{-1}$ 处的吸收峰都和晶体硅中的间隙氮对相关，其他三个吸收峰来自氮氧复合体，其中 $963cm^{-1}$ 峰常被用来计算氮对的浓度，计算公式为

$$c_{Np} = C\alpha_{max} \times 10^{17}(cm^{-3}) \tag{3-28}$$

式中，C 为校正系数，一般采用 1.83；α_{max} 为最大吸收系数。计算时，需要选用电阻率相同的参比样品，以消除载流子吸收的影响。该方法虽然只能得出间隙氮对浓度，但间隙氮对浓度基本占据氮的总浓度的绝大部分。

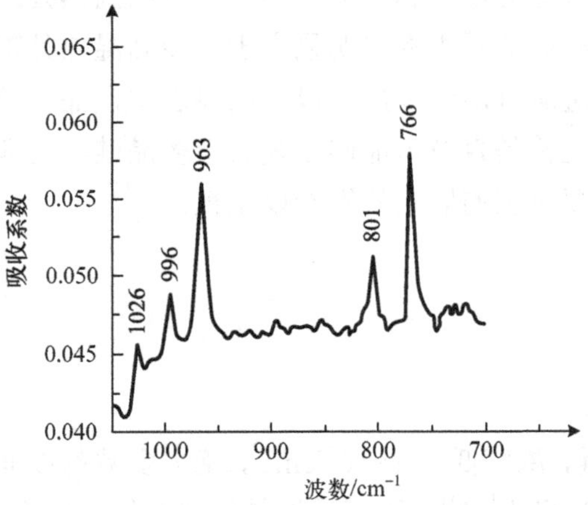

图 3-49　掺氮直拉单晶硅样品的室温红外光谱

2. 铸造多晶硅中的氮杂质

氮在直拉单晶硅中含量极低，也不是铸造多晶硅的主要杂质。在铸造多晶硅生长时，为了防止坩埚破裂以及碳、氧的污染，石英或石墨坩埚内壁常常涂有一层 Si_3N_4，以隔离熔硅和坩埚。虽然 Si_3N_4 熔点很高，但仍可能有少量的溶解，最终进入多晶硅。由于氮可增加晶体硅的机械强度，抑制晶体硅中的位错，已有对直拉单晶硅进行人为掺氮方面的应用，并对氮在直拉单晶硅中的性质和行为进行研究，但太阳能电池用直拉单晶硅在这方面的应用很少。氮在铸造多晶硅中的性质和直拉单晶硅基本相同，由于氮的分凝系数只有 7×10^{-4}，因而铸造多晶硅自底部向上，氮的浓度逐渐递增。图 3-50 给出了铸造多晶硅在 750℃下热处理 32h 前后的红外光谱图[24]。光谱中可以看到属于 $1206cm^{-1}$ 峰的结构相当稳定，热处理后 $963cm^{-1}$ 的氮对吸收峰已消失，而 $1206cm^{-1}$ 峰强度不变。由于该峰只在掺硼多晶硅中出现，推测该峰可能属于硼氮复合体。

3. 铸造多晶硅中的氮氧复合体

与直拉单晶硅一样，铸造多晶硅在晶体生长和器件制备的热处理过程中，氮也可以和氧作用形成氮氧复合体。研究表明：氮氧复合体是一种单电子浅施主，可能存在 5 种类型，每种相差 2meV，极易电离。图 3-51 显示了铸造多晶硅样品底部的一系列氮氧复合体在低温下电子激发跃迁形成的吸收峰，其中 $242cm^{-1}$ 和 $249cm^{-1}$ 峰强度较高，其能级在导带下 30～60meV，特征和直拉单晶硅的完全相同[24]。

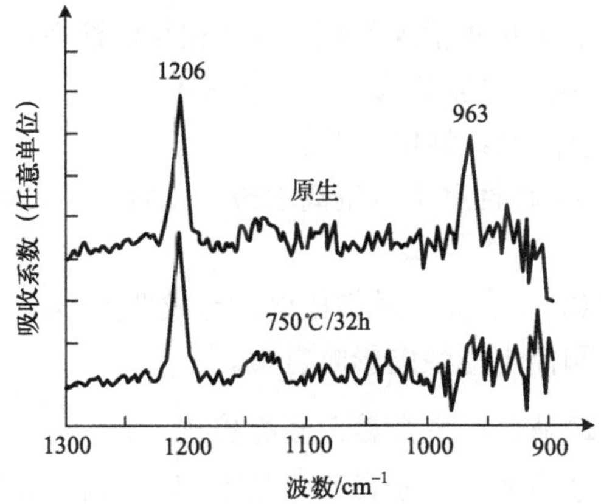

图 3-50　铸造多晶硅在 750℃下热处理 32h 前后的室温红外光谱图

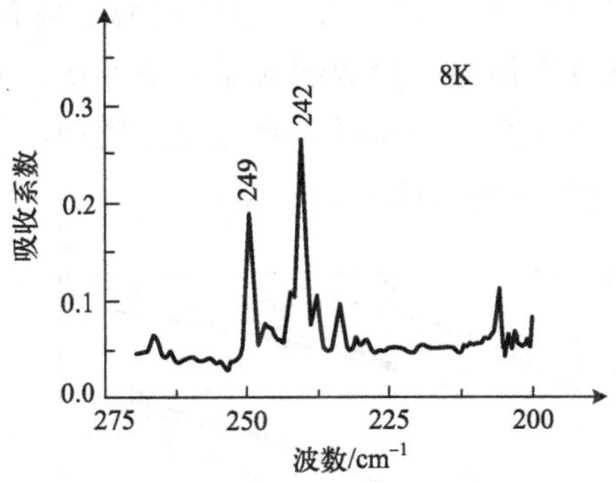

图 3-51　铸造多晶硅样品底部的低温(8K)远红外光谱图

3.8.4　晶体硅中的金属杂质

1. 金属杂质的基本性质

金属特别是过渡族金属是晶体硅中非常重要的杂质，它们一般以间隙态、替位态、复合体或沉淀存在于晶体硅中，会引入额外电子或空穴，导致载流子浓度改变，更会引入深能级中心，成为少数载流子的复合中心，导致太阳能电池的性能降低。

1)硅中金属杂质的存在形式和对硅器件的影响

金属(主要是过渡金属)杂质的存在形式主要取决于固溶度、扩散系数等基本性质，还同材料生长和器件制备时的热处理过程有关。晶体硅中任何形式的金属杂质都可能会导致器件性能下降甚至失效。一般情况下，当金属的浓度低于其固溶度时，大部分金属将以间隙态或替位态形式存在；而当金属浓度大于固溶度时，则可能以复合体或沉淀形式存在。高温时，硅中金属浓度一般低于固溶度，主要以间隙态存在；而在室温下，硅中金属固溶度较低，金属处于过饱和状态，此时金属的存在形式将取决于冷却速度和扩散速率。室温下，晶体硅中金属杂质的存在形式可以分为以下两种情况。

(1)如果高温处理后冷却速率很快，而金属扩散速率又相对较慢，如铁杂质，它们能够以单原子形式存在于晶体硅中，或间隙态或替位态，一般是以间隙态存在。在进一步低温退火后，它们才会聚集形成金属沉淀。

(2)如果高温热处理后，冷却速率相对较慢，或金属杂质的扩散速率特别快，如钴、铜、镍、锌的扩散速率非常快，它们将扩散到表面或晶体缺陷处形成复合体或沉淀，只有不到1%以单原子形式存在。

以单个形式存在的原子态金属，由于其浓度一般很低，对太阳能电池的总载流子浓度影响很小，但会影响电池的少数载流子寿命。由于在晶体硅中金属杂质的扩散速率相对冷却速率特别快，所以金属杂质更多以沉淀形式出现。沉淀不影响载流子浓度，但会严重影响少数载流子寿命，沉淀的多少、密度、化学性质都会影响太阳能电池的性能。金属的扩散速率、冷却速率和硅片厚度决定金属沉淀在表面或体内或二者中都有。如果扩散速率快，冷却速率慢，且样品不太厚，金属就沉淀在表面；如果扩散速率慢，金属往往沉淀在体内。金属沉淀出现的区域对太阳能电池也会有不同影响，可以分为以下三种情况。

(1)在体内，少数载流子寿命减少，扩散长度降低，漏电流增加。

(2)在空间电荷区，漏电流会增加，电池的 *I-V* 特性严重地偏离理想工作状态，对太阳能电池性能的影响尤为严重；

(3)在表面，对集成电路造成严重影响，但对太阳能电池性能影响有限。

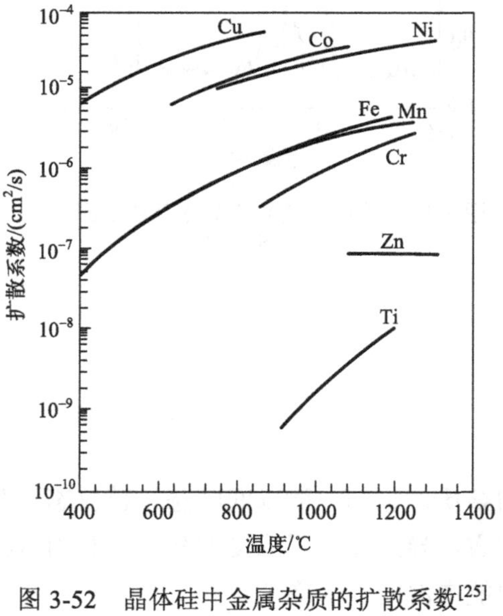

图 3-52　晶体硅中金属杂质的扩散系数[25]

2)晶体硅中金属杂质的扩散系数

金属原子的扩散有间隙和替位两种方式：间隙扩散是间隙态金属原子从一个间隙移动到另一间隙位置；替位扩散又有空位机制和踢出机制，它们分别由空位和间隙硅原子的扩散所控制。间隙扩散速率比替位扩散要快，晶体硅中绝大部分金属都处于间隙位置，以间隙方式扩散。与非金属杂质相比，金属杂质在晶体硅中扩散很快，如铜在 1000℃以上仅需数秒就能穿过 650μm 厚的硅片。图 3-52 给出了一系列金属杂质在晶体硅中的扩散系数与温度的关系。

从图中可以看到：晶体硅中金属扩散系数随温度同样迅速降低，金属扩散速率随原子序数增加而增大，不同金属相同温度或同一金属不同温度下，金属扩散系数可相差几个数量级(只有锌比较特殊，高温时不随温度变化)。

2. 晶体硅中金属杂质的测量

晶体硅中金属杂质大都以沉淀形式出现，且浓度较低，很难直接测量，通常都是通过间接测量其他参数来确定其浓度。硅中金属杂质测量可分为以下几种情况。

1) 测金属杂质总浓度

测量晶体硅中金属杂质总浓度方法有：

(1) 中子活化法。该方法可测量所有金属，但需要中子源，有放射性，测量周期长、费用高。

(2) 二次离子质谱法。该方法也可测量各种金属，但定量分析需要标样，探测灵敏度较低。

(3) 原子吸收谱法。该方法需在熔体中测量，一次只能测量一种金属杂质。

(4) 小角度全反射 X 射线荧光(TXFR)法。该方法测量精度高，但只能测量样品表面，样品需要抛光，而且需要超净环境。

前几种方法比较精确，但很昂贵，耗时耗力，主要用于科学研究；TXFR 法比较方便和快捷，通过衍射峰位置和高度可以决定金属杂质与浓度，精度可达 10^{10}～$10^{11}cm^{-3}$，在超大规模集成电路用直拉单晶硅的生产中，应用比较普遍。

2) 测单个原子态金属及其简单复合体的浓度

对单个原子态金属及其简单复合体浓度最有效的测量技术是深能级瞬态谱(DLTS)。图 3-53 给出了含金属杂质的 p 型晶体硅的深能级瞬态谱。谱中的峰值温度位置对应不同金属杂质，峰高对应浓度，其中 Fe 的浓度要计算间隙 Fe 和复合体 Fe-B 之和。DLTS 测金属杂质沉淀通常需要先将样品高温淬火，以使沉淀溶解并保持单原子状态，但部分金属杂质扩散很快，如 Co、Cu、Ni，高温淬火后，绝大部分已沉淀(1%或更少以原子态存在)，因此很难测到这些金属杂质。

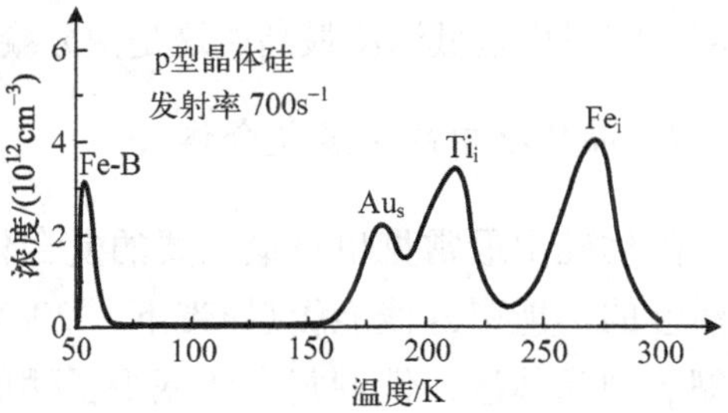

图 3-53　含金属杂质的 p 型晶体硅的深能级瞬态谱[25] (图中下角 s 代表替位，i 代表间隙)

3) 测金属沉淀的浓度

工业和实验室常用雾状缺陷实验法来评估单晶硅中金属污染的情况。该方法是先将晶体硅样品在 1050℃退火数分钟后中速冷却，使原始金属沉淀溶解后快速扩散，再重新沉淀在表面；然后通过择优化学腐蚀，使晶体硅表面有金属污染的地方产生腐蚀坑，再用点光源观察，硅片表面金属污染的地方将呈现“白雾状”光反射。该方法简便易行，灵敏度高，可在工业生产中用来在线监控，但只能进行定性测量，也无法知道金属杂质的种类。

4) 测少数载流子寿命或少数载流子扩散长度

半导体工业中也用光电导衰减法测量晶体硅中少数载流子的寿命，还用表面光生伏特法测少数载流子扩散长度来监控硅片中的金属污染程度，但该方法也不能进行定量分析，也无法区别金属杂质。

3. 晶体硅中的金属沉淀

金属在晶体硅中沉淀的相结构主要取决于高温热处理温度，过渡族金属沉淀的相结构一般为 MSi_2(M 代表金属原子)，但 Cu 沉淀的相结构比较特殊，为 Cu_3Si。在晶体硅中，金属沉淀的密度和形态主要取决于冷却过程中的形核方式，形核方式有以下两种[4, 26]。

1) 均匀形核

该形核方式要求金属杂质有足够高的浓度，并且有足够高的扩散速率。

2) 异质形核

该形核方式要求晶体中有异质沉淀核心(如位错、晶界等)，并且金属原子扩散也要快。

在直拉单晶硅中，铜、镍通常是均匀形核，而铁是异质形核。除了形核方式，金属沉淀的密度、形态和多少还与冷却速率和金属的扩散速率相关。对于快速扩散金属，在高温处理后快速冷却，将形成高密度、小尺寸、无特征形态的沉淀，沉淀均匀分布在体内；而在高温处理后缓慢冷却，会形成密度小、尺寸大、有特征形态(如棒状、十字状或星状)的沉淀，沉淀多出现在表面或吸杂点附近。

与直拉单晶硅不同，在铸造多晶硅中，由于含有大量晶界、位错等缺陷，金属常常沉淀在晶界和位错处，以异质形核为主。研究指出，铸造多晶硅中的金属沉淀主要不是由固溶度随温度降低造成的，而是由金属易于在缺陷聚集形成的。利用中子活化技术可以测量各种金属杂质在铸造多晶硅中沿晶体生长方向的浓度分布。金属杂质 Cu、Fe、Co 在铸造多晶硅中上部和底部 10%以内区域浓度最高，这是由分凝系数远小于 1 和底部石英坩埚污染造成的[26]。

4. 晶体硅中的金属复合体

晶体硅中最常见也是最主要的复合体是 Fe-B 对，其他复合体非常少见。铁硼复合体是电活性的，能引入浅能级(导带下 0.29eV)，起施主作用[4,26]。晶体硅太阳能电池一般都是掺硼 p 型晶体硅，铁硼复合体减少了硼的浓度，又对剩余硼原子起一定程度补偿，故会导致载流子浓度降低，电阻率升高，无疑会影响硅太阳能电池的效率。室温时，间隙态铁原子扩散到替位硼原子处在晶格<111>方向通过静电吸引相结合，形成铁硼复合体。其形成速度取决于硼浓度，高浓度硼掺杂的晶体硅中，铁硼复合体的生成速率很快。例如，1～2Ω·cm 太阳能电池用 p 型晶体硅材料，铁浓度在 $10^{14}cm^{-3}$ 左右，样品冷却到室温后不到 24h 将全部形成铁硼复合体。但晶体硅在 200 ℃以上热处理或长时间太阳光照射时，铁硼复合体会重新分解，形成深能级间隙铁和铁沉淀。

5. 晶体硅中金属杂质的控制

虽然晶体硅中金属杂质浓度很低(一般小于 $1\times10^{15}cm^{-3}$)，但它们无论以单个原子、沉淀还是复合体形式出现，都对太阳能电池的效率有重要影响。铸造多晶硅中含有大量晶界、位错等缺陷，使得金属易于在这些缺陷处沉淀，对太阳能电池的破坏作用较直拉单晶硅更大。

对于太阳能电池用晶体硅，一方面，晶体硅生长时，多晶硅原料含有一定量的金属杂质，生长环境中也难免有金属杂质，例如，石英或石墨坩埚中含有金属杂质、设备的石墨或金属部件辐射金属杂质、供气系统使用铜管等；另一方面，在硅片加工和电池的制备时，切片、化学抛光、清洗等都可能会使硅片被污染。晶体硅生长时，虽然可以通过提高多晶硅原料纯度、采用高纯石英坩埚、通入保护气体等进行控制，但由于成本等原因，控制一般不是很严，难免会引入原生金属杂质；在硅片加工过程中，滚圆、切片等硅片加工工艺，由于刀片、磨料含有金属，会污染硅片表面；在化学腐蚀和化学清洗工艺中，金属夹持物、腐蚀液和清洗液中含有金属杂质，当电负性大于硅(1.8)时，就会污染硅片表面；在太阳能电池制备工艺中，各个工艺步骤，都会遇到来自液体、气体和设备的金属杂质污染。

一旦硅片被金属污染，就很难去除污染，最好的办法是防止金属污染。如果金属污染仅在表面，可以通过化学腐蚀，去除 1μm 表面层，基本能够消除金属污染，但要注意化学腐蚀造成的表面不平整和化学清洗剂带来的新污染。化学腐蚀和化学清洗时，要避免硅片与金属夹具直接接触，使用特种塑料夹具，要定期清洗夹具，化学清洗剂要及时更换，不用时放入破损硅片吸收清洗剂中的杂质。高温热处理时，使用双层石英管或使用单层石英管前，用氧气和 1%的 HCl 混合气体，以高于 50℃温度进行预处理，清除表面可能的金属污染。在化学气相沉积工艺中，常用石英或铝箔进行保护，以避免硅片的金属部件或内腔的金属杂质溅射到硅片表面，铝的溅射率极低，在硅中扩散也慢，对硅材料和器件性能影响不大。如果金属污染进入体内，如经历热处理后，金属杂质扩散进体内以各种形式存在，此时就需用外吸杂方法处理，否则会影响材料和电池的性能。对太阳能电池，从成本考虑，一般是结合 p-n 结制备进行吸杂，以降低成本。铸造多晶硅太阳能电池一般都需要进行金属吸杂来减少金属杂质对光电转换效率的负面影响。关于金属吸杂，将在 3.9 节中进行详细介绍。

3.8.5　晶体硅中的缺陷

1. 直拉单晶硅中的晶格缺陷

1) 晶格缺陷的类型、产生和控制

尽管单晶硅是晶格最完整的人工晶体，但依然存在晶格缺陷。直拉单晶硅中的晶格缺陷按缺陷结构可分为点缺陷、位错、层错和微缺陷，按晶体生长和加工过程可分为原生缺陷和二次诱生缺陷，其中，原生缺陷主要有点缺陷、位错和微缺陷，二次诱生缺陷则主要是层错。太阳能电池用直拉单晶硅中，位错是主要缺陷；由于工艺步骤少，诱生层错较少；点缺陷对电池性能影响不大，研究较少。

太阳能电池用直拉单晶硅中位错的引入有三种主要途径。

(1) 晶体生长时，由于籽晶或热场不稳定的热冲击，引入了原生缺陷。

(2) 在硅片加工过程中产生机械损伤层，在随后的热处理中，位错延伸进硅片体内。

(3) 在电池制备过程中，热处理过程中产生的热应力可能引入位错。

位错可导致漏电流、p-n 结软击穿，对太阳能电池效率有明显副作用，因此在晶体生长、硅片加工和电池制备过程中应尽力避免。例如，在晶体生长时，采用“缩颈”工艺将位错密度控制在一定范围；在硅片加工后，采用化学腐蚀方法去除损伤层，以减少后续热处理过程中引入的位错。一般经过上述的一些措施，可以将位错对电池效率的影响降低到很小。

2) 位错的基本性质

位错是一种线缺陷，主要分为刃型位错、螺型位错以及混合位错。刃型位错的产生如图 3-54 所示，晶体在外力 **F** 作用下，原子面滑移造成的半个多余原子面，其顶端形成缺陷。图 3-54 中晶体滑移部分和未滑移部分的分界线(半个多余原子面的顶端)，即位错线，位错线与 **F** 的方向垂直。如果外力继续作用，缺陷可滑移出体外，导致晶体发生相对位移，产生机械形变。如果多余的半个原子面在滑移面的上部，称为正刃型位错，用“⊥”表示；反之，则为负刃型位错，符号为“T”。螺型位错是在外力 **F** 作用下，原子面沿一根垂直轴线螺旋上升，导致部分晶体滑移，如图 3-55 所示。图 3-55(a) 和 (b) 中的轴线和虚线即为位错线，位错线和 **F** 的方向平行。如果位错线和晶面旋转方向满足右手法则，称为“右手螺旋”；反之，则称为“左手螺旋”。与刃型位错不同，螺型位错在晶体内没有原子面的中断。晶体硅中的位错线通常位于易滑移的晶面上，即密排面上。在外力作用下，位错往往沿着密排面上的密排方向滑移。在晶体硅中，密排面是(111)，密排方向是<110>，故最易发生的位错运动是在(111)面的<110>方向。

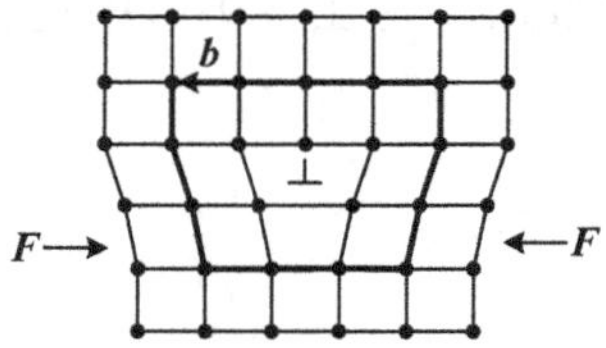

图 3-54　刃型位错的产生示意图

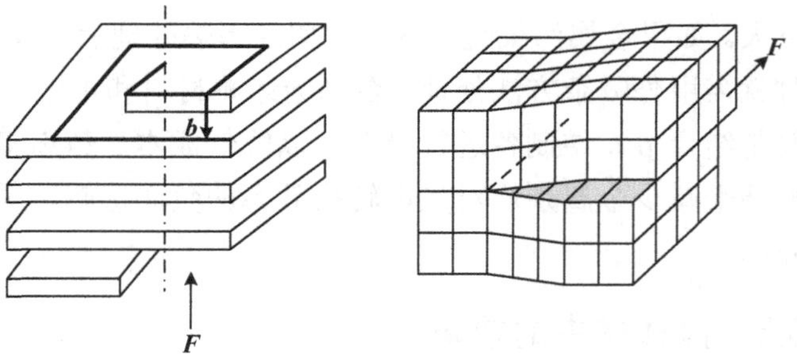

(a) 原子面　(b) 晶格

图 3-55　螺型位错的产生示意图

要准确描述位错的性质，常用伯格斯矢量(简称伯氏矢量，用“**b**”表示)来表征晶体中的位错。伯氏矢量是指在晶体中试图用原子的连线做一个闭合回路(伯氏回路)时，终点指向起点的矢量。若晶体完整，则伯氏回路的终点和起点重合，伯氏矢量为零。对于刃型位错，伯氏回路的终点和起点不重合，伯氏矢量与位错线垂直；对螺型位错，伯氏回路的终点和起点也不重合，伯氏矢量与位错线平行(图 3-54 和图 3-55 中也用粗线画出了伯氏回路，并给出了伯氏矢量)。对混合位错，伯氏矢量与位错线呈一定角度，可分解为垂直、平行两个分量，垂直分量代表刃型位错成分，平行分量代表螺型位错成分，如图 3-56 所示。

还可用位错密度描述位错，位错密度是指单位体积中所有位错线的总长度。假设所有位错线平行，则位错密度为垂直穿过单位面积的位错线数目，即

$$\rho = \frac{L}{V} = \frac{Nl}{lS} = \frac{N}{S} \tag{3-29}$$

式中，L 为晶体中所有位错线的总长度；V 为晶体体积；N 为位错线数目；l 为位错线长度；S 为垂直于位错线方向的截面积。

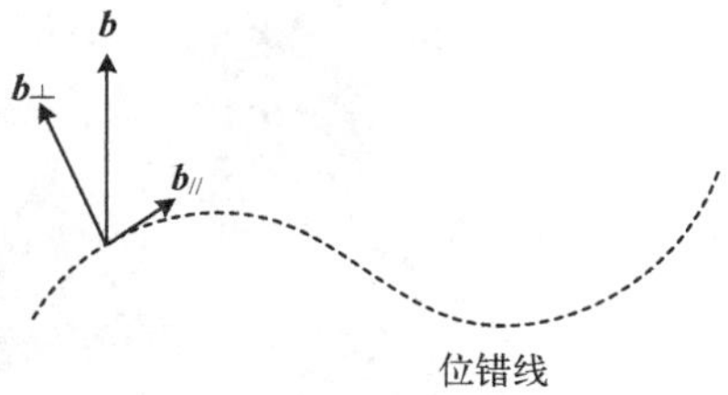

图 3-56　混合位错的位错线以及伯氏矢量示意图

3) 位错的腐蚀和表征

最常用且最方便的表征晶体硅中位错的方法是化学腐蚀后用光学显微镜观察。当晶体硅中存在位错时，位错和晶体表面交叉处将出现畸变，一旦晶体硅被腐蚀，此处首先产生化学反应，产生腐蚀坑。用于表征晶体硅中位错的化学腐蚀液一般分为两种。

(1) 非择优腐蚀液。

非择优腐蚀液对任何晶面都具有相同的腐蚀速度，晶体表面被均匀地逐层腐蚀，实际上是一种化学抛光。

(2) 择优腐蚀液。

择优腐蚀液对不同晶面有不同腐蚀速度，腐蚀速度取决于晶面间距、键强和原子密度等。对于晶体硅，(111) 面是原子密排面，腐蚀速度最慢；(100) 面是原子稀疏面，腐蚀速度最快。

表 3-3 列出了一系列显示晶体硅中位错的择优和非择优腐蚀液。从表中可以发现，非择优腐蚀液都含有 HF 和 HNO_3，择优腐蚀液一般只含有一种强酸。不同腐蚀液对不同晶向的敏感性不同，腐蚀时间也不同，使用时需要注意。

表 3-3　显示晶体硅中位错的腐蚀液[4]

名称	腐蚀液的组成	腐蚀液的性能	腐蚀时间
Sirtl	1mL，HF；1mL，Cr_2O_3	(111) 面位错和螺旋位错	5min
Dash	1mL，HF；3mL，HNO_3；1mL，CH_3COOH	各个晶面位错	8h
Secco	2mL，HF；1mL，$K_2Cr_2O_7$	(100) 晶面，需搅拌	5min
	2mL，HF；1mL，Cr_2O_3	(100) 晶面位错	5min
Wright	60mL，CH_3COOH；30mL (1g CrO_3：2mL H_2O)	(100) 晶面位错	
SDI	25mL，HF；18mL，HNO_3；5mL，CH_3COOH；0.1g Br_2；10mL H_2O；1g $Cu(NO_3)_2$	各个晶面刃型和混合型位错	2～4min

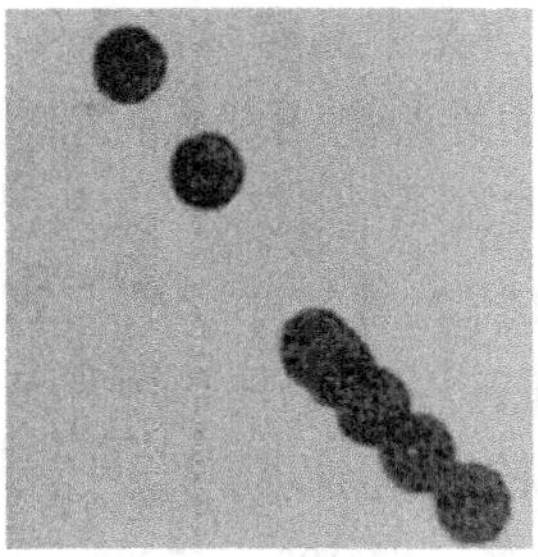
图 3-57　晶体硅中位错的非择优腐蚀坑

实际在进行晶体硅位错表征的化学腐蚀时，要先去除硅片表面油脂等有机污染，然后去除硅片表面的机械损伤层，进行化学抛光，最后进行位错的腐蚀显示。通常非择优腐蚀产生圆形腐蚀坑，如图 3-57 所示。择优腐蚀对不同晶向的单晶硅形成不同特征形状的腐蚀坑，<111>晶向单晶硅呈三角形，<100>晶向单晶硅呈正方形，如图 3-58 所示。

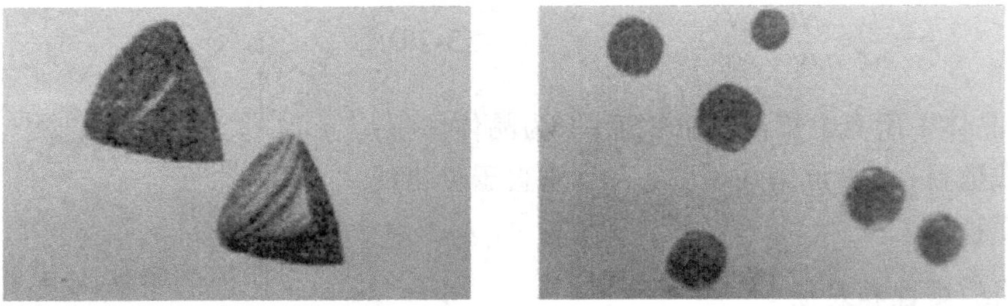

(a) <111>晶向晶体硅　　(b) <100>晶向晶体硅

图 3-58　晶体硅中位错的非择优腐蚀坑

此外，晶体硅中的位错还可借助透射电镜进行表征分析，透射电镜可以给出晶体内部位错的形态和结构，但制样难度很高，且价格昂贵，一般只限于实验室研究。图 3-59(a)和(b)分别给出了氧沉淀诱生的位错和热处理诱生的层错。

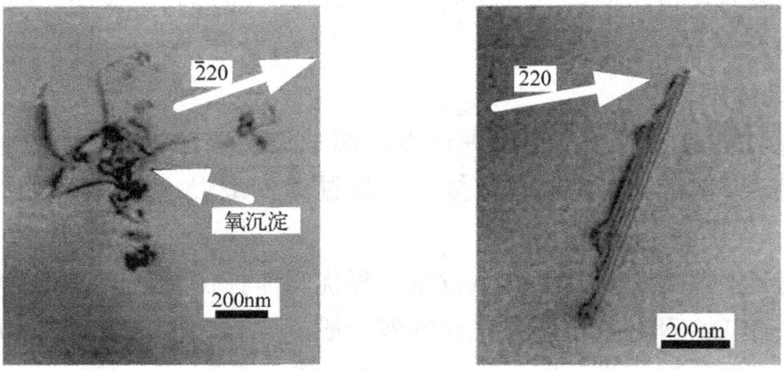

(a) 氧沉淀诱发的位错　　(b) 热处理诱生的层错

图 3-59　直拉单晶硅中氧沉淀诱生位错和热处理诱生层错的透射电镜照片[27]

2. 铸造多晶硅中的晶格缺陷

1) 铸造多晶硅中的晶界

铸造多晶硅由 1～30mm 的许多晶向不同、尺寸不一的晶粒组成，晶界处出现大量悬挂键，形成界面态，若对晶粒生长不加控制会严重影响太阳能电池的光电转换效率。但如果能有效控制铸造多晶硅的生长过程，使晶粒沿晶体生长方向呈柱状生长，且晶粒大致均匀，尺寸大于 10mm，就能大幅度降低晶界对太阳能电池效率的负面影响。

晶界结构可分为小角晶界(SA)和大角晶界。大角晶界进一步又分为特殊晶界(Σ)和普通晶界(R)。SA 晶界两侧相邻晶粒间的旋转夹角小于 10°，占比不到 20%；大角晶界两侧相邻晶粒间旋转夹角大于 10°，占比超过 80%。Σ晶界通常用Σn 表示，不同 n 代表晶界两侧相邻晶粒间的不同旋转夹角。在所有晶界中，Σ3 最多，占 30%～50%；R 晶界次之。图 3-60 为铸造多晶硅的电子束背散射衍射图像，图中可以看到不同的晶界。

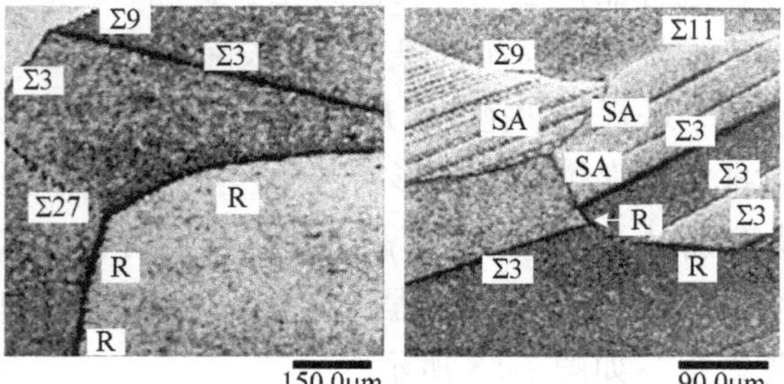

(a)　　(b)

图 3-60　铸造多晶硅表面的电子束背散射衍射图像

晶界对多晶硅电学性能的影响主要体现在以下两方面。

(1) 晶界势垒。

晶界处会形成两个背对背紧靠的肖特基势垒，其高度可达 0.3eV。它与界面态密度及其在能带中的位置有关，由于杂质也会在晶界处聚集，情况更加复杂。

(2) 界面态。

晶界上的悬挂键构成界面态，其密度一般在 $10^{13}cm^{-2}$ 左右，可用深能级瞬态谱大致测量其密度和能级的位置。

横向晶界的晶界势垒和界面态无疑会严重阻碍载流子输运并降低少数载流子寿命。对于纵向晶界，由于电荷从晶界两侧通过，晶界两侧形成空间电荷区，存在电场梯度，晶界附近少数载流子也将快速漂移到晶界，与界面俘获的多数载流子复合，已测得铸造多晶硅(以纵向晶界为主)界面的表面复合速率为 1×10^5～4×10^5cm/s。晶界复合也与晶界结构类型有关。早期研究认为，晶界的缺陷能级是深能级，后来又发现晶界电学性质与晶界结构特征相关，Σ3 是浅能级，而其他晶界是深能级复合中心。进一步研究表明，晶界电活性主要与金属污染密切相关，纯净晶界电活性很弱。

与多晶硅薄膜相比，铸造多晶硅的晶粒大得多，特别是晶锭上部，通过兼并邻近晶粒，尺寸可达 10mm 以上，实际上晶界对铸造多晶硅太阳能电池的光电转换效率影响很小。研究表明，平直的固液界面导致铸造多晶硅晶柱垂直生长，切割后晶界垂直于硅片表面，对光生载流子的输运几乎没有阻碍作用，质量符合要求的太阳能电池用铸造多晶硅的晶界已不是制约电池性能的主要因素。

2) 铸造多晶硅中的位错

铸造多晶硅在晶体凝固后的冷却过程中，从晶锭边缘到中心、从底部到上部散热不均匀，会导致热应力产生；另外，晶体硅和石英坩埚的热胀系数不同，冷却过程中，也会产生热应力。当热应力大于位错产生的临界应力时，就会导致晶粒中产生位错，大量位错的产生会严重影响铸造多晶硅太阳能电池的效率。

铸造多晶硅中热应力的产生和分布很复杂，受升温速度、降温速度、热场分布等因素影响，导致晶锭中位错的密度和分布不同。根据晶体生长条件的不同，铸造多晶硅中的位错密度为 10^3～10^9cm^{-2}，通常位错密度在 10^6cm^{-2} 左右。一般情况下，晶锭底部和上部的位错密度较高。

由于铸造多晶硅表面各晶粒的晶向不同，一般采用非择优腐蚀进行位错表征。图 3-61 为含有高密度位错的铸造多晶硅经化学腐蚀后的光学显微镜照片。从图中可看出，铸造多晶硅中存在大量位错，由于晶向多样，腐蚀坑呈圆形或椭圆形，很难得到单晶硅的有规则形状的腐蚀坑。

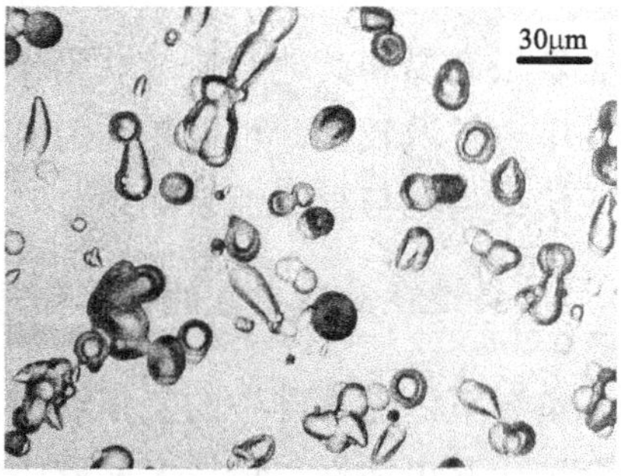

图 3-61　含高密度位错的铸造多晶硅表面经化学腐蚀后的光学显微镜照片[4]

铸造多晶硅中的位错具有高密度的悬挂键，具有一定的电活性，可直接作为复合中心，导致少数载流子寿命或扩散长度降低。也有研究表明，洁净、无污染的位错的电活性很弱，金属杂质和氧、碳等非金属杂质在其上的偏聚、沉淀才使其具备较强的电活性，从而影响电池的性能。因此，减少铸造多晶硅中的位错同减少金属杂质污染一样，对提高太阳能电池效率非常重要。

3.9　氢钝化和吸杂

晶体硅太阳能电池一般都需要进行金属吸杂以减少金属杂质对光电转换效率的负面影响。铸造多晶硅由于存在大量晶界和位错，吸附或沉淀在上面的金属杂质仅通过吸杂难以去除，所以一般还需要进行氢钝化以改善电池的光电转换性能。下面将对铸造多晶硅的氢钝化和晶体硅的吸杂进行介绍。

3.9.1　多晶硅材料的氢钝化

1. 多晶硅中的氢

氢是晶体硅中的重要轻元素杂质，它可以和晶体硅中的缺陷和杂质作用，钝化其电活性。特别是铸造多晶硅，由于存在大量晶界和位错，氢钝化可大大降低晶界两侧的界面态，从而降低少数载流子在晶界上的复合速率，也可减少位错复合，改善太阳能电池的开路电压。目前，氢钝化已成为铸造多晶硅太阳能电池必不可少的工艺步骤。

原生铸造多晶硅极少含有氢杂质，一般都需要通过氢钝化使氢原子进入晶体内部。铸造多晶硅可在氢气、氢等离子体、水蒸气、含氢气体或空气中进行200～500℃热处理以实现氢钝化。最常用的钝化工艺有：在20%氢气和80%氮气气氛中，450℃热处理；或在制备SiN减反膜时，利用等离子态氢对多晶硅进行氢钝化。

在室温附近，晶体硅中氢的固溶度仅为10^3cm^{-3}左右量级，很难测量。有人对重掺硼单晶硅样品进行氢气氛下的高温热处理，快速淬火后在晶体中形成H-B复合体，再通过红外光谱测量H-B复合体的浓度来间接测量氢的固溶度。

氢原子半径很小，在晶体硅中扩散很快，其在970～1200℃温度范围的扩散系数为

$$D = 7.9\times10^{-3}\mathrm{e}^{-\frac{0.48\mathrm{eV}}{\kappa T}} \tag{3-30}$$

由于氢很容易和其他杂质或缺陷作用，它们可能会对氢扩散产生影响。研究表明：富氧晶体硅中氢扩散较慢，可能是因为氢与氧或氧沉淀结合阻碍了其扩散；富碳晶体硅中，氢扩散较快；当氢与空位点缺陷结合时，扩散会提高几个数量级。

2. 铸造多晶硅中氢的钝化作用

室温下，晶体硅中的氢很容易同杂质和缺陷相互作用，形成电中性复合体或同悬挂键结合钝化其电活性。铸造多晶硅中氢的最主要作用就是钝化晶界、位错和电活性杂质的电学性能。此外，氢对晶体硅中的主要杂质(氧)也有作用，主要表现在两个方面：一是形成H-O复合体；二是可以促进氧扩散，导致氧沉淀和氧施主的生成增强。其中对氧的第二点

作用对晶体硅材料的性能有一些不利影响，但综合看，氢钝化对提高晶体硅太阳能电池效率的作用还是很显著的。

研究表明，铸造多晶硅在利用制备 SiN 减反膜的 PECVD 装置进行氢等离子体处理（100W、350℃）3h 后，其少数载流子寿命可提高 34%～100%，且氧浓度越低，效果越好。氢钝化效果与硅中氢的外扩散和缺陷处的沉积相关，对于 SiN 减反膜制备时的氢钝化物理机制可概括为以下几点。

(1) 沉积 SiN 减反膜时，大量氢分子和氢原子存在其中，在沉积过程和后续热处理时，氢分子和氢原子扩散到晶体硅中；

(2) 铝背场和电极制备时，Si 原子进入 Al 膜形成 Al-Si 合金，留下一定量空位，在这些空位的帮助下，氢分子可以分解为快速扩散的氢原子；

(3) 氢原子与杂质、缺陷的悬挂键结合，导致杂质、缺陷的电学性能钝化。

而在上述第 (3) 点中，氢钝化的作用形式主要体现以下三点。

(1) 与钴、铂、金、镍等深能级金属结合，形成复合体，去除深能级中心；

(2) 与晶界上悬挂键结合，去除晶界的电活性；

(3) 与位错上悬挂键结合，去除位错的电活性。

此外，氢还可钝化晶体硅表面。通常，晶体硅表面都含有大量悬挂键，形成表面态，从而引入复合中心，缩短少数载流子寿命。氢原子与晶体硅表面的悬挂键结合可消除表面态，改善晶体硅材料的性能。

3.9.2　晶体硅材料的吸杂

1. 晶体硅的吸杂工艺简介

晶体硅太阳能电池一般需要进行金属吸杂以减少金属杂质对光电转换效率的负面影响。吸杂技术是指在硅片内部或背面有意造成各种晶体缺陷，以吸引金属杂质在这些缺陷处沉淀，从而在器件的近表面区域或内部形成一个无杂质、无缺陷的洁净区。根据吸杂区域位置不同，分为内吸杂和外吸杂两种技术。其中，内吸杂技术是通过多步热处理，在晶体内部产生大量氧沉淀，诱生位错、层错等二次缺陷，吸引硅片近表面区域的金属杂质沉淀，使得近表面区域成为无杂质、无缺陷的洁净区；而外吸杂技术是利用磨损、喷砂、多晶硅沉积、磷扩散等方法，在硅片正面或背面造成晶体缺陷，从而吸引硅片内部金属杂质到表面沉淀。内吸杂与外吸杂相比，具有不用附加设备、不会引起额外金属污染、吸杂效果能保持到最后工艺等优点，但不适合太阳能电池，一般主要应用于微电子工业。由于太阳能电池的工作区域横跨整个电池截面，太阳能电池主要采用外吸杂工艺吸除硅片内部金属杂质。从成本考虑，外吸杂工艺最好与原有的制备工艺相兼容，因此，对于铸造多晶硅太阳能电池常用的吸杂技术是磷吸杂（兼容磷扩散工艺）和铝吸杂（兼容铝背场工艺）。实际工艺中，常常将磷吸杂和铝吸杂结合使用，以提高金属吸杂能力。

金属外吸杂机理是分凝原理，可以将金属吸杂分为三个主要步骤：首先，在器件有源区外制备一层高固溶度吸杂层；然后，通过高温热处理使原生金属沉淀溶解，并在热处理过程中让金属原子从低固溶度晶体硅中扩散到外表面吸杂层内沉淀；最后，通过化学腐蚀去除吸杂层。外吸杂的优点是不需要过饱和度，原则上可将晶体硅内部的金属杂质浓度降到很低。

2. 晶体硅的磷吸杂

晶体硅的磷吸杂可以同太阳能电池 p-n 结制备在同一工艺中进行，一般是在 p-n 结制备前，在 850～900℃通入三氯氧磷液态源，热处理 1～2h 使硅片两面形成磷硅玻璃，其中含有的大量缺陷可以成为金属杂质的吸杂点；在后续的磷扩散热处理过程中，P 扩散到硅片内部一定深度形成 p-n 结的同时，金属杂质也扩散到磷硅玻璃层沉淀；最后通过酸性腐蚀液去除磷硅玻璃层，达到金属吸杂的目的。

磷吸杂的机理可概括为：

(1) 磷硅玻璃中大量缺陷吸引金属杂质沉淀；

(2) 磷硅玻璃中金属杂质的固溶度远大于晶体硅；

(3) 磷的内扩散使近表面形成高浓度磷层，替位磷踢出硅原子，间隙硅聚集形成高密度位错等缺陷。

研究表明，间隙态金属杂质，吸杂后浓度降幅很大，降幅最大的 Co 达到 90%以上，降幅最小的 Cu 也达到 50%左右，吸杂效果非常明显；而替位态杂质，吸杂后浓度几乎没有下降，甚至由于杂质溶解还有轻微上升，没有产生吸杂效果。这是由于间隙态金属杂质以间隙方式扩散，扩散较为容易，而替位态杂质的扩散必须通过邻近空位或踢出邻近硅原子才可以进行，扩散难度很高。具有深能级俘获中心的过渡族金属杂质基本都是间隙态杂质，而它们对少数载流子寿命有更主要的影响，所以磷吸杂对铸造多晶硅材料电学性能的提升效果很明显。

3. 晶体硅的铝吸杂

铝吸杂也是和晶体硅太阳能电池工艺相结合的常用吸杂技术，其工艺过程大致是：首先，利用溅射、蒸发等技术沉积一层铝膜，然后在 800～1000℃下热处理形成 AlSi 合金层，同时 Al 扩散在合金层处形成高浓度铝掺杂 p 型层；在合金化和后续热处理中，金属杂质会扩散到此处沉淀；最后，化学腐蚀去除 AlSi 合金层，高铝浓度掺杂 p 型层具有背场效应，这样就同时达到了铝背场制备和金属吸杂的目的。研究表明，厚度为 0.6μm 的 Al 扩散层就可以形成有效的铝背场。

铝吸杂的机理可以概括如下。

(1) AlSi 层中的高密度缺陷吸引金属杂质沉淀。

(2) AlSi 层中的金属杂质的固溶度高于晶体硅。

(3) 高铝浓度掺杂层中替位铝踢出硅原子，间隙硅聚集形成高密度位错等缺陷。

晶体硅铝吸杂的效果也和原始硅片的状态有关系，铝吸杂对铸造多晶硅电池的性能改善比直拉多晶硅要明显。研究表明，较低温度热处理后，少数载流子寿命反而有所缩短，但 1000℃热处理后，少数载流子寿命大幅延长，吸杂效果明显。这可能是由于较低温度热处理无法使金属沉淀溶解，但会造成氧热施主、氧沉淀等新缺陷，使少数载流子寿命缩短。

研究还表明，间隙态金属杂质易被吸除，而金属沉淀特别是位于晶界和位错处的金属沉淀很难被吸除。

4. 晶体硅太阳能电池的氢钝化和吸杂技术的综合运用

由于多晶硅中含有大量的位错、晶界以及较高浓度的金属杂质，其少数载流子寿命很低，由其制备的太阳能电池的光电转换效率也比较低，必须进行氢钝化和吸杂处理。对于铸造多晶硅，特别是晶粒小、纯度低的多晶硅，单一的氢钝化或吸杂处理并不能达到理想的效果，通常可以结合在电池制备过程中必不可少的磷掺杂、SiN 减反膜和铝背场工艺进行磷吸杂、氢钝化和铝吸杂处理，综合运用三种技术将金属杂质和缺陷对太阳能电池性能的影响降到最低，使电池光电转换效率的提升达到一加一大于二的效果。例如，在采用气态 P_2H_2 进行磷扩散掺杂时，在硅片正面形成磷-硅吸杂层，吸除金属杂质的同时热分解产生的氢分子也扩散进入晶体硅内部产生氢钝化的效果。又如，在铝背场制备时，会产生大量空位，它们和氢形成 H-V 复合体，其能量优势会促进氢钝化(通过制备 SiN 减反膜)之后的氢原子自氮化硅层向晶体硅内部扩散；空位还可分离体内氢分子，增加氢原子浓度，促进缺陷钝化，从而大幅度提高少数载流子寿命。多晶硅太阳能电池在上述技术综合运用后的电学性能改善明显，特别是由晶粒尺寸小、纯度低的多晶硅材料制成的太阳能电池的效率能够获得大幅度提高。图 3-62 给出了特殊的带硅技术直接制备的平均晶粒尺寸只有 0.1mm、位错密度达到 10^6cm^{-2} 的多晶硅片经过不同的氢钝化、磷掺杂和铝背场工艺过程后的少数载流子寿命比较。从图中可以看到：单一的氢钝化处理，多晶硅片的少数载流子寿命几乎没有变化；单一的磷吸杂后，少数载流子寿命提高近 4 倍；单一的铝吸杂后，少数载流子寿命提高 6 倍左右；将 SiN 减反膜制备(氢钝化)工艺与磷掺杂(磷吸杂)和铝背场(铝吸杂)工艺结合，多晶硅材料的少数载流子寿命会大幅度提高 20 倍，说明将三种技术结合使用可以将金属杂质和缺陷对太阳能电池性能的影响降到最低，使电池光电转换效率获得最大的提升。

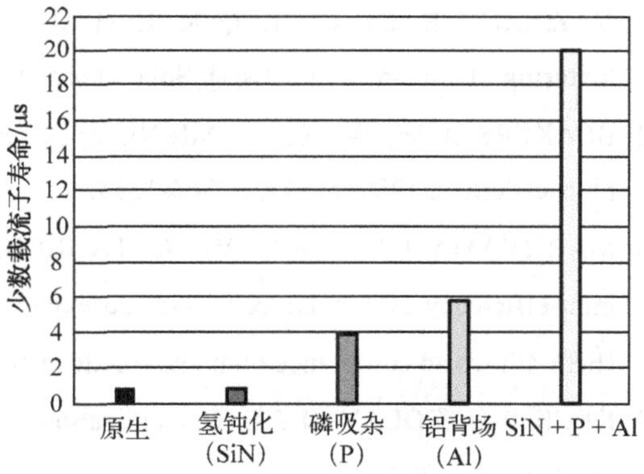

图 3-62　晶粒细小的多晶硅片在经历不同磷吸杂、氢钝化和铝吸杂过程前后少数载流子寿命对比[28]

参 考 文 献

[1] 陆栋，蒋平，徐至中. 固体物理学[M]. 2 版. 上海：上海科学技术出版社, 2010.
[2] 陈治明. 半导体概论[M]. 北京：电子工业出版社, 2008.
[3] 阙端麟. 硅材料科学与技术[M]. 杭州：浙江大学出版社, 2000.
[4] 杨德仁. 太阳电池材料[M]. 2 版. 北京：化学工业出版社, 2017.

[5] CHAPIN D M, FULLER C S, PEARSON G L. A new silicon p-n junction photocell for converting solar radiation into electrical power[J]. Journal of applied physics, 1954, 8: 676.

[6] DANIEL A F. Solar batteries[J]. Proceedings of the institute of radio engineers, 1960, 48(4): 636-641.

[7] WOLF M. Limitation and possibilities for improvement of photovoltaic solar energy coverters[J]. Proceedings of the IRE, 1960, 48: 1246-1263.

[8] FISCHER H, GERETH R. Electrochemically passivated contracts for silicon solar cells[J]. IEEE transactions on electron devices, 1971, ED18(8): 459.

[9] HAMMOND A L. Photovoltaic cells-direct conversion of solar energy[J]. Science, 1972, 178(4062): 732.

[10] RITTNER E S, ARNDT R A. Comparison of silicon solar cell efficiency for space and terrestrial use[J]. Journal of applied physics, 1976, 47: 2999-3002.

[11] ALEMANY C, TRASSY C, PATEYRON B, et al. Refining of metallurgical-grade silicon by inductive plasma[J]. Solar energy materials and solar cells, 2002, 72(1-4): 41-48.

[12] TSAIJC C. Shallow phosphorus diffusion profiles in silicon[J]. Proceedings of IEEE, 1969, 57: 1499-1506.

[13] VAZSONYI E, DE CLERCQ K, EINHAUS R. Improved anisotropic etching process for industrial texturing of silicon solar cells[J]. Solar energy materials and solar cells, 1999, 57(2): 179-188.

[14] BLAKERS A W, WANG A, MILNE A M, et al. 22.8-percent efficient silicon solar-cell[J]. Applied physics letters, 1989, 55(13): 1363-1365.

[15] MARUYAMA E, TERAKAWA A, TAGUCHI M, et al. Sanyo's challenges to the development of high-efficiency HIT solar cells and the expansion of HIT business[C]. Conference record of the 2006 IEEE 4th world conference on photovoltaic energy conversion. Waikoloa, 2006: 1455-1460.

[16] KECK P H, GOLAY M J E. Crystallization of silicon from a floating liquid zone[J]. Physical review, 1953, 89(6):1297.

[17] TEAL G K, LITTLE J B. Growth of germanium single crystals[J]. Physical review, 1950, 78(5): 647.

[18] HIRATA H, HOSHIKAWA K. Silicon crystal-growth in a cusp magnetic-field[J]. Journal of crystal growths, 1989, 96(4): 747-755.

[19] GOETZBERGER A, HEBLING C, SCHOCK H W. Photovoltaic materials, history, status and outlook[J]. Materials science & engineering R, 2001, 40(1): 1-46.

[20] SHIRASAWA K. Mass production technology for multicrystalline Si solar cells[J]. Current applied physics, 2001, 1(6): 509-514.

[21] CISZEK T F, SCHWUTTKE G H, YANG K H. Directionally solidified solar-grade silicon using carbon crucibles[J]. Journal of crystal growth, 1979, 46(4): 527-533.

[22] 杨德仁, 樊瑞新, 姚鸿年. 硅晶片切割损伤层微观应力的研究[J]. 材料科学与工程, 1994(3): 33-37.

[23] GERETH R, LINK E, MATTES S, et al. Contribution to silicon solar cell technology[J]. Energy conversion, 1972, 12(3): 103.

[24] YANG D R, FAN R X, LI L B, et al. Donor formation in nitrogen doped silicon[J]. Journal of applied physics, 1996, 80(3): 1493-1498.

[25] GRAFF K. Metal impurities in silicon-device fabrication[M]. Heidelberg: Springer, 1995.

[26] MACDONALD D, CUEVAS A, KINOMURA A, et al. Transition-metal profiles in a multicrystalline silicon ingot[J]. Journal of applied physics, 2005, 97(3): 033523.

[27] 徐进, 杨德仁, 储佳, 等. 阙端麟微氮直拉硅单晶中氧化诱生层错透射电镜研究[J]. 物理学报, 2004, 53(2): 550-554.

[28] ROHATGI A, YELUNDUR V, JEONG J, et al. Fundamental understanding and implementation of Al-enhanced PECVD SiN_x hydrogenation in silicon ribbons[J]. Solar energy materials and solar cells, 2002, 74(1-4): 117-126.

第 4 章　非晶硅和多晶硅薄膜太阳能电池材料

晶体硅太阳能电池厚度太薄，加工时易碎，材料浪费也严重，而目前的厚度会造成光生载流子迁移距离过长，晶体硅中的杂质和缺陷限制了少数载流子的扩散长度和寿命，导致晶体硅太阳能电池效率同理论效率存在不小的差距。硅基太阳能电池的发展目前主要有两个方向，即提升效率和降低成本。在提升效率方面，一是改善材料和电池制备工艺，减小晶体硅硅片厚度；二是设计新型电池结构，消除表面复合和效率衰减造成的不利影响，如 PERC 和 HIT 电池结构。在降低成本方面，主要就是利用沉积在廉价衬底上的薄膜硅材料，如非晶硅薄膜太阳能电池和多晶硅(包括微晶硅和纳晶硅)薄膜太阳能电池。

早在 20 世纪 60 年代，非晶硅薄膜的基础研究就已经开始了；1976 年，Calson 等首先报道具有 p-i-n 结构的非晶硅薄膜太阳能电池，效率达到 2.4%[1]，并于 1980 年达到 8%，其具备了商业化应用的可能；随后，Tawada 等又开展了非晶硅合金薄膜太阳能电池的研究与开发[2]，利用宽带隙合金非晶硅碳和窄带隙合金非晶硅锗分别作为 p 型窗口层和 n 型层，不同带隙材料的叠层电池也被设计，以尽量增加对太阳光的吸收转化。从 20 世纪 80 年代日本三洋公司开始推动非晶硅薄膜太阳能电池产业化至 21 世纪初，非晶硅薄膜太阳能电池已具有相当工业规模，总组件生产能力达到 50MW 以上，组件及相关产品销售额在 10 亿美元以上，并已有 10MW 级的独立电站。非晶硅太阳能电池已在计算器、手表、玩具等小功耗器件中获得广泛的应用，也有应用于大屏幕液晶显示器、传感器、摄像管甚至独立电站，非晶硅薄膜太阳能电池的开发应用对光伏产业发展起到重要的推动作用。

经过多年的努力，非晶硅薄膜太阳能电池的性能有了明显的改进，产业化也取得重大进展。这些努力包括：普遍采用等离子体增强化学气相沉积(PECVD)制备氢化非晶硅(a-Si:H)薄膜，使非晶硅薄膜的稳定性和有序度增加；利用非晶硅合金材料调节非晶硅基薄膜太阳能电池的带隙宽度，如用宽带隙 a-SiC:H 和 a-SiGe:H 作为 p-i-n 结构的 p 型窗口层和 n 型底层，或用不同带隙宽度薄膜材料作为光吸收层制备叠层电池。但非晶硅薄膜与晶体硅相比，电池效率仍较低，且有比较严重的光致衰减问题，使得它的应用受到局限。

多晶硅薄膜是指在不同非硅衬底上制备的具有一定厚度的、由细小硅晶粒组成的薄膜，它既具有晶体硅的电学和光学特性，又具有非晶硅薄膜成本低、设备简单、可大面积制备等优点，在太阳能电池上具备很好的应用前景。目前，在多晶硅薄膜单独或与非晶硅组合制备新型硅薄膜太阳能电池上已进行了大量研究，被寄予很大期望。例如，利用纳晶硅作为 p-i-n 结构的 n 型层或用微晶硅单电池代替 a-SiGe:H 底电池，可吸收红外光，改善电池的效率。

本章首先介绍非晶硅的基本性质和太阳能电池，阐述非晶硅薄膜的结构、能带和基本特性，先后了解非晶硅和多晶硅薄膜太阳能电池的结构与工作原理；然后，分别介绍非晶硅和多晶硅薄膜的制备及其生长机理，并讨论非晶硅和多晶硅薄膜中的杂质与缺陷对太阳能电池的影响；最后介绍一些新型非晶硅/多晶硅复合薄膜太阳能电池的设计思想、电池结构、工作原理和制备方法。

4.1 非晶硅薄膜的基本性质

4.1.1 非晶硅的结构

非晶硅的最基本特征是其特殊的原子排列，即短程有序、长程无序。“短程有序”是指非晶硅的邻近原子之间仍然保持与晶体硅相同的由 sp^3 键构成的正四面体结构，只是键长和键角略有不同；而“长程无序”体现在次邻近以外基本没有周期性和长程有序性。而多晶（1～100μm）、微晶（100nm～1μm）和纳晶（10～100nm）硅薄膜的结构与晶体硅基本相同，只是晶粒尺寸变小，增加了晶界的数目。从热力学观点看，2nm 以下的纳米硅晶粒无法稳定存在，所以只有当晶粒尺寸达到 2nm 以下时，长程有序性才开始被破坏，纳晶硅逐渐转变为非晶硅。

晶体硅和非晶硅的结构可用 X 射线衍射谱（XRD）进行表征。图 4-1 给出了通过 XRD 得到的晶体硅（c-Si）和非晶硅（a-Si）原子的径向分布函数 $g(r)$。从图中可以看出，晶体硅和非晶硅的第一个峰的位置和强度基本一致，峰位只有 2%～3%的偏差，由峰面积积分可以得出晶体硅和非晶硅原子最近邻的原子数目，即配位数均为 4，说明了非晶硅短程有序的特征；第一个峰后，晶体硅的各个峰都很明显，而非晶硅第二个和第三个峰已重叠在一起，无法分辨，后面的峰都很弱，说明从次邻近开始，非晶硅的周期性已经开始丧失，呈现长程无序的特征。

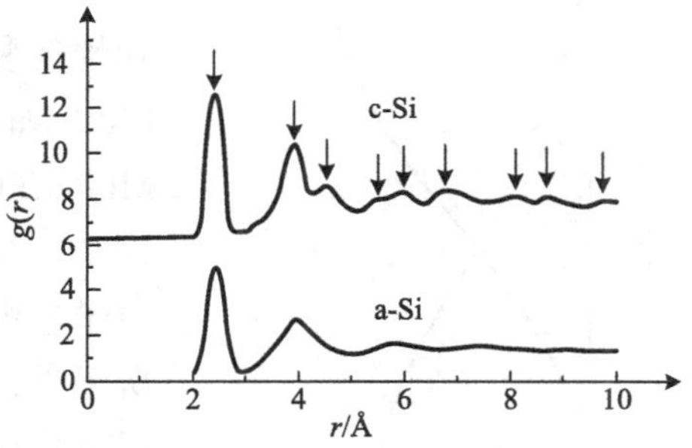

图 4-1　晶体硅和非晶硅原子的径向分布函数[3]

晶体硅、多晶硅和非晶硅的晶体结构还可以利用透射电镜（TEM）的选区电子衍射（SAED）图像进行进一步的详细分析。图 4-2 显示了晶体硅、多晶硅薄膜和非晶硅薄膜的 SAED 图像。图 4-2（a）显示对称的亮斑点阵，每个亮斑代表晶体硅的一族晶面，说明样品具有完美的单晶硅结构；图 4-2（b）显示一个个同心亮环，每个亮环由多个代表同一族晶面

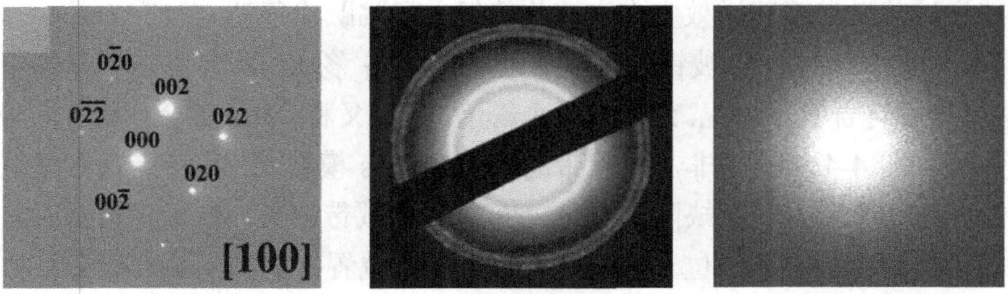

(a) 晶体硅　(b)多晶硅薄膜　(c)非晶硅薄膜

图 4-2　晶体硅、多晶硅薄膜和非晶硅薄膜的 SAED 图像

沿不同方向分布的亮斑构成，说明衍射来自多个不同生长方向的晶粒，样品具有多晶硅结构；图 4-2(c)只显示一个弥散的大圆斑，说明没有来自晶面簇的衍射，只是来自无序原子的反射，样品为非晶硅结构。

4.1.2　非晶硅的能带结构

在 2.1.2 节已经对晶体硅能带理论进行了阐述，晶体硅的能带是把量子力学原理用于固态多体系统推算出来的，即晶体硅的晶格结构和电势场都具有空间周期性，在晶格绝热近似和单电子近似下，通过求解薛定谔方程，获得按能量分布的电子态，从而构成能带。晶体硅的能带由导带、价带及禁带组成，缺陷和杂质会在禁带中引入缺陷能级。晶体硅的能带可以用电子的能态密度和电子能量 E 与波矢 $\boldsymbol{k}$ 的色散关系 $E(\boldsymbol{k})$ 来描述，在波矢空间中的能带结构如图 2-8 所示。由于原子排列的长程无序性，非晶硅电子能量 E 与波矢 $\boldsymbol{k}$ 不再具有确定的色散关系，因此非晶硅的能带只能用电子的能态密度与能量的关系来描述，用于晶体硅的能带理论不能简单地应用在非晶硅上。目前比较成功地解释了非晶硅能带的理论模型主要是 Mott 等提出的 Mott-Davis 模型[4, 5]。Mott 在 20 世纪 70 年代初先提出的是 Mott-CFO 模型，该模型提出原子近邻处用晶态半导体能带理论，而在次近邻和稍远处，可看作晶格紊乱对晶体能带中电子态密度的一种微扰，使得能带出现带尾结构，如图 4-3 所示[4]。在图 4-3 的 Mott-CFO 模型中，导带底和价带顶都用意思相近的“迁移率边”称谓，仍用 E_C 和 E_V 表示；E_C 之上和 E_V 之下称为扩展态；E_C 和 E_V 之间称为定域态，定域态宽度称为能隙、迁移率隙或光学带隙。导带和价带的带尾在能隙内交叠，费米能级 E_F 被钉扎在交叠带尾的中央，即 E_F 基本不随掺杂浓度、缺陷浓度的改变而改变。E_F 以下的导带带尾由于都被电子占据，所以显示电负性，而 E_F 以上的价带带尾由于没被电子占据，所以显示正电性。非晶态半导体 E_F 下的施主也会和 E_F 上的受主复合，严重影响其电学性质。在非晶硅能带的扩展态中，电子和空穴也有一定迁移率，但由于长程无序，其值非常小。通常，电子迁移率为 1～10cm^2/(V·s)，空穴迁移率为 0.01～0.1cm^2/(V·s)。而在定域态中，载流子只能通过热激发或隧道效应在定域化能级之间跳跃式移动。

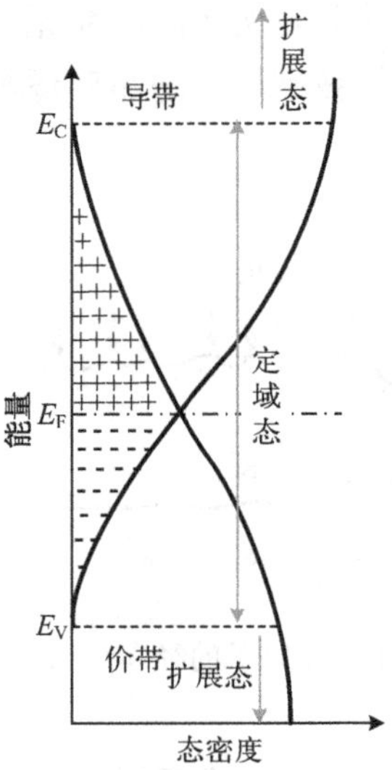

图 4-3　非晶硅的 Mott-CFO 模型

根据 Mott-CFO 模型，E_F 被钉扎，掺杂也不会使 E_F 移动，即非晶态半导体中的掺杂是无效的，这显然不符合实际情况。为弥补这个缺陷，Mott 又和 Davis 等合作提出了 Mott-Davis 模型进行修正。图 4-4 给出了非晶硅能带的 Mott-Davis 模型[5]，其特点是带尾很窄，没有交叠，在能隙中间会引入一个缺陷定域带，E_F 位于定域带中央。如果缺陷引入的是没被电子占据的补偿能级，则该能级位于缺陷定域带的中央位置，如图 4-4(a)所示；如果缺陷引入的是被电子占据的非补偿能级，缺陷能带就分裂为类施主能带和类受主能带，位于 E_F 两边，如图 4-4(b)所示。在 Mott-Davis 模型中，定域带中载流子的跃迁主要依靠热激发，E_F 位置及附近的缺陷态密度对非晶态半导体的性能产生极大影响。如果缺陷态密度较高，

则少量的掺杂对 E_F 的位置几乎没有影响；而如果缺陷态密度较低，则少量的掺杂会导致 E_F 的位置有明显变化，从而具备太阳能电池所需要的电学性能。

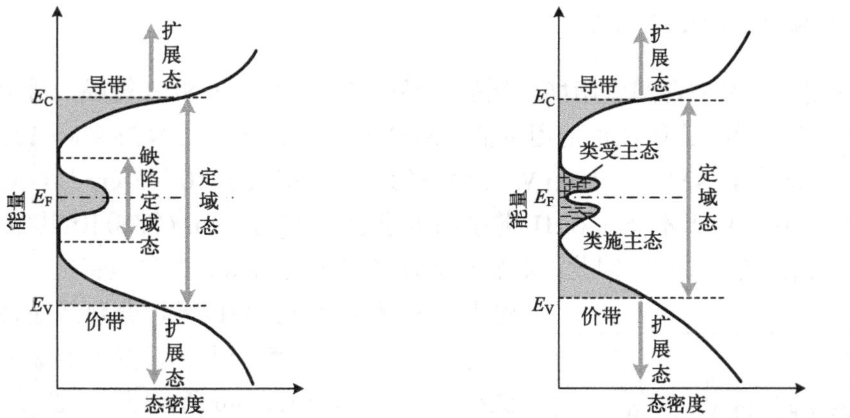

(a) 缺陷引入的是没被电子占据的补偿能级　(b) 缺陷引入的是被电子占据的非补偿能级

图 4-4　非晶硅的 Mott-Davis 模型

以上非晶硅的能带理论告诉我们，要得到电学性能良好的非晶硅薄膜，就需要降低非晶硅薄膜中的缺陷态密度。研究表明，不同条件下制备的非晶硅薄膜能带结构，特别是缺陷定域带能级结构有可能大不相同。图 4-5 给出了利用场效应法测出的普通真空热蒸发和不同衬底温度下的辉光放电 PECVD 方法制备的 a-Si 和 a-Si:H 薄膜的能隙态密度分布[6]。从图中可以看出，真空热蒸发方法制备的纯 a-Si 薄膜含大量硅悬挂键等结构缺陷，电学性能较差，不直接应用于太阳能电池的制备；而非晶硅薄膜含氢后，氢钝化了硅的悬挂键，a-Si:H 薄膜的电学性能得到改善，衬底温度越高，结构缺陷越少，能隙中间的态密度越低。从图中还可看出，a-Si:H 薄膜同 a-Si 薄膜相比，能隙宽度变窄。研究表明，引入氢后还可以改变非晶硅薄膜的能隙结构，a-Si:H 的能隙宽度一般为 1.7～1.8eV，带隙态密度为 10^{15}～$10^{16}cm^{-3}$。

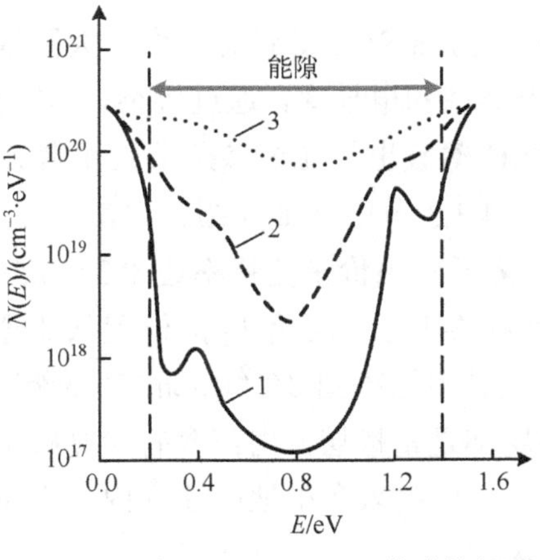

图 4-5　不同条件下制备的 a-Si 和 a-Si:H 薄膜的能隙态密度分布[6]

1—辉光放电 PECVD，衬底温度为 520K；2—辉光放电 PECVD，衬底温度为 350K；3—真空热蒸发

4.1.3 非晶硅的基本特性

1. 非晶硅薄膜的电学性质

目前应用于非晶硅薄膜太阳能电池的非晶硅薄膜主要是a-Si:H薄膜，通常使用辉光放电PECVD方法制备。太阳能电池用本征a-Si:H薄膜的H含量一般为8%～12%，暗电导率小于$10^{-10}(S\cdot cm^{-1})$，AM1.5、100mW光照下的光电导率大于$10^{-5}(S\cdot cm^{-1})$，对应的光灵敏度达到10^5～10^6。由于本征a-Si:H薄膜的电子迁移率[约$1cm^2/(V\cdot s)$]比其空穴迁移率[约$0.01cm^2/(V\cdot s)$]大约100倍，因此，本征a-Si:H薄膜表现出弱n型导电特征，其暗电导率随温度的变化大致可分为四段，分别是迁移率边上的扩展态电导、带尾态跳跃电导、费米能级附近的近程和变程跳跃电导，如图4-6所示[7]。从图4-6可以看出，在较高温度(>240K)和室温下，本征a-Si:H薄膜的电导主要是由激发到迁移率边上的扩展态电子的输运构成的，其电导率为

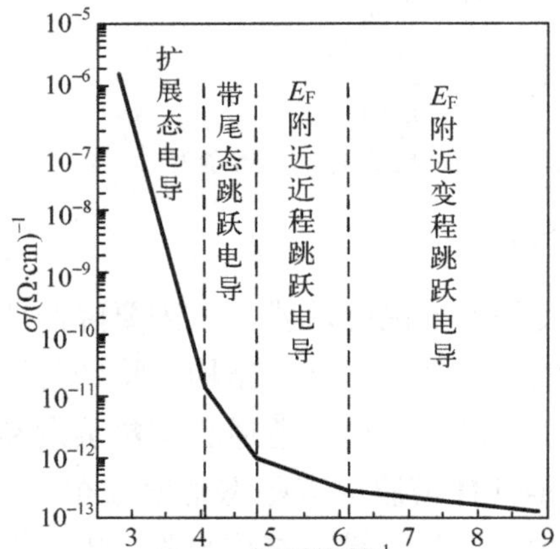

图4-6　本征a-Si:H薄膜的暗电导率随温度的变化关系[7]

$$\sigma_d = \sigma_0 e^{-\frac{E_C - E_F}{\kappa_B T}} \tag{4-1}$$

式中，κ_B为玻尔兹曼常量；$\sigma_0 = e\mu_e N_C$，其中，μ_e为电子迁移率，N_C为导带的有效态密度。这里，N_C与导带迁移率边的态密度$N(E_C)$的关系为$N_C \approx \kappa_B T N(E_C)$，即激发到导带迁移率边的扩展态电子大约只占据迁移率边以上$\kappa_B T$宽度的能量范围。对于非晶硅薄膜太阳能电池，影响其电学性能的主要是迁移率边E_C以上的电子和迁移率边E_V以下的空穴的扩展态输运，带尾定域态对载流子输运的影响主要是陷阱俘获作用，使得非晶硅薄膜室温或更高温度下的载流子迁移率相对晶体硅都很低。

与没有氢化的a-Si薄膜相比，a-Si:H薄膜态密度大大降低，也可以同晶体硅一样进行p型和n型掺杂以控制其导电类型和电导率，通过掺杂，其室温电导率可以提高10个数量级左右。与晶体硅一样，a-Si:H薄膜也是通过掺杂Ⅲ族元素B和Ⅴ族元素P来获得p型和n型导电，具体掺杂方法将在4.3.3节中详细介绍。通常，在a-Si:H薄膜掺B后，可将费米能级E_F的位置从能隙中央降低到距价带迁移率边0.3～0.5eV的位置，相应的暗电导率提高到$10^{-3}(S\cdot cm)^{-1}$量级；而在掺P后，可将E_F的位置从能隙中央提升到距导带迁移率边约0.2eV的位置，相应的暗电导率提高到$10^{-2}(S\cdot cm)^{-1}$量级[8]。在非晶硅薄膜太阳能电池的p-i-n结构中，p型和n型层都是重掺层，内部含有较高缺陷态密度，光生载流子复合速率较本征a-Si:H薄膜还要高，主要用来在电池中建立内建电场和欧姆接触，不用作光吸收层，所以一般都做得尽量薄。

2. 非晶硅薄膜的光吸收特性

图4-7是参考不同实验数据后画出的一个完整的本征非晶硅薄膜的光吸收谱，光吸收

谱中，非晶硅薄膜的光吸收大致可分为三个区域，分别是本征吸收区、带尾吸收区和定域态吸收区[8, 9]。本征吸收区是由价带电子吸收能量大于能隙，即光学带隙的光子从价带跃迁到导带引起的光吸收形成的区域。a-Si:H 薄膜的光学带隙宽度 E_g 是 1.7～1.8eV，与 E_g 对应的 $h\nu_0$ 或 λ_0 为本征吸收的最小光子能量或最长光波长，此处的光吸收被称为吸收边。本征 a-Si:H 薄膜在吸收边处的光吸收系数一般为 10^3～10^4cm^{-1}，以后随能量升高而增加，在可见光波段的光吸收系数可达约 10^5cm^{-1} 量级，比晶体硅高 1～2 个数量级。由于非晶硅的光吸收系数远高于晶体硅，因此，非晶硅被认为是准直接带隙材料，而不是像晶体硅一样的间接带隙材料。从能带结构上看，晶体硅的本征吸收过程必须要有声子参与，价带电子才能够在同时满足能量守恒和动量守恒的条件下跃迁到导带底上，而非晶硅的结构是无序的，电子态没有确定的波矢，在本征吸收过程中，电子跃迁不受动量守恒的限制，价带电子无须声子参与就可直接跃迁到导带。a-Si:H 薄膜在本征吸收区吸收边附近的光吸收系数仍然遵循 Tauc 规律：

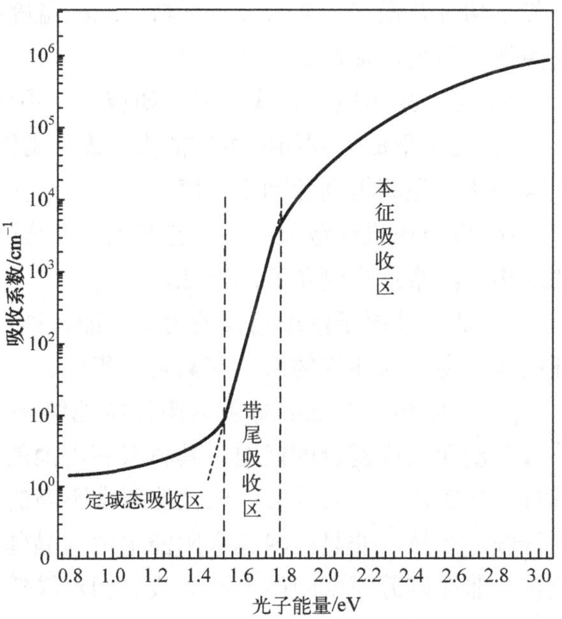

图 4-7　本征非晶硅薄膜的光吸收谱

$$(\alpha h\nu)^2 = B(E_g - h\nu) \tag{4-2}$$

式中，B 是一个与非晶硅带尾态密度有关的参数，该式在形式上与直接带隙半导体材料的 Tauc 关系式(2-38)基本相同。

带尾吸收是由电子从价带扩展态跃迁到导带尾态或从价带尾态跃迁到导带扩展态引起的光吸收。在带尾吸收区，光吸收系数α随入射光子能量 $h\nu$ 在 1～10^3cm^{-1} 范围变化，α与 $h\nu$ 呈指数关系，又称指数吸收区。在该区域，带尾越窄，态密度越低，结构越有序，α的变化越陡峭。定域态吸收是光学带隙内带隙态之间的电子跃迁引起的光吸收，通过该区域的光吸收可以了解光学带隙内态密度的情况，α的水平越低，说明薄膜的态密度越低，结构越有序。在定域态吸收区，高质量 a-Si:H 薄膜的α一般低于 1cm^{-1}。

4.2　非晶硅薄膜太阳能电池

4.2.1　非晶硅薄膜太阳能电池的优缺点及其发展方向

与晶体硅太阳能电池相比，非晶硅薄膜太阳能电池的优点可概括为以下几点。

(1) 薄膜材料和电池制备工艺的成本远低于晶体硅及其太阳能电池，非晶硅薄膜的厚度一般不超过几微米，非常节省材料；沉积温度为 100～300℃，沉积时间不超过几小时，大大降低了能耗，提高了生产效率。

(2) 可以采用廉价衬底材料，如玻璃、不锈钢、塑料等。

(3) 易于形成大规模的生产能力，适合制作特大面积、无结构缺陷的薄膜，生产可全流程自动化，显著提高劳动生产率。

(4) 可自由设计薄膜制备工艺参数、工艺过程，可制备不同结构、不同要求的太阳能电池结构，非常适合制备叠层电池。

(5) 非晶硅原子网络结构的力学性能特殊，可制备在可折叠的柔性衬底上，容易实现柔性电池，易于与建筑物或可穿戴物件集成。

p-i-n 结构的非晶硅薄膜太阳能电池解决了短扩散长度半导体材料的光生载流子由于扩散限制而很快复合的问题，其材料和电池的制备成本较低，具有较好的性价比，已经在玩具、计算器、手表等对电池性能要求不高的领域广泛应用，占据近 10%的太阳能电池市场份额。当然，非晶硅薄膜太阳能电池与晶体硅太阳能电池相比也存在明显不足，主要体现在：非晶硅薄膜太阳能电池的效率相对较低，实验室中最高稳定效率仅为 13%，实际生产的电池效率不超过 10%，而且长期照射下效率有所衰减。

目前，提高非晶硅薄膜太阳能电池的效率和稳定性主要有三条途径。

(1) 改善材料性能。通过改进非晶硅薄膜制备工艺，增加非晶硅薄膜对太阳光的吸收，降低缺陷态的密度，减少光生载流子的复合。

(2) 改善电池设计。设计叠层电池结构和精确控制各层厚度，改善各层间的界面状态，以求高效率和稳定性。

(3) 开发非晶硅合金薄膜材料。非晶硅合金薄膜材料的能隙宽度可通过不同合金比例在 1.1～3.0eV 连续可调，如 a-SiGe (1.1～1.7eV) 和 a-SiC (1.7～3.0eV)。这样就可利用宽能隙材料作为单结电池的窗口层或叠层电池的顶电池光吸收层，窄能隙材料作为单结电池的背层或叠层电池的底电池光吸收层，提高了对太阳光的有效吸收。

(4) 采用非晶硅和微晶硅、纳晶硅复合薄膜电池结构。微晶硅、纳晶硅薄膜材料的能隙宽度同晶体硅基本相同，在 1.12eV 左右，可将其作为单结电池的背层或叠层电池的底电池光吸收层，以提高对太阳光的有效利用率。

4.2.2　非晶硅薄膜太阳能电池的结构和工作原理

1. 单结非晶硅薄膜太阳能电池的结构和工作原理

从 p-n 结型太阳能电池的工作原理可以看出，p-n 结型太阳能电池材料的载流子扩散长度不能太短，实际情况是载流子扩散长度一般大于太阳能电池的厚度，这样的好处是：首先，太阳能电池可以做得比较厚，整个电池厚度内产生的电子-空穴对均可以扩散到空间电荷区发生分离，这样，绝大部分太阳光可以被电池材料吸收，并且充分地实现了光电转换；其次，非平衡载流子漂移出空间电荷区后将不再有内建电场作用，通过扩散也能够被电极收集。

从上述分析可以得出：对于载流子扩散长度短的非晶硅材料，当其在一个扩散长度的厚度内只能吸收很小一部分太阳光时，是不适合作为 p-n 结型太阳能电池材料的。对于载流子扩散长度短的非晶硅材料，通过在 p 型和 n 型材料之间插入一层较厚的本征材料构成 p-i-n 结也可以实现光电转换[8-12]。图 4-8 为两种典型的非晶硅薄膜单结太阳能电池的结构。在图 4-8 中，光敏区 i 层一般为本征 a-Si:H 薄膜，其主要作用就是吸收太阳光产生光生载流子，厚度既要满足充分的光吸收又要保证足够强的内建电场，一般设计为 500nm 左右；而 p 型层目前较多地采用宽带隙 a-SiC:H 薄膜，n 型层采用 a-Si:H、窄带隙纳晶硅(nc-Si:H)、a-SiGe 等。p 型和 n 型层的主要作用是建立一个横跨 i 层的内建电场以驱动光生载流子迁移到两边被电极收集。作为光吸收死区，它们的厚度要尽量薄，一般限制在 10nm 量级。超薄的 p 型和 n 型层，一方面可以减少窗口层的光吸收，另一方面可以让载流子快速通过，减少光生载流子的复合。p 型层一般用作窗口层，常采用宽带隙 a-SiC:H 材料，这样可以进一步增加入射光的透过率；而 n 型层可采用窄带隙 nc-Si:H、a-SiGe 材料，可以对未被 i 层吸收的长波长剩余光进行进一步吸收利用。非晶硅薄膜太阳能电池可以采用导电玻璃、抛光不锈钢、陶瓷或柔性塑料等衬底。图 4-8(a)显示了一种在透明的玻璃衬底上制备的单结非晶硅薄膜太阳能电池的典型结构。从图中可以看到，太阳光自玻璃一侧射入。该型电池在玻璃衬底上依次沉积制备透明氧化物导电膜(TCO)、重掺 p 型 a-SiC:H 层、本征 a-Si:H 层、重掺 n 型 a-Si:H 层、TCO 层、金属电极。TCO 薄膜包括 ITO(In_2O_3:SnO_2)、ZnO、FTO(SnO_2:F)、ATO(SnO_2:Sb)等，其特点是宽带隙和高电导，带隙宽度一般为 3.3～4.3eV，电导率可达 $10^4(S\cdot cm)^{-1}$，关于 TCO 薄膜的特性和制备将在第 6 章中进行进一步的介绍。金属背电极一般是通过蒸发 Al 或 Ag 膜制备的，其作用除了收集电荷外，还起到反射剩余太阳光的作用。Ag 的反射率高于 Al，但成本更高，长期可靠性也存在一些问题，因此，实验室中会使用 Ag 背电极，而工业生产中一般都用 Al 作为背电极材料。在金属背电极和 n 型非晶硅层之间常常有一层 TCO，其作用是阻挡金属原子扩散到非晶硅中，防止可能引起的电池短路。图 4-8(b)显示了另外一种在不透明的不锈钢衬底上制备的单结非晶硅薄膜太阳能电池的典型结构。可以看到，太阳光自 ITO 一侧射入，因而也称为 n-i-p 结构。该型电池是在抛光不锈钢衬底上依次沉积制备 Ag 或 Al 膜、ZnO 薄膜、n-a-SiGe:H 层、i-a-Si:H 层、p-a-SiC:H 层、ITO 薄膜、金属栅线。为了减少对太阳光的遮挡，正面采用栅线电极；窗口层仍为宽带隙的 p 型 a-SiC:H；底层采用窄带隙的 n 型 a-SiGe:H，以吸收利用剩余太阳光；在 Ag 背电极和 n 型 n-a-SiGe:H 层之间沉积一层 ZnO，以阻挡金属原子的扩散。

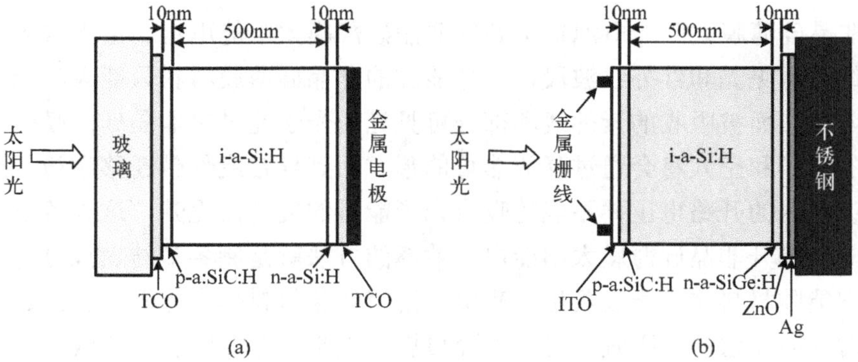

图 4-8　两种典型的非晶硅薄膜单结太阳能电池的结构

从图 4-8 可以看到，p 型层和 n 型层厚度很薄、掺杂浓度很大，尽量少吸收太阳光，也称为光吸收的“死区”，用 p^+和 n^+来标示；本征层较厚，用 i 来标示，该层可以吸收绝大部分太阳光，是光伏动力的源泉。在 p-i-n 结中，p^+区和 n^+区的多数载流子空穴与电子分别向 i 区扩散，在 p^+-i 和 n^+-i 界面的 p 区和 n 区一侧分别留下负离子和正离子，分别带负电和正电，从而在 i 区产生一个从 n 区指向 p 区的内建电场 E。图 4-9 为非晶硅薄膜单结太阳能电池光照前后的能带图。从图 4-9 可以看到，p-i-n 结具有统一的费米能级，空间电荷区跨越整个 i 区，i 区吸收光子产生的电子-空穴对在内建电场作用下分离并分别向两侧漂移，光生空穴和电子到达 p 区和 n 区后，由于 p 区和 n 区都很薄，所以能够被两端的电极收集，形成光生电流和光生电压，从而实现光伏发电。从图 4-9(b)中可以看到，光照后 i 层内建电场下降。由于非晶硅缺陷多，载流子扩散长度短，电荷收集主要靠内建电场驱动的漂移运动进行，故 p-i-n 结必须保持一定的剩余能带弯曲量，以保证有足够强的内建电场维持最低限度的电荷收集，从而导致输出电压 V 不能太大。此外，i 层本征非晶硅带隙较宽(1.7～1.8eV)，实际可利用的太阳光谱段相对较窄(为 0.05～0.7μm)；非晶硅材料阻态密度较高，载流子复合概率较大；透明导电薄膜与 p 型层和 n 型层的接触电阻较高，甚至存在界面势垒。以上这些都是非晶硅薄膜太阳能电池能量转换效率始终比晶体硅太阳能电池低的主要原因，需要通过改善材料质量、利用不同光学带隙材料、改善电池设计以提高其效率。

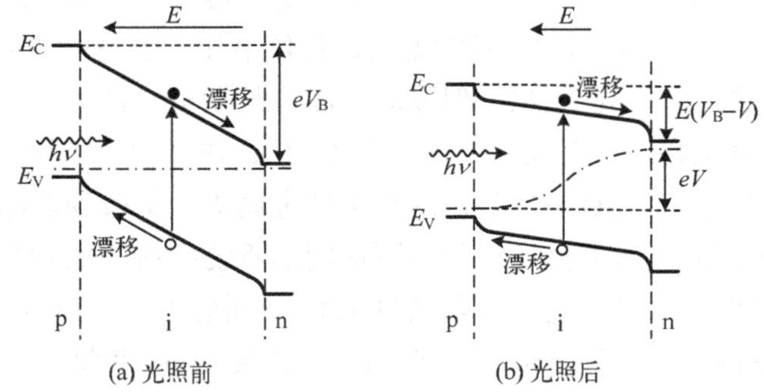

图 4-9　非晶硅薄膜单结太阳能电池光照前后的能带图

2. 多结非晶硅薄膜太阳能电池的结构和工作原理

多结非晶硅薄膜太阳能电池也称叠层非晶硅薄膜太阳能电池。由于太阳光谱很宽，覆盖紫外线、可见光和红外线波段，一种能隙的非晶硅薄膜材料只能吸收能量大于带隙宽度的太阳光，而被吸收的紫外线和部分可见光的光子能量比非晶硅薄膜能隙宽度大很多，产生的电子和空穴将会通过释放热量的形式回到导带或价带迁移率边，造成能量损失，或者说电池的开路电压并不能随吸收光子能量的提高而提升，这导致电池效率低于理想值。一个提升非晶硅薄膜太阳能电池效率的方法就是制备多结(叠层)电池结构，顶电池采用宽能隙材料作为光吸收层，底电池用窄能隙材料作为光吸收层。这样，一方面能够拓宽对太阳光谱的光吸收；另一方面可以对太阳光分段吸收、高效利用，增加电池的开路电压。一般在叠层电池结构中，在 a-Si:H 电池之上为 a-SiC 合金薄膜电池，其能隙宽度可通过不同合金比例在 1.7～3.0eV 连续可调；在 a-Si:H 电池之下为 a-SiGe 合金薄膜或微晶硅薄膜电池，a-SiGe 能隙宽度随不同合金比例在 1.1～1.7eV 变化，微晶硅的带隙同晶体硅基本相同，为 1.1～1.2eV。图 4-10 显示了一个三结非晶硅薄膜太阳能电池的量子效率响应谱，其中，中间层和下层电池的量子效率响应谱是通过滤光片滤掉标准光源中对应于上面电池吸收的相当的光测量得出的，总量子效率为三个单结电池的量子效率之和。从图 4-10 中可以看到，总的量子效率谱覆盖紫外至红外波段，比单结电池大大拓宽。

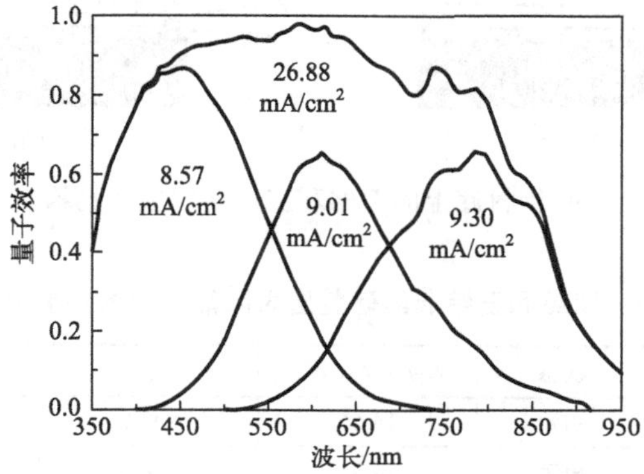

图 4-10　三结非晶硅薄膜太阳能电池的量子效率响应谱[13]

图 4-11 给出了两种以不锈钢为衬底的双结和三结电池结构[14]。图 4-11(a)的双结电池主要是通过下极 a-SiGe:H 电池对剩余的红光及红外线进行吸收利用。图 4-11(b)的三结电池，一方面通过上极 a-SiC:H 电池对蓝光及紫外线进行吸收转化，另一方面通过下极 a-SiGe 电池对剩余的红光及红外线进行吸收利用，而中间的 a-Si:H 电池负责吸收黄绿光波段。在图 4-11 中，两种电池的厚度同单结电池相当，都为 1μm 左右，这样，每结电池的厚度随结数增加而降低，好处就是可以提高每结电池的内建电场强度，提高光生载流子的收集效率。在叠层电池结构中，每结电池之间会形成反向的 n-p 结，因此，n 型和 p 型层必须很薄，一般低于 10nm，以构成隧道结。光生载流子可以以隧穿方式穿过隧道结，不受其中势垒的阻挡。

多结非晶硅薄膜太阳能电池的光生电压为各结电压之和，因而比较高；而光生电流受最小的结电流限制，各结之间的接触电阻以及 n 型和 p 型层厚度也会对光生电流有影响，因此多结电池的光生电流会比单结电池小；填充因子同各层电池的填充因子相关，一般多结电池由于每结电池的厚度更薄，收集电荷效率更高，因而多结电池的填充因子相对单结电池都不低。表 4-1 列出了单结、双结和三结三种非晶硅叠层太阳能电池的关键参数和效率[14]。从表中可以看到，双结和三结电池的光电转换效率都高于单结电池，三结电池的效率最高。在叠层电池制备中，需要精确控制薄膜的厚度，采用较低衬底温度以减少后续沉积层对下面沉积层的影响也非常重要。叠层电池可以在同一薄膜沉积设备中制备，与单结电池制备相比，成本增加不是很多，但效率和稳定性却有很大改善，具有一定的性价比优势，因此叠层电池成为非晶硅薄膜太阳能电池研究和应用的重要方向。

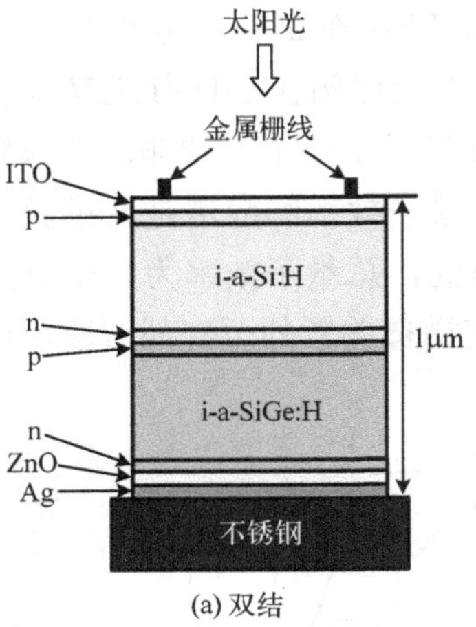

图 4-11　不锈钢衬底上的双结和三结叠层电池结构示意图[14]

表 4-1　单结、双结和三结非晶硅叠层太阳能电池的关键参数和效率[14]

电池结构	状态	I_{SC}/(mA/cm^2)	V_{OC}/V	FF	η/%
a-Si:H 单结	初始	14.65	0.992	0.730	10.6
	稳定	14.36	0.965	0.672	9.3
a-Si:H/a-SiGe 双结	初始	11.04	1.762	0.738	14.4
	稳定	10.68	1.713	0.676	12.4
a-SiC/a-Si:H/a-SiGe 三结	初始	8.57	2.357	0.723	14.6
	稳定	8.27	2.294	0.684	13.0

4.3　非晶硅薄膜的制备

非晶硅薄膜的制备可以采用物理或化学气相沉积技术，但非晶硅薄膜太阳能电池的制备需要满足缺陷态少、温度低(<300℃)且冷却速度快(>10^5℃/s)的条件。物理气相沉积(如真空蒸发等)制备的非晶硅薄膜一般都含大量悬挂键等缺陷，使得其费米能级被钉扎，从而对掺杂没有敏感效应，不能真正实用；常规化学气相沉积虽然可以制备出质量更好的非晶硅薄膜，但所需的衬底温度比较高，也不适合非晶硅薄膜太阳能电池的制备。目前可以用于太阳能电池用非晶硅薄膜制备的主要就是一些通过辅助手段满足低衬底温度要求的化学气相沉积技术，包括等离子体增强化学气相沉积(PECVD)、光诱导化学气相沉积(photo-CVD)、热丝化学气相沉积(HWCVD)等，其中最常用的是 PECVD，即利用辉光放电产生的等离子体进行化学气相沉积。

4.3.1　等离子体增强化学气相沉积制备非晶硅薄膜

1. 辉光放电的基本原理

在真空系统中通入稀薄气体(<10^3Pa)，两电极之间加一定电压就会产生呈紫红色的辉光放电现象。辉光放电是电流通过气体以后由电离的气体表现出来的气体放电现象，在平

行的正负平板电极之间产生辉光放电所需要的起始电压 U 与气压 P 和电极间距 d 的乘积 Pd 的关系满足帕邢(Paschen）曲线，如图 4-12 所示。从图 4-12 可以看出：不同气体具有不同的帕邢曲线，每条帕邢曲线的变化趋势都大致相同，随气压变化都有一个最低放电电场或一定 d 值下的最低放电电压，低点两边放电电压升高。在最低放电电压左侧，随 P 的减小，气体变稀薄，电子或离子与气体分子碰撞次数减少，电离密度降低，因而产生气体放电所需的放电电压提高；而在最低放电电压右侧，随 P 的增大，气体变浓密，虽然电子或离子与气体分子碰撞次数增加，但碰撞能量减少，电离密度随之降低，产生辉光放电所需的放电电压同样会提高。气体放电的过程中一般会产生光子、电子、基态原子(或分子)、激发态原子(或分子)以及正离子和负离子，任何一种粒子都会通过碰撞过程与其他各种粒子产生相互作用，交换动量、动能、势能和电荷，使粒子发生电离、复合、光子发射和吸收等物理过程，粒子间相互作用的过程相当复杂，最终达到稳定辉光放电状态的放电气体由电子、离子以及未电离的中性粒子组成，整体呈电中性，称为等离子体。

进一步了解气体放电的发展过程可以通过测量正负电极之间的 *I-V* 特性曲线，如图 4-13 所示。通过图 4-13 的 *I-V* 特性曲线，可以将气体放电过程分为以下几个阶段：*Oa* 段，外致电离产生的带电离子在电场作用下产生电流，电流很微弱；*ab* 段，由于外致电离产生的带电离子数量很少，电场增强很快导致电流饱和；*bc* 段，电场再增强，电子能量增加，开始导致其他原子/分子电离；*cd* 段，电子雪崩电离，随电源输入功率增加，电流增加，此区域的气体放电称为汤森放电；*de* 段，气体发生强电离，流柱开始形成，气体的电导大幅增加，导致电压迅速下降；*ef* 段，流柱形成，气体放电进入辉光放电阶段，此阶段随输入功率增加，电流增加，电压保持稳定；*fg* 段，由于气体充分电离，随输入功率增加，放电电流增加变缓，放电电压开始升高，此区域的气体放电称为异常辉光放电；*gh* 段，阴极因高温开始进行热电子发射，电极间的放电电压开始快速下降；*h* 之后，阴极强烈的热电子发射导致放电电流大幅增加，放电电压保持低水平，此时的放电称为弧光放电。

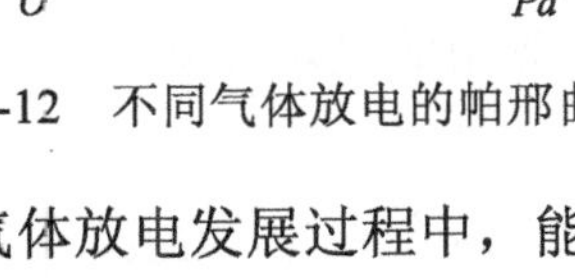

图 4-12　不同气体放电的帕邢曲线

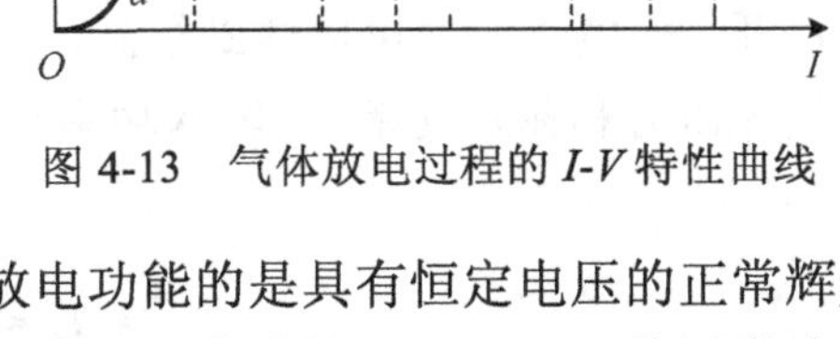

图 4-13　气体放电过程的 *I-V* 特性曲线

在上述气体放电发展过程中，能实现辉光放电功能的是具有恒定电压的正常辉光放电和具有饱和电流的异常辉光放电阶段。实际制备非晶硅薄膜的 PECVD 工艺通常选择异常辉光放电阶段在正负电极间形成辉光区进行非晶硅薄膜沉积，该放电阶段等离子体密度较高，而且可以根据需要控制放电电压。辉光放电从阴极到阳极可分为不同的放电区域，如图 4-14 所示，自阴极至阳极依次是：

(1)阿斯顿暗区。该区域的电子能量只有 1eV 左右，不能对气体分子产生激发作用。

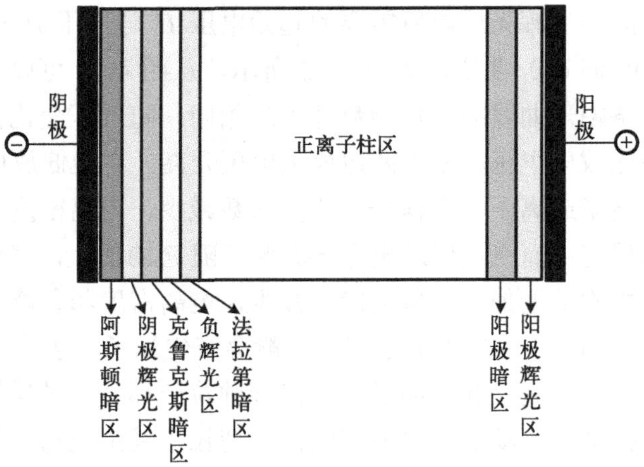

图 4-14　辉光放电正负电极间的不同放电区域示意图

(2) 阴极辉光区。该区域的电子在电场作用下具有更高能量，可以同气体分子作用，使其激发发光。

(3) 克鲁克斯暗区。该区域中没有同气体分子作用的电子被进一步加速，它们同气体分子作用后，可以产生大量离子和低速电子，但并不发光。

(4) 负辉光区。前区域产生的大量低速电子被加速到该区域后，又与气体分子作用，促使它们激发发光。

(5) 法拉第暗区。前区域产生的大量电子被进一步加速到该区域后，可以同气体分子作用后，产生更多离子和低速电子，此区域也不发光。

(6) 正离子柱区。该区域明亮，电子和正离子数量相当，基本满足电中性条件，处于等离子体状态。通过适当调整电极间距，可以使该区占据电极间的大部分区域，PECVD 工艺就是利用此区域的等离子体进行非晶硅薄膜沉积的。

(7) 阳极暗区。离子被加速到该区域后，具备较高的能量，它们同气体分子作用后，可以产生大量离子和电子，但不产生激发发光。

(8) 阳极辉光区。该区域的离子能量较低，低能离子与气体分子作用无法产生电离，但可以产生激发发光。

辉光放电正离子柱区的等离子体温度、电子温度和浓度都是重要参量，其中电子温度是最重要的物理量，因为辉光放电产生等离子体的过程是一个非平衡过程，反应气体温度只有几百开，但电子温度可以达到很高，它实际决定了辉光放电的效率。电子温度 T_e 主要取决于气体压力和输入功率，而输入功率决定了等离子体中的电场强度，T_e 可以通过式(4-3)得出：

$$T_e = \frac{C}{\sqrt{K}} \frac{E}{p} \tag{4-3}$$

式中，C 为常数；E 为电场强度；p 为气压；K 为电子因碰撞而损耗能量的损耗系数，它是 E/p 的函数。一般情况下，等离子体的电子浓度可以达到 10^9～10^{12}cm^{-3}，在等离子体温度为 100～500℃时，电子的能量可以达到 1～10eV，对应的电子温度达到 10^4～10^5K。

2. PECVD 方法制备非晶硅薄膜

1) 制备非晶硅薄膜的 PECVD 装置

1969 年，R.C.Chittick 最早利用 PECVD 方法制备 a-Si:H 薄膜，通过氢气补偿悬挂键等缺陷，并实现了对其掺杂，自此非晶硅薄膜开始广泛应用于太阳能电池[15]。根据放电频率，PECVD 中的辉光放电可分为直流辉光放电、射频辉光放电(RF，13.55kHz)、低频辉光放电(10^2kHz)、超高频辉光放电(VHF，30～150MHz)、微波辉光放电(300MHz～300GHz)等。在实际工艺中，不同放电频率和功率的 PECVD 装置会有所不同，但直流到超高频辉光放电 PECVD 装置的大致的设计和配置差异不大，如图 4-15 所示。它们一般都是将反应气体和载气引入反应室，在两电极中间形成等离子体，通过等离子体增强化学气相沉积在被加热的衬底表面形成非晶硅薄膜。在图 4-15 中，反应气体通过上方电极的多孔喷头均匀喷射在衬底上方等离子体区域，衬底被放置在下电极上，可以根据需要对衬底加热。有时衬底也被放置在上电极上，反应气体通过下方电极喷入，这样放置的好处是可以避免反应生成的大颗粒副产品受重力影响而落在衬底上，影响薄膜性能。微波辉光放电 PECVD 装置相对比较特殊，如图 4-16 所示。在图 4-16 中，薄膜沉积所需的等离子体是由微波放电产生的，微波是微波发生器通过波导管经 Al_2O_3 窗口导入薄膜沉积室，沉积室内没有放电电极，反应气体通过一个大环形喷头和衬底上方的小环形喷头喷射在衬底上方等离子体区域，衬底被放置在下方的基座上，也可以根据需要对衬底加热[16]。

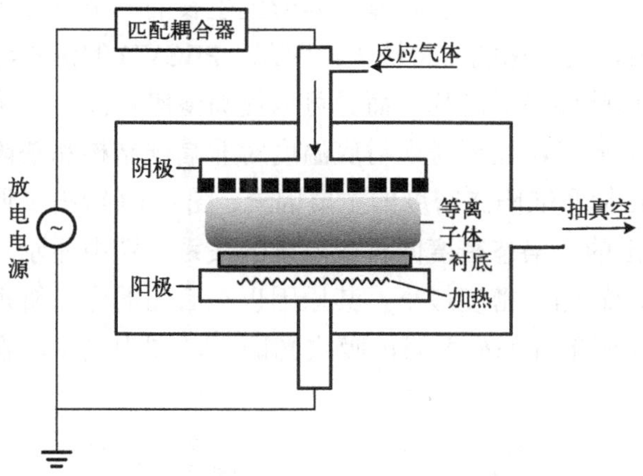

图 4-15　PECVD 装置的结构示意图

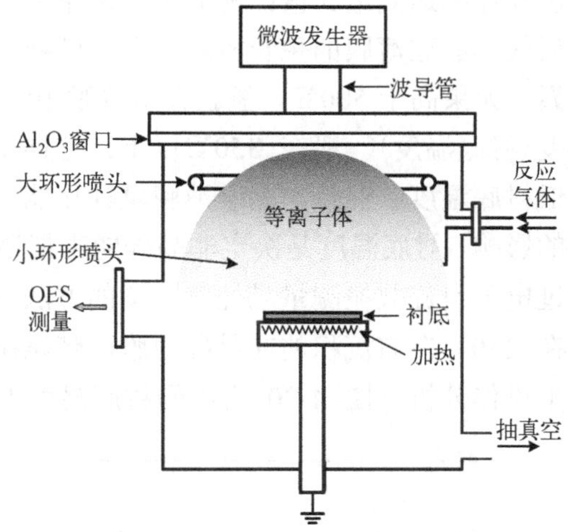

图 4-16　微波 PECVD 装置的结构示意图[16]

2) 非晶硅薄膜的生长控制

PECVD 法沉积非晶硅薄膜的反应气体主要是氢气(H_2)稀释的高纯硅烷(SiH_4)，SiH_4 的热分解总反应式为

$$SiH_4 \xrightarrow{\text{高温}} Si + 2H_2 \tag{4-4}$$

实际反应是复杂的物理化学过程，可能存在多种 Si_mH_n 和 $Si_mH_n^+$基团，其中最重要的是 SiH_3 基团。PECVD 法沉积非晶硅薄膜的制备过程如下：首先将反应室预抽成真空状态，

再将 H_2 稀释的硅烷通入反应室，气压至 13.3～1333.3Pa，然后加电压放电(或微波导入)形成等离子体(电子浓度一般为 10^9～$10^{12}cm^{-1}$)，分解的原子或基团在衬底上沉积形成非晶硅薄膜。非晶硅薄膜的成分、结构和性能对制备条件非常敏感。一般 SiH_4 浓度在 10%以上，流量为 50～200sccm(标准大气压下的 cm^3/min)，衬底温度为 200～300℃，放电功率为 300～500W/m^2 时，比较适宜制备非晶硅薄膜。由于硅烷分解产生氢，稀释气体也是氢，所以利用硅烷分解制备的薄膜都是含氢非晶硅薄膜，即 a-Si:H。

有多种因素影响薄膜的生长速率、生长厚度和薄膜质量，其中重要的有放电频率、放电功率、硅烷浓度、气体流量、气体压力、衬底温度等。直流辉光放电的优点是可以减少离子对衬底的轰击(衬底放置在阳极)，有利于提高沉积薄膜的质量，但为了保持放电电流持续，衬底必须导电，绝缘衬底很难用于直流辉光放电 PECVD 系统中。射频和高频辉光放电 PECVD 就没有这个问题，所以它们更多地应用在非晶硅薄膜太阳能电池生产中。图 4-17 给出了同等放电功率下的等离子体激发频率和非晶硅生长速率的关系，图中不同的符号的实验数据是不同实验室利用不同 PECVD 系统得出的[17]。从图 4-17 可以看出，在同等放电功率下，非晶硅薄膜的生长速率先随激发频率增加而增加，在 60～200MHz 时达到峰值，然后开始下降。峰值频率存在的主要原因是：PECVD 系统在峰值频率后，超高频功率很难耦合到等离子体中，导致进入等离子体的有效功率在峰值频率后随频率增加反而下降。图 4-18 显示了 RF-PECVD 系统沉积非晶硅薄膜的生长速率与 SiH_4/H_2 比例的关系。从图中可以看出，随着 SiH_4 比例增加，非晶硅薄膜的沉积速率也增加；当达到 25%左右时，沉积速率达到最大值；随后沉积速率随硅烷比例增加转而开始下降。上述现象的原因在随后的非晶硅薄膜的生长机理中再作解释。衬底温度也是影响非晶硅薄膜生长的一个重要因素，如果高于 500℃，氢就会从薄膜中逸出，氢钝化能力将消失，因此，PECVD 的沉积温度(衬底温度)一般在 350℃以下，这样不仅能够降低能耗，而且可以提高薄膜性能。在降低衬底温度、保持非晶硅薄膜氢钝化能力的同时，还要考虑衬底温度对非晶硅结构和缺陷的影响，衬底温度是决定非晶硅能带带尾结构和缺陷态密度的主要因素。图 4-19 给出了通过电子自旋共振测量悬挂键密度的方法得出的缺陷态密度同衬底温度的关系。图中显示，在 250℃左右沉积的非晶硅薄膜，带尾态和缺陷态密度最小，其原因也在后面的生长机理中再作分析。图 4-20 为不同衬底温度下生长的非晶硅薄膜的吸收光谱[17]。图中显示，在

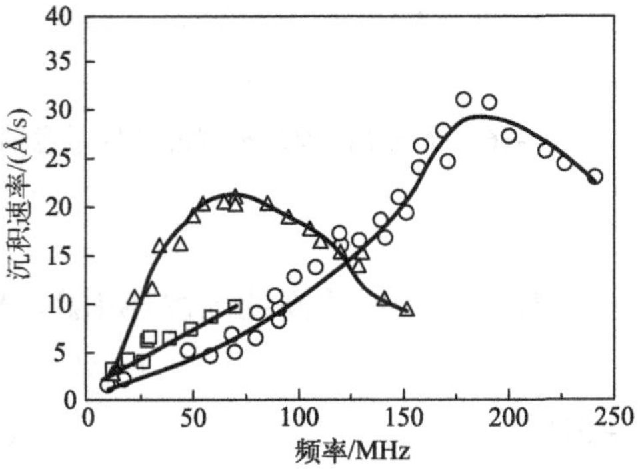

图 4-17　不同 PECVD 系统的等离子体激发频率和非晶硅薄膜生长速率的关系

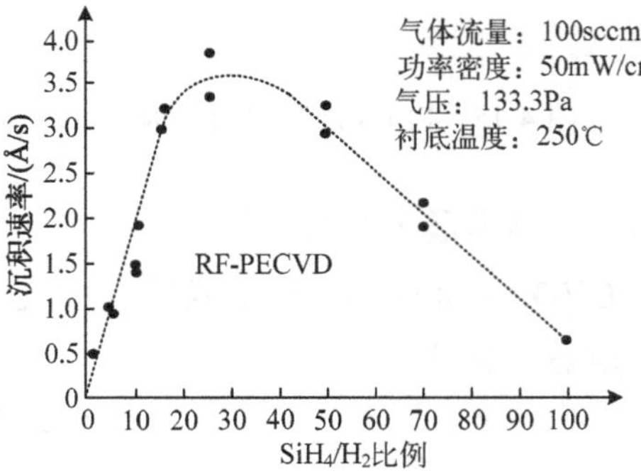

图 4-18　RF-PECVD 系统沉积非晶硅薄膜的 SiH_4/H_2 比例与生长速率的关系

200～280℃衬底温度区间，薄膜的光吸收能力对衬底温度极为敏感，当衬底温度从 200℃升至 280℃时，对光子能量 1.2eV 的入射光，吸收系数从 $0.25cm^{-1}$ 提高至 $1.20cm^{-1}$，能隙宽度从 1.8eV 降低到 1.7eV，说明保持一定的衬底温度对提高非晶硅薄膜光吸收性能很有必要。

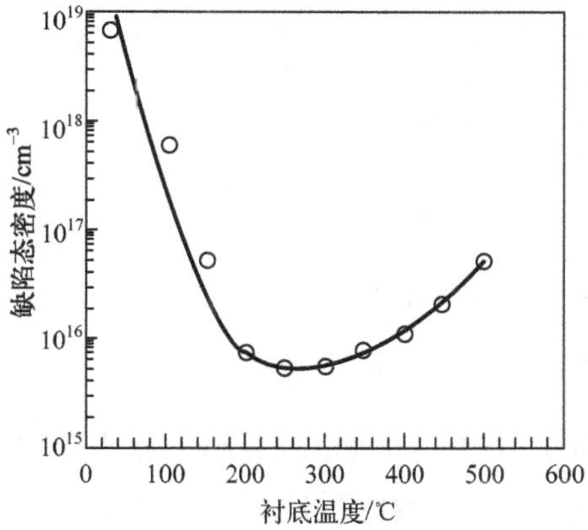

图 4-19　PECVD 制备的非晶硅薄膜的缺陷态密度同衬底温度的关系

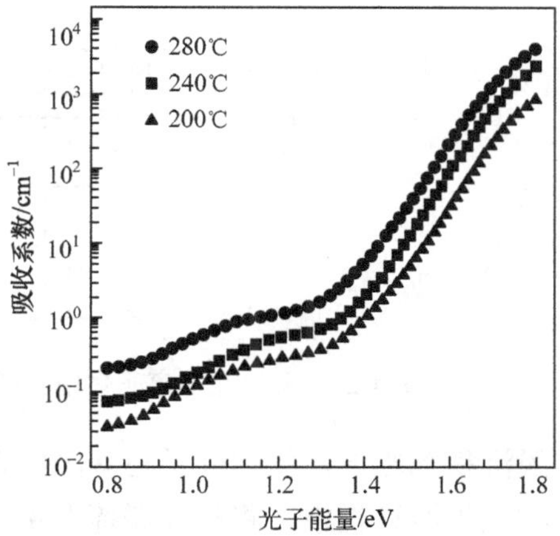

图 4-20　不同衬底温度下 PECVD 法生长的非晶硅薄膜的吸收光谱

3. 非晶硅薄膜的生长机理

非晶硅薄膜的生长涉及复杂的物理、化学过程，目前对这一过程的认识还比较有限。比较有共识的观点是非晶硅薄膜的生长主要经历三个步骤：首先，在非平衡等离子体中，硅烷分解产生一系列活性基团；然后，活性基团向衬底表面扩散，主要活性基团在衬底表面发生反应；最后，反应层转变为非晶硅薄膜[17]。

1) 非平衡等离子体中气相化学反应

已经证明，在硅烷分解反应中，可以产生基态和激发态的 H、SiH、SiH_2、SiH_3 等原子和活性基团以及 H^+、SiH_x^+等离子。图 4-21 显示了硅烷在等离子体中分解所产生的各种原子、基团和离子，图中涉及的主要一级的化学反应式和所需能量如下：

$$SiH_4 + e^-(8.75eV) \longrightarrow SiH_3 + H + e^- \tag{4-5}$$

$$SiH_4 + e^-(9.47eV) \longrightarrow SiH_2 + H_2 + e^- \text{ 或 } SiH^* + H_2 + H + e^- \tag{4-6}$$

$$SiH_4 + e^-(10.33eV) \longrightarrow SiH^* + H_2 + H + e^- \text{ 或 } Si + 2H_2 + e^- \tag{4-7}$$

$$SiH_4 + e^-(10.53eV) \longrightarrow Si^* + 2H_2 + e^- \tag{4-8}$$

$$SiH_4 + e^-(>13.6eV) \longrightarrow SiH_x^+ + (4-x)H + 2e^- \tag{4-9}$$

其中，Si^*和 SiH^*为激发态原子和基团，它们通过发射波长 288nm 和 414nm 的光子回到基态，所以可以通过发射光谱(OES)研究等离子体的构成。

一般非晶硅(a-Si:H)薄膜的生长都采用硅烷和氢气混合气体作为反应气体，H_2 在等离子体中也会发生以下的分解反应：

$$H_2 + e^-(4.5eV) \longrightarrow 2H + e^- \tag{4-10}$$

$$H_2 + e^-(>13.6eV) \longrightarrow H + H^+ + 2e^- \text{ 或 } 2H^+ + 3e^- \tag{4-11}$$

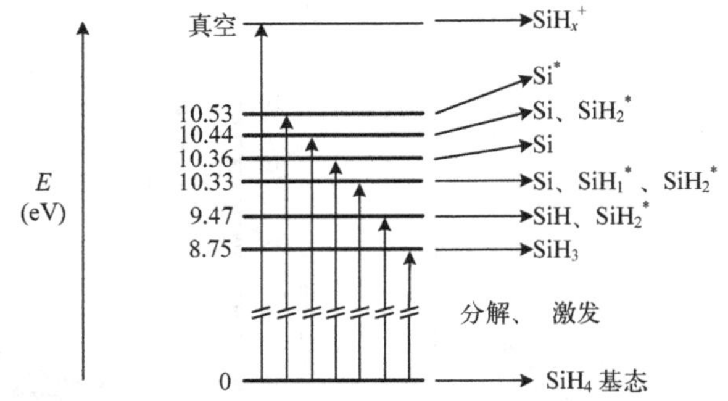

图 4-21　硅烷在等离子体中分解产生各种原子、基团和离子示意图[18]

一般沉积气压下，气体分子与基团的自由程为 10^{-3}～10^{-2}cm，远小于反应室尺寸，它们在向衬底扩散过程中，将相互碰撞发生进一步反应，主要的反应式有

$$Si + SiH_4 \longrightarrow SiH_3 + SiH \tag{4-12}$$

$$SiH + SiH_4 \longrightarrow Si_2H_5 \tag{4-13}$$

$$SiH_2 + SiH_4 \longrightarrow Si_2H_6 \tag{4-14}$$

$$SiH_2 + H_2 \longrightarrow SiH_4 \tag{4-15}$$

$$SiH_2^+ + SiH_4 \longrightarrow SiH_3 + SiH_3^+ \tag{4-16}$$

$$SiH_3 + SiH_4 \longrightarrow SiH_4 + SiH_3 \tag{4-17}$$

$$SiH_4 + H \longrightarrow SiH_3 + H_2 \tag{4-18}$$

表 4-2 为常规硅烷等离子体中各种原子、基团和离子的浓度[18]。从表中可以看到，硅烷等离子体中 SiH_3 基团的浓度比其他粒子高 3～4 个数量级。反应式(4-5)、式(4-12)、式 (4-16)、式(4-18)等都可能产生 SiH_3 基团，它们不能与硅烷发生反应生成其他产物[反应式(4-17)]；而其他基团会因一系列二级反应而消失，因而它们的浓度远低于 SiH_3 基团。SiH_3 基团除了浓度高，还具有较高的扩散系数，因此最易扩散到衬底表面，被认为是非晶硅薄膜生长的主要前驱物；其他基团在到达衬底前，由于一系列二级反应，其浓度已经非常低。

表 4-2　常规硅烷等离子体中各种原子、基团和离子的浓度[18]

原子、基团和离子	探测方法	浓度/cm^{-3}
Si	激光诱导荧光	10^8～10^9
SiH	激光诱导荧光	10^8～10^9
Si*、SiH*	发射光谱	10^5
SiH_2	内腔激光吸收	10^9

续表

原子、基团和离子	探测方法	浓度/cm^{-3}
SiH_x^+、H^+	质谱仪	10^8～10^9
SiH_3	红外激光吸收	10^{12}

2) 非晶硅薄膜的生长

图 4-22 描绘了在 SiH_4/H_2 等离子体环境中以活性基团 SiH_3 为前驱物生长 a-Si:H 薄膜的物理过程。一般认为 a-Si:H 薄膜生长的物理过程分为以下几个步骤。

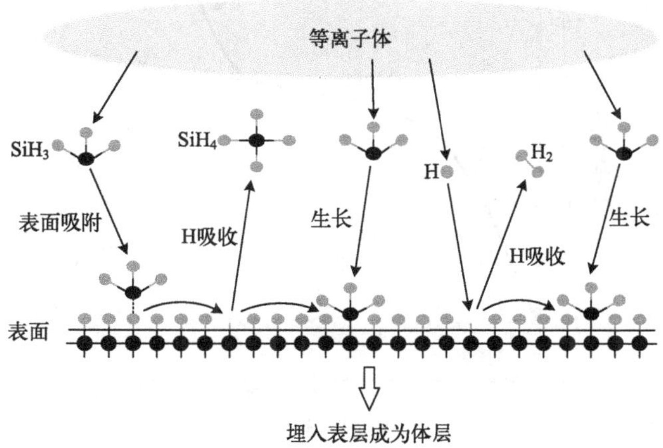

图 4-22　在 SiH_4/H_2 等离子体环境中生长非晶 a-Si:H 薄膜的物理过程

(1) 非晶硅表面布满氢原子，对硅的悬挂键起到钝化作用。

(2) SiH_3 基团被吸附到薄膜表面。

(3) SiH_3 基团吸收衬底表面的氢原子，脱离表面；或等离子体中原子态 H 与衬底表面氢原子作用，吸收表面氢原子形成 H_2，脱离表面。

(4) 由于非晶硅表面氢原子被吸收，表面形成悬挂键，SiH_3 基团同悬挂键结合。

(5) 最后表面富氢层的氢原子被 SiH_3 逐一替换，导致网络结构非晶硅的形成。

在上述过程中，氢的去除是 Si-Si 键和非晶硅无序结构形成的关键影响因素。图 4-18 中非晶硅薄膜的沉积速率随 SiH_4/H_2 比例提高有一个峰值，在 SiH_4/H_2 高于峰值(30%左右)时，非晶硅薄膜的沉积速率会下降，这可能是由于等离子体中原子态 H 的浓度低使其吸收表面氢原子的数量下降，从而导致衬底表面供 SiH_3 基团结合的悬挂键密度下降，非晶硅薄膜生长速率降低。图 4-23 显示了非晶硅表面悬挂键密度和 SiH_3 吸收能力随温度的变化情况[19]。从图中可以看到，在衬底温度低于 400℃时，随衬底温度升高，非晶硅表面悬挂键密度也增加，说明衬底温度的升高会导致非晶硅表面氢原子的去除增强；从 400℃左右开始，悬挂键密度有一个快速增加，说明非晶硅表面的氢钝化开始热分解。图中还显示 SiH_3 吸收能力随衬底温度升高不断下降，这是因为高衬底温度会使吸附在非晶硅表面的 SiH_3 能量增加，使其更容易脱附。以上规律也解释了图 4-19 中非晶硅薄膜中悬挂键密度在 250℃左右有一个最低值，这是因为衬底温度在 250℃以下时，随衬底温度的升高，虽然非晶硅表面悬挂键密度增加，但 SiH_3 的吸收能力下降，同时 SiH_3 的表面迁移能增加，这样在

衬底表面的 SiH_3 或者迁移到表面悬挂键处与之结合或者离开表面，而不会无序累积，增加了薄膜结构的有序性，减少了薄膜中的缺陷态密度；而衬底温度超过 250℃时，非晶硅表面悬挂键密度过大，特别是在 400℃以上时，悬挂键密度快速增加，导致表面悬挂键未来得及同 SiH_3 结合就被埋入下面体层。

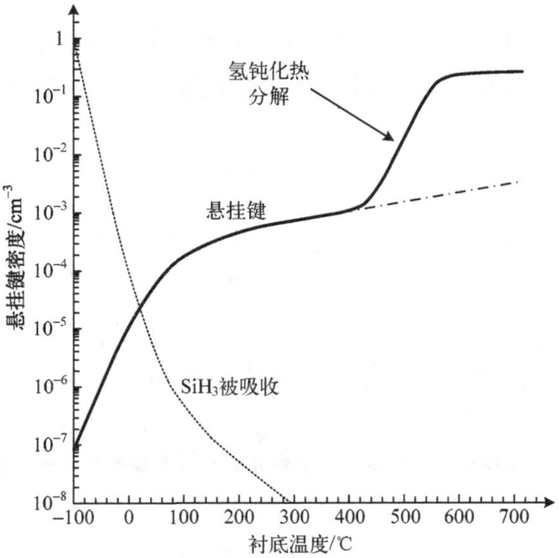

图 4-23　非晶硅表面悬挂键密度和 SiH_3 吸收能力随衬底温度的变化情况

4.3.2　其他方法制备非晶硅薄膜

除了已经介绍的几种 PECVD 非晶硅薄膜沉积方法以外，还有一些方法被用于非晶硅薄膜的制备，包括电子回旋共振(ECR)PECVD、磁控溅射、电子束蒸发、photo-CVD 等。其中，ECR-PECVD 同图 4-16 所示的微波辉光放电 PECVD 基本相同，只是通过磁场来控制等离子体区域和等离子体参数；磁控溅射是通过由氢气和氩气产生的射频等离子体对硅靶进行溅射，将硅靶材料沉积到衬底上形成非晶硅薄膜；电子束蒸发是通过电子束加热蒸发硅材料，在衬底上沉积非晶硅薄膜，由于沉积过程中没有氢气，故沉积的非晶硅薄膜一般需要再进行氢化处理；photo-CVD 是利用光子能量分解反应气体分子进行化学气相沉积，由于 SiH_4 的消光截面只有乙硅烷(Si_2H_6)的 1%左右，光诱导分解很困难，所以一般采用紫外光诱导激励乙硅烷(Si_2H_6)，分解的 SiH_3(非晶硅最佳成膜前驱物)较少，沉积速率不高，无法大面积沉积。以上这几种方法都是薄膜制备的常用方法，这里不作过多介绍。下面介绍两种比较特别的新型非晶硅薄膜制备技术。

1. 热膨胀等离子体沉积法

1998 年，荷兰 Eindhoven 大学的研究者首次报道了热膨胀等离子体沉积技术。该技术的特点是等离子体产生区和薄膜沉积区是分离的，等离子体由一个多级弧光放电等离子体源产生，高密度 SiH_4/H_2 等离子体在气压差的作用下通过喷口喷射到沉积室内的衬底上沉积非晶硅薄膜。该方法可以通过直流偏压来控制高能离子轰击对生长中的非晶硅薄膜造成的结构破坏，如图 4-24 所示[20]。该技术的优点是等离子体方向性好、沉积效率高，在高速沉积微晶硅薄膜上也显示出优势。

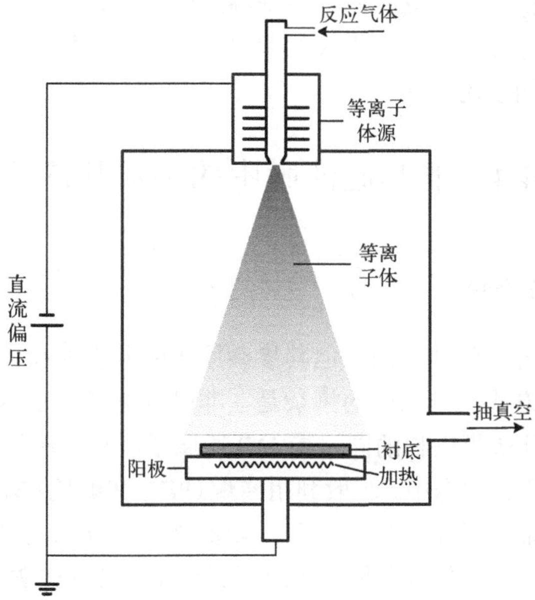

图 4-24　热膨胀等离子体沉积非晶硅薄膜示意图[20]

2. 热丝化学气相沉积法

1979 年，Wiesmann 首次提出了 HWCVD 技术[21]；1993 年，Papadopulos 等利用该技术沉积非晶 a-Si:H 薄膜，制成非晶硅薄膜太阳能电池，并使转换效率达到 10%以上，引起了人们极大的兴趣。HWCVD 方法如图 4-25 所示，它是在衬底上方 3～5cm 处放置盘状、射线状或平行状直径为 0.3～0.7mm 的金属钨丝，反应气体通过钨丝上方的多孔喷头引入沉积室。HWCVD 法制备非晶硅薄膜时，首先给钨丝通入大电流，使之加热至 1500～2000℃，再通入 SiH_4/H_2 混合反应气体，反应气体在流向衬底途中，受到钨丝的高温催化作用而发生热解反应，SiH_3 等前驱物沉积在衬底上形成非晶硅薄膜，生长机理同 PECVD 类似。

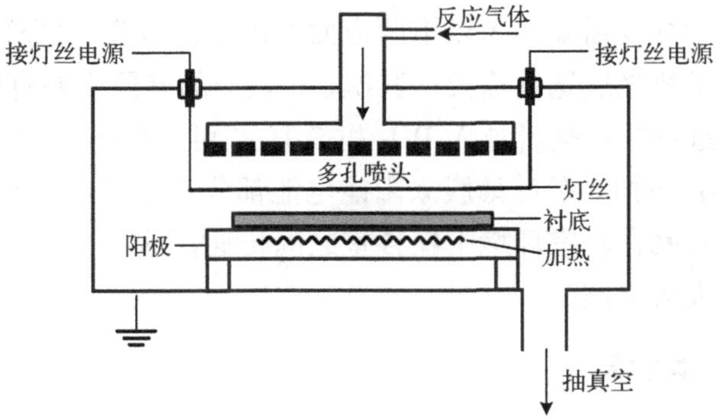

图 4-25　HWCVD 制备非晶硅薄膜示意图

HWCVD 是在 PECVD 技术之后发展起来的新型硅膜制备技术。由于高温钨丝可使硅烷充分分解，所以气体源利用率很高，非晶硅薄膜的生长速率比普通 PECVD 高 5～25 倍，可更好地大面积均匀沉积，而且该技术的衬底温度较低，设备成本也相对较低。该技术在制备高质量多晶硅薄膜方面也体现出很大的优势，因此，该技术在非晶硅和多晶硅薄膜太阳能电池领域具有很好的应用前景。

4.4　非晶硅薄膜中的杂质和缺陷

4.4.1　非晶硅薄膜的掺杂

虽然非晶硅的结构与晶体硅不同，但其掺杂原子的种类和晶体硅中的一样，与晶体硅掺杂不同的主要是掺杂方式。非晶硅的掺杂是在非晶硅薄膜沉积时，直接通入掺杂气体与硅烷一起分解，在非晶硅薄膜生长的同时掺入杂质原子。考虑掺杂气体的分解温度、纯度、成本等因素，在实际研究和生产中，一般利用磷烷(PH_3)和硼烷(B_2H_6)分别作为非晶硅的 n 型和 p 型掺杂气体。在非晶硅中，掺杂原子一般也是处于替代位置，但由于非晶硅中存在大量的网络缺陷、氢原子等，非常容易和掺杂原子作用，使其失去施主或受主功能，因此，通常非晶硅的掺杂浓度高于其载流子浓度。把非晶硅掺杂的载流子浓度和掺杂浓度的比称为掺杂原子的活化率，它主要取决于薄膜中的缺陷密度。

制备 n 型非晶硅薄膜时，通常利用磷烷(PH_3)气体在等离子体中分解，反应式同式(3-4)，反应气体 PH_3/SiH_4 的比一般为 0.1%～1%，沉积的非晶硅薄膜的电导率为 10^{-3}～$10^{-2}(\Omega\cdot cm^{-1})$。一般认为，1%的 PH_3/SiH_4 就可使非晶硅薄膜的掺杂浓度达到饱和，此时的磷原子活化率约为 30%。实际制备 n 型非晶硅薄膜时，设定预期的掺杂浓度需要考虑以下两个因素：首先，能够控制 n 型非晶硅薄膜的费米能级，使之与 i 层接触形成较高的势垒；其次，n 型非晶硅薄膜能与金属电极接触形成良好的欧姆接触。

制备 p 型非晶硅薄膜时，一般利用硼烷(B_2H_6)气体在等离子体中分解，反应式为

$$B_2H_6 \longrightarrow 2B + 3H_2 \tag{4-19}$$

反应时，B_2H_6/SiH_4 的比例一般为 0.1%～2%。与磷相比，硼的活化率更低，意味着达到同样电导率，需掺杂更多硼原子。在非晶硅薄膜太阳能电池中，p 型非晶硅薄膜一般是受光面，因此设定掺杂浓度需要考虑以下两方面的因素：首先，同样要控制 p 型非晶硅薄膜的费米能级，以满足势垒展宽的需要；其次，p 型非晶硅薄膜要有较高的光透过率。

非晶硅薄膜生长过程中，交替通入 PH_3 和 B_2H_6，可制备出 p-i-n 结构的非晶硅薄膜太阳能电池。目前，p-i-n 结构非晶硅薄膜太阳能电池都分室制备，即不同导电类型的薄膜在不同的沉积室制备，衬底在真空环境下在各室之间传递，这样虽然增加了设备成本，但电池的效率和重复性都大大提高。

4.4.2　非晶硅薄膜中的氢

通过硅烷分解沉积得到的非晶硅薄膜含有大量的结构缺陷，主要是硅的悬挂键，其次

是 Si-Si 弱键。悬挂键具有电活性，会在非晶硅能隙中引入高密度的深能级，影响材料性能；同时，悬挂键又很不稳定，其密度、结构会在后续热处理中发生改变，使得材料电学性能不易控制；因此，有必要通过在非晶硅中掺氢对非晶硅中的悬挂键进行钝化。

PECVD 法沉积的 a-Si:H 薄膜通常都会含有 10%～15%的氢，其浓度直接影响非晶硅薄膜太阳能电池的性能。一方面，氢原子可以钝化悬挂键；另一方面，远超过悬挂键密度的多余氢在非晶硅中具有不同形态，占据激活能更低的多种位置，形成 SiH_2、$(SiH_2)_n$、SiH_3 等基团和氢致微空洞等缺陷，对电池性能产生不利影响。氢在非晶硅中状态很多，与氢在真空中的能量相比，非晶硅中的氢大致可分为输运态、浅俘获态、集聚态和深俘获态。输运态的氢原子能量较高，可以在非晶硅中移动；浅俘获态的氢原子能量稍低，被微弱地束缚在 Si-Si 键中心和反键中心位置；集聚态氢原子具有更低的能量，数量也最多，它们以 H_2、$(H_2)_2$、$(H_2)_4$ SiH_2、$(SiH_2)_n$、SiH_3、SiH_4 等形式在硅中存在，可形成微空洞或片状氢致缺陷；深俘获态的氢原子能量最低，它们和硅原子的悬挂键结合形成 Si-H 键，一般在非晶硅薄膜沉积时就已产生，浓度可以达到 $10^{20}cm^{-1}$。

非晶硅中，氢含量可用 ^{15}N 和 ^{1}H 共振核反应产生的γ射线来测量，反应式为

$$^{15}N + {}^{1}H \longrightarrow {}^{12}C + {}^{4}H + \gamma(4.43MeV) \tag{4-20}$$

该技术可以比较准确地测出氢的总量，但无法分辨氢的键态，测量耗时很长、费用昂贵。常规的测量非晶硅薄膜中氢含量的方法也是红外吸收光谱方法。图 4-26 给出了一个 a-Si:H 薄膜样品在 400～4000cm^{-1} 范围的红外吸收光谱[22]，谱中可看出在 630cm^{-1}、890cm^{-1}、2090cm^{-1} 附近存在三个大的吸收峰，它们都是由多个 Si-H 键的振动模式的吸收峰叠加而成的。通过对吸收峰进行高斯拟合分析，可以得出每个吸收峰的 Si-H 键振动模式的构成。通过对红外光谱中不同 Si-H 键的振动吸收峰或谷(630cm^{-1}、890cm^{-1}、2090cm^{-1})的积分可以计算出非晶硅薄膜中的氢浓度，计算公式为

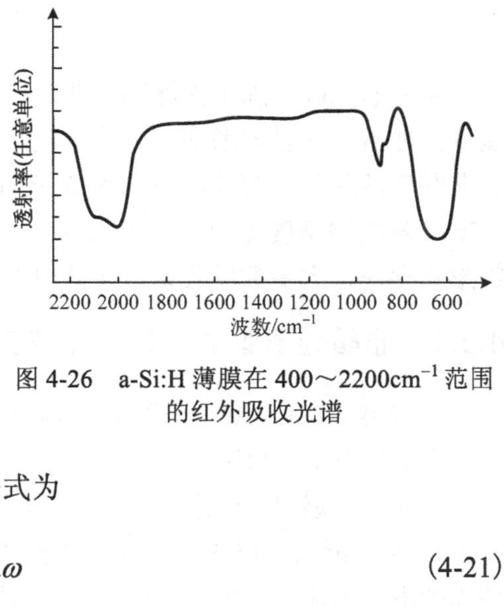

图 4-26　a-Si:H 薄膜在 400～2200cm^{-1} 范围的红外吸收光谱

$$N_H = A\int \frac{\alpha(\omega)}{\omega} d\omega \tag{4-21}$$

式中，α 为吸收系数；ω 为波数；通过共振核反应法测量氢浓度和红外光谱法测氢浓度的对比可以得出 $A = 1.4 \times 10^{20}cm^{-2}$。由此可以看出，通过红外光谱不仅可以得出非晶硅中总的氢含量，还可以分析非晶硅中各种 Si-H 键的构成。

4.4.3　非晶硅薄膜中的其他杂质

PECVD 制备非晶硅薄膜的过程中还会引入其他杂质。从成本考虑，一般制备非晶硅薄膜太阳能电池的 PECVD 设备的真空度都不是很高，沉积室内的残余气体或漏气可能会造

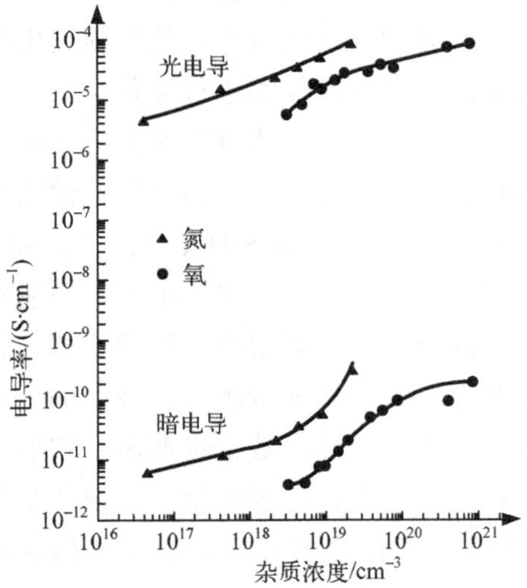

图 4-27　a-Si:H 薄膜中光电导和暗电导与氧和氮杂质浓度之间的关系

成杂质污染，其中氧和氮是最主要的两种杂质，其他杂质量很少，对非晶硅薄膜的性能影响不显著。氧和氮都属于施主杂质，它们可能改变非晶硅薄膜的缺陷密度、载流子浓度和电场分布，表现为电导率发生变化，从而影响电池的效率。图 4-27 为在 AM1、100mW/cm^2 光照条件下测试的非晶硅薄膜中光电导和暗电导与氧和氮杂质浓度之间的关系[23]。从图中可以看出：氧和氮浓度增加时，暗电导都增加 2 个数量级左右，对应的热激活能从 1.1eV 降低到 0.8eV；与氧相比，氮的影响更大一些。研究还表明：在氧浓度小于 10^{21}cm^{-3} 和氮浓度小于 10^{19}cm^{-3} 时，非晶硅薄膜的光学带隙、氢浓度等都没有变化；超过此界限，由于大量 Si-O 或 Si-N 键的形成，其光学带隙、氢浓度等都将受到较大的影响。

4.5　非晶硅薄膜的光致衰减

氢在非晶硅中除了能够钝化非晶硅薄膜中的结构缺陷，还可以改变非晶硅薄膜的能隙宽度，随着氢含量的增加，能隙宽度从 1.5eV 开始逐渐加宽。例如，利用 PECVD 技术制备非晶硅薄膜时，若硅烷中掺入 5%～15%的氢气，则沉积的 a-Si:H 薄膜的光学带隙可达 1.7eV，悬挂键密度为 10^{15}～10^{16}cm^{-3}。但是，氢在非晶硅中只有一小部分以深俘获态的 Si-H 键形式存在，大多数以集聚态和其他形式存在，它们也会引起负面作用。

4.5.1　非晶硅薄膜的光致衰减效应

1977 年，D.L.Staebler 等首先发现 a-Si:H 中能够产生光致亚稳缺陷，会导致 a-Si:H 薄膜的光电性质发生光致衰减，即 Stabler-Wronski 效应(简称 S-W 效应)[24]。他们利用辉光放电法在 320℃衬底温度下制备了 700nm 厚度的 a-Si:H 薄膜，并在波长和强度分别为 600～900nm 和 200mW/cm^2 的光照条件下对该薄膜进行了的电导率测试。图 4-28 显示了光照过程中 a-Si:H 薄膜的电导率随时间的变化情况[24]。从图中可以看出：光照时，光电导随时间延长而降低；光照后，暗电导下降了 4 个数量级左右，说明 a-Si:H 薄膜产生了光致衰减现象。图 4-29 给出了在 1、8.8、35、70 和 140 倍 AM1.5 的光照强度下非晶硅薄膜太阳能电池的归一化能量转换效率随时间的变化情况。从图中可看出，随光照时间增加，电池效率降低，而且光照强度越大，降低越快，下降幅度也越大，显示了光致衰减对电池性能的显著影响。

4.5.2　非晶硅薄膜光致衰减效应的成因

图 4-30 是一个 a-Si:H 薄膜样品在强度为 100mW/cm^2 的光照条件下光照 2h，再经过 2h、150～200℃的热处理，电导率的变化情况。从图中可以看出，光照 2h 后 a-Si:H 薄膜产生

明显的光致衰减，但经过 2h 热处理后，暗电导又基本恢复到光照前的初始值，说明经过低温热处理，非晶硅的光致衰减能够很大程度上被消除。目前基本的观点认为，光照在非晶硅的带隙中部产生了亚稳态缺陷中心，导致非晶硅的费米能级从带边向带隙中央移动，电导激活能增加。根据半导体载流子产生复合理论，带隙中的亚稳态缺陷中心既可以减少光生载流子的产生，又可以作为载流子陷阱，带隙中央亚稳态缺陷中心的载流子复合概率最大，从而导致非晶硅薄膜的光电性能和太阳能电池的效率降低。

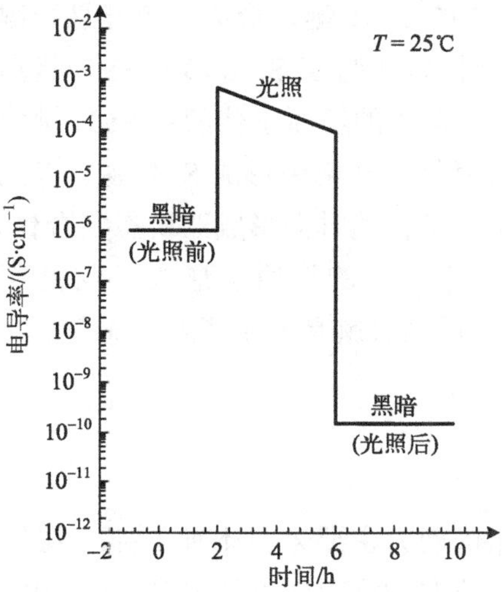

图 4-28　非晶硅薄膜室温下的电导率在光照前后的变化

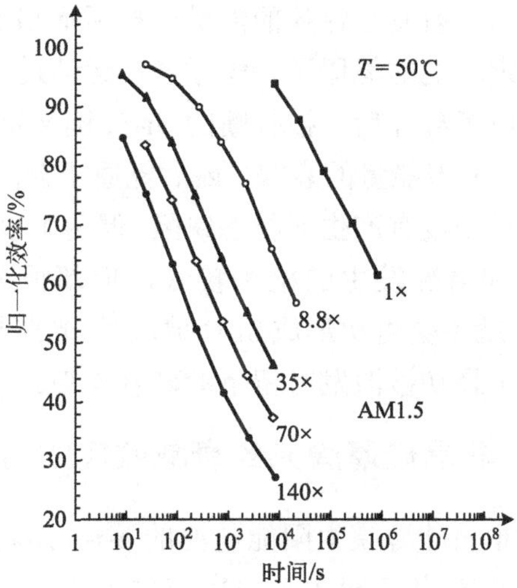

图 4-29　不同光照强度下非晶硅薄膜太阳能电池的归一化效率随时间的变化

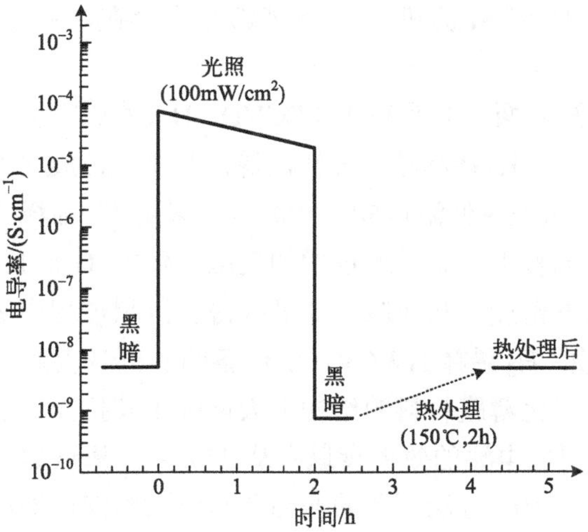

图 4-30　a-Si:H 薄膜在经历 100mW/cm^2、2h 的光照和 150～200℃、2h 的热处理后的电导率的变化情况

对于光照在非晶硅的带隙中部产生亚稳态缺陷中心的微观机制，存在多种模型，仍没有定论，一般认为都与非晶硅中氢的移动有关。下面介绍两种主要的模型。

1) Si-Si 弱键断裂模型

1984 年，M.Stutzmann 等提出了 Si-Si 弱键断裂模型来解释 S-W 效应[25]。根据该模型，在 a-Si:H 薄膜中存在一定比例的 Si-Si 弱键，浓度为 10^{18}～$10^{19}cm^{-3}$。光照时，电子-空穴对的直接非辐射复合释放的能量会导致 Si-Si 弱键断裂，形成悬挂键，从而造成带尾态。这些悬挂键是不稳定的，周围有 Si-H 键或 H 原子，它们可能同悬挂键交换位置或钝化其中一个，从而形成一个稳定的悬挂键。

2）氢碰撞模型

1998 年，H.Branz 提出了一个新的非晶硅的光致衰减模型。根据该模型，光生载流子的直接非辐射复合释放的能量会打断 a-Si:H 薄膜中的 Si-H 键，形成一个硅悬挂键和一个具有一定动能的氢原子。氢原子在运动过程中，会打断其他 Si-Si 键形成 Si-H 键和硅悬挂键，氢原子离开后，被打断的 Si-Si 键又重新结合，运动的氢原子伴随着 Si-H 键和硅悬挂键运动，随着能量的衰竭，最后氢原子会陷落在硅悬挂键缺陷中形成 Si-H 键。以上过程最后的结果是没有产生亚稳态缺陷，但两个以上的氢原子相遇时会形成亚稳态复合体 $(SiH)_n$，虽然这种情况发生的概率较低，但却很关键。由于运动的氢原子形成了亚稳态复合体 $(SiH)_n$，就不会再次形成 Si-H 键，这样光照导致的最后结果就是产生了亚稳态复合体 $(SiH)_n$ 和氢原子最初被激发时留下的硅悬挂键。

4.5.3　非晶硅薄膜光致衰减效应的消除

在非晶硅薄膜太阳能电池的 p-i-n 结构中，光伏动力主要来自本征 i 层，i 层厚度也最大，其 S-W 效应对电池效率产生主要影响。由于常规 PECVD 方法制备的 a-Si:H 薄膜中氢含量一般在 10%以上，对应的浓度达到 $10^{21}cm^{-3}$，而薄膜中悬挂键密度只有 10^{15}～$10^{16}cm^{-3}$，大量的氢原子造成了非晶硅薄膜中的缺陷态和 Si-Si 弱键，因此要减少 i 层中的氢含量和缺陷态密度，使 Si-Si 键和 Si-H 键能够稳定存在，从而消除 S-W 效应对电池性能的影响。

为此，在材料制备方法方面，采用 ECR-PECVD、HW-CVD 等技术；在制备工艺方面，采用氢等离子体化学退火法、H_2 稀释法、掺氟法等。其中，最成熟的制备低氢含量和低缺陷态密度 a-Si:H 薄膜的方法是在低温（150～200℃）下采用 H_2 稀释的 PECVD 或 HWCVD 等反应沉积法。该类方法的特点主要是通过增加反应气体中 H_2/SiH_4 的比例来增加非晶硅薄膜的有序性，减少缺陷态密度，从而减少非晶硅薄膜沉积过程中氢的掺入或使非晶硅薄膜中多余的氢被排出，例如，H_2 稀释 HWCVD 法制备的 a-Si:H 薄膜，H 含量只有 1%～2%。研究发现，该类技术通过优化薄膜材料的结构大大增强了其抗光致衰减能力，用此类方法制备 i 层的非晶硅薄膜太阳能电池的效率衰退率从 25%以上降至 20%以下。图 4-31 给出了采用氢稀释和非氢稀释 PECVD 方法制备的非晶硅薄膜太阳能电池的归一化效率随光照时间的变化曲线[12]。通过对比可以看出，经氢稀释技术制备的太阳能电池，在光照 100h 后，效率达到稳定，总效率衰减率从近 40%减小到 20%以内。该类方法无须增加新设备，工艺基本没有变化，但抗光致衰减的效果却很明显，因而在非晶硅薄膜太阳能电池研究和生产中被广泛采用。

研究表明，随着 H_2 稀释度的提高，非晶硅薄膜的结晶分数可以不断提高，直至微晶形成。从 PECVD 生长非晶硅薄膜的物理过程来看，一方面，H_2 稀释可减少等离子体内的基团聚合，使到达衬底表面的 Si_2H_5、Si_2H_6 等大基团数量极少；另一方面，较多的 H_2 可以保证衬底表面的硅悬挂键被充分钝化，使非晶硅生长的主要前驱物 SiH_3 有足够时间在衬底表面寻找裸露出来的悬挂键位置，避免了前驱物的堆积。这两方面的因素使得薄膜沉积有序化增加，甚至导致微晶化，从而改善光致衰减效应。

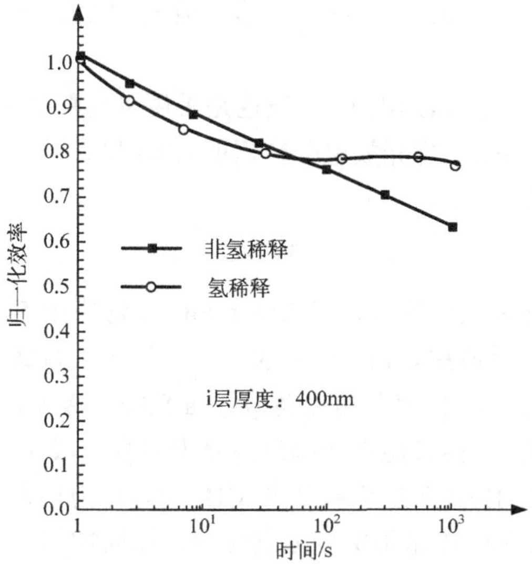

图 4-31　氢稀释和非氢稀释 PECVD 技术制备的非晶硅薄膜太阳能电池的归一化效率随光照时间的变化

4.6　非晶硅合金薄膜

为了提高非晶硅薄膜太阳能电池的光电转换效率，设计 p-i-n 型电池时，窗口层(一般是 p 型层)常常利用宽带隙材料，尽量减少对短波长光线的吸收；背层(一般是 n 型层)利用窄带隙材料，以增加对剩余长波长光的吸收。同时，为了尽量利用太阳光谱，人们也设计了不同带隙材料的叠层电池。因此，要挖掘非晶硅薄膜太阳能电池在效率改善上的潜力，需要对非晶硅薄膜材料的带隙进行调制。

非晶硅薄膜材料的一个重要特征就是可以利用不同的制备条件比较容易地改变薄膜的结构、成分等来调整非晶硅的带隙宽度。一般通过氢含量的变化可以将 a-Si:H 带隙在 1.5～1.8eV 进行调整；也可将非晶硅微晶化、多晶化，将带隙在 1.1～1.5eV 进行调整，不过要注意此时的能带会由直接带隙向间接带隙转变。要更大范围地调控带隙宽度，就必须改变非晶硅化学成分，形成非晶硅合金薄膜。通常，a-Si:H 与 C、N、O 的合金可以导致能隙变宽，而与 Sn、Ge 的合金可以使能隙变窄。下面将分别介绍最重要的宽带隙氢化非晶硅碳(a-SiC:H)和最重要的窄带隙氢化非晶硅锗(a-SiGe:H)合金薄膜。

4.6.1　非晶硅碳合金薄膜

a-SiC:H 薄膜是宽带隙材料，通过改变 C 含量，其光学带隙可在 1.7～3.0eV 调控。内光电发射测量表明，a-SiC:H 的带隙展宽主要是由导带底的上移引起的，它和 i 层本征

a-Si:H 接触可以阻挡光生电子的流入，因此，a-SiC:H 在非晶硅薄膜太阳能电池的 p-i-n 结构中适合作为 p 型层而不适合作为 n 型层。实际上，a-SiC:H 一般都用于非晶硅薄膜太阳能电池的 p 型窗口层，也可用作多结电池的宽禁带顶层电池的 i 层。因为宽光学带隙，a-SiC:H 可以减少单结电池的 p 型层的光吸收，增强透射到 i 层的光强度，从而提高开路电压和短路电流；在多结电池中，也可以对紫外波段的太阳光进行更充分的利用，获得较高的开路电压。

a-SiC:H 的制备工艺与 a-Si:H 相同，一般也是采用氢稀释 PECVD 技术，在氢稀释的硅烷中加入一定量的甲烷(CH_4)，辉光放电分解后的 SiH_3 和 CH_3 一起沉积形成氢化的非晶硅碳，甲烷分解的总反应式为

$$CH_4 \xrightarrow{\text{高温}} C + 2H_2 \tag{4-22}$$

可通过改变甲烷和硅烷气体流量比来改变 a-SiC:H 薄膜中 Si、C 的比例，最终达到调控带隙宽度的目的。实际反应中，PECVD 的功率、气压、衬底温度都可影响薄膜性能。在反应气体中混入一定量的含 B 气体可制备 p 型 a-SiC:H 薄膜。早期掺 B 采用 B_2H_6 作为掺杂源，但人们发现用 B_2H_6 掺杂源在非晶硅薄膜中容易形成 B 的原子团，后来都采用 B 的单原子化合物如氟化硼(BF_3)和三甲基硼[$B(CH_3)_3$]等作为掺杂源。

实际应用中，虽然 a-SiC:H 带隙宽度随碳含量增加而增加(最高可达 3eV)，但由于 Si 和 C 的尺寸不同、成键键能不同、碳在薄膜中分布不均匀等，碳的引入一般都会导致更多的碳相关缺陷，而且随着碳浓度的增加，薄膜中缺陷密度也会增加，最终导致 a-SiC:H 的光致衰减比 a-Si:H 要更严重。因此，需要在足够低缺陷密度的前提下，尽量提高碳在合金中的成分比例，以尽可能提高带隙宽度。同 a-Si:H 一样，氢钝化在 a-SiC:H 合金中也很重要。由于 a-SiC:H 薄膜通常比 a-Si:H 薄膜缺陷更多，氢的掺入对 a-SiC 性能的提高尤为重要；同时，氢也可以影响 a-SiC:H 的光学带隙宽度。研究发现，氢稀释技术合成的带隙宽度为 1.9eV 的 a-SiC:H 具有较低的带隙态密度，与质量较好的 a-Si:H 的缺陷态密度相当，光致衰减效应较低。

4.6.2 非晶硅锗合金薄膜

a-SiGe:H 为窄带隙材料，通过改变 Ge 含量，其光学带隙可在 1.1～1.7eV 调控。a-SiGe:H 一般用于单结非晶硅薄膜太阳能电池的 i 层或 n 型背层，也可用于多结电池的窄禁带底层电池的 i 层。利用 a-SiGe:H 能提高单结电池的短路电流和填充因子，也能提高多结电池的开路电压。

a-SiGe:H 的制备工艺与 a-Si:H 和 a-SiC:H 基本相同，都是利用氢稀释 PECVD 方法，只是制备过程中在氢稀释的硅烷中混入一定比例的锗烷(GeH_4)。锗烷分解的总反应式为

$$GeH_4 \xrightarrow{\text{高温}} Ge + 2H_2 \tag{4-23}$$

同样可以通过改变锗烷和硅烷气体流量比来改变 a-SiGe:H 薄膜中 Si、Ge 的比例，在反应气体中混入一定量的含 P 气体，如 PH_3，可制备 n 型 a-SiGe:H 薄膜。衬底温度对 a-SiGe:H 薄膜的质量有显著的影响，通过增加氢稀释度也可以提高薄膜的性能。在高氢稀释度时，可以在 180℃的较低衬底温度下制备出高质量的窄带隙 a-SiGe:H 薄膜。

与 a-Si:H 相比，由于 Ge 原子尺寸大于 Si 原子，Ge-Si 键比 Si-Si 键弱，Ge 的引入会在 a-SiGe:H 中产生悬挂键，而且随着 Ge 浓度增加，缺陷态密度会增加，导致能带中出现严重的带尾，降低了材料的电学性能，因此，a-SiGe:H 中 Si、Ge 的比例也需要优选控制。目前，a-SiGe:H 的带隙宽度已可以在缺陷态密度小于 $10^{16}cm^{-3}$ 时达到 1.4～1.5eV，但其载流子输运性能还是比不上高质量的 a-Si:H 薄膜。氢在 a-SiGe:H 合金中的作用也同样很重要，既可以钝化缺陷，也可以改变光学带隙。由于在 a-SiGe:H 中氢优先与硅结合，因此要达到有效钝化 Ge 相关缺陷的目的，在 a-SiGe:H 中，氢含量通常要偏高，这也导致 a-SiGe:H 薄膜太阳能电池的光致衰减效应比较明显。另外，a-SiGe:H 薄膜制备所需的 GeH_4 气体价格很高，造成电池成本上升，不符合薄膜太阳能电池低成本的发展方向。因此，人们也在寻找其他可替代的窄带隙薄膜材料，如微晶硅(μc-Si)薄膜等。

4.7　多晶硅薄膜的基本性质和太阳能电池

虽然经过几十年的努力，非晶硅薄膜太阳能电池的效率有了明显提高，但与晶体硅太阳能电池相比，其效率仍然较低，并且有比较明显的光致衰减，这使得它的应用受到很大的限制。多晶硅(pc-Si)薄膜是指在不同非晶硅的衬底上制备成的具有一定厚度的由细小硅晶粒组成的薄膜，其既具有类似晶体硅的电学特性，又具有非晶硅薄膜的低成本、设备简单、可大面积制备等优点。pc-Si 薄膜单独或与非晶硅薄膜组合，可以构成多种新型的硅基薄膜太阳能电池，具有很好的应用前景。

4.7.1　多晶硅薄膜的晶体结构和基本特性

多晶硅薄膜按照硅晶粒尺寸可进一步分为微晶硅(μc-Si，晶粒尺寸为 10～100nm)和纳晶硅(nc-Si，晶粒尺寸<10nm)，当硅晶粒尺寸大于 100nm 时，一般就称为 pc-Si。图 4-32 显示了一个 pc-Si 薄膜的剖面 SEM 照片，照片显示 pc-Si 薄膜的晶粒呈柱状生长，厚度达到 50μm，底部晶粒细小，向上逐渐变大，顶部直径为 1～3μm。pc-Si 薄膜每个晶粒的晶体结构同单晶硅完全相同，这一点同铸造多晶硅类似，区别是 pc-Si 薄膜比铸造多晶硅具有更多的晶界，同时，由于冷却速率更快，晶粒内含有大量位错等缺陷，它们都会影响薄膜的性能。pc-Si 的晶界一方面会在晶界处引入势垒，阻碍多数载流子传输；另一方面，晶界上的高密度缺陷态会成为少数载流子的复合中心，降低少数载流子的扩散长度，导致太阳能电池的开路电压和效率降低。因此晶粒呈柱状生长的 pc-Si 薄膜的晶界对材料的电学性能影响较小，如图 4-32 所示，晶粒尺寸越大，这种影响就越小。pc-Si 薄膜中氢的含量很少，一般只有 1%～2%，不会引起光致衰减现象。少量的氢不仅可以钝化晶界和位错的悬挂键，还可以钝化金属杂质引入的能级，对改善多晶硅薄膜的性能至关重要。pc-Si 的晶粒越小，这种改善作用越重要，所需要的氢含量也越高，含氢的μc-Si 和 nc-Si 也常写成μc-Si:H 和 nc-Si:H。

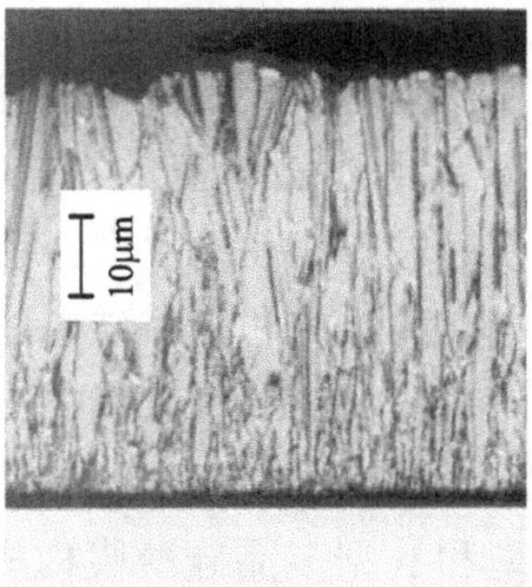

图 4-32　pc-Si 薄膜的剖面 SEM 照片[26]

pc-Si 薄膜的载流子迁移率远高于 a-Si:H 薄膜，如典型的 n 型和 p 型μc-Si:H 的电导率

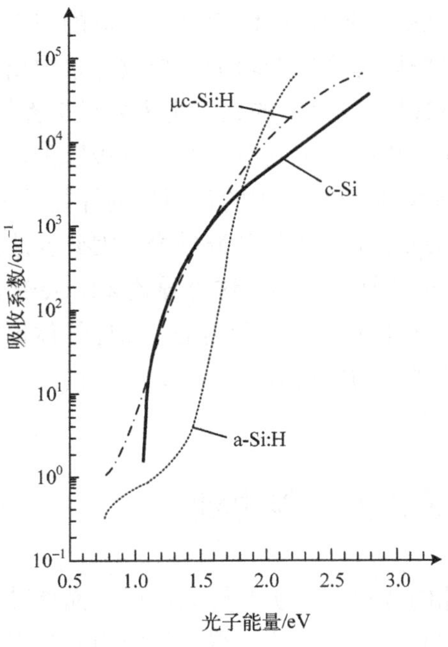

图 4-33　μc-Si:H、a-Si:H 和 c-Si 的光吸收系数与入射光子能量的关系

分别为 20 $(S\cdot cm)^{-1}$ 和 1.5 $(S\cdot cm)^{-1}$，远远高于 n 型 a-Si:H 和 p 型 a-SiC:H 的 10^{-2} $(S\cdot cm)^{-1}$ 和 10^{-9} $(S\cdot cm)^{-1}$。pc-Si 的能带结构更像晶体硅的间接带隙结构，其禁带宽度接近 1.1eV，其本征吸收过程必须要有声子参与，价带电子才能够在同时满足能量守恒和动量守恒的条件下跃迁到导带底上，故其在可见光波段的光吸收系数比 a-Si:H 低 1～2 个数量级，但红外波段的光吸收系数远高于 a-Si:H。图 4-33 显示了μc-Si:H、a-Si:H 和 c-Si 的光吸收系数与入射光子能量的关系。在图中可以看到，μc-Si:H 在 1.8eV 以上的光吸收系数开始低于 a-Si:H，但在红外波段(<1.6eV)，其光吸收系数远高于 a-Si:H；而同 c-Si 相比，μc-Si:H 在低于 1.0eV 或高于 1.5eV 时的光吸收系数略高，这可能是由于μc-Si:H 的晶粒散射导致光吸收的有效光程增加和μc-Si:H 的内应力、位错、缺陷等使电子跃迁的选择定则放宽的缘故。

4.7.2　多晶硅薄膜太阳能电池的基本结构和工艺

多晶硅薄膜太阳能电池结合了晶体硅和非晶硅的优点，但由于晶粒小等原因，单纯多晶硅薄膜电池实验室的光电转换效率依然较低，没有进行商业化生产。单结多晶硅薄膜太阳能电池的结构和晶体硅电池相似，在多晶硅薄膜的 PECVD 制备过程中，通过在反应气体中混入含硼和含磷气体(如 BH_3 和 PH_3)交替生长 n 型和 p 型多晶硅薄膜构成电池的 p-n 结以及背场层(通过增加 BH_3 比例)，再沉积金属电极，如图 4-34 所示[17]。

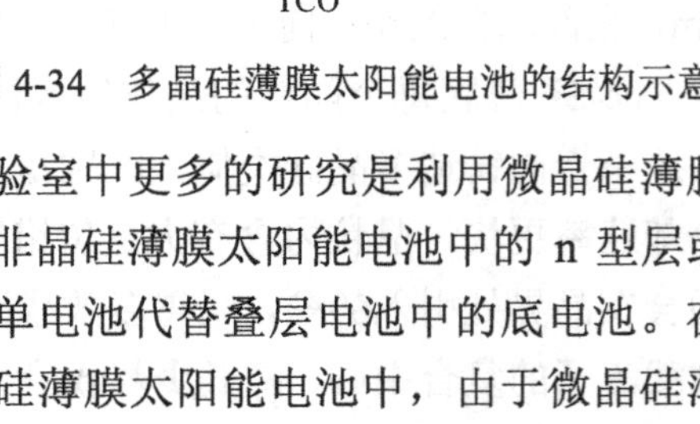

图 4-34　多晶硅薄膜太阳能电池的结构示意图

实验室中更多的研究是利用微晶硅薄膜代替单结非晶硅薄膜太阳能电池中的 n 型层或用微晶硅单电池代替叠层电池中的底电池。在单结非晶硅薄膜太阳能电池中，由于微晶硅薄膜的带隙仅为 1.1eV 左右，用其作为 n 型背层，如图 4-35 所示，可吸收未被 i-a-Si:H 吸收的剩余红外线，从而改善电池的效率。图 4-36 显示了一个典型的非晶硅和微晶硅双结电池结构。图中，微晶硅电池作为底电池可吸收未被非晶硅顶电池吸收的红外线；另外，双结电池中间

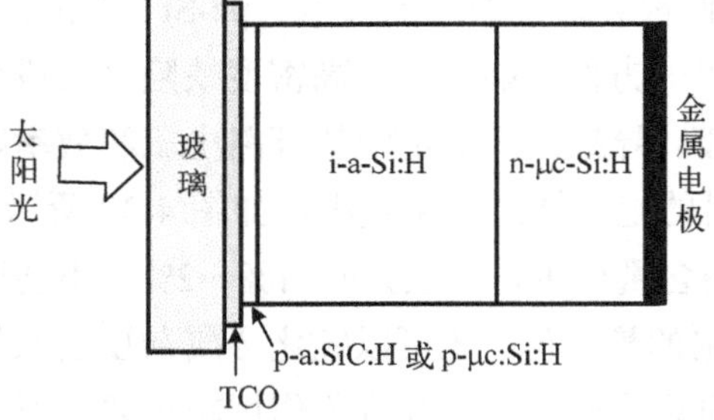

图 4-35　微晶硅薄膜作为 n 型层的单结非晶硅薄膜太阳能电池的结构示意图

有一层半反射 ZnO 中间层，其可以将太阳光中光子能量大于 1.7eV 波长范围的光反射回非晶硅顶电池进一步吸收，从而改善双结电池的效率。此外，微晶硅电池也被用于 a-Si:H/a-SiGe:H/μc-Si:H 三结叠层电池中的底电池，如图 4-37 所示[27]。该电池结构中，a-Si:H、a-SiGe:H 和μc-Si:H 的带隙分别为 1.7～1.8eV、1.4～1.5eV 和 1.1eV，通过分段吸收太阳光谱可以最大限度地降低光电转换过程中的能量损失。图 4-38 显示了该叠层电池的 *J-V* 特性曲线和量子效率曲线。从图中可以看出，该型三结叠层电池的光谱响应极好，通过底电池可以将光吸收延伸到 1100nm。对比图 4-11 所示的 a-SiC/a-Si:H/a-SiGe 三结叠层电池，a-Si:H/a-SiGe:H/μc-Si:H 三结叠层电池的初始能量转换效率提高近 1 个百分点，达到 15.4%。通过对比各项参数可以发现：首先，该型叠层电池的光谱响应更好，短路电流更大；其次，μc-Si:H 底电池的填充因子较高，叠层电池的填充因子更高；最后，该型电池的开路电压由于μc-Si:H 的窄带隙而有所降低。综合而言，稳定的微晶硅底电池不仅可以提高三结叠层电池的效率，而且可以使其稳定性更好。

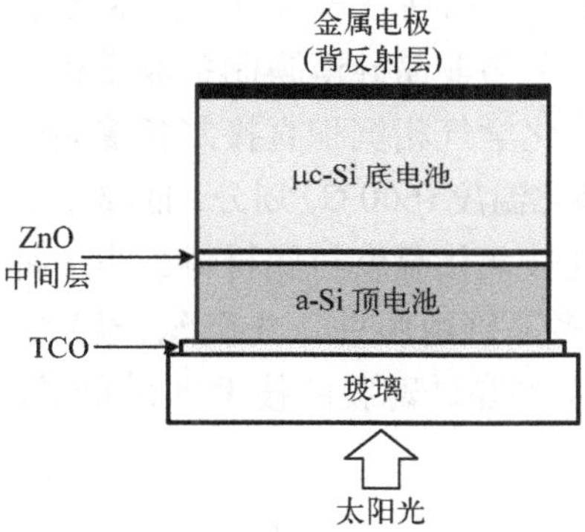

图 4-36　典型的非晶硅和微晶硅双结太阳能电池的结构示意图

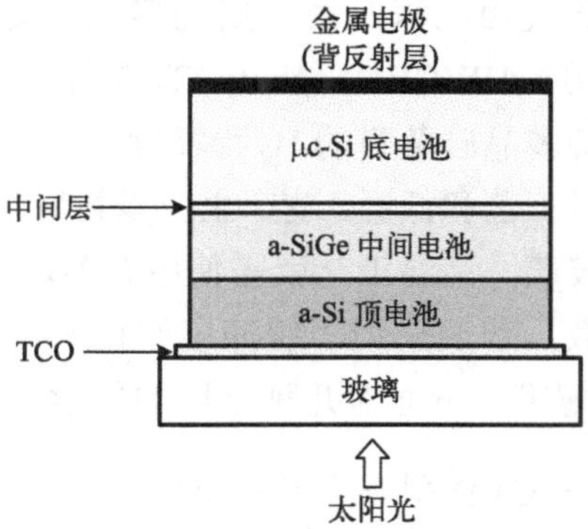

图 4-37　a-Si:H/a-SiGe:H/μc-Si:H 三结叠层太阳能电池的结构示意图

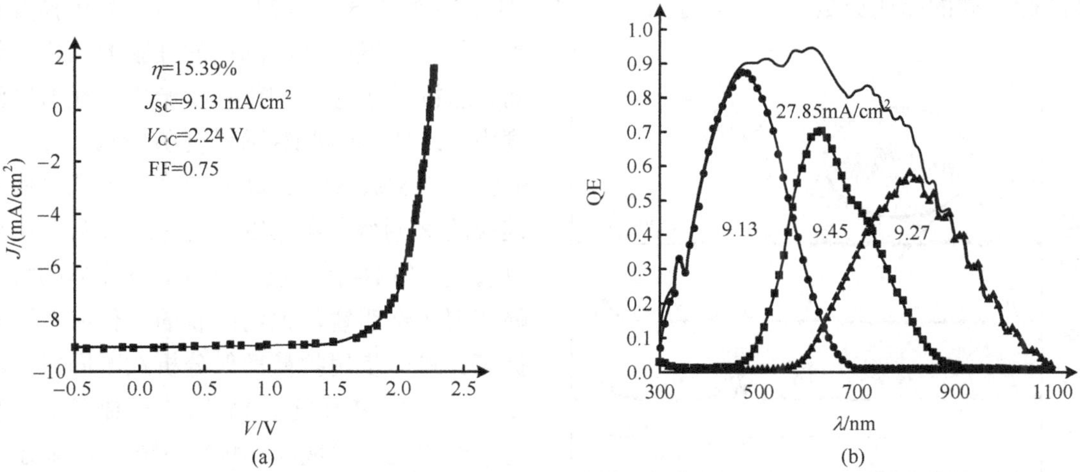

图 4-38　a-Si:H/a-SiGe:H/μc-Si:H 三结叠层太阳能电池的 *J-V* 特性曲线和量子效率曲线[27]

4.8　多晶硅薄膜的制备

多晶硅薄膜两种主要的制备途径是：

(1)通过各种化学气相沉积技术在一定衬底材料上直接制备；

(2)首先制备非晶硅薄膜，再通过固相晶化、激光晶化、快速热处理晶化等技术，将非晶硅薄膜晶化成多晶硅薄膜，又称两步工艺法或再结晶法。

理想的多晶硅薄膜应该具有晶粒大、缺陷少等性质，衬底材料可以是廉价的多晶带硅、玻璃、陶瓷和石墨。不同的衬底材料决定了不同的制备工艺，衬底能承受的温度是重要的工艺决定因素，晶粒尺寸也是很重要的因素，此外还需考虑成本、热胀系数的匹配等因素。

4.8.1　化学气相沉积制备多晶硅薄膜

化学气相沉积是最常用的多晶硅薄膜制备技术，包括 PECVD、低压化学气相沉积(LPCVD)、HWCVD、photo-CVD 等，其设备和工艺与非晶硅薄膜制备非常相似，区别主要是制备多晶硅薄膜的 H_2 稀释度高于非晶硅薄膜。化学气相沉积直接制备多晶硅薄膜可以分为高温工艺和低温工艺，主要以衬底材料的玻璃化温度(600℃)划分。低温工艺可采用廉价普通玻璃，高温工艺就需使用石英玻璃或其他高玻璃化温度衬底材料。为了抑制衬底杂质的扩散，普遍采用“缓冲层”技术，即在沉积多晶硅薄膜前，先沉积一层 TCO、SiO_2 或 SiN_x 薄膜。下面对几种常用的化学气相沉积制备多晶硅薄膜的技术进行介绍。

1. PECVD 制备多晶硅薄膜

PECVD 制备多晶硅薄膜的装置同非晶硅薄基本相同，通常是在反应室中通入 90%～99%的 H_2 稀释的 SiH_4 混合气体作为气体源，然后在等离子体中进行化学气相沉积。多晶硅或微晶硅的晶化分数主要取决于反应气体中 H_2 的稀释度和衬底温度，通常 H_2 稀释度越大、衬底温度越高，沉积的硅膜的晶化率越高、晶粒尺寸越大。图 4-39 给出了在衬底温度为 225℃、不同 H_2 稀释度(91.4%、92.5%、95%、97.5%、98.75%)下 PECVD 法制备的硅膜的 X 射线衍射(XRD)谱图[17]。从图中可以看出，随 H_2 稀释度的增大，硅晶体的特征峰变得逐渐明锐，说明硅膜的晶化率在不断提高。进一步用拉曼散射分析在不同衬底温度、不同 H_2 稀释度下 PECVD 法制备的硅膜的微结构也可发现同样规律。图 4-40 显示了在不同衬底温度、不同 H_2 稀释度下 PECVD 法制备的硅膜的拉曼谱图。从图中可看出，衬底温度在 25℃、100℃和 175℃时，随 H_2 稀释度的增大，520cm^{-1} 的晶体硅特征峰变得

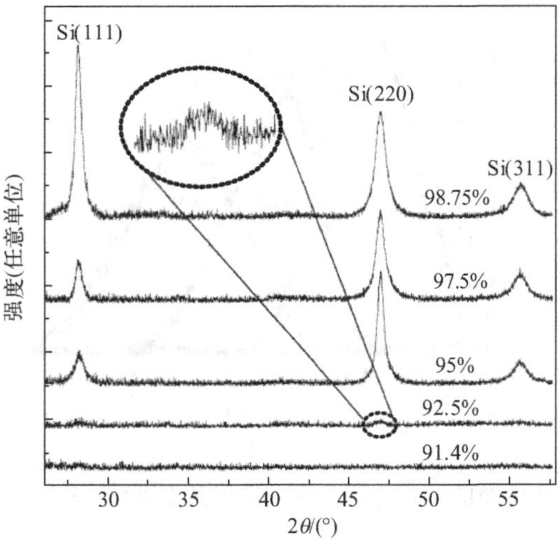

图 4-39　衬底温度 225℃、不同 H_2 稀释度下 PECVD 法制备的硅薄膜的 XRD 谱图[17]

更加敏锐，说明薄膜的晶化率也在提高；随衬底温度升高，较低 H_2 稀释度(97%)下的 520cm^{-1} 的硅特征峰也变得很明锐，进一步说明高衬底温度有利于硅膜的结晶。需要注意，在用 PECVD 法制备多晶硅薄膜时，多晶硅晶核的形成存在一个 SiH_4 的临界浓度，SiH_4 浓度低于临界浓度时，将无法生长多晶硅薄膜。例如，在衬底温度为 25℃时，一味提高 H_2 稀释度(至 SiH_4 浓度低于临界浓度)并不能促成微晶硅的形成。

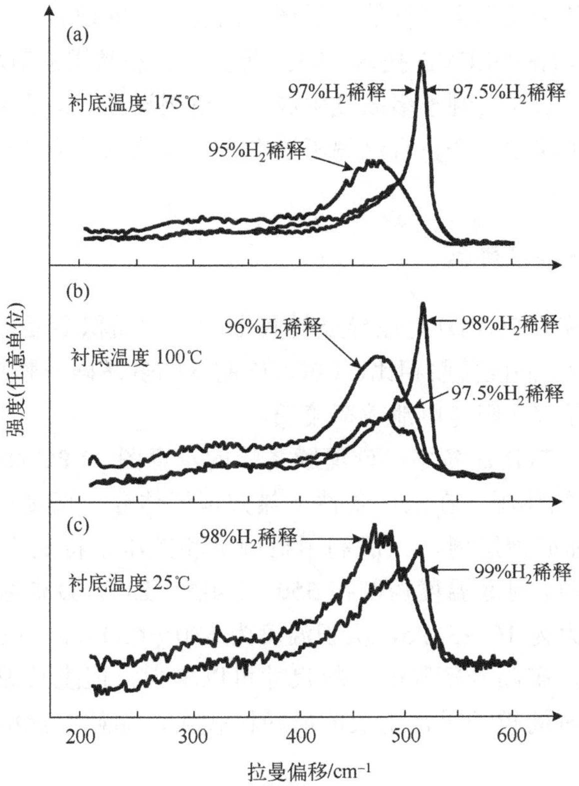

图 4-40　不同衬底温度、不同 H_2 稀释度下 PECVD 法制备的硅薄膜的拉曼谱图

PECVD 制备多(微、纳)晶硅薄膜时，多晶硅的生长过程同非晶硅的最大区别是：首先需要形成硅晶核，晶核长大形成多晶硅薄膜，以后晶粒向上生长形成柱状晶粒。多晶硅薄膜生长的基本物理过程同非晶硅类似，只是由于高浓度 H_2 稀释，会产生几个重要作用：首先，薄膜表面的硅悬挂键被氢原子充分钝化，并释放出能量，使到达薄膜表面的 SiH_3 基团具有更大表面迁移能，能够迅速找到硅悬挂键结合，从而减少了无序的累积，增加了硅膜的有序性，也称为表面扩散模型；其次，大量氢原子会将生长面的 Si-Si 弱键打断，可能造成非晶硅的成分被刻蚀掉，产生裸露的硅悬挂键重新同 SiH_3 基团结合形成稳定的晶相结构，即刻蚀模型。由于多晶硅薄膜的晶化需要高浓度 H_2 稀释，因此，其沉积速率一般很低，只有 0.2Å/s 左右，远低于非晶硅的 1Å/s。

我们知道利用 PECVD 技术制备非晶硅薄膜的衬底温度一般为 100～300℃，而如果要制备高质量多晶硅薄膜，衬底温度则需要达到 500～600℃，但提高衬底温度受衬底材料限制，如制备柔性电池的聚合物薄膜的受热温度不能超过 200℃。目前，已提出多种改善方法。例如，增加衬底形核中心法，即通过化学腐蚀、等离子体刻蚀等方法在衬底表面造成一定密度的微小凹坑，促进硅晶核形成；采用卤硅化物气体(如 SiF_4)或者卤硅化物与硅烷混合气体作为反应气源，利用卤硅化物的 Si-F 键能远大于硅烷 Si-H 键能，从而使化学反应释放更多热量，诱导多晶硅低温形核。

在 PECVD 工艺中，决定硅膜晶化的另一个重要因素是等离子体中离子的能量。研究发现，离子能量较高时，如大于 5eV，倾向于非晶硅薄膜生长；反之，则为多晶硅薄膜生长。因此，人们利用各种技术来降低等离子体中高能离子的数目，以增加薄膜晶化率。这些技术包括：甚高频(VHF)PECVD 技术，VHF 等离子体和常用的射频(RF)等离子体相比，可降低高能离子数目，从而有利于多晶硅生成；三电极设计，即在双电极间增加一个负电极或在正、负电极周围建立一个正直流偏压墙电极，导致从等离子体中溢出的高能离子能量降低。

2. LPCVD 制备多晶硅薄膜

低压化学气相沉积(LPCVD)是在异质衬底上制备大面积多晶硅薄膜的另一种常用技术。与 PECVD 制备的多晶硅薄膜相比，LPCVD 制备的多晶硅薄膜缺陷较多，少数载流子扩散长度受到限制，导致太阳能电池效率较低。

图 4-41 给出了 LPCVD 制备多晶硅薄膜系统的示意图。LPCVD 通常利用硅烷(SiH_4)或乙硅烷(Si_2H_6)作为气体源，在低压条件下热分解气体源，直接在衬底上沉积多晶硅薄膜。LPCVD 生长多晶硅薄膜时，一般利用机械泵和减压泵将反应室压力控制在 0.05～5Torr (1Torr = 131.6Pa)，衬底温度控制在 550～800℃。LPCVD 制备多晶硅薄膜典型的工艺参数为：反应室压力为 10～30Pa，沉积温度为 580～630℃，生长速率为 0.8～1.6Å/s。通过降低反应室压力，多晶硅薄膜的晶粒尺寸可以增大，但生长速率会降低，表面粗糙度也会增加。当制备时间较长时，生长的晶粒比较大，晶粒内部应力较低，少数载流子迁移率提高。

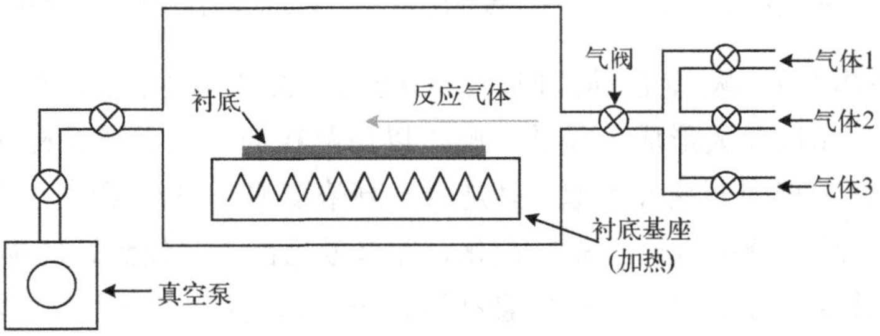

图 4-41　低压化学气相沉积系统的示意图

由于 LPCVD 比 PECVD 的沉积温度高，因而衬底选择受到很大限制，不能用普通玻璃(软化温度为 500～600℃)，而必须用更昂贵的石英玻璃。

3. HWCVD 制备多晶硅薄膜

HWCVD 方法在 4.3.2 节已有介绍，其装置如图 4-25 所示，这里不再赘述。HWCVD 制备多晶硅薄膜同制备非晶硅薄膜的区别主要是氢稀释度和衬底温度更高。HWCVD 法制备多晶硅薄膜的典型工艺参数如下：加热功率为 300～1000W，反应室压力为 0.005Torr，衬底温度<400℃。多晶硅薄膜的晶粒尺寸可达 1μm 以上，具有柱状结构并表现出<220>择优取向，电子迁移率可达 $20cm^2/(V\cdot s)$，沉积速率可以达到 4nm/s 以上[28]。

在 HWCVD 中，影响多晶硅薄膜质量的主要因素如下。

1）热丝温度

研究表明，当衬底温度为 175～400℃时，如果热丝温度在 2000～2100℃，可顺利制备多晶硅薄膜；而如果热丝温度在 1700～1900℃，就只能制备出非晶硅薄膜。热丝材料决定热丝可能到达的温度，通常的热丝材料是 W 或 W/Ta 合金。

2）氢稀释度

在 HWCVD 中，氢稀释的作用主要是影响多晶硅薄膜的结构，相对低浓度 H_2 稀释时，多晶硅的晶向是无序、散漫的；相对高浓度 H_2 稀释时，多晶硅的取向趋向于<220>。

3）衬底温度

适合多晶硅薄膜生长的衬底温度为 175～400℃。通常，在其他条件相同的情况下，衬底温度越高，生长的多晶硅薄膜质量越好，但要考虑衬底材料对温度的耐受性。

4）衬底表面预处理

通过化学腐蚀、等离子体刻蚀等方法在衬底表面造成一定密度的微小凹坑，可以有效促进硅晶核形成，有利于降低衬底温度、提高多晶硅薄膜的质量。

与其他直接制备多晶硅薄膜的技术相比，HWCVD 技术制备的多晶硅薄膜生长速率高、结晶质量好、含氢量低（仅 1%左右）、衬底温度相对较低（可利用廉价材料作为衬底）、气体源利用率高（高温钨丝可使硅烷充分分解），因而具有很好的应用前景。

4.8.2　非晶硅晶化制备多晶硅薄膜

由于化学气相沉积（包括 PECVD 和 LPCVD）直接制备多晶硅薄膜的高衬底温度（500～600℃，HWCVD 除外），衬底材料的选择受到很多限制，晶粒尺寸的均匀性也很难保证。另一种多晶硅薄膜制备技术就是先通过低衬底温度的 PECVD 技术制备非晶硅薄膜，再通过合适的热处理，使其晶化形成多晶硅薄膜，即非晶硅的再结晶技术。由于非晶硅比晶体硅具有更高的晶格势能，在热力学上处于亚稳态，经合适的低温热处理就可转化为多晶硅、微晶硅和纳晶硅，且薄膜具有较好的晶粒尺寸均匀性。一般多晶硅薄膜太阳能电池的效率与晶粒大小成正比，即使通过 CVD 技术直接制备的多晶硅薄膜，通常晶粒也都比较细小，最好经过再结晶过程使晶粒变大。

非晶硅的再结晶技术包括高温再结晶的区域熔炼再结晶和低温再结晶两类技术。区域熔炼再结晶是先通过高温热处理使硅膜熔化，再经过降温使其定向凝固重新结晶，一般可以获得较大的晶粒尺寸，甚至大面积的单晶。图 4-42 显示了经过区域熔炼再结晶前后沉积在 SiO_2 缓冲层上的多晶硅薄膜的剖面结构变化情况。从图中可以看出，多晶硅结构经过熔化再结晶后已基本转变为单晶结构[26]。但该种方法不符合非晶硅的再结晶技术降低衬底温度的初衷，只在对成本不敏感的高性能器件的特殊情况下运用。

低温再结晶技术包括固相晶化再结晶、金属诱导固化晶化再结晶、快速热处理再结晶、激光再结晶等。其中，金属诱导固化晶化再结晶虽然可将晶化温度降低 200～400℃，但会引入金属杂质，对半导体电学性能产生严重影响；激光再结晶虽然仅使衬底温度升高几十摄氏度，但结晶层极薄(仅几至十几纳米)，对太阳能电池的应用意义不大。下面主要介绍固相晶化再结晶和快速热处理再结晶两种低温再结晶技术。

(a) 再结晶前　　(b) 再结晶后

图 4-42　经过区域熔炼再结晶前后多晶硅薄膜的剖面扫描电镜照片

1. 固相晶化制备多晶硅薄膜

固相晶化(SPC)是指非晶硅薄膜在一定保护气氛中，在 600℃以上进行常规热处理，时间为 10～100h。SPC 技术的工艺简单、设备成本低，易于大规模生产，可以同时进行原位磷扩散制备 p-n 结，而且晶粒大(可达微米量级)，结晶温度远低于熔点，但是晶化时间长，产率较低，衬底温度都在 600℃以上，对衬底材料还是有一定要求。图 4-43 给出了在衬底温度 470℃下采用 LPCVD 法制备的非晶硅薄膜在氮气环境下经过 600℃、24h 热处理后的 XRD 谱。从图中可以看到，非晶硅薄膜经过 SPC 再结晶后，非晶硅已转变为多晶硅，且结晶取向比较一致，主要是<111>晶向。

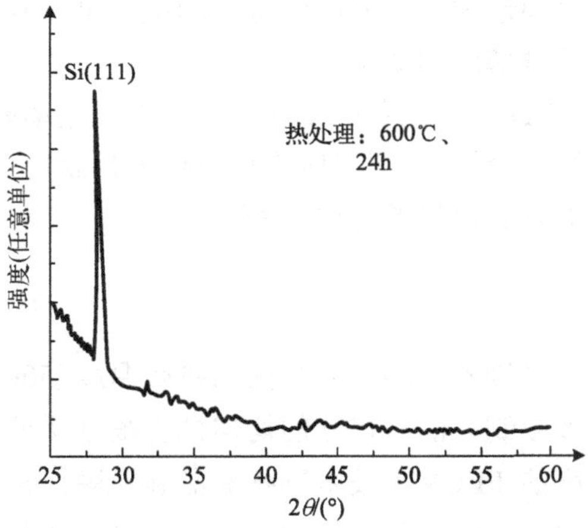

图 4-43　LPCVD 法制备的非晶硅薄膜在氮气环境下经过 600℃、24h 热处理后的 XRD 谱

研究发现 SPC 制备的多晶硅薄膜晶粒的尺寸与非晶硅薄膜的原子结构的无序程度和热处理温度密切相关。初始非晶硅薄膜的结构越无序，SPC 过程中多晶成核速率越低，晶粒尺寸越大，主要是因为非晶硅短程有序的局部会产生长程有序，相当于小晶粒，在晶化过程中起晶核作用，所以非晶硅薄膜越有序，长程有序区域产生概率越大，晶化成核速率就越高，使得晶粒尺寸变小。热处理温度对非晶硅薄膜晶化的影响在两个温区会截然不同：在 700℃以下热处理时，温度越低，成核速率越低，晶粒尺寸越大；而在 700℃以上热处理时，由于晶界移动引起晶粒吞并，小晶粒逐渐消失，大晶粒逐渐长大，使得晶粒尺寸随温度升高而增大。

为了改善多晶硅薄膜的质量，增加晶粒尺寸，研究者还提出以下一些技术。

(1)分层掺杂技术。在制备非晶硅薄膜时，第一层实施掺杂，具有少量核心数目，称为形核层；第二层不掺杂，称为生长层。晶化时，形核层的核心数目得到控制，可生长晶粒尺寸为 2～3μm 的多晶硅薄膜。

(2) 衬底表面预处理技术。通过研磨、化学腐蚀、等离子体刻蚀等方法对衬底进行预处理使其表面粗糙，这种衬底上制备的非晶硅薄膜晶化后形成的多晶硅薄膜晶粒尺寸要比光滑衬底表面的大一倍以上。

2. 快速热处理晶华制备多晶硅薄膜

快速热处理(RTP)晶化制备多晶硅薄膜是指采用光加热方式在数十秒内将材料温度升高到 1000℃以上，并快速降温来晶化非晶硅薄膜的热处理工艺。1989 年，Kakkad 等首先提出用 RTP 技术制备多晶硅薄膜，他们利用 PECVD 法在 250℃左右衬底温度下制备非晶硅薄膜，然后利用 RTP 在 700℃下、几分钟内将非晶硅薄膜晶化。研究表明，RTP 不仅可制备多晶硅薄膜，还可以制备重掺多晶硅薄膜，使得其制备的多晶硅薄膜在太阳能电池、集成电路和场效应管等器件上得到应用。

与传统电阻丝加热的热处理炉相比，RTP 具有更快的升降温速率，热处理材料和周围环境处于非热平衡状态。在 RTP 系统中，一般采用碘钨灯加热，其光谱从红外到紫外，其主要作用有两个：

(1) 灯光中红外波长的光对材料的加热作用，可使材料表面层的温度快速上升。

(2) 灯光中波长小于 0.8μm 的高能光子对材料会起到增强扩散的作用。

但是 RTP 也有弱点，例如，快速升降温会在材料中引入较高热应力，热处理时间短会导致重复性和均匀性较差等。

利用 RTP 晶化，最大的原因在于 RTP 改变了杂质原子在非晶硅中的扩散。常规热处理中的杂质原子是基于热力学进行扩散的，而在 RTP 过程中，杂质原子的扩散除受到热力学作用外，还受到光效应作用，特别是高能光子的作用。一般情况，在相同条件下，RTP 工艺中杂质原子的扩散系数是常规热处理的 5 倍以上。

在 RTP 工艺中，温度和时间是影响非晶硅薄膜晶化的主要因素。多晶硅薄膜的性能受晶界和晶粒内部缺陷的影响，为提高性能，必须增大晶粒尺寸和减小缺陷态密度。图 4-44 为 PECVD 制备的非晶硅薄膜在 800℃、60s 的 RTP 前后的 XRD 图。从图中可以看出，低温 PECVD 制备的非晶硅薄膜已有部分晶化，经过 RTP 后，Si(200)峰增高变窄，晶化率明显增加。图 4-45 给出了 PECVD 制备的非晶硅薄膜在不同温度下经过 50s 的 RTP 后的拉曼谱图。从图中可看出，在热处理相同时间的情况下，随热处理温度升高，硅膜的 $520cm^{-1}$ 特征峰的强度迅速增加，宽度变窄，说明硅膜的晶化率在迅速提高，进一步显示了 RTP 工艺对硅膜晶化程度的影响。

由于 RTP 大幅缩短了晶化时间，其制得的多晶硅薄膜的晶粒尺寸要比常规热处理小得多，这会严重影响太阳能电池的性能。为此，有研究者尝试先进行 RTP 使非晶硅薄膜进行初步晶化形成小晶粒，再进行常规热处理使晶粒长大。此法可缩短常规热处理时间到几个小时以内，同样达到制备大晶粒、高质量多晶硅薄膜的目的。图 4-46 给出了 PECVD 制备的非晶硅薄膜先后经过 800℃、60s 预处理和 800℃、5h 常规热处理与仅经过 800℃、5h 常规热处理的 XRD 对比图。从图中可看出，由于 RTP 预处理预先对非晶硅薄膜进行了晶化，常规热处理后的 Si(200) 主峰和 Si(111) 小峰的宽度都明显变窄，说明 RTP 预处理有效增大了多晶硅薄膜常规热处理后的晶粒尺寸。

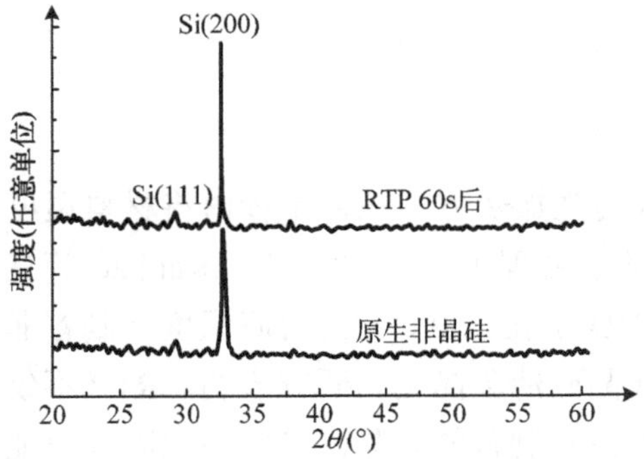

图 4-44　PECVD 制备的非晶硅薄膜经过 800℃、60s 的 RTP 前后的 XRD 图[29]

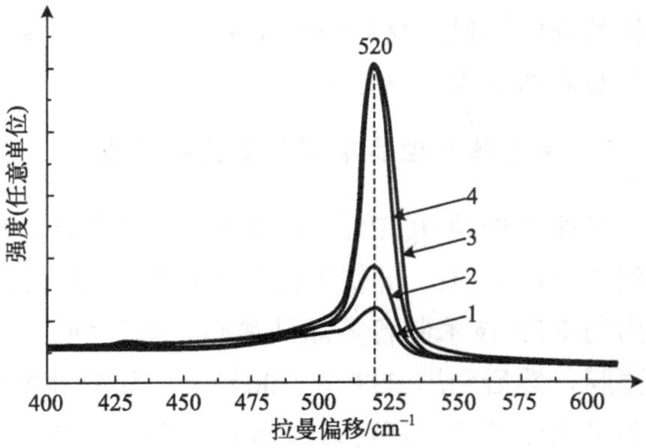

图 4-45　PECVD 制备的非晶硅薄膜在不同温度下经过 50s 的 RTP 后的拉曼谱图[29]

1—900℃；2—1000℃；3—1100℃；4—1200℃

近几年，有研究者提出两步或多步 RTP 技术，即 PRTP 技术。其可使非晶硅薄膜在几分钟内晶化成晶粒尺寸和长时间常规热处理相同的多晶硅薄膜。例如，Y.Zhao 等提出的改进型脉冲快速热退火(PRTA)技术，该技术利用多个脉冲热处理周期，在每个周期，先进行 550℃、60s 的 RTP 使 PECVD 制备的非晶硅薄膜加热至晶化临界状态，再进行 850℃、1s 的 RTP 使薄膜快速成核和长大。由于该技术在 850℃中高温的持续时间仅有 1s，因此不会对软化温度在 600℃左右的普通玻璃造成破坏。图 4-47 给出了 PECVD 制备的非晶硅薄膜在经过不同周期的 PRTA 前后的 XRD 对比图。从图中可看出，随着 PRTA 周期的增加，Si(111) 衍射峰从无到出现，越来越明锐，直至极窄的峰宽，说明非晶硅薄膜在逐渐晶化，直到形成取向一致的大晶粒尺寸多晶硅薄膜。

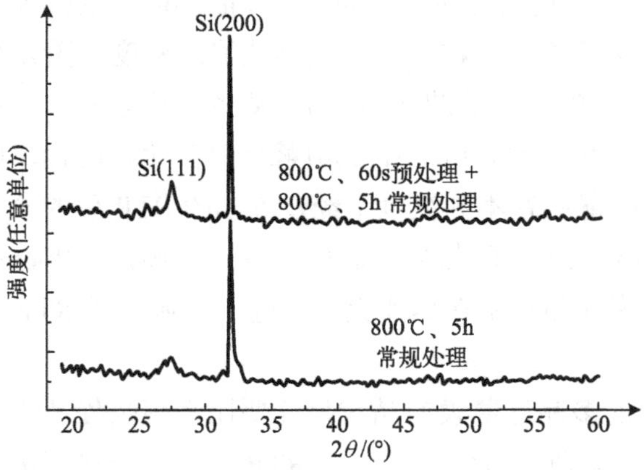

图 4-46　PECVD 制备的非晶硅薄膜经过 RTP 预处理和常规热处理与仅经过常规热处理后的 XRD 对比图

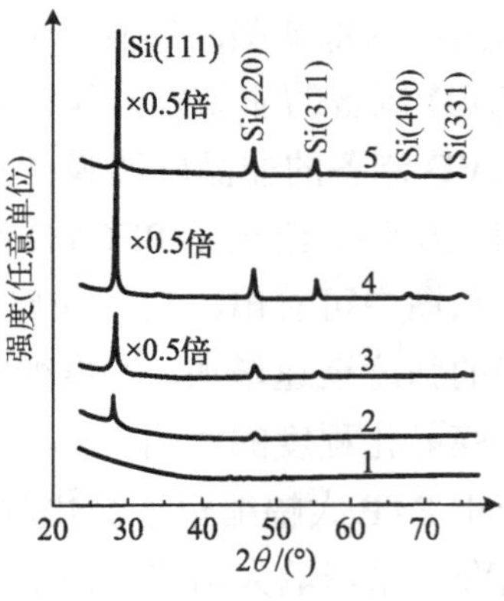

图 4-47　PECVD 制备的非晶硅薄膜在经过不同周期的 PRTA 前后的 XRD 对比图

1—原生非晶硅；2—1 个周期；3—5 个周期；4—10 个周期；5—20 个周期

参考文献

[1] CALSON D E, WRONSKI C R. Amorphous silicon solar cell[J]. Applied physics letters, 1976, 28: 671-673.

[2] TAWADA Y, TSUGE K, KONDO M, et al. Properties and structure of a-SiC-H for high-efficiency a-Si solar-cell [J]. Journal of applied physics, 1982, 53 (7) : 5273-5281.

[3] SRIRAMAN S, AGARWAL S, AYDIL E S, et al. Mechanism of hydrogen-induced crystallization of amorphous silicon [J]. Nature,2002,418 (6893) :62-65.

[4] MOTT N F. Electrons in disordered structures[J]. Advances in physics, 1967, 16 (61) : 49-144.

[5] DAVIS E A, MOTT N F. Conduction in non-crystalline systems. Ⅴ. Conductivity, optical absorption and photoconductivity in amorphous semiconductors[J]. Philosophical magazine, 1970, 22 (179) : 903.

[6] SPEAR W E, LE COMBER P G. Electronic properties of substitutionally doped amorphous Si and Ge [J]. Philosophical magazine, 1976, 33 (6) : 935-949.

[7] MOTT N F, DAVIS F A. Electronic process in non-crystalline materials[M]. 2nd ed. Oxford: Clarendon Press, 1979: 322.

[8] 熊绍珍, 朱美芳. 太阳能电池基础与应用[M]. 北京: 科学出版社, 2009.

[9] WRONSKI C R, LEE S, HICKS M, et al. Internal photoemission of holes and the mobility gap of hydrogenated amorphous-silicon [J]. Physical review letters, 1989, 63 (13) : 1420-1423.

[10] LUQUE A, HEGEDUS S. Handbook of photovoltaics engineering[M]. Chichester: John Wiley & Sons, 2003.

[11] GOETZBERGER A, HEBLING C, SCHOCK H W. Photovoltaic materials, history, status and outlook[J]. Materials science and engineering R, 2003, 40 (1) : 1-46.

[12] 杨德仁. 太阳电池材料[M]. 2 版. 北京: 化学工业出版社, 2017.

[13] YANG J, BANERJEE A, GUHA S. Triple-junction amorphous silicon alloy solar cell with 14.6% initial and 13.0% stable conversion efficiencies[J]. Applied physics letters, 1997, 70 (22) : 2975-2977.

[14] YANG J, BANERJEE A, GUHA S. Amorphous silicon based photovoltaics-from earth to the "final frontier"[J]. Solar energy materials & solar cells, 2003, 78 (1-4) : 597-612.

[15] CHITTICK R C, ALEXANDER J H, STERLING H F. The preparation and properties of amorphous silicon[J]. Journal of the electrochemical society, 1969, 116 (1) : 77.

[16] JIA H, SHIRAI H, KONDO M. Fast deposition of highly crystallized microcrystalline Si films utilizing a high-density microwave plasma source for Si thin film solar cells[J]. Materials research society symposium proceedings, 2006, 910: 309-314.

[17] SHAH A V, MEIER J, VALLAT-SAUVAIN E, et al. Enhancement of open circuit voltage in high-efficiency amorphous-silicon alloy solar-cells[J]. Solar energy materials & solar cells, 2003, 78: 469-491.

[18] MATSUDA A, TAKAI M, NISHIMOTO T, et al. Control of plasma chemistry for preparing highly stabilized amorphous silicon at high growth rate[J]. Solar energy materials & solar cells, 2003, 78: 3-26.

[19] ROBERTSON J. Growth mechanism of hydrogenated amorphous silicon[J]. Journal of non-crystalline

solid, 2000, 266: 79-83.

[20] KESSELS W M M, SEVERENS R J, SMETS A H M, et al. Hydrogenated amorphous silicon deposited at very high growth rates by an expanding Ar-H_2-SiH_4 plasma[J]. Journal of applied physics, 2001, 89 (4): 2404-2413.

[21] WIESMANN R, GHOSH A K, MCMAHON T, et al. A-Si-H produced by high-temperature thermal-decomposition of silane [J]. Journal of applied physics, 1979, 50 (5): 3752-3754.

[22] HAMAKAWA Y, OKAMOTO H, NITTA Y. New type of amorphous silicon photo-voltaic cell generating more than 2.0-V[J]. Applied physics letters, 1979, 35 (2): 187-189.

[23] ISOMURA M, KINOSHITA T, TANAKA M, et al. Effects of impurities on the properties of amorphous silicon[J]. Applied surface science, 1997, 113: 754-758.

[24] STAEBLER D L, WRONSKI C R. Reversible conductivity changes in discharge-produced amorphous Si[J]. Applied physics letters, 1977, 31 (4): 292-294.

[25] STUTZMANN M, JACKSON W B, TSAI C C. Kinetics of the Staebler-Wronski effect in hydrogenated amorphous-silicon[J]. Applied physics letters, 1984, 45 (10): 1075-1077.

[26] GOETZBERGER A, HEBLING C, SCHOCKB H W. Photovoltaic materials, history, status and outlook[J]. Materials science and engineering R, 2003, 40: 1-46.

[27] YAN B J, YUE G Z, YAN Y F, et al. Correlation of hydrogen dilution profiling to material structure and device performance of hydrogenated nanocrystalline silicon solar cells[J]. Materials research society symposium proceedings, 2008, 1066: 61.

[28] VAN VEEN M K, SCHROPP R E I. Beneficial effect of a low deposition temperature of hot-wire deposited intrinsic amorphous silicon for solar cells[J]. Journal of applied physics, 2003, 93 (1): 121-125.

[29] FAIR J E. Rapid thermal-processing for active matrix devices[J]. Solid state technology, 1992, 35 (8): 47-52.

第 5 章　Ⅲ-Ⅴ族化合物太阳能电池材料

在硅基材料太阳能电池发展的同时，一系列化合物太阳能电池材料也迅速发展，它们大多是直接带隙半导体材料，光吸收系数较高，只需数微米厚就能制备成高效率太阳能电池，而且它们的禁带宽度一般都比单晶硅宽，其太阳能电池的耐高温和抗辐射性能明显高于晶体硅太阳能电池。在众多化合物半导体材料中，Ⅲ-Ⅴ族半导体材料是一类重要的高性能太阳能电池材料，由于Ⅲ族和Ⅴ族元素可以有多种组合，因而Ⅲ-Ⅴ族半导体材料种类很多，考虑成本、制备难度、材料性能等方面的因素，主要是 GaAs 及其三元化合物得到了较广泛的研究和应用，InP 及其三元化合物在实验室也有较多的研究。在Ⅲ-Ⅴ族太阳能电池的研究和制备中，普遍将 Ga、In、As、P 等几种Ⅲ族和Ⅴ族元素组合制成三元或四元Ⅲ-Ⅴ族半导体薄膜材料作为窗口层、光吸收层等应用于单结和叠层太阳能电池中，如 InGaAs、GaInP、AlGaInP 等薄膜材料。

本章首先阐述 GaAs 材料的结构、能带和基本特性，了解以 GaAs 为代表的Ⅲ-Ⅴ族化合物太阳能电池的结构和工作原理；然后，分别介绍 GaAs 晶体和 GaAs 薄膜的制备及其生长机理，最后讨论 GaAs 材料中的杂质和缺陷对太阳能电池性能的影响。

5.1　GaAs 材料的性质

5.1.1　GaAs 的晶体结构

GaAs 的晶体结构是闪锌矿结构，如图 5-1 所示[1]。它由 Ga 原子和 As 原子组成的两套面心立方结构沿对角线方向移动 1/4 间距套构而成。Ga 和 As 之间是共价键，也有部分离子键，在<111>方向形成极化轴，(111)面是 Ga 面，$(\overline{1}\overline{1}\overline{1})$面是 As 面，从而使得两个面的物理和化学性质大不相同，如沿(111)面生长容易，腐蚀速率快，但位错密度高，容易形成多晶；而$(\overline{1}\overline{1}\overline{1})$面则相反。图 5-1 中标示了<111>方向的极化轴、Ga(111)和 As$(\overline{1}\overline{1}\overline{1})$面以及沿<111>方向的原子排列。

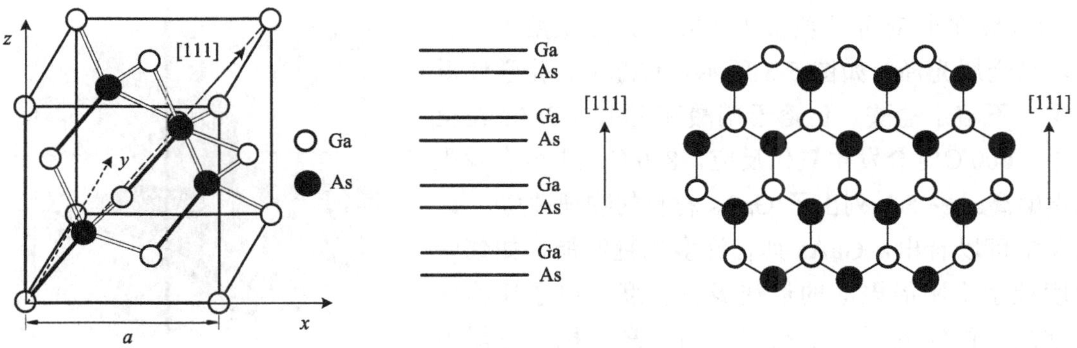

图 5-1　GaAs 的晶体结构

5.1.2 GaAs 的能带结构

GaAs 晶体的能带结构如图 5-2 所示[1,2]，其导带极小值和价带极大值都在布里渊区中心 K=0 处，属于直接带隙结构，其光子吸收或发射无须声子参与，因而具有较高的光电转换效率。从图 5-2 可以看出，GaAs 能带结构中的导带除了有一个主能谷还有两个子能谷，室温下主能谷的电子很难跃迁到子能谷中，但当外电场超过一定阈值时，电子就有可能从迁移率大的主能谷跃迁到迁移率小的子能谷，使得电子的有效质量增加，从而出现电场增大、电流减小的负阻效应，即耿氏效应。由于 GaAs 具有直接带隙结构，它也是重要的半导体光电材料，在半导体激光管、光电显示器、光电探测器等领域已被广泛应用，例如，利用 AlGaInP/GaAs 结构制备的 0.66μm 系列红光二极管激光器已经大量生产。

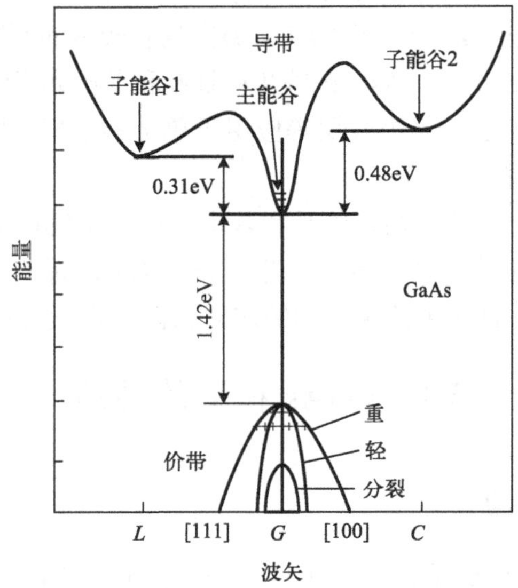

图 5-2　GaAs 晶体的能带结构

5.1.3 GaAs 的基本特性

1. GaAs 材料的物理性质

GaAs 的相对分子质量为 144.64，在室温下呈灰色，有金属光泽，如图 5-3 所示，常温下，化学性质稳定，不溶于盐酸，但溶于硝酸和王水。GaAs 在空气中，600℃时会发生氧化反应，800℃以上就会发生化学解离。表 5-1 列出了 GaAs 材料的物理性质[1,3]。从表中可以看出，GaAs 具有许多优越性能，如禁带宽度处于太阳能电池的最佳吸收宽度、电子迁移率非常高、能够耐受的最高工作温度高、抗辐射能力强。除了太阳能电池，GaAs 电子器件还具有工作速

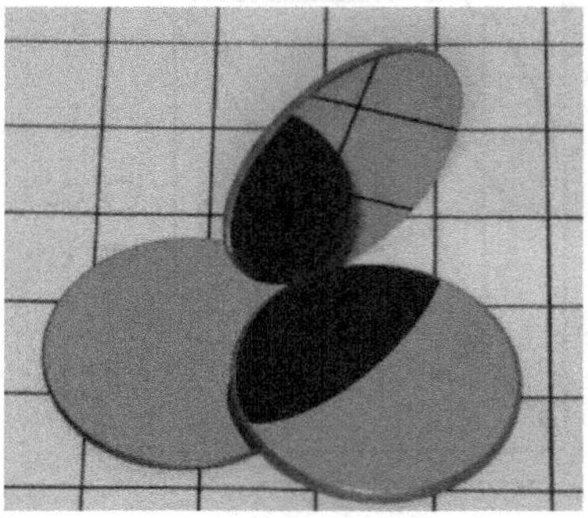

图 5-3　GaAs 单晶片

度快、工作温度高、工作频率高的优点，因此，它在高速、高频、微波等通信用电子器件方面也被广泛应用。

表 5-1　GaAs 材料的物理性质

参数	数值	参数	数值
密度/(g/cm^3)	5.32	电子有效质量	0.065
晶格常数/Å	5.653	空穴有效质量	0.082(L) 0.45(h)
每立方厘米原子数/(10^{22}cm^{-3})	4.41	电子饱和速度/(10^7cm/s)	2.5
热膨胀系数/(10^{-6}K^{-1})	6.6±0.1	击穿电场强度/(10^5V/cm)	3.5
热导率/[W/(cm·K)]	0.46	器件最高工作温度/℃	470
比热容热导率/[J/(kg·K)]	0.318	折射系数	3.3
熔点/℃	1238	光学介电常数	13.9
禁带宽度/eV	1.42	静介电常数	13.18
本征载流子浓度/(10^6cm^{-3})	1.3	临界剪切力/MPa	0.40
电子迁移率/[cm^2/(V·s)]	8800	硬度/(kgf/mm^2)	1238
空穴迁移率/[cm^2/(V·s)]	450	断裂应力/MPa	100

注：1kgf/mm^2=9.80665×10^6Pa。

2. GaAs 薄膜的光吸收特性和 GaAs 太阳能电池的理论光电转换效率

如图 5-2 所示，GaAs 为直接带隙结构，实际上Ⅲ-Ⅴ族材料及其三元或四元化合物均为直接带隙结构，因而它们的光吸收系数较大。图 5-4 给出了Ⅲ-Ⅴ族化合物 GaAs、InP 和 GaP 的光吸收谱，作为对比，Si 和 Ge 的光吸收谱也同时示出[4,5]。从图中可看出，在波长 0.85μm 以下，GaAs 的吸收系数急剧升高，迅速达到 10^4cm^{-1} 以上，比 Si 高出近 2 个数量级，其光吸收谱同太阳光谱吻合得很好，是理想的太阳能电池材料；InP 的带隙稍窄，光吸收曲线也较为理想，实验室对其太阳能电池也进行了较多研究；而 GaP 带隙太宽，仅能吸收 0.5μm 以下的紫光和紫外线，可用于单结电池的窗口层或叠层电池的顶电池。

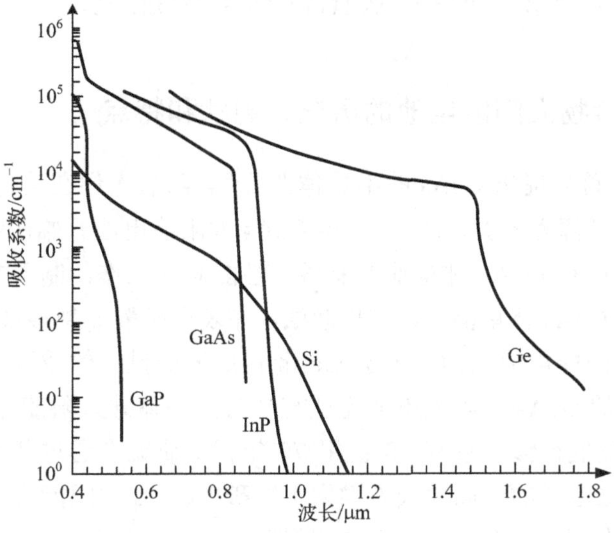

图 5-4　几种Ⅲ-Ⅴ族化合物以及硅和锗的光吸收谱

由于在 GaAs 的禁带宽度(1.42eV)对应的波长(0.85μm)以下涵盖了太阳光谱光强最强的部分，且此部分的太阳光波长距 0.85μm 不远，GaAs 吸收此部分太阳光后价带电子正好跃迁到导带底附近，释放热能很少，所以，GaAs 太阳能电池的理论光电转换效率很高。图 5-5 给出了各种常见的太阳能电池材料的理论光电转换效率。从图中可以看到，由于 GaAs 的光吸收谱同太阳光谱吻合得很好，且是直接带隙材料，GaAs 太阳能电池的理论光电转换效率最高。GaAs 太阳能电池只需 3μm 厚，就可以吸收太阳光谱中约 95%的能量，非常适合制备薄膜太阳能电池。

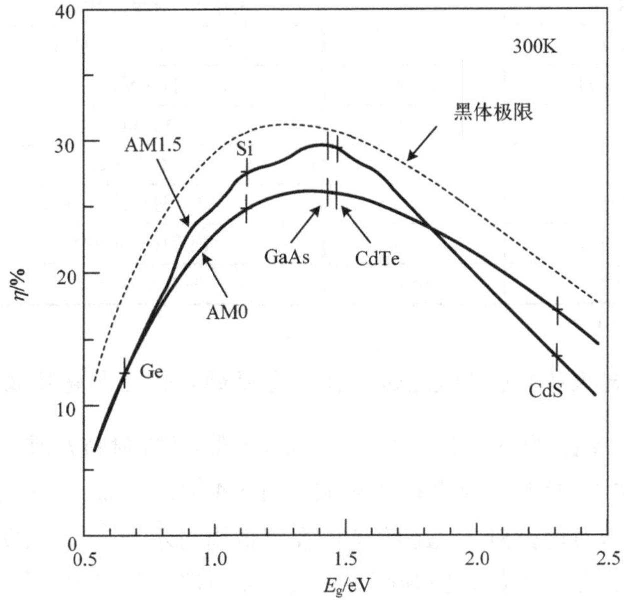

图 5-5 各种常见的太阳能电池材料的理论光电转换效率

5.2 Ⅲ-Ⅴ族化合物太阳能电池

5.2.1 Ⅲ-Ⅴ族化合物太阳能电池的历史、现状和特点

1952 年，Welker 首先提出 GaAs 的半导体性质[6]，随后人们在其材料制备、电子器件、太阳能电池等领域展开深入研究。从 1956 年 GaAs 太阳能电池开始研制，至 20 世纪 60 年代，主要开展的是同质结 GaAs 体电池的制备、性能研究工作，制备方法同晶体硅太阳能电池类似，即用 n 型 GaAs 体单晶，通过扩散法，在表层扩散 p 型掺杂剂锌形成 p 型 GaAs 层，构成 p-n 结型太阳能电池结构。由于 GaAs 衬底表面过高的载流子复合率和较高的生产成本，因而该结构的 GaAs 太阳能电池无法与当时的晶体硅太阳能电池竞争。在此期间，GaAs 太阳能电池的发展很慢。直到 20 世纪 70 年代，研究者通过薄膜型太阳能电池结构在减少 p-GaAs 区光生电子的表面损失方面取得突破，GaAs 太阳能电池的效率获得迅速提高，超过了当时的晶体硅太阳能电池，GaAs 薄膜太阳能电池开始成为 GaAs 电池的主要研

究和发展方向。GaAs 薄膜太阳能电池的制备方法是采用液相外延、金属有机化学气相沉积等技术，在 GaAs 单晶衬底上生长 n 型和 p 型异质结薄膜结构，构成单结、双结和多结薄膜太阳能电池结构。1973 年，Hovel 和 Woodall 设计研制了 p-AlGaAs/p-GaAs/n-GaAs 三层结构异质结太阳能电池，效率达到 21.9%[7]。20 世纪 80 年代，更多的 GaAs 异质外延技术得到发展，如在 GaAs 上外延 $Ga_xIn_{1-x}P$，或在 Ge、GaSb 衬底上外延 GaAs 薄膜。直到今天，多种Ⅲ-Ⅴ族及其三元或四元化合物材料的单结和多结薄膜太阳能电池已经被报道，表 5-2 列出了迄今为止各类Ⅲ-Ⅴ族薄膜太阳能电池以及它们创造的能量转换效率的世界纪录(为了对比，将晶体硅太阳能电池也列入其中)[8]。虽然 GaAs 在材料成本上比硅昂贵，但其具有最理想的禁带宽度，耐辐射和耐高温性能比硅强，在对电池性能要求高、成本不敏感的领域，如航天、军事等领域仍然具有很大需求，因此对它的研究和开发一直在持续进行。

表 5-2　各类Ⅲ-Ⅴ族太阳能电池及其能量转换效率的世界纪录

电池主材料	光源强度/AM1.5	效率/%	备注
GaAs(体单晶)	1	25.1	Kopin，AlGaAs 窗口
GaAs(薄膜)	1	23.3	Kopin
GaAs(多晶)	1	18.2	RTI，Ge 衬底
InP(薄膜)	1	21.9	Spire
GaInP/GaAs(双结)	1	30.3	JapanEnergy
GaInP/GaAs/Ge(三结)	1	28.7	Spectrolab
GaInP/GaInAs/GaInAs(三结)	1	35.8	Sharp
Si(体单晶)	1	24.7	UNSW，PERL 型
GaAs(薄膜)	255	27.6	Spire，聚光
GaInAsP(薄膜)	171	27.5	NREL，聚光
InP(薄膜)	99	24.3	NREL，聚光
GaInP/GaAs/Ge(三结)	414	32.4	Spectrolab，聚光
GaAs/GaSb(双结)	100	32.6	Boeing，聚光
InP/GaInAs(双结)	50	31.8	NREL，聚光
GaInP/GaInAs/Ge(三结)	346	41.6	Spectrolab，聚光
GaInP/GaInAs/GaInAs(三结)	230	42.1	Sharp，聚光
Si(体单晶)	96	26.8	SunPower，聚光，IBC 型

与硅太阳能电池相比，GaAs 太阳能电池具有几个显著优势。

(1) GaAs 具有太阳能电池的最佳禁带宽度 1.42eV，光吸收谱与太阳光谱匹配良好，具有高光电转换理论效率。

(2) 由于禁带宽度相对较大，可在较高温度下工作。

(3) 对可见光吸收系数高，材料表面 3μm 以内就可吸收绝大部分太阳光，可采用薄膜型电池结构，有利于降低电池制备成本、节约材料。

(4) 由于高能离子辐射产生的缺陷对 GaAs 中光生载流子复合的影响较小，因此电池的抗辐射能力较强。

(5) 较高的电子迁移率使得在相同掺杂浓度下 GaAs 晶体的电阻率比 Si 晶体小，因此由电池串联电阻引起的功率损耗较小。

(6) 由于 GaAs 带隙较宽，其 p-n 结的内建电场也较高，因此太阳能电池的开路电压较高。

由于以上这些原因，GaAs 的单结和多结太阳能电池具有光谱响应特性好、外层空间使用寿命长、可靠性高的优势，尽管其成本较高，但在空间电源方面仍有较广泛的应用。

GaAs 太阳能电池与晶体硅太阳能电池相比，虽然具备以上优势，但是同时也还有如下问题要认真考虑。

(1) 无论是 GaAs 晶体还是 GaAs 薄膜制备时，化学配比都不易精确掌握，特别是三元化合物薄膜，在低成本条件下较难通过严格控制化学计量比来保证组分配比。

(2) GaAs 晶体结构的完整性较差，至今还很难生长无位错的 GaAs 单晶，其缺陷和杂质的行为更复杂。

(3) GaAs 晶体生产设备复杂、能耗大、生产周期长，导致生产成本更高。

(4) GaAs 晶体具有很大的脆性，导致晶片成品率降低，器件制造成本增加。

(5) GaAs 具有尖锐的反向击穿特性，在外层空间应用时需增加保护措施，大大增加了电池系统的成本和工艺复杂性。

(6) Ga 和 As 的自然资源都不如 Si 丰富。

(7) As 及其部分化合物具有很强的毒性，并且容易挥发。

因此，GaAs 作为太阳能电池材料的应用还受到一定的限制，迄今，其仅在不计成本的空间太阳能电池上有所应用。

5.2.2　GaAs 薄膜太阳能电池的结构和工作原理

1. 单结 GaAs 薄膜太阳能电池的结构和设计原理

最早的 GaAs 太阳能电池采用同晶体硅太阳能电池类似的制备方法，用 n 型 GaAs 体单晶，通过扩散法，在表层扩散 p 型掺杂剂 Zn 形成 p 型 GaAs:Zn 层，构成单结 GaAs 同质结体电池结构。该结构电池由于 GaAs 衬底表面的载流子复合速率大于 10^6cm/s，入射光在近表面产生的光生载流子除一部分流向 n 区，其余流向表面发生表面复合而损失掉，光电转换效率较低，加之生产成本较高，很长时间一直无法与晶体硅太阳能电池竞争。直到 1973 年，Hovel 和 Woodall[7]通过制备薄膜型异质结太阳能电池结构使 GaAs 太阳能电池的光电转换效率取得突破。他们在 p-GaAs 上外延一层薄的宽带隙 p-$Al_xGa_{1-x}As$ 异质窗口层，使界面处形成导带势垒，用以阻止光生电子向表面运动。由于 $Al_xGa_{1-x}As$ 与 GaAs 有很好的晶格匹配，使该异质界面间的复合速率可低于 10^4cm/s，从而将 GaAs 的高表面复合变为低表面复合，使电池效率大为提高；另外，由于高 x 值的 $Al_xGa_{1-x}As$ ($x \geqslant 0.85$) 层有较大的带隙，因而对 $h\nu < E_g$ 的入射光是一种透明窗口层，且当该层制作得很薄时，其吸收损失也很小。该型 GaAs 薄膜太阳能电池主要采用液相外延技术 (LPE) 在 p-GaAs 上制备 p-$Al_xGa_{1-x}As$ 异质窗口层。例如，1993 年，中国科学院半导体研究所的 X.B.Xiang 等用该技术制备的 $Al_xGa_{1-x}As$/GaAs 异质结薄膜太阳能电池在 AM0 条件下的光电转换效率达到当时最高的 19.34%；1995 年，西班牙 Cuidad 大学的 E.Ortiz 等制备的 LPE-$Al_xGa_{1-x}As$/GaAs

电池在 AM1.5、600 倍聚光条件下的效率达到 25.8%；1997 年，俄罗斯 Ioffe Physical-Technical 研究所的 V.M.Andreev 等制备的 LPE-$Al_xGa_{1-x}As$/GaAs 电池在 AM0、100 倍聚光条件下的效率达到 24.6%。图 5-6 显示了 E.Ortiz 等研制的 LPE-$Al_xGa_{1-x}As$/GaAs 异质结薄膜太阳能电池的详细结构和相关参数[9]。同时，LPE-$Al_xGa_{1-x}As$/GaAs 异质结薄膜太阳能电池也被成功应用于空间领域。例如，1986 年，苏联发射的和平号轨道空间站上安装了总功率 10kW、单位面积比功率 180W/m^2 的 LPE-$Al_xGa_{1-x}As$/GaAs 异质结薄膜太阳能电池，该电池在运行 8 年后输出功率衰退不到 15%；1988 年，日本的 CS-3 卫星采用 8 万片(2×2)cm^2、平均效率为 17.5%(AM0)的 GaAs 太阳能电池构成的电源方阵供电。

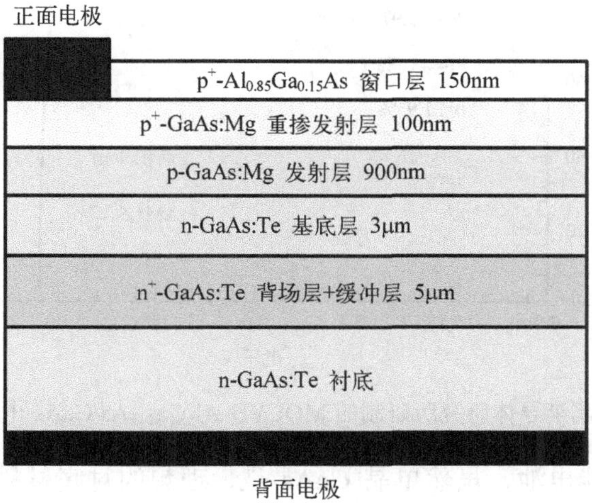

图 5-6　E.Ortiz 等用 LPE 方法制备的 LPE-$Al_xGa_{1-x}As$/GaAs 异质结薄膜太阳能电池的结构图

由于 LPE 方法难以生长多层薄膜的复杂结构，1990 年以后，金属有机化学气相沉积(MOCVD 或 MOVPE)技术开始逐渐被用于 GaAs 异质结薄膜太阳能电池的制备中。在利用 MOCVD 制备 AlGaAs/GaAs 太阳能电池时，为避免高 Al 组分的 AlGaAs 与空气接触氧化形成 Al_2O_3 高阻膜，同时实现与正面电极间良好的欧姆接触、阻止电极金属扩散到电池内，一般在 AlGaAs 窗口层上再外延一层重掺 GaAs 帽层，然后通过选择性定向化学腐蚀将窗口层 AlGaAs 露出。图 5-7 显示了一个典型的带帽层的 $Al_xGa_{1-x}As$/GaAs 异质结薄膜太阳能电池的结构。图 5-8 为中国科学院半导体研究所在 1999 年通过 MOCVD 技术制备的该型电池的 *I-V* 特性曲线[5]。该电池的开路电压达 1.04V，填充因子达 85.1%，AM1.5 效率达到 21.95%。由

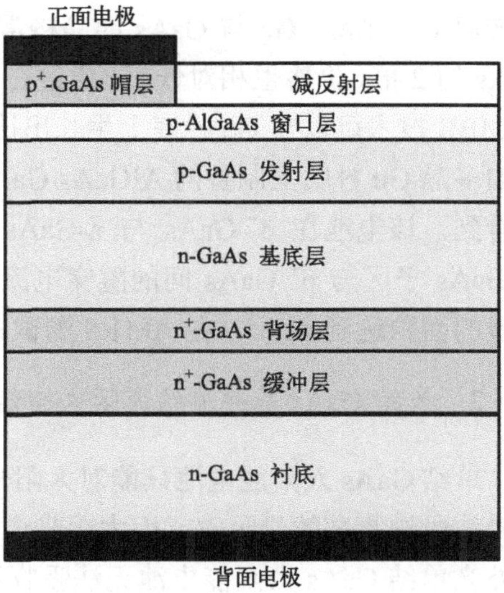

图 5-7　典型的用 MOCVD 方法制备的 $Al_xGa_{1-x}As$/GaAs 异质结薄膜太阳能电池的结构图

于 p^+-GaAs 帽层的制备，GaAs 太阳能电池的性能得到明显改善，实验室效率已进一步提高到 25%以上。

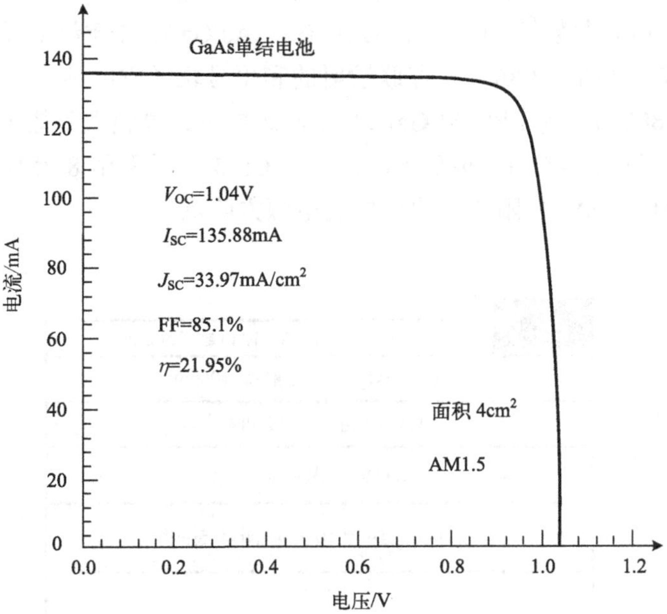

图 5-8　中国科学院半导体研究所研制的 MOCVD-$Al_xGa_{1-x}As$/GaAs 电池的 *I-V* 特性曲线[5]

对于 GaAs 太阳能电池，虽然单晶 GaAs 是最理想的衬底材料，但其也存在机械强度差、密度高、价格贵等缺点，因此，人们开始寻找其他廉价材料来替代 GaAs，其中机械强度更高、密度更小、价格低廉的 Si 首先映入人们的眼帘。人们发现，虽然用 MOCVD 或分子束外延(MBE)技术可以在硅衬底上生长出 GaAs 外延层，但由于 Si 与 GaAs 的晶格系数和热胀系数都相差太大，很难获得晶格完整的 GaAs 外延层，因此，人们开始将关注点转向 Ge 衬底。Ge 与 GaAs 的晶格常数仅相差 0.12%，热胀系数也很相近，机械强度是 GaAs 的 2 倍，价格也相对低廉，通过在 Ge 和 GaAs 之间加入缓冲层或过渡层，用 MOCVD 或 MBE 技术可以在 Ge 衬底上生长出比较理想的 GaAs 外延层。图 5-9 示出了在亚毫米厚度的多晶 Ge 衬底上制备的 AlGaAs/GaAs 异质结薄膜太阳能电池的详细结构[10]。从图中可以看到，该电池在 p^+-GaAs 与 n-GaAs 之间插入一薄层 i-GaAs 以阻止 n-GaAs 晶粒间的 n^+-GaAs 子区与 p^+-GaAs 间的隧穿电流，从而减少了电池的暗电流，提高了电池性能。该电池的面积达到 4cm^2，在 AM1.5 测试条件下的效率达到 20%。

2. 多结 GaAs 基异质结薄膜太阳能电池的结构和设计原理

单结 GaAs 太阳能电池只能对太阳光谱在 0.87μm(对应禁带宽度 1.42eV)以下不远的可见光波段进行高效光吸收，而太阳光谱的波长范围在 0.4～4.0eV，对波长大于 0.87μm 的红外光单结 GaAs 太阳能电池无法吸收利用，而对波长远小于 0.87μm 的蓝紫光和紫外线单结 GaAs 太阳能电池虽然可以吸收，但激发产生的高能光生载流子距离导带底或价带顶较远，会通过释放声子弛豫到带边，使大于禁带宽度的能量转化为热能损失掉，从而减少电

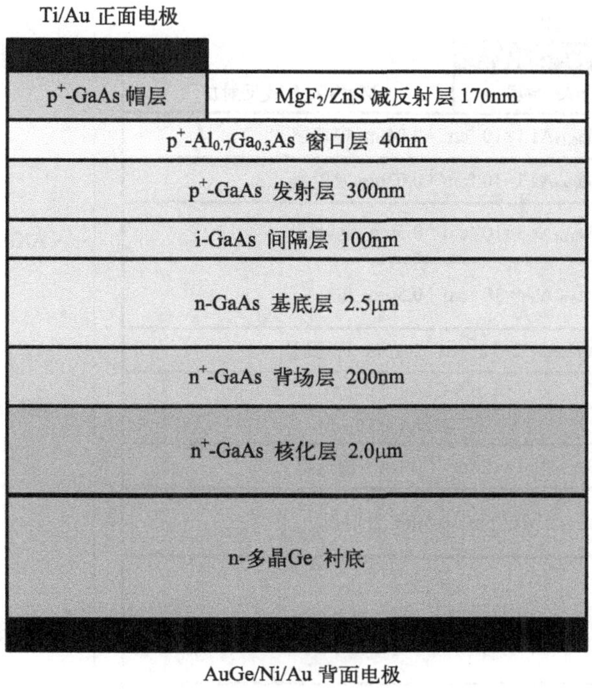

图 5-9 在亚毫米厚度的多晶 Ge 衬底上制备的 AlGaAs/GaAs 异质结薄膜太阳能电池的结构图[10]

池能量转换效率。如果将两种或两种以上不同禁带宽度的薄膜材料叠加制成双结、三结或四结以上叠层异质结太阳能电池，就可对太阳光谱更多波段进行高效吸收利用，从而进一步提高电池效率。

1）双结 GaAs 基叠层太阳能电池

目前，双结 GaAs 基异质结薄膜太阳能电池有 AlGaAs/GaAs 和 GaInP/GaAs 两种类型。AlGaAs/GaAs 双结电池是在 20 世纪 80 年代末开始发展的，它是由禁带宽度为 1.9eV 附近的低 Al 配比 $Al_{0.4}Ga_{0.6}As$ 与禁带宽度为 1.42 的 GaAs 作为双结电池的光吸收层，在吸收光谱上可以很好地进行匹配。双结电池之间通过重掺超薄隧道结相连，避免了极性相反的 p-n 结的形成。1987 年，日本 NTT 的 C.Amano 等采用 MBE 技术首次成功制备了该型电池，双层电池间通过隧道结相连；1988 年，B.Chung 等运用 MOCVD 技术制备出 AM0 和 AM1.5 效率分别为 22.3%和 23.9%的 AlGaAs/GaAs 双结电池，但他们未能实现隧道结连接，而是通过复杂的电极工艺进行连接。此后，由于一系列技术困难，双结 GaAs 基异质结薄膜太阳能电池的研究陷入停滞。直到 2001 年，日本日立公司先进研究中心的 Takahashi 等[11]研制出 AM1.5 条件下效率达 27.6%的小面积（$0.25cm^2$）AlGaAs/GaAs 双结电池。此后，他们将 $Al_{0.36}Ga_{0.64}As$ 顶电池 n 型掺杂剂用 Se 代替 Si，提高了 $Al_{0.36}Ga_{0.64}As$ 层中的少子寿命，并在 GaAs 隧道结中用 C 代替 Zn 作为 p 型掺杂剂，减少了隧道结内部 p 型杂质的扩散，提高了隧道结的峰值电流密度，将 AlGaAs/GaAs 双结电池在 AM1.5 条件下的效率进一步提高到 28.85%。图 5-10 给出了 Takahashi 等[11]研制的 AM1.5 效率为 28.85%（AM1.5，$0.25cm^2$）的 AlGaAs/GaAs 双结叠层电池的结构图。

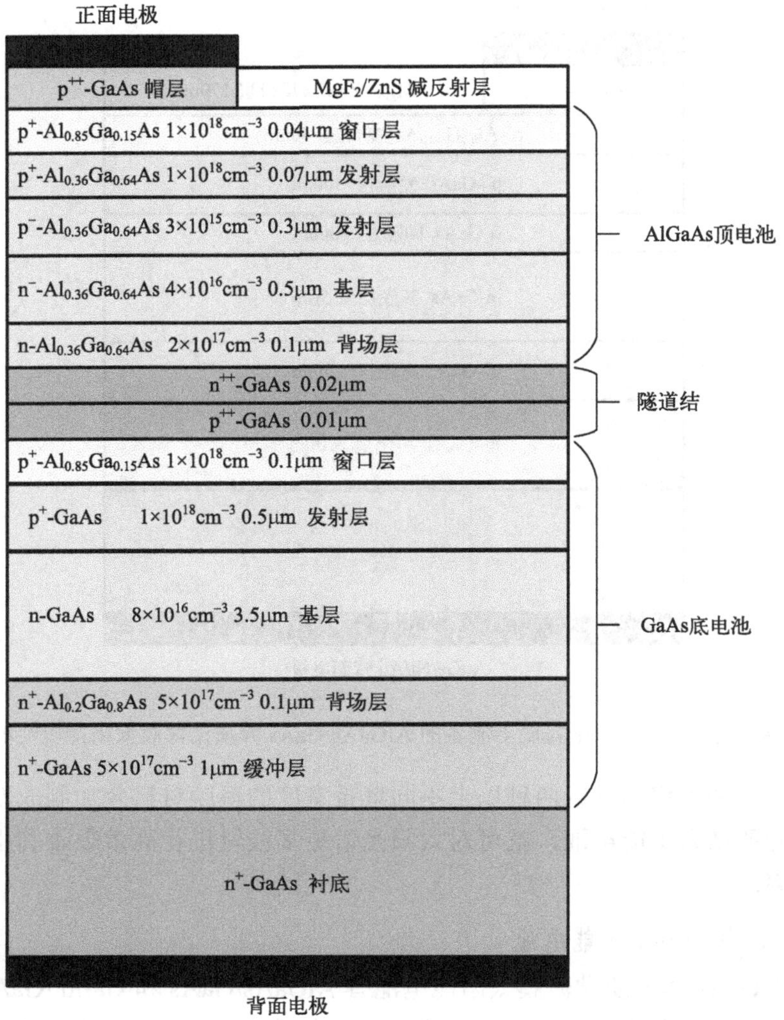

图 5-10　Takahashi 等研制的 AM1.5 效率为 28.85%的小面积 AlGaAs/GaAs 双结叠层电池的结构图[11]

$Ga_{0.5}In_{0.5}P$ 的禁带宽度为 1.85eV，也与 GaAs 很好匹配，而且其界面复合速率比 $Al_{0.4}Ga_{0.6}As$ 要低很多，从而具有比 AlGaAs 更好的光电性能和更长的寿命，在 GaAs 基叠层太阳能电池研究中得到更广泛的关注。1990 年，美国 NREL 实验室的 J.M.Olson 等首次报道了 AM1.5 效率达到 27.3%的小面积$(0.25cm^2)$GaInP/GaAs 双结叠层电池。此后，他们通过在 GaInP 顶电池和 GaAs 底电池中增加 GaInP 背场层，采用栅线设计将正面电极所占面积从 5%降低到 1.9%，降低 AlInP 窗口层中的氧含量，以及在隧道结中采用 C 代替 Zn 作为 p 型掺杂剂等改进措施，将 GaInP/GaAs 双结叠层电池的 AM1.5 效率提高到 29.5%，并且发现该型叠层电池具有很好的抗辐射性能，在能量为 1MeV、剂量为 $10^{15}cm^{-2}$ 的高能电子辐照后，AM0 效率仅从 25.7%降低到 19.6%。1997 年，日本夏普公司的 Takamoto 等[12]报道了性能更好的大面积 GaInP/GaAs 双结叠层电池，他们的电池 AM1.5 效率达到 30.3%，面积达到 $4cm^2$。图 5-11 显示了 Takamoto 等制备的大面积 GaInP/GaAs 双结叠层电池的详细结构。同 J.M.Olson 等的电池相比，该型电池主要的改进就是用夹在重掺 AlInP 层之间的 GaInP 隧道结代替 GaAs 隧道结，在 GaInP 隧道结上下增加的重掺 AlInP 层，分别起到顶电池背场层和底电池窗口层的作用，进一步提高了电池的开路电压和短路电流。图 5-12 显示了该电池的 *I-V* 特性曲线，结果显示其开路电压达到 2.49V，填充因子达到 85.6%，AM1.5 效率达到 30.3%。

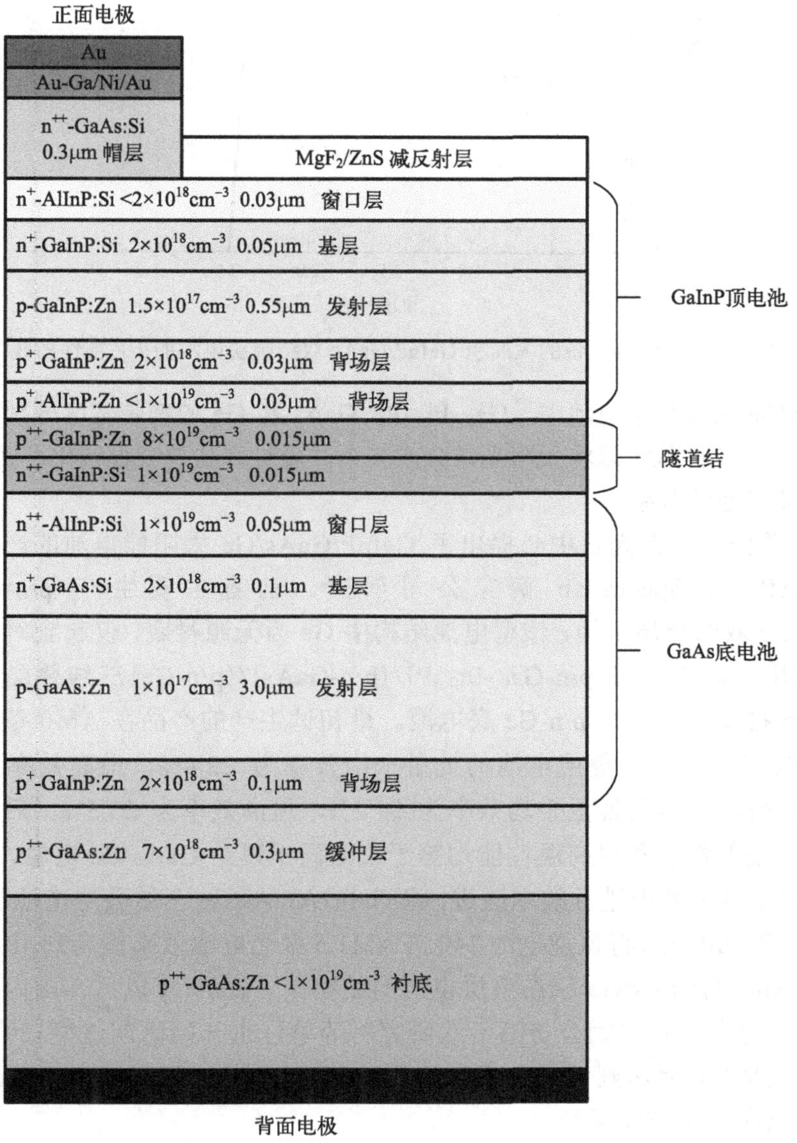

图 5-11 Takamoto 等制备的 AM1.5 效率达到 30.3%的大面积 GaInP/GaAs 双结叠层电池的结构图[12]

2) 三结以上 GaAs 基叠层太阳能电池

GaInP/GaAs 双结叠层电池研究的重大进展推动了该型叠层电池的产业化。在 GaInP/GaAs 双结叠层电池产业化的过程中，人们发现用 Ge 衬底替代 GaAs 衬底，可以实现三结叠层电池的效果。Ge 衬底的优点在单结 GaAs 电池中已经介绍了，这里不再赘述。

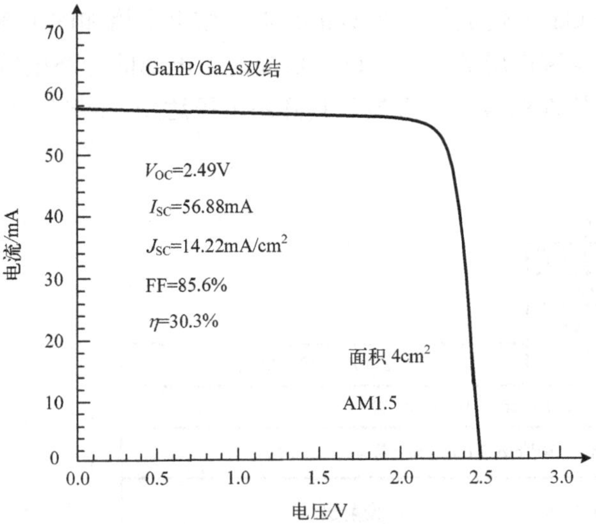

图 5-12　Takamoto 等制备的大面积 GaInP/GaAs 双结叠层电池的 *I-V* 特性曲线[12]

在 GaInP/GaAs/Ge 三结叠层电池中，$Ga_{0.5}In_{0.5}P$、GaAs 和 Ge 的禁带宽度分别为 1.85eV、1.42eV 和 0.67eV，这样就可以将太阳光谱分成三个波段进行高效吸收转化，更大限度地提高了叠层太阳能电池的效率。

1995 年，美国能源部光伏中心提出了 GaInP/GaAs/Ge 太阳能电池的产业计划，主要由 TECSTAR 和 Spectrolab 两家公司承担。前者主要生产 (p/n-$Ga_{0.5}In_{0.5}P$)/(p/n-GaAs)/n-Ge 双结叠层电池，该型电池结构中 Ge 为无源衬底，仅起到对剩余红外线吸收利用的作用；后者采用 (p/n-$Ga_{0.5}In_{0.5}P$)/(p/n-GaAs)/(p/n-Ge) 三结叠层电池，该型电池结构中 Ge 衬底包含一个 p/n-Ge 底电池。最初试生产的产品在 AM0 条件下的测试结果显示：TECSTAR 双结叠层电池的批量平均效率为 22.4%，最高效率为 24.1%；Spectrolab 三结叠层电池的批量平均效率为 24.2%，最高效率为 25.5%。后者占有一定优势，两者的抗辐射性能和耐高温性能均等于或略高于单结 GaAs/Ge 电池。至 2002 年，Spectrolab 公司通过不断地进行技术改进，将 GaInP/GaAs/Ge 三结叠层电池的 AM1.5 效率提高到 32%；至 2006 年，将该型电池 240 倍 AM1.5 聚光电池效率提高到 40.7%。图 5-13 给出了典型的 GaInP/GaAs/Ge 三结叠层电池的结构图。2000 年以后，国内上海空间电源研究所和中国电子科技集团公司第十八研究所等单位也开始研制该型三结叠层电池，已成功制备了 AM0 效率达到 28%、面积达到 2cm×4cm 的大面积 GaInP/GaAs/Ge 三结叠层电池，并已应用于空间系统。

虽然通过一系列技术改进，在 Ge 衬底上制备的 GaInP/GaAs/Ge 三结叠层太阳能电池的效率获得大幅提高，但并没有克服Ⅲ-Ⅴ族太阳能电池的功率质量比低的缺点，在对重量敏感的空间应用上受到很大限制。从 20 世纪 80 年代开始，科学家就开始探索将薄膜型 GaAs 太阳能电池从衬底上剥离的技术，方法是先将制备好的薄膜型 GaAs 电池正面粘贴在玻璃上，再通过选择性化学腐蚀将 GaAs 衬底剥离掉(GaAs 衬底还可重复使用)，最后将剥离下来的几微米厚的 GaAs 薄膜电池转移到柔性的金属膜或聚合物膜上，获得超轻柔性 GaAs 薄膜太阳能电池。2006 年，日本夏普公司的 Takamoto 等在这一技术上首先取得突破，

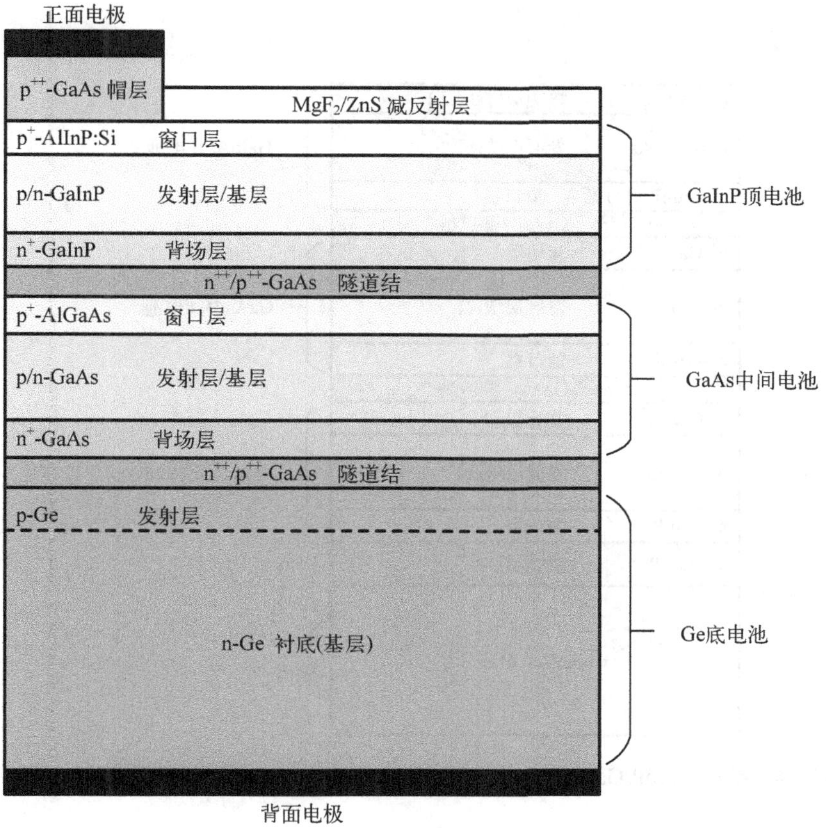

图 5-13 典型的 GaInP/GaAs/Ge 三结叠层电池的结构图

成功制备出了 AM1.5 效率达 28.5%的柔性 GaInP/GaAs 双结叠层电池，将 GaAs 太阳能电池功率质量比从 300W/kg 水平提高到 2600W/kg 以上。紧接着，2006 年，美国 NREL 的 Wanlass 等[13]用反向生长和衬底剥离技术制备出了柔性 GaInP/GaAs/GaInAs 三结叠层薄膜太阳能电池。该型电池的 GaInP、GaAs、GaInAs 的禁带宽度分别为 1.9eV、1.4eV、1.0eV 左右，接近理想值；在 10 倍 AM1.5 太阳光照下，效率达到近 37.9%。图 5-14 显示了柔性 GaInP/ GaAs/GaInAs 三结叠层薄膜太阳能电池从 GaAs 衬底剥离前的结构图。图中，n^+-GaInP 为化学腐蚀层，用于剥离 GaAs 衬底；n^+-GaInP 组分渐变层起到 GaAs 与 GaInAs 之间结构缓冲层和窗口层的作用。图 5-15 给出了该电池的 *I-V* 特性曲线，结果显示该电池在 10 倍 AM1.5 聚光条件下，开路电压达 3.12V，填充因子达 88.2%，效率达 37.9%。

在 AM1.5 效率达 32%的 GaInP/GaAs/Ge 三结叠层太阳能电池获得巨大成功的影响下，科学家开始探索更多结的 GaAs 基叠层电池，以期在电池效率上获得更大的突破。人们发现，在 GaInP/GaAs/Ge 三结叠层太阳能电池结构中，三者的禁带宽度分别为 1.85、1.42 和 0.67，显然，GaAs 和 Ge 的禁带宽度相差过大，与太阳光谱匹配得并不是特别理想。因此，科学家开始探寻带隙在 1.0eV 附近、晶格常数与 GaAs 和 Ge 相近的电池材料，作为 GaAs 与 Ge 之间的子电池材料。最初尝试的材料是带隙为 1.12eV 的 Si，从 1998～2006 年，日本名古屋大学的 T.Soga、德国 FISE 的 J.Schone、美国 NREL 的 J.F.Geisz 等分别报道了外

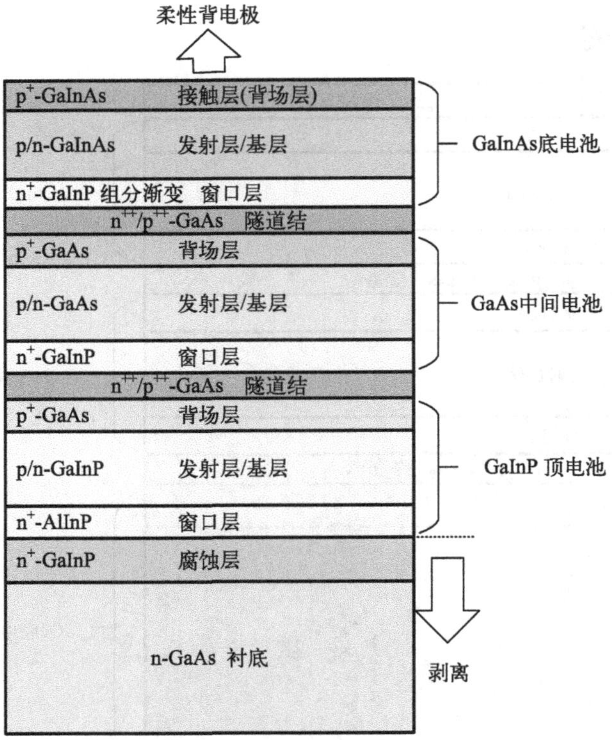

图 5-14　柔性 GaInP/GaAs/GaInAs 三结叠层薄膜太阳能电池剥离前的结构图[13]

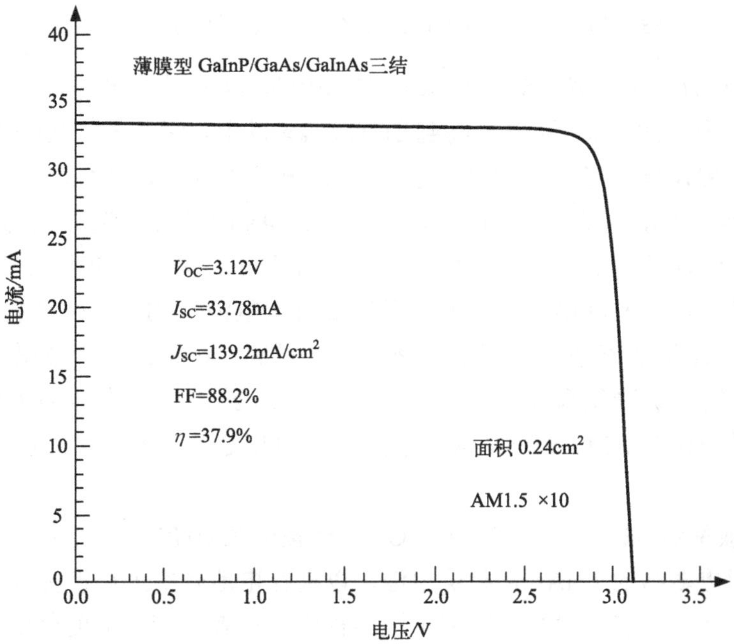

图 5-15　柔性 GaInP/GaAs/GaInAs 三结叠层薄膜太阳能电池的 *I-V* 特性曲线[13]

延生长 AlGaAs/Si、GaAs/Si、GaAsP/Si 等的 Si 与Ⅲ-Ⅴ族化合物之间的异质结技术，取得了一些进展，但由于 Si 与Ⅲ-Ⅴ族化合物之间的晶格差异太大，制作的单结和双结叠层太阳能电池效率都不高，因此，没有用于三结以上叠层电池。2006 年，德国 FISE 的 Dimroth 等[14]尝试采用同 GaAs 晶格匹配较好的带隙在 1.0eV 附近的 GaInAs、GaInNAs 等材料，并采用比 GaInP 带隙更宽的 AlGaInP 作为顶电池材料，同 Ge 衬底上的底电池一起构成了四至六结叠层太阳能电池。图 5-16 给出了这些在 Ge 衬底上制备的四至六结 GaAs 基叠层太阳能电池的结构示意图。不过四至六结叠层太阳能电池由于结构和生长工艺过于复杂，成本也大大增加，性价比不如三结叠层太阳能电池。目前，GaAs 基叠层太阳能电池的最高效率仍由三结叠层太阳能电池保持。

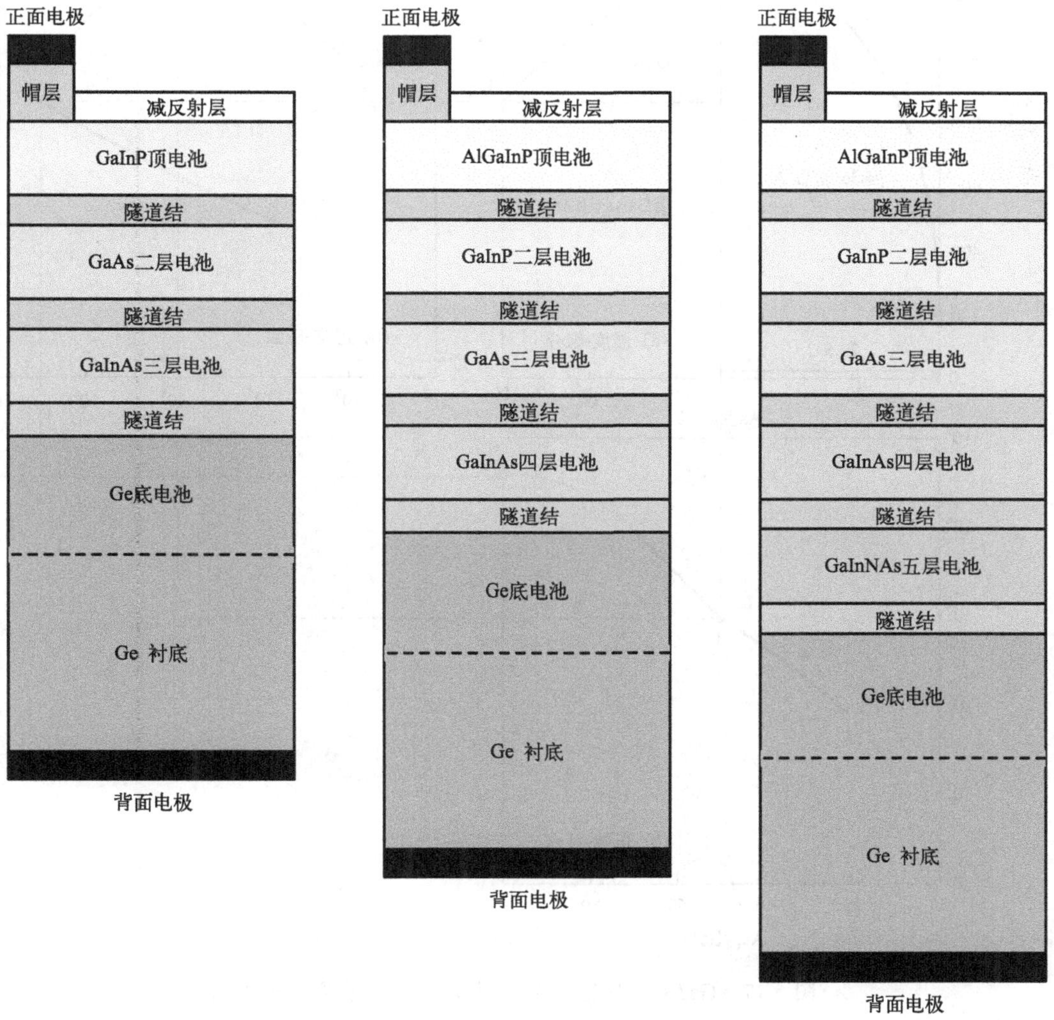

图 5-16　Ge 衬底上制备的四至六结 GaAs 基叠层太阳能电池结构示意图[14]

5.3　单晶 GaAs 的制备

GaAs 基薄膜太阳能电池大多是在单晶 GaAs 衬底上制备的，因此需要制备 GaAs 体单晶。GaAs 体单晶的制备一般需要经历两个过程，首先合成化学计量比为 1∶1 的 GaAs，然后生长成一定晶向的 GaAs 单晶，两个过程可以在同一设备内完成，有时候两个过程没有明显的界线。GaAs 的相图是温度-压力-成分图，如图 5-17 所示。从 GaAs 的相图可以看出，GaAs 的熔点高于 Ga 和 As 的熔点，而且 As 的蒸汽压较高，800℃左右达到 10^6Pa 以上，因此，GaAs 晶体生长时，为保持精确的化学计量比，需要保持 As 的平衡气压。GaAs 体单晶的生长通常可分为布里奇曼法和液封直拉法，下面将对这两种方法进行详细介绍。

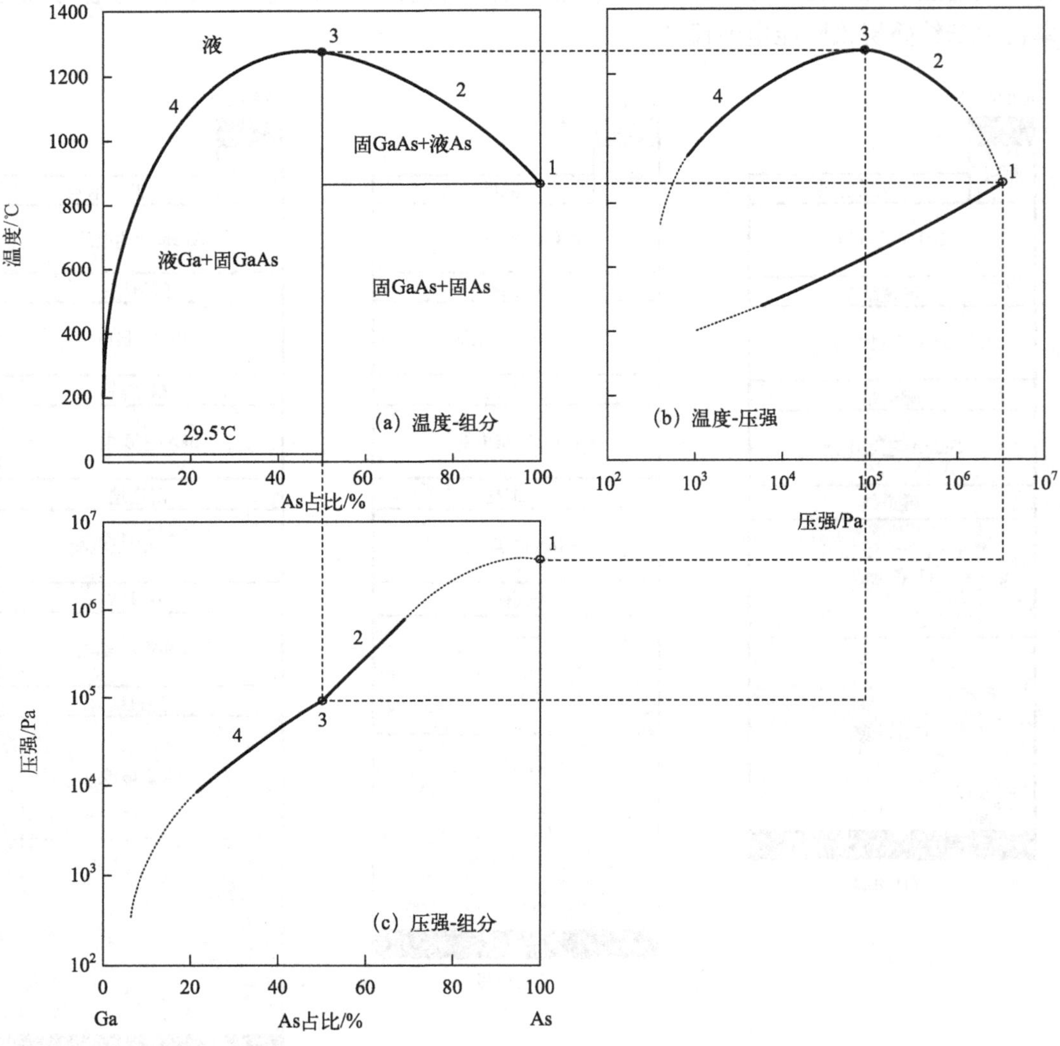

图 5-17　GaAs 的温度-组分、温度-压强和压强-组分相图

5.3.1　布里奇曼法制备 GaAs 体单晶

布里奇曼法实际就是区熔制晶方法，分为水平布里奇曼法(HB)和垂直布里奇曼法(VB)，两者晶体生长的物理过程是相同的，只是生长方向不同。3.4.1 节的区熔单晶硅就是通过 VB 方法制备的，而 GaAs 体单晶一般是通过 HB 方法制备的。HB 方法制备 GaAs 体单晶与 VB 方法制备区熔单晶硅除了晶体生长方向不同，最主要的区别是 GaAs 体单晶首先需要利用高纯 Ga 和 As 合成化学计量比为 1∶1 的 GaAs 多晶，然后生长成一定晶向

的单晶。两步可以在同一装置内完成，也可以分成两个装置进行。

图 5-18 显示了一个典型的 GaAs 体单晶生长装置示意图和横向温度分布图[1,15]。该装置可以在一个装置内完成 GaAs 多晶的合成和 GaAs 单晶的生长。在图 5-18 中，晶体生长炉分为炉 1 和炉 2 两部分；反应室是一个圆柱形石英管，中间有石英隔窗；位于炉 1 的反应室内放置高纯 As，保持 9×10^4Pa 的平衡砷压，As 的量比 GaAs 的标准化学计量比稍多；位于炉 2 的反应室内放置一个石英舟，石英舟内放置高纯 Ga。制备 GaAs 体单晶之前，首先需要在高真空下通过高温去除 Ga 和 As 因接触空气形成的氧化膜。此工艺步骤一般在 1.3×10^{-2}～6.6×10^{-2}Pa 真空下进行，As 在 280～300℃下热处理 2h，Ga 在 700℃下热处理 2h，可去除各自的氧化膜。去除氧化膜后，在真空中原位利用氢氧焰将反应室两端封闭；然后将中间石英隔层打破；位于炉 1 和炉 2 的两个反应室贯通，并与外界隔绝。去除氧化膜也可在其他专门装置中进行，然后放入 GaAs 体单晶生长装置加热炉内的反应室(石英管)中，如图 5-18 所示。

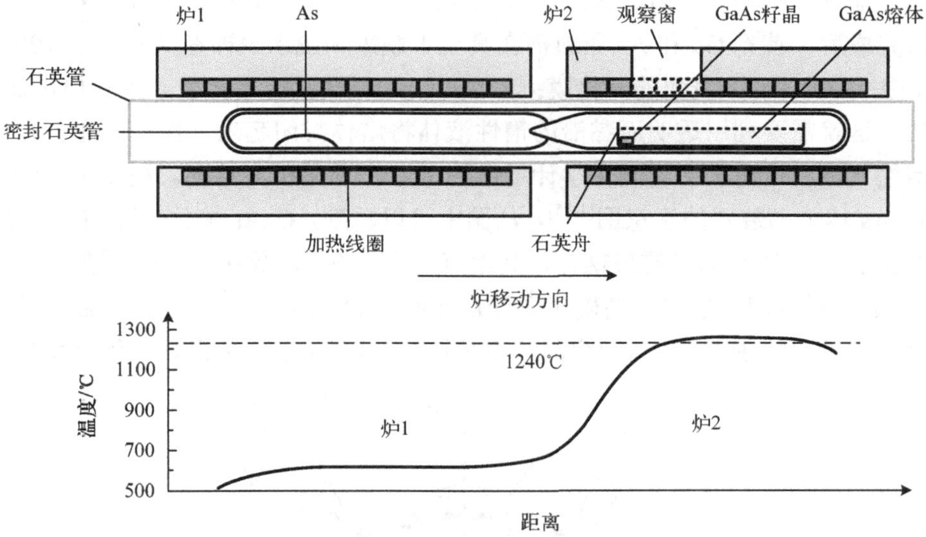

图 5-18　HB 方法制备 GaAs 体单晶的装置示意图和横向温度分布图

制备 GaAs 体单晶的第一步是合成多晶 GaAs，此步骤的工艺过程如下：炉 1 和炉 2 同时升温至 610℃，然后，炉 1 温度保持不变，炉 2 温度继续升高至 1250℃，此时，炉 1-反应室中的 As 蒸汽进入高温区中的炉 2-反应室，与 Ga 反应生成 GaAs 多晶。在 GaAs 多晶制备完成后，在同一反应室内进行第二步 GaAs 单晶的生长。生长 GaAs 单晶需要设置籽晶，一般有两种方法设置籽晶：一种是在装料时，在石英舟头部放置一个 GaAs 单晶籽晶；另一种是在晶体生长时，先让头部过冷，产生一个或几个晶粒，再通过择优生长，使其中一个晶粒能够长大成单晶。GaAs 单晶的生长过程是一个区熔过程，该工艺过程如下：先通过加热线圈使头部籽晶处的 GaAs 多晶形成一个很小的熔区，然后通过加热线圈控温或移动加热线圈或石英管使熔区从头部籽晶处逐渐向尾部移动，直至全部 GaAs 多晶长成单晶。通常熔区移动速度约为 15mm/h。在 GaAs 单晶生长完成后，炉 2 首先降温至 610℃，然后炉 A 和炉 B 同时降温至室温。

HB 法生长 GaAs 单晶时，同 VB 法生长单晶硅一样，固液界面形状对单晶质量起到决定性作用。固液界面平坦或微凸有利于单晶生长，否则会导致晶体表面出现花纹，甚至生长成多晶。而 HB 法生长 GaAs 单晶时，GaAs 固液界面的形状主要由温度场决定。目前，HB 法生长 GaAs 单晶大多采用三温区技术，高温区的温度一般设置在 1245～1260℃，高于 GaAs 熔点，使其保持熔融状态；中温区的温度在 1120～1200℃，用来调节固液界面温度梯度，还可抑制温度过高引起的石英舟的 Si 杂质污染；低温区温度在 600～610℃，主要是使 As 的蒸汽压维持在平衡砷压附近，防止 GaAs 中 As 的挥发损失。

5.3.2　液封直拉法制备 GaAs 体单晶

HB 法制备 GaAs 单晶的石英舟不能太大，否则通过籽晶生长完整单晶会很困难，通常生长的 GaAs 单晶尺寸都比较小。要获得大直径的 GaAs 单晶，一般利用液封直拉法(LEC)来制备。LEC 法生长 GaAs 单晶的工艺过程与直拉单晶硅生长基本一样，即经历装料、熔化、种晶、缩颈、引颈、放肩、等颈和收尾步骤，最后获得 GaAs 单晶晶锭。不同之处在于：装料完成后，首先 Ga 和 As 原料需在真空下脱氧和脱水，即在高真空下 700℃左右热处理 2h，去除 Ga 和 As 表面的氧化膜；其次，GaAs 中的 As 易挥发，生长中需保持 As 的平衡气压，这就需要利用透明而黏滞的惰性液体将熔体封闭起来，惰性液态上方充入一定压力的惰性气体，这对长出精确化学计量比的 GaAs 单晶极为重要。图 5-19 给出了 LEC 法制备 GaAs 体单晶装置的示意图[1,15]。从图中可以看到，GaAs 熔体上面被惰性液体 B_2O_3 密封，B_2O_3 为无色透明的黏滞玻璃体，其熔点只有 450℃，故在 As 熔化前 B_2O_3 已经熔化将 Ga 和 As 原料封闭，以确保精确化学计量比的 GaAs 的合成和熔化。GaAs 单晶拉制过程中，可透过透明的 B_2O_3 液体观察晶体生长情况。B_2O_3 是一种很好的化合物半导体晶体

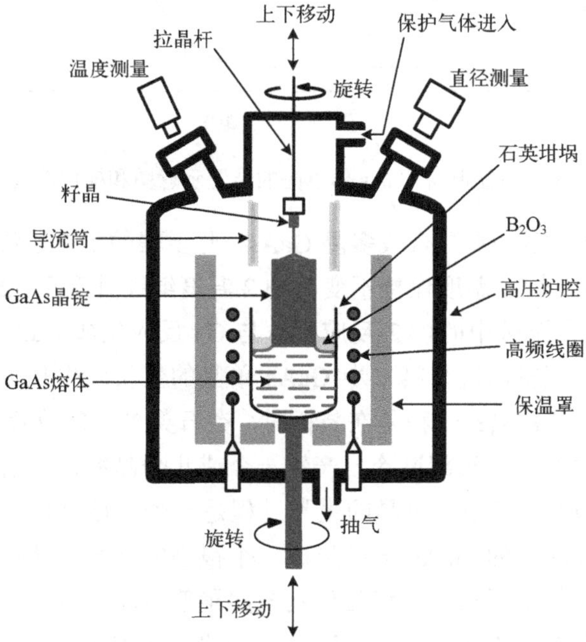

图 5-19　LEC 方法制备 GaAs 体单晶的装置示意图

生长的惰性液体密封材料，其化学稳定性好，高温下不与 GaAs 反应，且在 GaAs 中溶解度也小，容易提纯。B_2O_3 液封材料不仅应用于 LEC 法生长 GaAs 晶体，还应用于 LEC 法生长 InP、GaP 等晶体。利用 LEC 技术制备的 GaAs 单晶晶锭，最大直径可达 150mm，重量达到 14kg，其位错密度一般在 10^4～$10^5 cm^{-2}$，不会对太阳能电池性能造成明显影响。

5.4　GaAs 单晶薄膜的制备

通过 GaAs 体单晶扩散 Si、Se、Zn 等杂质制备的单结 GaAs 体电池，由于表面复合严重，电池效率很低，并且制备成本较高；因此，人们更多的是利用 GaAs 基单晶薄膜材料制备异质结太阳能电池，以消除表面复合，从而提高电池效率，并可降低生产成本。GaAs 基薄膜的制备包括同质外延(如 GaAs 衬底上生长 n 型或 p 型 GaAs 薄膜)和异质外延(如 GaAs 薄膜上沉积 AlGaAs 薄膜、Ge 衬底上外延制备 GaAs 薄膜)两种。早期，主要采用液相外延(LPE)技术；1990 年以后金属-有机化学气相沉积(MOCVD)和分子束外延(MBE)等先进技术开始被逐渐采用。MOCVD 和 MBE 制备的外延薄膜表面平整，各层成分(特别是三元以上化合物)和厚度可以精确控制，并可以制备电池的帽层，使得电池性能获得进一步提高。下面将对 LPE、MOCVD 和 MBE 技术制备 GaAs 基薄膜以及在 Ge、Si 衬底上制备 GaAs 单晶薄膜进行介绍。

5.4.1　LPE 技术制备 GaAs 单晶薄膜

1963 年，Nelson 首先提出 LPE 技术并将其应用于 GaAs 和其他Ⅲ-Ⅴ族化合物单晶薄膜的制备[16]。其基本原理是利用过饱和溶液中的溶质在衬底上析出外延生长薄膜。

LPE 制备 GaAs 单晶薄膜具有如下优点。

(1) 技术简单、生长速率高、掺杂剂选择范围广、毒性小。

(2) 由于生长是在近似热平衡条件下进行的，晶体薄膜的位错密度较低、质量较好。

(3) 温度较低，为 600～850℃，可避免容器对材料的污染。

LPE 制备 GaAs 单晶薄膜也具有以下一些缺点。

(1) 外延结束后，溶液和衬底分离比较困难。

(2) 表面形貌粗糙，表面复合速率高，从而影响电池性能。

(3) 生长多层薄膜时精确控制各层厚度比较困难，难以生长带帽层的复杂电池结构。

LPE 技术制备 GaAs 单晶薄膜的工艺过程如下：首先将 GaAs 溶解在 Ga 溶液(Ga 的熔点仅为 29.5℃)中形成饱和溶液；然后将 GaAs 饱和溶液覆盖在衬底表面形成一个稳定的溶液薄层；接着温度缓慢降低，GaAs 从饱和溶液析出，在衬底表面形成晶核；晶核逐渐长大并相连形成 GaAs 单晶层；单晶层继续外延生长，最终长成厚度从几百纳米到几百微米的 GaAs 单晶薄膜。

LPE 技术制备 GaAs 单晶薄膜的关键主要是控制 GaAs 溶液的过冷度和过饱和度，从而获得高质量薄膜。控制过冷度的方法有：渐冷生长，即溶液与衬底接触后，溶液温度逐渐降低，形成过冷度，再开始外延生长；一步冷却生长，即先将溶液温度降至 GaAs 液相线以下，然后让溶液与衬底接触，进行恒温生长；过冷生长，即先将溶液温度降至 GaAs

液相线以下，然后让溶液与衬底接触，再以一定速度降温，进行外延生长；恒温梯度生长，即溶质和衬底分别放置在溶液的上部和下部，溶质温度比衬底温度高，导致溶质穿过溶液在衬底上外延生长；电外延生长，利用电流流过溶液和衬底界面产生的佩尔捷(Peltier)效应，使溶液局部过冷而达到过饱和，从而实现外延生长。

LPE外延薄膜质量同外延溶液的过冷度、过饱和度、厚度、溶液组分梯度和温度梯度等都密切相关。溶液过冷度和过饱和度会影响表面成核过程和薄膜生长速率；溶液组分梯度会导致薄膜成分不均匀；温度梯度会引起的溶液对流，影响薄膜的平整度；生长溶液的厚度对薄膜外延时的表面状态和薄膜厚度与质量都有较大影响，采用薄层溶液有利于提高溶质在溶液中的过饱和度和均匀性，并有利于抑制溶液的对流，生长出优质薄膜。

LPE技术可以通过以下三种方式实现。

1) 倾倒式

该方式是将溶液直接倾倒在衬底表面进行外延，外延完成后，将多余液体流出。这种方式的外延层与溶液不易脱离干净，导致外延层厚度和均匀性不易控制，现在很少采用。

2) 浸渍式

将水平或垂直放置的衬底直接浸渍在溶液中，外延完成后，再取出衬底。该方式外延的薄膜厚度不易控制，且溶液消耗量很大，不利于成本控制，也较少采用。

3) 水平滑动式

该方式是将溶液置于可移动的石墨舟中，其底部开槽，放置在可反向移动的衬底上，通过石墨舟在衬底上移动来外延薄膜。外延时，外延液从溶液室底部浅槽挤进生长室，这样既搅拌均匀了外延液，又将溶液表面漂浮的沉积物留在余下的溶液室内。由于该方式溶液层的厚度较薄，消耗的溶液量较少，因而外延的薄膜质量较好，而且成本较低，在太阳能电池用GaAs单晶薄膜的制备中，该方式被广泛采用。该技术还可设计成多槽结构，每槽放置不同成分的溶液，进行多层膜的生长，如图5-20所示。

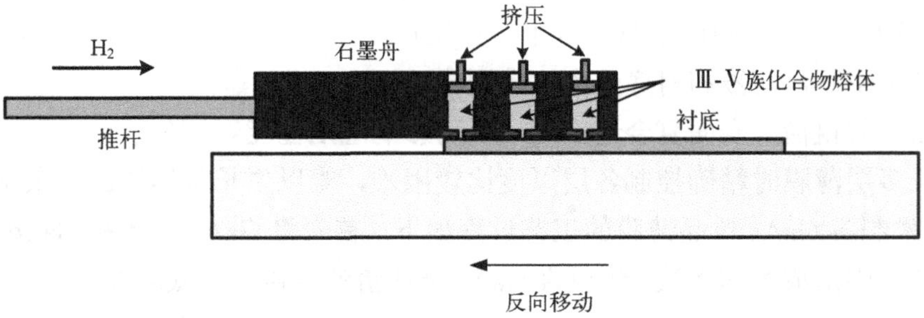

图5-20　水平滑移式LPE示意图

国内在20世纪80～90年代也开展了LPE制备$Al_xGa_{1-x}As$/GaAs/GaAs(衬底)同质和异质外延的研究，对水平滑动式LPE进行了技术上的改进，提出了一些新型的LPE设计，例如，能够同时生长20片样品的“多片LPE”以及“水平分离三室多片LPE”，实验室中制备出了高效$Al_xGa_{1-x}As$/GaAs单结太阳能电池。日本三菱公司和美国休斯飞机公司也采用垂直分离三室LPE方法，批量生产大面积GaAs太阳能电池。分离三室LPE装置的结构特点是有溶液室、生长室和脱 Ga 室三个室。外延时，生长室推进溶液室，外延液从溶液室底部浅槽挤入生长室；外延结束后，生长室拉回脱 Ga 室，外延液流入脱 Ga 室，使外延片表面的外延溶液因重力顺利地滑到脱 Ga 室内，由于溶液留在脱 Ga 室内，避免了污染；再次外延时，脱 Ga 室内的溶液可倒回溶液室，重复使用。该方法能保证所要求的外延薄层厚度和光亮的生长面。这种外延方法不仅操作方便、工艺简单易行，而且成本低、成品率高，适合进行批量生产。

5.4.2　MOCVD 技术制备 GaAs 单晶薄膜

MOCVD 又被称为金属有机气相外延（MOVPE），它是以氢气作为载气，通过Ⅲ或Ⅱ族金属有机物、烷基化合物或Ⅵ族氢化物在高温下分解，在衬底上沉积薄膜。从 20 世纪 60 年代末，MOCVD 技术开始被用于 GaAs 同质外延，在 20 世纪 70 年代又发展了 MOCVD 异质外延 AlGaAs 薄膜，20 世纪 80 年代后 MOCVD 被用于制备各种Ⅲ-Ⅴ族及Ⅱ-Ⅵ族化合物薄膜[15]。

MOCVD 制备 GaAs 单晶薄膜是利用氢气为载气，用三甲基镓（TMGa）或三乙基镓（TEGa）和砷烷（AsH_3）为原材料，在反应室内相互作用分解，然后在衬底上制备外延薄膜。其总反应式为

$$(CH_3)_3Ga + AsH_3 \longrightarrow GaAs + 3CH_4 \tag{5-1}$$

实际反应比较复杂，一般认为，当 TMGa 和 AsH_3 被带入反应室，在输运过程中和扩散到衬底上后，首先生成的是 $(CH_3)_3Ga\text{-}AsH_3$ 络合物，然后逐渐释放出 CH_4，生成聚合物 $(GaAs)_n$（n=5～70），最后通过在加热的衬底上形成 GaAs 单晶薄膜。更具体的反应式为

$$Ga(CH_3)_3 \cdot S_1 + AsH_3 \cdot S_2 \longrightarrow (CH_3)_3GaAsH_3 \cdot S \tag{5-2}$$

$$(CH_3)_3GaAsH_3 \longrightarrow (CH_3)_2GaAsH_2 + CH_4(g) \tag{5-3}$$

$$(CH_3)_2GaAsH_2 \longrightarrow (CH_3)GaAsH + CH_4(g) \tag{5-4}$$

$$(CH_3)GaAsH \longrightarrow GaAs + CH_4(g) \tag{5-5}$$

式中，S_1、S_2、S 指不同类型的表面位置；$A\cdot S_i$ 指 A 在 S_i 处的表面络合物。

图 5-21 为制备Ⅲ-Ⅴ族化合物薄膜的 MOCVD 装置示意图。全部 MOCVD 装置包括气体处理系统、反应室、尾气处理系统和控制系统。各种金属有机源根据需要通过氢气带入反应室，三甲基镓（TMGa）被设定在恒温−12℃左右，其他金属有机源如三乙基铝（TEAl）、三甲基铟（TMIn）、二乙基锌（DEZn）等也被设定在合适的恒温下；同时，砷烷（AsH_3）、磷烷（PH_3）、硅烷（SiH_4）、硒化氢（H_2Se）等气体也会根据需要通入。通过气体质量流量计控制载入 TMGa、TEAl 和 DEZn 的 H_2 流量，可以控制沉积薄膜中的 Ga/Al 计量比和 Zn 的掺杂量；通过控制 AsH_3、PH_3 和 SiH_4 流量，可控制沉积薄膜中的 Ga/As、In/P 计量比以及 Si、Se 的掺杂量。对于在 GaAs 衬底上同质外延生长 GaAs 单晶薄膜，反应室中的衬底首先被预加热至 780℃左右，以去除衬底表面氧化层；生长温度设定在 680～730℃；生长速率为 0.05～1μm/min。一般通过控制 TMGa 的载气量，即 TMGa 的分压来控制生长速率，并通过相应地控制 AsH_3 的流量来保证外延薄膜中的 Ga/As 计量比。TMGa/AsH_3 分压比会影响 GaAs 外延薄膜的导电类型，贫 Ga 或贫 As 会导致外延膜呈 p 型或 n 型导电。

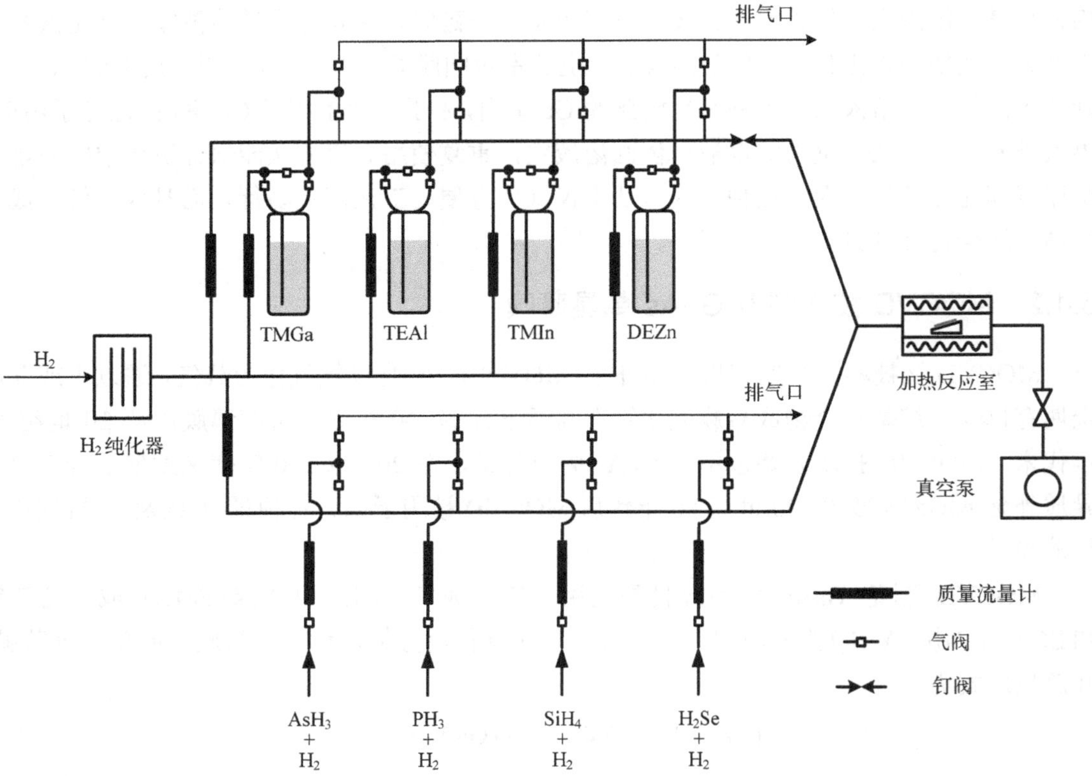

图 5-21　制备Ⅲ-Ⅴ族化合物薄膜的 MOCVD 装置示意图

MOCVD 的反应室一般由石英构成，内置石墨或 SiC 基座放置衬底，利用射频感应、红外辐射、电阻加热等方式对衬底进行加热。根据不同的设计，MOCVD 的反应室大致分为垂直和水平两种类型。图 5-22 给出了三种典型的 MOCVD 反应室，其中图 5-22(a)和(b)为立式，图 5-22(c)为水平式。MOCVD 可分为常压(AP-MOCVD)和低压(LP-MOCVD)两种形式。其中，LP-MOCVD 更为常用，它具有生长温度低、污染少、电子迁移率高、浓度和组分分布曲线陡峭、寄生反应少等优点。LP-MOCVD 制备 GaAs 单晶薄膜的典型工艺参数为：反应室压力为 0.1bar，气体总流量为 1L/min，AsH_3 流量为 10mL/min，TMGa 温度为−12℃，生长温度为 575～600℃，生长速率为 55nm/min。

与 LPE 相比，MOCVD 制备的 GaAs 薄膜结晶质量好，表面平整，组分、厚度、掺杂浓度都比较容易精确控制。而且 MOCVD 对材料源的适应性强，利用不同金属有机源气化可制备不同的薄膜材料，易于实现多层甚至超薄层量子阱结构，如利用氢气将 TMAl 同时带入反应室就可以制备 AlGaAs 窗口层，容易制备超薄层的隧道结等。在 p-AlGaAs/p-GaAs/n-GaAs 和其他Ⅲ-Ⅴ族化合物薄膜太阳能电池制备过程中，为了避免高金属组分的三元以上化合物与空气接触氧化形成金属氧化物(如 Al_2O_3、In_2O_3 等)高阻膜，同时实现与正面电极间良好的欧姆接触并阻止电极金属扩散到电池内，p^+-GaAs 帽层已被普遍采用(见 5.2.2 节中的电池结构图)。p^+-GaAs 帽层的制备方法一般是：在同一 MOCVD 系统内，在窗口层上再外延一层重掺 GaAs，然后制备金属电极，再通过选择性化学腐蚀将窗口层 AlGaAs 露出。而 LPE 技术很难实现难度较高 p^+-GaAs 帽层的制备，因此，随着带帽层的 GaAs 电池结构被广泛采用，MOCVD 在 GaAs 和其他化合物薄膜太阳能电池制备中逐渐成为主流技

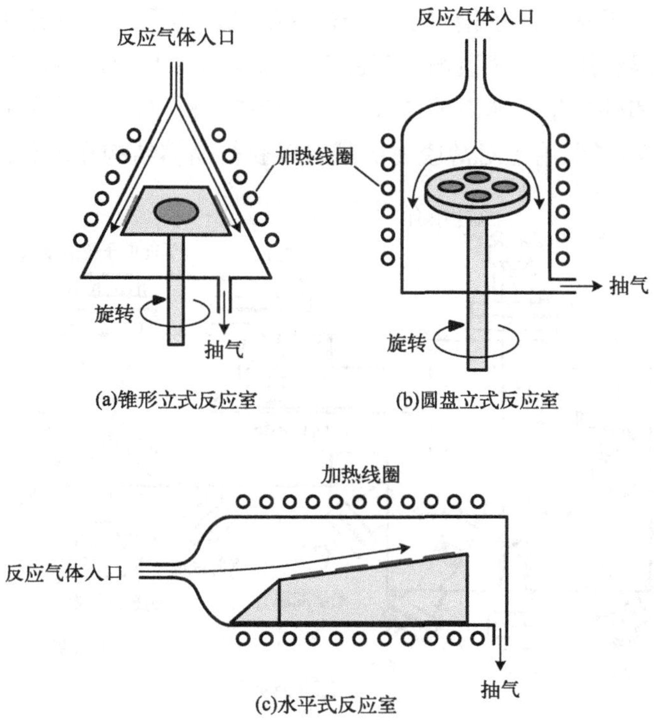

图 5-22 MOCVD 的锥形立式、圆盘立式和水平式反应室

术，获得广泛的应用。当然，MOCVD 技术的设备昂贵、技术复杂，特别是大多金属有机源和 AsH_3 都有剧毒，且易燃，需进行高标准的安全保护和尾气处理，造成电池的综合成本相对较高。

5.4.3 MBE 技术制备 GaAs 单晶薄膜

同 MOCVD 一样，MBE 也是一种先进化合物薄膜外延生长技术。从 20 世纪 70 年代开始，MBE 技术开始被用于各类化合物半导体薄膜的外延生长，推动了量子阱激光材料、超晶格材料、二维电子气等领域的研究，获得了很大的成功。在 20 世纪初，MBE 也开始加入 GaAs 基太阳能电池的制备。MBE 技术的基本原理同真空蒸镀技术相似，即通过加热原材料，将其蒸发沉积在衬底上形成薄膜。两者的区别在于 MBE 的真空度要高得多，原材料的蒸发速率要慢得多。MBE 技术是在超高真空（$<10^{-8}$Pa）的沉积室内，用合适的温度加热各个原材料使其慢速蒸发，蒸发出的原子或分子在无相互作用的情况下到达衬底沉积，实现单晶薄膜的外延生长（生长速率约为 1μm/h），例如，用不同温度加热 Ga 和 As，使其蒸发到 Ge 衬底上外延生长 GaAs 单晶薄膜。这就要求蒸发源与衬底之间的距离远小于它们的平均自由程，且一般需要在低温环境下（液氮冷却）生长，以使原子或分子到达衬底后处于稳定的状态，保证薄膜的有序生长。图 5-23 给出了用于单晶化合物薄膜外延生长的 MBE 装置的示意图。图中，中间为装片室，衬底装入后可在超高真空环境下向左、右两侧的薄膜生长室和样品分析室转移；左侧为薄膜生长室，其中，液氮冷却体环绕衬底周围以保证低温生长环境，高能反射电子衍射谱仪（RHEED）和四极质谱仪用于在线监测外延生长薄膜

的晶体结构和成分，固态源离子枪用于离子注入掺杂，电子束蒸发源和其他源室用于原材料的蒸发，光学高温计用于在线监测衬底温度；右侧为样品分析室，其中，低能电子衍射谱仪用于分析衬底和外延生长薄膜的晶体结构，能量分析器同 X 射线源和电子枪结合可分析薄膜的成分，Ar 离子源用于对薄膜逐层溅射以获得晶体结构和成分的深度分布信息。

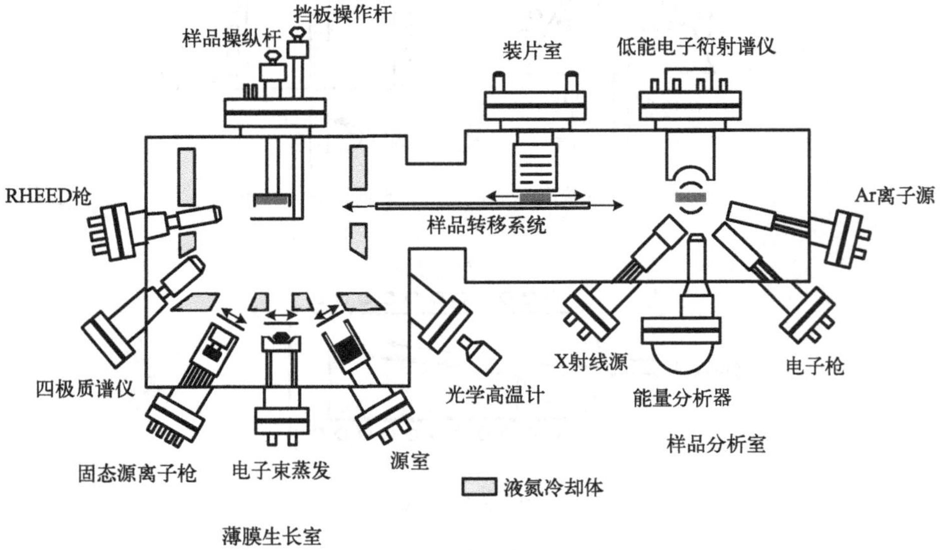

图 5-23　用于单晶化合物薄膜外延生长的 MBE 装置的示意图

同 MOCVD 一样，MBE 可制备复杂的多层、多组分 GaAs、AlGaAs 等Ⅲ-Ⅴ族单晶薄膜，特别是在 Ge、Si 衬底上异质外延 GaAs 单晶薄膜的研究中发挥了很大的作用，例如，通过制备应变超晶格(SLS)来消除晶格失配引起的位错。但是，MBE 的设备复杂、价格昂贵，而且生长速率很慢，不利于实现产业化；此外，MBE 制备的 GaAs 基太阳能电池也不如 MOCVD 制备的同样太阳能电池的效率高，这可能同两者的生长机制不同有关，一般化学气相沉积薄膜比物理气相沉积薄膜的结晶质量更好。

5.4.4　Ge、Si 衬底上外延制备 GaAs 薄膜材料

虽然<100>晶向的 GaAs 体单晶是 GaAs 外延单晶薄膜的最佳衬底材料，但由于 GaAs 体单晶制备成本很高，因此人们尝试寻找其他可替代的廉价衬底材料。单晶硅首先映入人们的眼帘，单晶硅同 GaAs 体单晶相比，具有密度低、晶片尺寸大、机械强度高、散热性好、成本低等优势。单晶硅的密度只有 GaAs 体单晶的 44%，更有利于空间领域的利用；单晶硅片的尺寸比 GaAs 晶片大一倍以上，有利于批量电池制备；单晶硅的硬度比单晶 GaAs 高 50%，抗断裂强度是单晶 GaAs 的 2.5 倍，具有更高的机械强度，更易于加工成较薄的晶片；Si 的热导率是 GaAs 的 3.2 倍，在 Si 衬底上制备的器件的散热性更好；最重要的是，单晶硅片价格仅为单晶 GaAs 片的 1/25～1/30，可以大幅度降低电池的综合成本。但是单晶硅的晶格常数与 GaAs 和其他Ⅲ-Ⅴ族化合物相差较大(与 GaAs 相差 4%)，它们之间的热胀系数也相差很大(与 GaAs 相差 2 倍左右)。尽管采用缓冲层、SLS、循环热处理(TCA)等技术，但是在单晶 Si 衬底上生长的 GaAs 单晶薄膜的失配位

错密度仍然较高(10^6～10^7cm^{-2})，如果应用于太阳能电池，由于在电池制备过程中还会引入较大的热应力，将会导致更多位错产生。因此，Si 衬底上生长 GaAsAl、GaAs、GaAsP 等Ⅲ-Ⅴ族化合物单晶薄膜目前主要还是限于实验室研究，应用于 GaAs 基太阳能电池还有很大的距离。

鉴于 Si 衬底上制备 GaAs 薄膜遇到的困难，从 20 世纪 80 年代开始，人们将目标转向晶格常数与 GaAs 相近的单晶 Ge。单晶 Ge 的性质与单晶 Si 具有很多相似性，在单晶 Ge 衬底上制备 GaAs/Ge 太阳能电池具备以下优点。

(1) Ge 的晶格常数与 GaAs 非常接近(晶格失配仅 0.07%)，热胀系数也相近，因此 Ge 上外延 GaAs 薄膜的晶格失配小、薄膜质量高、缺陷密度低。

(2) Ge 的机械强度是 GaAs 的 2 倍左右，在太阳能电池制备过程中，不易破碎，可增加成品率。

(3) 自然界中 Ge 相对丰富，制备成本相对也低，价格是 GaAs 的 40%。

(4) 单晶 Ge 的带隙为 0.67eV，可以作为叠层电池的底电池。

但是，在单晶 Ge 衬底上制备 GaAs/Ge 太阳能电池也存在以下问题。

(1) GaAs 和 Ge 的界面会形成寄生的 p-n 结，使界面成为有源界面，导致电池性能下降。如果这一寄生 p-n 结的极性与 GaAs 电池 p-n 结的极性相反，会导致电池开路电压 V_{OC} 下降；而如果寄生 p-n 结的极性与 GaAs 电池 p-n 结的极性相同，由于寄生 p-n 结的电流较小，也会导致电池的短路电流 I_{SC} 减小。

(2) Ge 的温度系数较大，使得 GaAs 太阳能电池的耐热性降低。

(3) 在非极性的 Ge 衬底上生长极性 GaAs 材料极易在薄膜中形成反相畴、螺型位错和界面扩散，形成强的散射中心和复合中心的深能级缺陷，而且会使外延薄膜表面形貌粗糙，导致电池的力学性能和工艺均匀性变差，影响 GaAs/Ge 太阳能电池的效率。

在 Ge、Si 衬底上进行 GaAs 单晶薄膜外延生长，用 LPE 技术无法实现，因为 Ge、Si 在 LPE 生长的高温下几乎会完全被液态 Ga 溶解，因此，在 Ge、Si 衬底上外延生长 GaAs 单晶薄膜主要是利用 MOCVD 技术[17,18]。之后，MBE 技术也被用于研制 GaAs/Ge 太阳能电池，但考虑制备成本，MOCVD 在商业化生产上的潜力更大。克服 GaAs/Ge 界面的寄生 p-n 结的方法有两步生长法，该法首先在较低衬底温度(如 600～630℃)下慢速(如 200nm/h)生长一层 GaAs 薄层(如 1000Å)，以阻挡后续高温过程中 Ga 在 Ge 中的扩散形成 p 型掺杂，同时也可作为缓冲层，改善 GaAs/Ge 间的晶格匹配；然后在稍高一些的衬底温度(如 680～730℃)下快速(如 4μm/h)生长较厚的 GaAs 基区层(3.2μm)。消除寄生 p-n 结、反相畴、螺型位错和界面扩散方法，还有插入过渡层方法，如在 GaAs/Ge 间插入 50nm 厚的 $Al_{0.16}Ga_{0.84}As$ 过渡层，以改善晶格匹配，阻挡界面扩散，从而提高了 GaAs/Ge 太阳能电池的效率。研究还发现，单晶 Ge 衬底表面以偏向(001)面 6°为佳，可以消除反相畴，改善外延层形貌，但其机理仍不清楚。还有一种消除在单晶 Si 衬底上外延生长 GaAs 薄膜形成的反相畴的方法也可用于单晶 Ge 衬底，即在 AsH_3 气氛中对单晶 Ge 衬底进行高温清洗，通过 As 的作用消除了 Ge 衬底表面的单台阶结构，从而避免反相畴的形成。

5.5 GaAs 晶体中的杂质和缺陷

5.5.1 GaAs 晶体的掺杂

GaAs 的本征载流子浓度仅为 $1.3\times10^{6}cm^{-3}$，为控制 GaAs 晶体的导电类型和电阻率，需要对其进行掺杂。Ga 和 As 分别为Ⅲ和Ⅴ族元素，其原子量分别为 69.72 和 74.92。一般情况下，p 型掺杂剂可以选择Ⅱ或Ⅳ族原子量相近的浅能级元素，分别替换 Ga 或 As 原子；n 型掺杂剂选择Ⅵ或Ⅳ族原子量相近的浅能级元素，分别替换 As 或 Ga 原子。表 5-3 给出了适于 GaAs 晶体的掺杂剂以及它们在 GaAs 晶体中的导电类型和能级位置[1,15,19,20]。表中能级为正代表受主能级(A)，其值为价带之上的缺陷能级相对位置；反之则为施主能级(D)，其值为导带之下的缺陷能级相对位置。由于掺杂原子处于替位位置，因此掺杂原子的尺寸最好同被替换的原子相近，这样，一方面易于掺杂，另一方面不易引起晶格畸变导致缺陷产生。同时，也需要注意掺杂剂不要过量，以免造成晶体中杂质聚集产生局部沉淀，影响材料的电学性能。所以，GaAs 晶体掺杂的基本原则可概括为以下三点。

表 5-3 不同掺杂剂在 GaAs 晶体中的类型和能级位置

族	元素	原子量	导电类型	能级/eV
ⅠA	Li	6.94	A	+0.023 +0.044 +0.143 +0.23 +0.51
ⅡA	Be	9.01	A	+0.028
	Mg	24.31	A A D	+0.028 +0.125 −0.03
ⅡB	Zn	65.39	A	−0.03
	Cd	112.4	A A	+0.035 +0.4
ⅣA	C	12.01	A	+0.4
	Si	28.09	D	−0.0059
	Ge	72.61	D A A	−0.0059 +0.04 +0.08
	Sn	118.7	D A	−0.0058 +0.17
	Pb	207.2	D	−0.0058
ⅥA	O	16.00	D D A	−0.17 −0.4 +0.63
	S	32.07	A	−0.0059
	Se	78.96	D A	−0.0059 +0.53
	Te	127.6	D A	−0.0059 +0.03
ⅦB	Mn	54.94	A	+0.012 +0.109

(1)掺杂原子在晶体中的杂质能级符合要求。

(2)掺杂原子的尺寸同被替换的原子尺寸相近。

(3)掺杂浓度在满足器件要求的情况下尽可能低。

此外，不同 GaAs 晶体生长方式，需要采用不同掺杂剂；不同用途的 GaAs 晶体，其掺杂剂也有所不同。

1. GaAs 体单晶的掺杂

对于 GaAs 体单晶的掺杂，水平布里奇曼法和液封直拉法所用的掺杂剂是不同的。GaAs 体单晶的掺杂一般是将一定量的掺杂剂混入原料之中进行生长，掺杂剂用量与晶体生长方式密切相关，主要应用一些经验公式对用量进行计算。

对于水平布里奇曼生长的 GaAs 单晶，所需掺杂剂的质量为

$$m = K\frac{nMA}{N_0 d} \tag{5-6}$$

式中，A 为掺杂剂的摩尔质量；M 和 d 为 GaAs 的质量和密度；n 为期望的载流子浓度；N_0 为阿伏伽德罗常量；K 为经验修正系数。对于 Sn、Se、Zn，其 K 值分别为 20、10～20、10～15。

对于液封直拉法生长的 GaAs 体单晶，不同掺杂剂需要不同的经验公式，其掺杂量与掺杂剂的蒸发系数、分凝系数、晶体生长条件等都密切相关。

对掺杂剂 Te 的经验公式为

$$n = 1.85\times 10^{18} m_0 - 0.62\times 10^{18} \tag{5-7}$$

对掺杂剂 Se 的经验公式为

$$\lg n = 16.83 + 0.2 m_0 \tag{5-8}$$

式中，n 为期望的载流子浓度；m_0 为所需要的掺杂杂质的质量占比，其值为 1g 的 GaAs 中应掺杂的杂质毫克数。需要注意，用液封直拉法生长 GaAs 体单晶，Si 是不能用作 n 型掺杂剂的，因为 Si 会和液封物质 B_2O_3 反应，从而引入大量 B 污染。

2. GaAs 单晶薄膜的掺杂

对于太阳能电池用 GaAs 单晶薄膜，n 型掺杂剂有 Si、Se、Te 等，p 型掺杂剂有 Zn、Mg、C 等，最常用的 n 型和 p 型掺杂剂是 Si 和 Zn。例如，在 LPE 生长 GaAs 薄膜时，将 p 型掺杂剂 Mg 或 Zn 掺入原料溶解在 Ga 母液中，可在外延膜中掺 Mg 或 Zn，实现 p 型掺杂；或将 n 型掺杂剂 Se 或 Te 溶解在 Ga 母液中，在外延膜中掺 Se 或 Te，实现 n 型掺杂。在 MOCVD 生长 GaAs 薄膜时，可以用 SiH_4 或 H_2Se 作为气体源混入反应气体，掺 Si 或 Se 实现 n 型掺杂；也可以用二乙基锌(DEZn)或二甲基锌(DMZn)作为金属有机源被 H_2 载入，或用 CH_4 作为气体源，掺 Zn 或 C 实现 p 型掺杂。

Si 作为常用的 n 型掺杂剂，当其掺杂浓度小于 $1\times10^{18}cm^{-3}$ 时，Si 原子会全部替代 Ga 原子，起施主作用，此时 Si 的掺杂浓度与电子浓度一致；而当其掺杂浓度大于 $1\times10^{18}cm^{-3}$

时，部分 Si 原子将替代 As 原子，起受主作用，对 n 型半导体进行补偿，导致电子浓度偏离原有的线性关系，如图 5-24 所示。

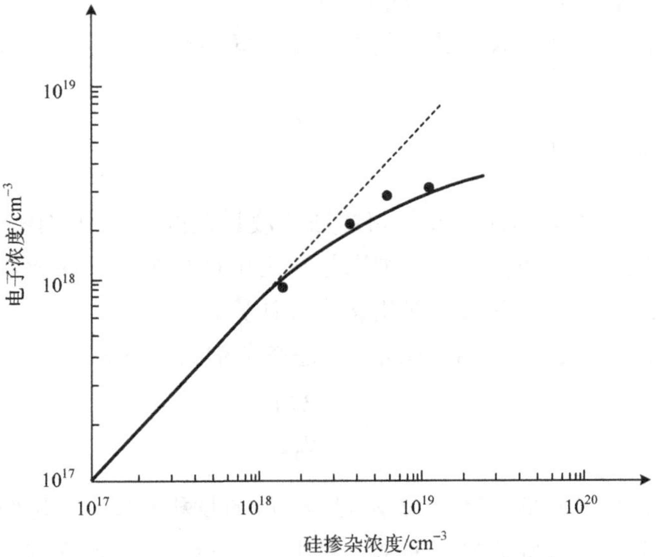

图 5-24　GaAs 晶体中 Si 的掺杂浓度与电子浓度的关系[15]

利用 MOCVD 生长 GaAs 薄膜时，由于反应气源中有金属有机化合物，因此 C 成为无法避免的主要杂质之一。早期制备 GaAs 薄膜时，将 C 作为污染物，尽量减少其浓度，以减少对薄膜性能的影响。后来人们发现 C 也可作为 GaAs、AlGaAs 等Ⅲ-Ⅴ族化合物薄膜的 p 型掺杂剂，具有优异的掺杂特性及很好的应用前景。

与 GaAs 晶体的传统受主杂质 Zn、Mg 等相比，C 具有以下两项独特的优点。

(1) 掺杂浓度高，且活化率高，载流子浓度最高可达 10^{21}cm^{-3}。

(2) 扩散系数低，热稳定性好，其在 800℃下，在 GaAs 晶体中的扩散系数仅为 10^{-16}cm^2/s，比 Zn 低 4 个数量级，这样有利于精确控制 p-n 结位置，获得陡峭掺杂界面。

由于 C 的以上优异掺杂特性，其非常适合作为 GaAs 基叠层电池中隧道结的 p 型掺杂剂。例如，在 GaInP/GaAs 叠层电池结构中，需要重掺的超薄 p^+/n^+-GaAs 隧道结作为两级电池的连接，隧道结很薄、掺杂浓度高、p^+/n^+掺杂界面陡峭，且需要在电池制备全部工艺过程 (700℃左右，近 1h) 中仍能保持良好的隧道结特性，此时 Zn、Mg 等都难以满足要求，C 成为难得的 p^+/n^+-GaAs 隧道结的 p 型掺杂剂。

5.5.2　GaAs 晶体中的其他杂质

由于 GaAs 体单晶和薄膜单晶的原材料和制备工艺比较复杂，GaAs 晶体的纯度一般比晶体硅要低，可能含有多种杂质。与晶体硅不同，这些杂质对材料性能的影响除了它们自身的性质还取决于它们在 GaAs 晶体中的位置。GaAs 晶体中的杂质原子可能位于晶格的间隙，也可能替代 Ga 或 As 原子，占据晶格中 Ga 或 As 原子的位置。这里统一将杂质 I 在 GaAs 晶体中位置用 I_i、I_{Ga} 和 I_{As} 标示，它们分别表示杂质 I 处于间隙位置、替代 Ga 原子位置和替代 As 原子位置。实际上，杂质在 GaAs 中的性质比较复杂，除了本身占据不同晶格位置，表现出不同性质，它们还可能与缺陷作用，形成各种复合体，更是表现出不同性质。

对于少量的 Al、In、B 等Ⅲ族元素，它们在 GaAs 晶体中一般替代 Ga 原子，价电子数目不变，对材料电学性能没有影响；同样，对于少量的 P、Sb、N 等Ⅴ族元素，在 GaAs 中一般替代 As 原子，对材料电学性能同样也没有影响。当这些Ⅲ、Ⅴ族元素含量高时，如果配比合适，可与 GaAs 和其他Ⅲ-Ⅴ族化合物形成三元或四元化合物，如 $Al_xGa_{x-1}As$、$Ga_xIn_{x-1}P$、$Ga_xIn_{x-1}N_yAs_{y-1}$ 等，这时薄膜的带隙会改变；如果这些杂质浓度过量且不匹配就会引起沉淀，导致诱生位错、层错的产生，从而影响 GaAs 或其他Ⅲ-Ⅴ族化合物晶体或薄膜的性能。

对于 Li、Be、Zn、Mg 等Ⅰ、Ⅱ族元素(包括过渡族ⅡB 元素)或 Se、Te、S、Mn 等Ⅵ或Ⅶ族元素(包括过渡族ⅦB 元素)，在 GaAs 晶体中通常替代 Ga 或 As 原子，占据其晶格位置，呈浅受主或浅施主性质。这类杂质常被用于掺杂，这方面在 5.4.1 节中已经详细介绍过，这里不再赘述。

对于 C、Si、Ge、Sn、Pb 等Ⅳ族杂质，在 GaAs 中原则上既可替代 Ga 也可替代 As，也可同时替代两者，属于两性杂质。一般情况下，电负性高的 C 倾向于替代 As 而体现受主杂质性质，Si、Ge、Sn、Pb 都倾向于替代 Ga 而体现施主杂质性质，而且它们都是浅能级，适合作为掺杂剂。其中，Si 和 C 是重要的 n 型和 p 型掺杂剂，在 5.4.1 节中已有详细介绍。

与晶体硅一样，金属杂质特别是过渡金属杂质在 GaAs 中一般都是深能级杂质，有些还是多重深能级。例如，Cu、Ag、Au、Cr、Fe、Co 等都是深能级金属杂质，Cu、Cr、Fe、Co 等还具有多重深能级。与晶体硅不同的是，一些Ⅱ、Ⅳ和Ⅵ族浅能级杂质在极性 GaAs 晶体中可与晶格缺陷结合形成各种复合体，表现出深受主或深施主性质。表 5-4 和表 5-5 列出了一些深能级金属杂质和缺陷-杂质复合体在 GaAs 晶体中的类型和能级位置(不包括表 5-3 已列出的可用于 GaAs 晶体的掺杂剂)[1,15]。这些金属杂质或复合体浓度高时会影响载流子浓度，甚至使材料电阻率大大降低，浓度即使很低，也会作为少数载流子复合中心，影响少数载流子寿命，最终影响太阳能电池的效率。

表 5-4　一些深能级金属杂质在 GaAs 晶体中的类型和能级位置

族	杂质	类型	能级/eV	族	杂质	类型	能级/eV
ⅠB	Cu	A	+0.145	ⅥB	Cr	A	+0.57
		A	+0.44			A	+0.810
		A	+0.463	Ⅷ	Fe	A	+0.370
		A	+0.145			A	+0.520
		A	+0.44		Co	A	+0.540
		A	+0.463			A	+0.840
	Ag	A	+0.238			A	+0.530
	Au	A	+0.31			A	+0.420
ⅤB	V	A	+0.737				

表 5-5　一些深能级缺陷-杂质复合体在 GaAs 晶体中的能级位置

Ga 空位-施主杂质(辐射受主中心)		As 空位-受主杂质(辐射施主中心)	
施主杂质	能级/eV	受主杂质	能级/eV
Si	+0.332		
Ge	+0.312	Si	−0.94
Sn	+0.315	Ge	−0.57
S	+0.314	Zn	−0.143
Se	+0.287	Cd	−0.148
Te	+0.295		

5.5.3　GaAs 晶体中的缺陷

同晶体硅相比，GsAs 晶体的缺陷较多，由于 GsAs 晶体的结构、组成、性质比晶体硅复杂，其缺陷和杂质行为更复杂，目前仍没有很好地掌握这些缺陷和杂质的行为规律，但它们无疑会降低 GaAs 太阳能电池的光电转换效率。同晶体硅一样，GsAs 晶体中的缺陷包括点缺陷、位错、层错、体缺陷等，其中最重要的缺陷是点缺陷和位错。

1. GaAs 单晶中的点缺陷及其复合体

晶体硅中的点缺陷只有空位(V_{Si})和间隙原子(Si_i)两种，GaAs 中点缺陷要复杂得多。由于 GaAs 晶体是由 Ga 和 As 两种原子的面心立方套构而成的，其点缺陷的形式有空位(V_{Ga}、V_{As})、间隙原子(Ga_i、As_i)和反结构缺陷(Ga_{As}、As_{Ga})。此外，两种或两种以上的点缺陷，还可构成各种复合缺陷，如 $Ga_{As}V_{Ga}$、$As_{Ga}V_{As}$、$V_{Ga}V_{As}$ 等，特别是带相反电荷的缺陷，在移动过程中更易结合。图 5-25 形象地展示了 GaAs 晶体中的一些点缺陷和复合体。GaAs 晶体中，一般缺陷的形成能越低，其浓度越高。对于实际的 GaAs 晶体，V_{Ga} 和 V_{As} 是主要点缺陷，其中 V_{Ga} 的缺陷能级为+0.82eV，是研究最多的深能级点缺陷；另外，Ga_i、As_i、Ga_{As}、As_{Ga} 也是重要点缺陷。在一定温度下，不同点缺陷相互结合形成复合缺陷，复合缺陷亦可分解为单一点缺陷，其情况更加复杂。但按照质量作用定律，温度越高，复合缺陷浓度应该越低，单一点缺陷浓度则越高。目前，对 GaAs 晶体中缺陷的情况了解得还不够全面、清晰，仍需进行深入研究。

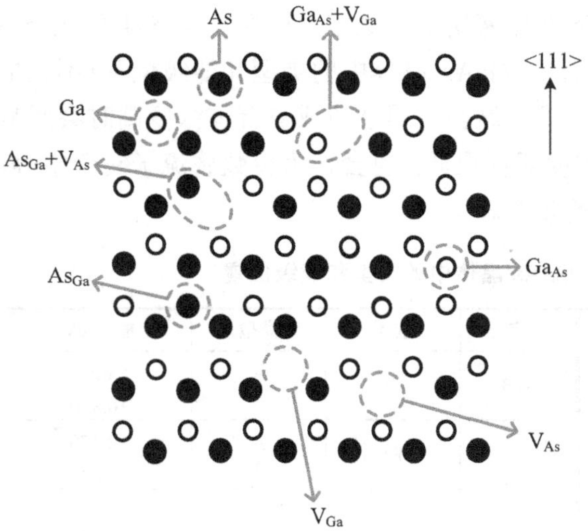

图 5-25　GaAs 晶体中的一些点缺陷和复合体

2. GaAs 晶体中的位错和层错

GaAs 晶体位错密度一般可达 10^4～10^5cm^{-2}，很难获得更低位错密度的 GaAs 晶体。晶体中的位错上布满了悬挂键，并可聚集杂质，是非辐射复合中心，会严重降低少数载流子的寿命，从而影响太阳能电池的效率。同晶体硅相比，GaAs 晶体的生长过程中更容易产生位错，控制不好甚至有可能产生层错；在后续器件制备的高温过程中，位错也有可能诱生出层错，严重影响太阳能电池的性能[1,21]。因此，在 GaAs 晶体生长过程中要尽可能降低位错密度。

GaAs 的基本性质决定了 GaAs 晶体相比硅晶体具有较高的位错密度。首先，GaAs 晶体的热导率较低，散热较慢，导致晶体生长时固液界面处的温度梯度较大，晶体中的热应力较大；其次，GaAs 晶体的临界剪切应力较低，在较低热应力下，就可以产生位错；最后，GaAs 晶体的二元组成较单质晶体材料更容易因为化学计量比失配或生长失序而产生点缺陷，点缺陷偏聚后也可能产生位错，而 GaAs 晶体中位错的滑移激活能较低，使得位错数目容易增加。

具体到 GaAs 晶体制备的工艺过程，GaAs 晶体中位错的主要来源有籽晶中的位错、晶体生长中的热应力、晶体加工中的机械应力。除了籽晶的质量和晶体加工过程，GaAs 晶体生长过程中有诸多因素影响位错的产生，如温度梯度、固液界面形状、晶体生长速率等。GaAs 晶体不同的生长方法，其位错产生的原因和控制位错的方法也不尽相同。例如，对 HB 法生长 GaAs 晶体，固液界面不平坦，会导致晶体表面出现花纹，内部产生晶界，因此需要通过调整温度场使固液界面的形状变得平坦或微凸以利于单晶的生长；对 LEC 法生长 GaAs 晶体，位错的产生与生长炉内的 As 压密切相关，随 As 压增加，晶体的位错密度增加，且晶体边缘的位错密度要高于中心区域，因此需要控制合适的 As 压，并减少横向温度梯度。此外，不同掺杂杂质和掺杂浓度也会影响位错的产生。过多的掺杂会在晶体中引起沉淀，在周围产生较大的应力，诱生新的位错和层错；而有些掺杂元素可以钉扎位错，抑制位错的增加。例如，在掺 Te 的 GaAs 晶体中，当 Te 浓度达到 $3\times10^{18}cm^{-3}$ 以上时，就会出现 Ga_2Te_3 沉淀；在掺 Si 的 GaAs 晶体中，Si 掺杂过量也会导致沉淀产生；高浓度掺 S 和掺 Zn 可抑制 GaAs 晶体中位错的增长，其中掺 S 的抑制作用更大。

5.5.4　GaAs 晶体的氢钝化

要克服 GaAs 晶体特别是异质外延生长的 GaAs 单晶薄膜中的位错、杂质和其他缺陷引起的太阳能电池性能的降低，一方面可以在晶体生长、器件制备等方面努力降低 GaAs 晶体中的缺陷，另一方面也可以通过氢钝化来消除各种缺陷的影响。同晶体硅一样，氢原子能够钝化 GaAs 晶体中位错和其他缺陷的悬挂键与杂质的电活性，从而提高 GaAs 太阳能电池的性能。

图 5-26 显示了用电化学 C-V 剖面仪获得的 n 型和 p 型 GaAs 薄膜在氢钝化前后的载流子浓度、深度分布。图中的 GaAs 薄膜是通过 MOCVD 方法在单晶 Si 衬底上异质外延生长而成的，厚度为 3μm。其中，p 型薄膜使用 DEZn 作为 p 型掺杂剂源；n 型薄膜是通过衬底的 Si 扩散，未经过人为掺杂。氢钝化是通过将样品在石英管中暴露于射频(13.56MHz)辉光放电产生的氢等离子体进行的，具体的氢钝化条件为：放电功率为 90W、气压为 0.1Torr、衬底温度为 250℃、处理时间为 1h。从图 5-26 可以看出，样品暴露于氢等离子体 1h 后，n 型和 p 型载流子浓度分别下降了 80%和 50%左右，说明氢对 n 型和 p 型杂质都具有很好的钝化能力。进一步测量上述 n 型 GaAs/Si 薄膜样品的深能级瞬态谱发现薄膜中的

缺陷态密度大大降低，如图 5-27 所示。从图 5-27 可以发现，经氢等离子体钝化的样品的深能级缺陷态密度明显降低，特别是在 0.44eV(ED1)附近的深能级热发射带几乎消失(ED1 电子陷阱归因于 Si 引起的位错复合体)。上述结果证明了氢的加入有效地灭活了 GaAs/Si 薄膜中的 Si-位错相关的非辐射复合中心。

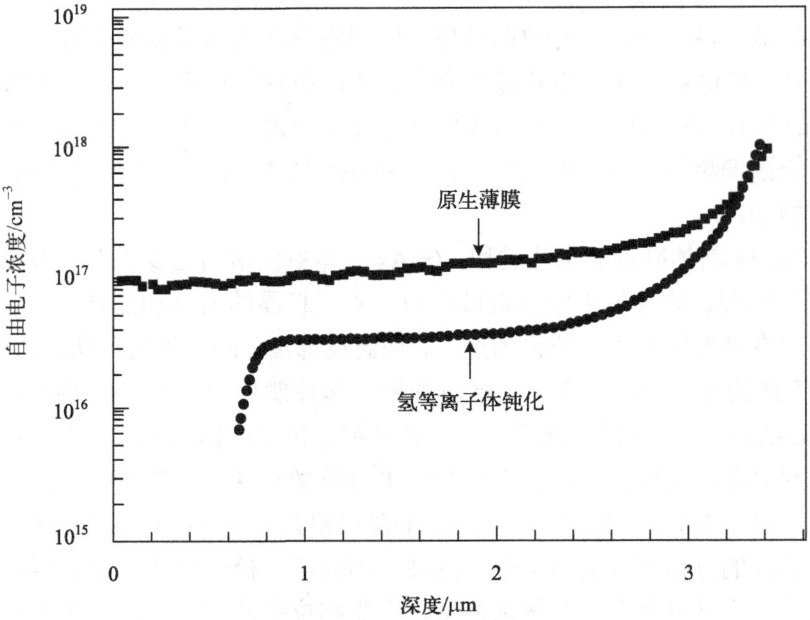

(a) n型

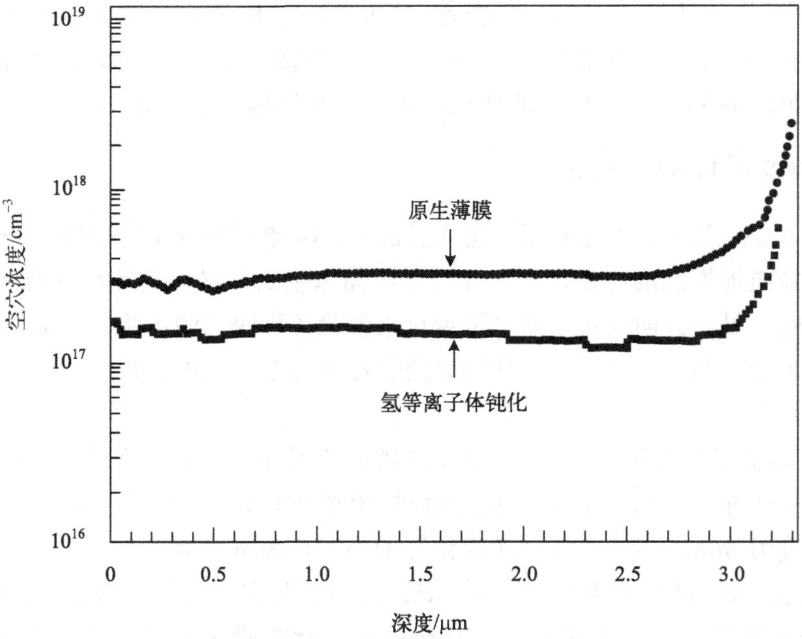

(b) p型

图 5-26　n 型和 p 型 GaAs/Si 薄膜在氢钝化前后载流子浓度的深度分布[22]

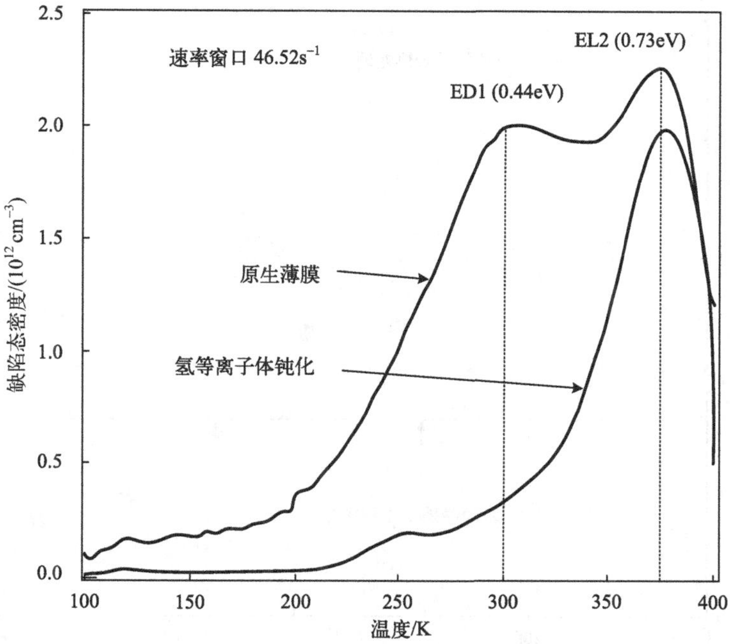

图 5-27　经氢等离子体钝化的 GaAs/Si 薄膜的深能级瞬态谱[22]

通常，氢钝化在 250～400℃的氢等离子体气氛中进行。研究表明，随氢钝化时间的延长和氢钝化的等离子体放电功率增加，GaAs 太阳能电池的效率逐渐提高，直至达到饱和，而后才缓慢降低；但在氢钝化过程中，氢等离子体也容易产生表面刻蚀，造成 GaAs 薄膜表面损伤和粗糙，并可能导致 As 的外扩散，在表面层形成高密度的 As 空位，反而引起太阳能电池效率降低。因此，为防止 As 的外扩散和降低表面损伤，GaAs 薄膜在氢钝化后往往要在 AsH_3/H_2 混合气体中进行热处理来补 As 和平滑表面，但最好热处理温度不要超过氢钝化时的温度，否则又会造成 H 的外扩散，导致氢钝化效果下降。图 5-28 显示了经过时间分辨光致发光衰变曲线获得的经过不同温度的 AsH_3/H_2 热处理后 AlGaAs/GaAs/Si 太阳能电池的少数载流子寿命的变化情况。图中的 AlGaAs/GaAs/Si 太阳能电池是通过 MOCVD 在 Si 衬底上先后外延生长 p^+-n-GaAs 基层、p^+-GaAs 发射层和 $Al_{0.8}Ga_{0.2}As$ 窗口层，在经过 250℃、0.1Torr、1h 的氢等离子体钝化后，再在 AsH_3/H_2 混合气体中进行不同温度的热处理。图中，虚线表示氢钝化之前 GaAs 薄膜中的少数载流子寿命，黑点为氢钝化之后以及经过不同温度热处理后的少数载流子寿命。从图中可看出，AlGaAs/GaAs/Si 薄膜经过氢钝化后，少数载流子寿命大幅提高；而在随后的 AsH_3/H_2 热处理中，从 380℃开始，随热处理温度提高，少数载流子寿命降低；在 450℃以上热处理后，少数载流子寿命反而低于未经氢钝化的 AlGaAs/GaAs/Si 薄膜。以上结果说明，氢钝化消除了薄膜中各种缺陷态形成的非辐射复合中心，使少数载流子寿命大幅提高 2.76 倍；而较高温度的补 As 热处理可能使薄膜中的氢产生快速的外扩散，随热处理温度提高，氢钝化的作用逐渐消失；在 450℃以上热处理后，氢钝化几乎全部消失，氢钝化过程中新产生的 As 空位、表面缺陷等的负面作用开始显现，从而使薄膜中的少数载流子寿命低于原生薄膜。也有研究表明，GaAs 薄膜在经过 450℃左右的氢钝化后，在随后低于 450℃的电池工艺中氢钝化效果是稳定的。

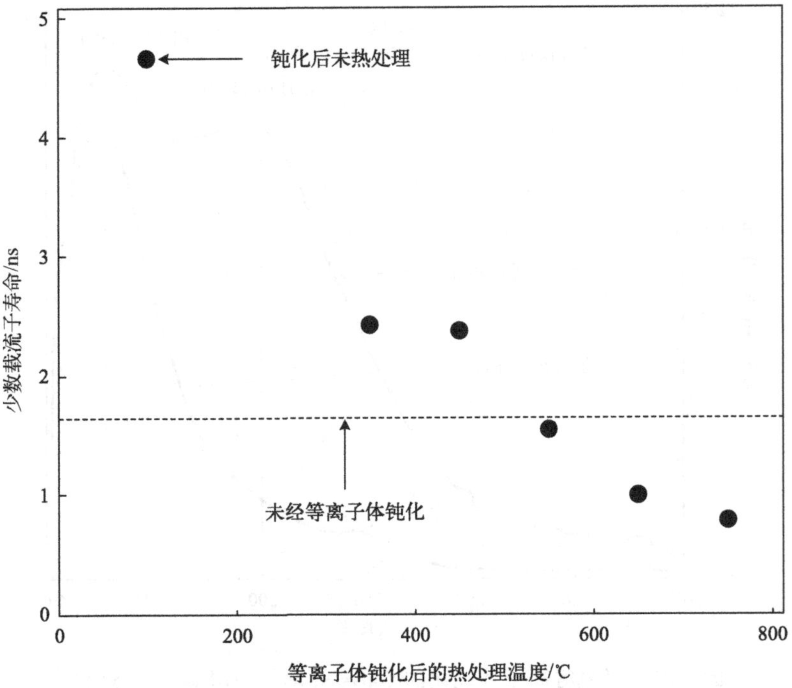

图 5-28　经过氢钝化和不同温度的 AsH_3/H_2 热处理后 AlGaAs/GaAs/Si 太阳能电池的少数载流子寿命[23]

参 考 文 献

[1] 杨德仁. 太阳电池材料[M]. 2 版. 北京: 化学工业出版社, 2017.

[2] 陆栋, 蒋平, 徐至中. 固体物理学[M]. 2 版. 上海: 上海科学技术出版社, 2010.

[3] 陈治明. 半导体概论[M]. 北京: 电子工业出版社, 2008.

[4] GOETZBERGER A, HEBLING C, SCHOCK H W. Photovoltaic materials, history, status and outlook[J]. Materials science & engineering R, 2003, 40(1): 1-46.

[5] 熊绍珍, 朱美芳. 太阳能电池基础与应用[M]. 北京: 科学出版社, 2009.

[6] WELKER H. New semiconducting connection[J]. Natural research time section A, 1952, 7(11): 744-749.

[7] HOVEL H J, WOODALL J M. $Ga_{1-x}Al_xAs$-GaAs p-p-n heterojunction solar cells[J]. Journal of the electrochemical society, 1973, 120(9): 1246-1252.

[8] OLSON J M. Handbook of photovoltaic science and engineering[M]. Hoboken: John Wiley & Sons, Ltd. , 2003: 362.

[9] ORTIZ E, ALGORA C. A high-efficiency LPE GaAs solar cell at concentrations ranging from 2000 to 4000suns[J]. Progress in photovoltaics, 2003, 11(3): 155-163.

[10] VENKATASUBRAMANIAN R, O'QUINN B C, SIIVOLA E, et al. 20%(AM1.5)efficiency GaAs solar cells on sub-mm grain-size poly-Ge and its transition to low-cost substrates[C]. Conference record of the 26th IEEE photovoltaic specialists conference. Anaheim, 1997: 811-814.

[11] TAKAHASHI K, YAMADA S, YAMADA S, et al. Characteristics of $Al_{0.36}Ga_{0.64}As$/GaAs tandem solar

cells with pp-n-n structural AlGaAs solar cells [J]. Solar energy materials & solar cells, 2001, 66 (1-4): 517-524.

[12] TAKAMOTO T, IKEDA E, KURITA H, et al. Over 30% efficient InGaP/GaAs tandem solar cells[J]. Applied physics letters, 1997, 70 (3): 381-383.

[13] WANLASS M, AHRENKIEL P, ALBIN D, et al. Monolithic, ultra-thin GaInP/GaAs/GaInAs tandem solar cells[C]. Conference record of the 2006 IEEE 4th world conference on photovoltaic energy conversion, Vols 1 and 2, Waikoloa, 2006: 729-732.

[14] DIMROTH F, BAUR C, BETT A W, et al. 3-6 junction photovoltaic cells for space and terrestrial concentrator applications[C]. Conference record of the 31st IEEE photovoltaic specialists conference. Lake Buena Vista, 2005: 525-529.

[15] 王季陶，刘明登. 半导体材料[M]. 北京：高等教育出版社，1990.

[16] NELSON H. Epitaxial growth from the liquid state and its application to the fabrication of tunnel and laser diodes[J]. RCA review, 1963, 24 (4): 603-615.

[17] UCHIDA H, SOGA T, NISHIKAWA H, et al. Reduction of dislocation density by thermal annealing for GaAs/GaSb/Si heterostructure[J]. Journal of crystal growth, 1995, 150 (1-4): 681-684.

[18] TAKAHASHI K, YAMADA S, UNNO T, et al. Characteristics of GaAs solar cells on Ge substrate with a preliminary grown thin layer of AlGaAs[J]. Journal of crystal growth, 1998, 50 (1-4): 169-176.

[19] WATANABE N, ITO H. Mechanism of carbon incorporation from carbon tetrabromide in GaAs grown by metalorganic chemical vapor deposition[J]. Journal of crystal growth, 1997, 178 (3): 213-219.

[20] TAKAMOTO T, YUMAGUCHI M, IKEDA E, et al. Mechanism of Zn and Si diffusion from a highly doped tunnel junction for InGaP/GaAs tandem solar cells[J]. Journal of crystal growth, 1999, 85 (3): 1481-1486.

[21] YAMAGUCHI M, AMANO C. Efficiency calculations of thin-film GaAs solar-cells on Si substrates[J]. Journal of applied physics, 1985, 58 (9): 3601-3606.

[22] WANG G, OGAWA T, KUNIMASA F, et al. Hydrogen plasma passivation of bulk GaAs and $Al_{0.3}Ga_{0.7}As$/GaAs multiple-quantum-well structures on Si substrates[J]. Journal of electronic materials, 2001, 30 (7): 845-849.

[23] WANG G, OGAWA T, SOGA T, et al. A detailed study of H_2 plasma passivation effects on GaAs/Si solar cell[J]. Solar energy materials & solar cells, 2001, 66: 599-605.

第 6 章　Ⅱ-Ⅵ和Ⅰ-Ⅲ-Ⅵ族化合物太阳能电池材料

除Ⅲ-Ⅴ族化合物半导体材料外，Ⅱ-Ⅵ族和Ⅰ-Ⅲ-Ⅵ族化合物半导体材料在太阳能光电转换方面也得到广泛研究和应用，其中最重要的Ⅱ-Ⅵ族化合物太阳能电池材料是 CdTe 和 CdS 多晶薄膜，最重要的Ⅰ-Ⅲ-Ⅵ族化合物太阳能电池材料是三元 $CuInSe_2$(CIS) 和四元 $CuIn_{1-x}Ga_xSe_2$(CIGS) 化合物多晶薄膜。相比Ⅲ-Ⅴ族太阳能电池，此类太阳能电池材料由于是多晶薄膜且可以在玻璃或陶瓷衬底甚至直接在柔性的金属箔或聚合物薄膜上制备，因而具备成本和适应性上的巨大优势；同非晶硅薄膜太阳能电池相比，此类太阳能电池材料制备的太阳能电池成本变化不大，但效率更高，且没有衰减，性能更为稳定。

CdTe 多晶薄膜为直接带隙光电材料，其禁带宽度在 1.45eV 左右，为太阳能电池材料的最佳禁带宽度，其在可见光部分的光吸收系数在 10^5cm^{-1} 左右，因此只需 1μm 左右的厚度，就可以吸收 90%以上的太阳光，其太阳能电池的理论光电转换效率为 29%左右，实际的光电转换效率已经超过 16%，是一种高效、稳定且相对低成本的薄膜太阳能电池材料。CdS 多晶薄膜也是直接带隙光电材料，带隙宽度为 2.4eV 左右，由于它和 CdTe、CIS、CIGS 等Ⅱ-Ⅵ族和Ⅰ-Ⅲ-Ⅵ族化合物材料的晶格差异很小，可以和这些薄膜材料形成性能良好的异质结，因此它主要作为Ⅱ-Ⅵ族和Ⅰ-Ⅲ-Ⅵ族薄膜太阳能电池的 n 型窗口材料。CdS/CdTe 太阳能电池结构简单，容易实现规模化生产，目前国际上已经建成小规模生产线。

三元和四元化合物 CIS 和 CIGS 多晶薄膜也都为直接带隙光电材料，该类薄膜相对 CdTe 薄膜的原材料毒性小，成本也相对低一些。CIS 的最大特点是窄带隙，其禁带宽度仅为 1.02eV，不是太阳能电池的最佳禁带宽度，因此常常通过在 CIS 中加入一定比例的自然界相对较丰富的 Ga 替代 10%～30%的稀有元素 In 构成 CIGS 薄膜，将 CIGS 薄膜的禁带宽度适当调宽，以获得较高的光电转换效率，同时在一定程度上降低了原料的成本。$CuInSe_2$ 薄膜材料和电池中含高价稀有元素 Se，且硒化物有毒，因此用廉价且无毒的 S 替代有毒的 Se 构成 $CuInS_2$ 薄膜，或用廉价且无毒的 Zn、Sn 和 S 分别替代高价稀有元素 In 和有毒的 Se 构成 Cu_2ZnSnS_4(CZTS) 薄膜，除了可以降低成本，还能将禁带宽度调整到 1.5eV 左右的太阳能电池材料最佳禁带宽度附近。CIS、CIGS、$CuInS_2$ 和 CZTS 多晶薄膜的光吸收系数都可以达到 10^5cm^{-1}，只需 1～2μm 厚就能够吸收 99%以上的太阳光，其太阳能电池的理论光电转换效率达到 25%～32%，实际光电转换效率也达到 19%以上。这类多元化合物薄膜太阳能电池同样结构简单，只是制备多元化合物的技术难度比较高，目前，以 ZnO 和 CdS 共同作为 n 型窗口层的 ZnO/CdS/CIS 和 ZnO/CdS/CIGS 太阳能电池已实现商业化生产。

本章将先后阐述 CdTe、CdS、CIS、CIGS、$CuInS_2$、CZTS 等Ⅱ-Ⅵ族和Ⅰ-Ⅲ-Ⅵ族(包括Ⅰ-Ⅱ-Ⅳ-Ⅵ族)材料的结构与基本特性；然后了解以 CdTe、CIS 和 CIGS 为代表的化合物薄膜太阳能电池的结构和工作原理；最后分别介绍Ⅱ-Ⅵ族和Ⅰ-Ⅲ-Ⅵ族薄膜的制备方法，并讨论薄膜材料中的杂质、缺陷等对太阳能电池性能的影响以及控制和改善的途径。

6.1　CdTe、CdS、CIS、CIGS 等材料的结构和性质

6.1.1　晶体结构

CdTe 晶体的原子结构是闪锌矿结构，如图 6-1 所示[1]。它由 Cd 原子和 Te 原子组成的两个面心立方结构沿对角线<111>方向移动套构而成，沿<111>方向呈六角密堆积结构，晶格常数为 6.481Å。而 CdS 晶体的原子结构是纤锌矿结构，如图 6-2 所示。它由 Cd 原子和 S 原子组成的两个六角结构套构而成，六角结构的晶格常数有两个，分别为 a=4.300Å 和 c=6.714Å。CdTe 和 CdS 原子间都是共价键和离子键组成的混合键，具有很强的离子性，因此它们都具有很好的化学稳定性和热稳定性。

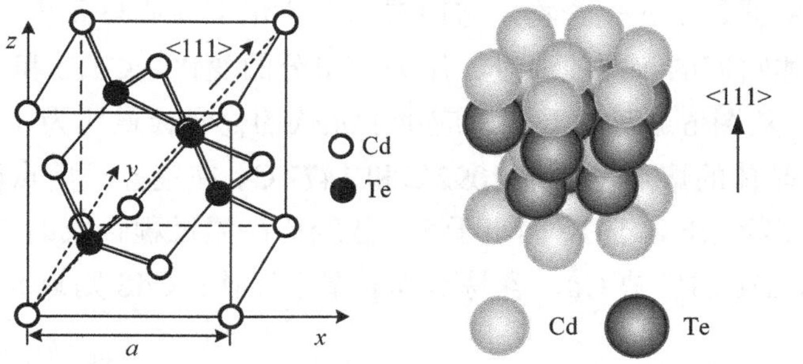

(a) CdTe晶体的立方闪锌矿晶胞结构　(b) <111>方向的六角密堆结构

图 6-1　CdTe 晶体的立方闪锌矿晶胞结构和<111>方向的六角密堆结构

$CuInSe_2$ 晶体主要具有两种同素异形结构：一种是黄铜矿结构，属于正方晶系，有两个晶格常数，分别为 a=5.77Å 和 c=11.55Å；另一种是闪锌矿结构，属立方晶系，晶格常数 a=5.8Å。黄铜矿结构从室温到 810℃都可以是稳定的，超过 810℃才会转变为闪锌矿结构，因此实际用于太阳能电池的 $CuInSe_2$ 材料都是黄铜矿。图 6-3 给出了 $CuInSe_2$ 晶体的正方晶系黄铜矿晶胞结构[2]。$CuIn_{1-x}Ga_xSe_2$ 的晶体结构更为复杂，有黄铜矿、有序缺陷、层状结构、闪锌矿等结构，但在高效太阳能电池所处的区域(x=0.1～0.3)，CIGS 主要是同 $CuInSe_2$ 相近的黄铜矿结构，只是在晶格结构中有部分 In 原子被 Ga 原子替代，其晶相从室温到 810℃都是稳定的[3]。

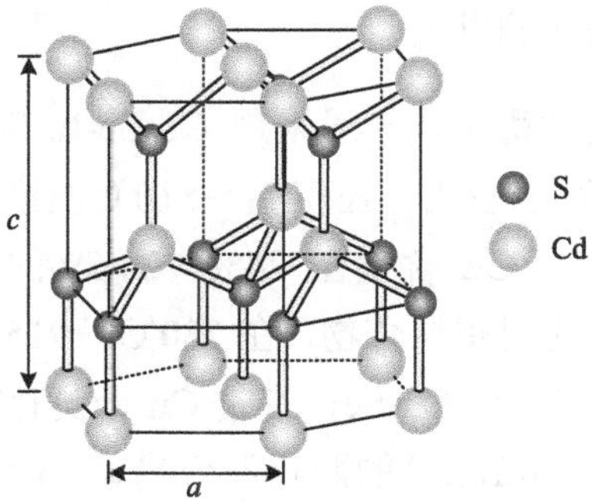

图 6-2　CdS 晶体的六角纤锌矿晶胞结构

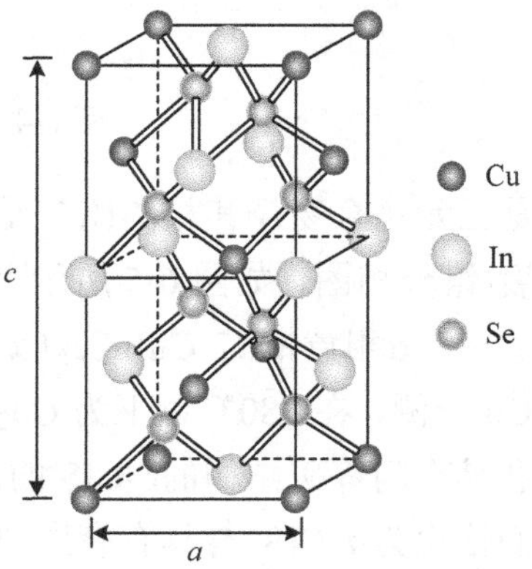

图 6-3　$CuInSe_2$ 晶体的正方黄铜矿晶胞结构

$CuInS_2$和 CZTS 的晶相的研究比较少，还没有清晰的相图可以描述。一般认为$CuInS_2$具有黄铜矿、闪锌矿及未知结构的三种同素异形的晶体结构。其低温相为黄铜矿结构，晶格常数为 a=5.55Å 和 c=11.08Å，相变温度为 980℃；高温相为闪锌矿结构，相变温度为 1045℃；在 1045℃转变为未知的晶相结构。$CuInS_2$的熔点在 1000～1090℃，室温下应用于太阳能电池的$CuInS_2$为稳定的黄铜矿结构。CZTS 主要有四方晶系的锌黄锡矿、黄锡矿和混合铜金合金三种同素异形的晶体结构，其中，前两种结构相近，相当于用 Zn 和 Sn 各替代$CuInS_2$中的 1/2 的 In，锌黄锡矿的晶格常数为 a=5.42Å 和 c=10.86Å，混合铜金合金的晶体结构还只是在理论上进行了模拟计算。具有较高太阳能电池转换效率的 CZTS 多晶薄膜主要为四方锌黄锡矿结构。

6.1.2　CdTe、CdS、CIS 和 CIGS 的相图

CdTe 和 CdS 都是二元化合物，它们的物理和化学性质与其状态及组分都密切相关，相图可以直观描述它们的状态随温度、压力和组分的变化。CdTe 和 CdS 的温度-组分相图如图 6-4 所示[4]。从图 6-4 可以看到，应用于光伏的化学计量比为 1∶1 的闪锌矿 CdTe 晶体和纤锌矿 CdS 晶体的熔点分别是 1092℃和 1477℃，在室温至熔点以下都可以稳定存在。高温下 Cd 的饱和蒸气压高于 Te 而小于 S，故经历高温过程合成的 CdTe 和 CdS 会稍微偏离化学计量比。CdTe 通常缺 Cd，容易形成 p 型半导体；CdS 则缺 S，容易形成 n 型导电。

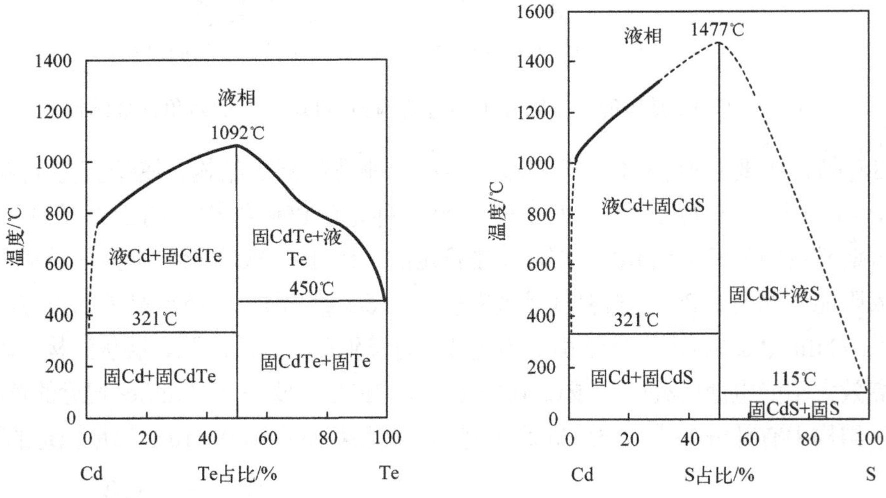

(a) CdTe　　(b) CdS

图 6-4　CdTe 和 CdS 的相图

CIS 是三元化合物，其相图比二元化合物要复杂得多，一般采用 Cu_2Se-In_2Se_3 的二组分体系温度-组分相图，如图 6-5 所示[5]。从图 6-5 可以看出，在室温～810℃温度范围，应用于光伏的单一α相黄铜矿 $CuInSe_2$(α-CIS)只存在于 Cu 含量在 24%～24.5%的窄小区域内；在富 Cu 一侧，在 780℃以下为 Cu_2Se 和α-CIS 的两相混合物，在 780℃～915℃范围内为 Cu_2Se 和具有闪锌矿结构的δ-CIS 的两相混合物，直至 Cu_2Se；在贫 Cu 一侧存在若干其他相，它们依次为α-CIS 与具有有序缺陷的β-CIS($CuIn_3Se_5$)的两相混合物、β-CIS、β-CIS 与层状结构的γ-CIS($CuIn_5Se_8$)的两相混合物、γ-CIS、γ-CIS 与 In_2Se_3 的两相混合物，直至

In_2Se_3。在高于 810℃时，α-CIS 转变为高温相δ-CIS。δ-CIS 中的 Cu 和 In 任意排布在阳离子位置，具有无序化特征，因而α-CIS 向δ-CIS 的转变也被称为有序-无序转变。δ-CIS 在室温下是无法稳定存在的，因而实际用于太阳能电池的 $CuInSe_2$ 材料都是黄铜矿结构的α-CIS。

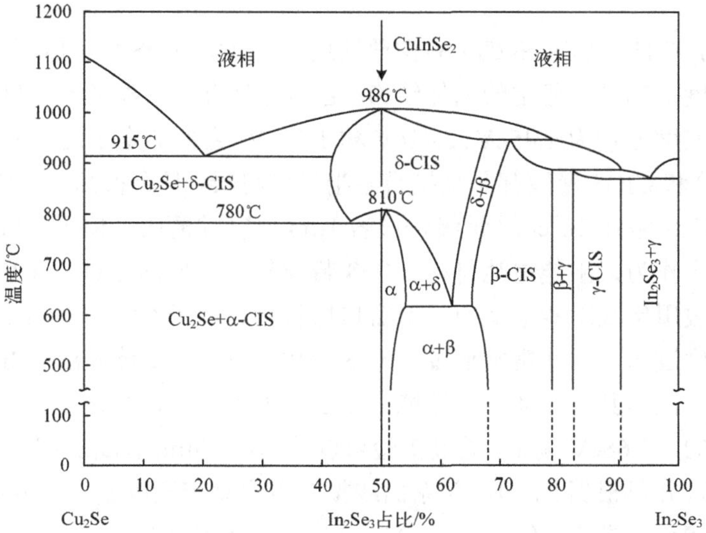

图 6-5　Cu_2Se-In_2Se_3 相图

CIGS 是四元化合物，其基于热力学反应过程的相图极为复杂，目前只能通过图 6-6 所示的在一定温度范围(550～810℃)内的 Cu_2Se-In_2Se_3-Ga_2Se_3 三组分体系相图来描述[5]。在图 6-6 中，除了黄铜矿结构的α相 CIGS(α-CIGS)，还有具有有序缺陷的β-CIGS、层状结构的γ-CIGS、闪锌矿结构的δ-CIGS 以及它们之间或与 Cu_2Se、In_2Se_3 和 Ga_2Se_3 组成的两相或三相混合物。高效 CIGS 电池所处的相域(10%～30%的 Ga/In 原子分数)在相图中被特别标示出来。室温下，α-CIGS 存在的区域出现宽化现象，高效 CIGS 电池主要是黄铜矿结构的α-CIGS。

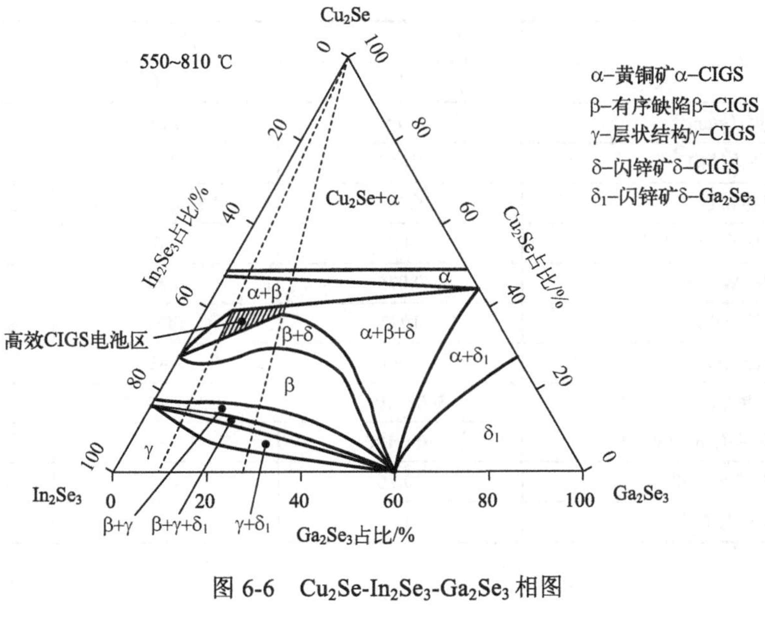

图 6-6　Cu_2Se-In_2Se_3-Ga_2Se_3 相图

6.1.3　CdTe、CdS、CIS、CIGS 等的基本特性

1. CdTe、CdS、CIS、CIGS 等的物理性质

表 6-1 列出了 CdTe、CdS 和 CIS 的物理性质[6]。CdTe、CdS 和 CIS 薄膜晶格常数相近；在室温至较高温度下都具有稳定的晶体结构；它们都是直接带隙半导体材料，其中，CdTe、CdS 和 CIS 禁带宽度分别为 1.45eV、2.41eV 和 1.02eV；它们的电子迁移率都比较高。CdTe、CIS(包括 $CuInS_2$)和 CIGS 薄膜都是直接带隙半导体材料，具有很高的光吸收系数，在可见光部分，其光吸收系数在 10^5cm^{-1} 量级，只需 1μm 厚度的薄膜，便可吸收 90%以上的太阳光，因而非常适合作为太阳能电池材料。CdS 带隙稍宽，但同 CdTe、CIS 和 CIGS 晶格匹配良好，因而常被用作太阳能电池的 n 型窗口层材料。由于 CIS 的禁带宽度相较太阳能电池的理想禁带宽度过窄，因此常常通过在 CIS 薄膜中加入 Ga 替换部分 In 构成 CIGS 薄膜来调整禁带宽度，改善其太阳能电池性能。CIGS 薄膜通过调节 In 和 Ga 之间的配比可以将禁带宽度在 1.02～1.68eV 调整，通过实验可以得出的 $CuIn_{1-x}Ga_xSe_2$ 薄膜中不同 x 值对应的禁带宽度 $E_g(x)$，并可根据 $E_g(x)$-x 关系曲线拟合得出禁带宽度 $E_g(x)$ 的经验公式，如图 6-7 所示。$CuIn_{1-x}Ga_xSe_2$ 薄膜的 x 值为 0.1～0.3，即用 Ga 替代 10%～30%的 In 时，CIGS 薄膜的晶体结构同 CIS 相同，都是黄铜矿结构，此时，CIGS 薄膜的禁带宽度从 CIS 的 1.02eV 调整到 1.08～1.20eV，更靠近太阳能电池的最佳禁带宽度 1.42eV，实际的高效 CIGS 太阳能电池的 Ga/In 比基本都在这个区间。此外，$CuInS_2$ 和 CZTS 的禁带宽度都为 1.50eV 左右，非常接近太阳能电池材料的最佳禁带宽度 1.45eV，因此无须调整禁带宽度。但 $CuInS_2$(晶格常数 a=5.55Å 和 c=11.08Å)和 CZTS(晶格常数 a=5.424Å，c=10.861Å)与纤锌矿的 CdS 的晶格失配率比 $CuInSe_2$ 要大一些(>5%)，对以 n-CdS 作为窗口层的太阳能电池来说会有些不利。

表 6-1　CdTe、CdS 和 CIS 薄膜的物理性质

性质	材料		
	CdTe	CdS	$CuInSe_2$
密度/(g/cm^3)	5.86	4.83	5.77
晶体结构	闪锌矿	纤锌矿	黄铜矿
晶格常数/Å	6.481	a=4.300，c=6.714	a=5.79，c=11.55
热膨胀系数/($10^{-6}K^{-1}$)	4.9	3.6	8.11
热导率/[W/(cm·K)]	0.075	0.20	0.086
熔点/℃	1092	1477	987
禁带宽度/eV	1.45	2.41	1.02
电子迁移率/[cm^2/(V·s)]	500～1000	300～350	100～1000
空穴迁移率/[cm^2/(V·s)]	70～120	14～40	50～180
光学介电常数	10.26	8.45	15.2
静介电常数	13.18	8.95	11.6

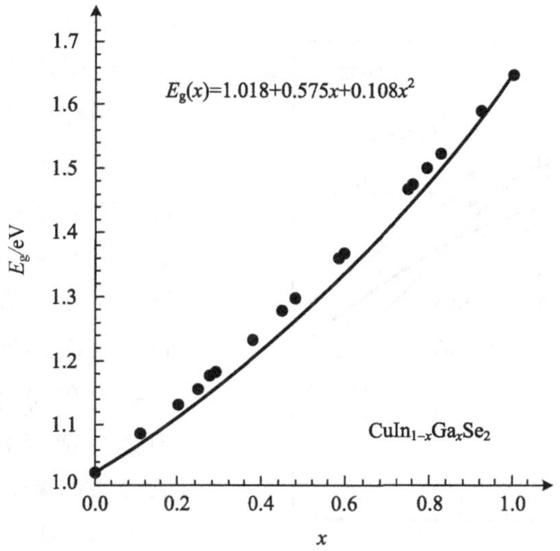

图 6-7　$CuIn_{1-x}Ga_xSe_2$薄膜的禁带宽度 $E_g(x)$与 x 值的关系曲线以及对应的 $E_g(x)$-x 的经验公式

2. CdTe、CdS、CIS、CIGS 等薄膜的光吸收特性和相对应的太阳能电池的理论光电转换效率

Ⅱ-Ⅳ族和Ⅰ-Ⅲ-Ⅳ族化合物的能带结构同Ⅲ-Ⅴ族化合物一样都是直接带隙结构，因而普遍具有较高的光吸收系数，吸收光谱中具有陡峭的吸收边。图 6-8 给出了一些Ⅱ-Ⅳ族和Ⅰ-Ⅲ-Ⅳ族化合物薄膜，包括 CdTe、CdS、$CuInSe_2$、$CuIn_{1-x}Ga_xSe_2$、$CuInS_2$、CZTS 等的光吸收谱，作为对比，晶体硅(C-Si)和 GaAs 的光吸收谱也同时展示在图中[7,8]。从图 6-8 中可看出，在与禁带宽度对应的光子能量附近，CdTe、CdS 和 CIS 的吸收系数都急剧升高，迅速达到 10^4～10^5cm^{-1}，比 Si 高出近 2 个数量级。其中，CdTe 的光吸收谱同太阳光谱吻合得很好，是理想的太阳能电池材料；CdS 带隙稍宽，但也位于太阳光谱的最强处，可吸

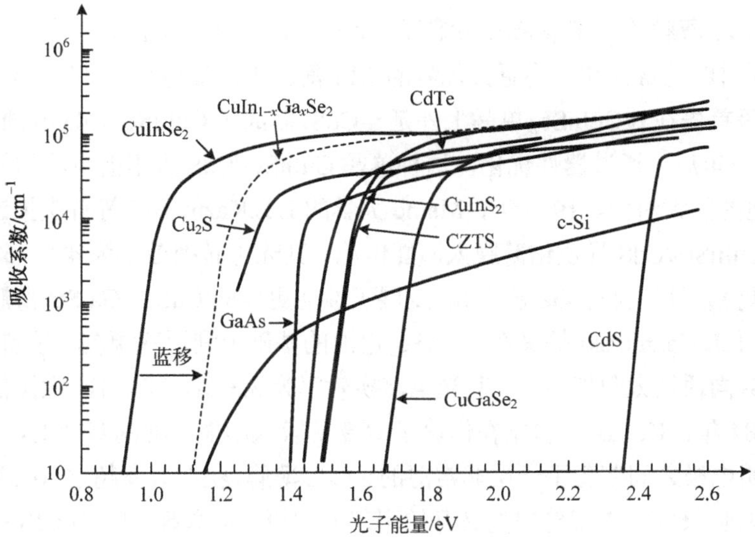

图 6-8　几种Ⅱ-Ⅵ族和Ⅰ-Ⅲ-Ⅳ族化合物薄膜以及晶体硅和 GaAs 的光吸收谱

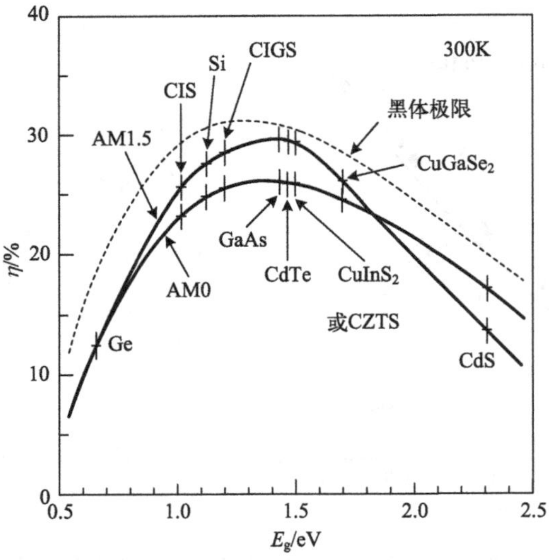

图 6-9　各种常见的Ⅱ-Ⅳ族和Ⅰ-Ⅲ-Ⅳ族太阳能电池材料及 Si、Ge 和 GaAs 的理论光电转换效率

收波长在 514nm 以下的可见光和紫外线，光吸收系数也达到 10^4cm^{-1} 以上，一般用作 CdTe、CIS 和 CIGS 薄膜太阳能电池的 n 型窗口层或缓冲层材料；CIS 带隙过窄，可通过加入 Ga 构成 CIGS 将禁带宽度向太阳能电池的最佳禁带宽度靠近，使其光吸收谱的吸收边向短波长方向蓝移，以更高效地吸收和利用太阳光；$CuInS_2$ 和 CZTS 的禁带宽度非常接近太阳能电池材料的最佳禁带宽度，其理论光电转换效率也很高。图 6-9 给出了几种常见Ⅱ-Ⅳ族和Ⅰ-Ⅲ-Ⅳ族化合物太阳能电池材料的理论最高效率，图中，晶体硅、晶体锗和晶体 GaAs 也被示出进行对比。

6.2　Ⅱ-Ⅵ和Ⅰ-Ⅲ-Ⅵ族化合物太阳能电池

6.2.1　Ⅱ-Ⅵ族和Ⅰ-Ⅲ-Ⅵ族化合物太阳能电池的历史、现状和特点

早在 20 世纪 50 年代，RCA 实验室就通过在 CdTe 单晶体上镀 In 的合金法制备出了第一个 CdTe 太阳能电池，当时的光电转换效率为 2.1%。几乎同时，效率超过 4%的 CdTe 电池也被苏联科学家研制成功。1963 年，Cusano 制备了第一只 CdTe 薄膜太阳能电池，其结构为 p-Cu_2Te/n-CdTe，光电转换效率达到了 6%[9]。此后，由于 CdTe 太阳能电池表面和结之间的复合损失较大、CdTe 薄膜的 p 型掺杂较困难等，此类电池效率没有提高。自 20 世纪 70 年代，人们开始关注原材料的毒性和价格更具优势的 CIS 薄膜太阳能电池。1974 年，美国贝尔实验室的 S.Wagner 等首先在 p-$CuInSe_2$ 单晶上外延 n-CdS，制成了 $CuInSe_2$/CdS 异质结太阳能电池，效率达到 5%；一年后，通过器件优化，这种单晶 $CuInSe_2$/CdS 太阳能电池的效率达到 12%，显示了这种电池的巨大潜力。1976 年，Maine 大学的 L.L.Kazmerski 等首次报道了利用双源共蒸发法制备的 $CuInSe_2$/CdS 异质结薄膜太阳能电池，其光电转换效率为 4%～5%。同年，波音公司采用多元共蒸发法用部分 Ga 替代 In，发展了性能更佳的 $CuIn_{1-x}Ga_xSe_2$ 薄膜材料及太阳能电池。1977 年，L.L.Kazmerski 等又在 $CuInSe_2$ 电池的基础上利用双源沉积法首次制备了无毒、低成本的 $CuInS_2$ 同质结太阳能电池，其光电转换效率为 3.33%。在 CdTe 太阳能电池的研究沉寂 19 年后，1984 年，Kodak 实验室在借鉴了 CIS 薄膜太阳能电池的基础上，利用 CVD 方法在 p-CdTe 和透明电极之间制备了一层非常薄的 n-CdS 薄膜，获得效率超过 10%的 n-CdS/p-CdTe 异质结太阳能电池，CdTe 太阳能电池又开始引起人们极大的兴趣[10]。而 CIS 薄膜太阳能电池的研发也继续获得进展，在 20 世纪 80 年代后期，美国 ARCO Solar 公司开发了将溅射金属薄膜作为预置层然后硒化的技术制备 $CuInSe_2$ 薄膜太阳能电池，效率达到 14.1%。在 20 世纪 80

年代末期，美国 Boeing 公司通过在 CIS 中掺入 Ga 替代部分 In 制备了 CIGS/CdS 薄膜太阳能电池，增加了材料的禁带宽度，使开路电压达到 0.55V，大大超过 CIS 电池。到 20 世纪 90 年代，$CuInSe_2$ 和 $CuIn_xGa_{1-x}Se_2$ 薄膜太阳能电池的实验室效率已经达到 15%～18%，并发展了多种结构的这类薄膜太阳能电池，如 n-CdS/p-$CuInS_2$、ITO/$CuInSe_2$、ZnO/$CuInSe_2$ 等。20 世纪末，NREL 也制备出了效率超过 16%的 CdTe 薄膜太阳能电池。21 世纪初，柔性 CIGS 薄膜太阳能电池也获得很大的发展，其高比功率质量密度、低成本和强抗辐射能力在空间太阳能电池领域具有很强的竞争力，也非常方便同建筑一体化。2000 年，美国 NREL 在不锈钢箔上制备的小面积柔性 CIGS 薄膜电池效率达到 17.5%。2005 年，瑞士联邦理工学院在聚酰亚胺衬底上制备的柔性 CIGS 电池效率达到 14.1%，比功率质量密度超过 1400W/kg(晶体硅太阳能电池为 260W/kg)。图 6-10 刻画出了 CdTe、CIS 和 CIGS 太阳能电池的发展历程。至 2005 年，美国 Shell Solar 等公司将 ZnO:Al/i:ZnO/CdS/$CuIn_xGa_{1-x}Se_2$ 结构的薄膜太阳能电池投入商业化生产，10cm×10cm 组件的效率达到 14.7%，60cm×90cm 组件的效率达到 13.1%。德国巴登符腾堡州太阳能与氢能研究中心(ZSW)与德国 Würth 公司合作也建成 CIGS 太阳能电池生产线，大面积组件(60cm×120cm)效率达到 13%。日本 Showa Shell 和 Honda Motor 分别建立了年产量 20MW 和 27.5MW 的 CIGS 太阳能电池生产线，大面积组件(60cm×60cm)效率也达到 12.8%。到 2007 年，CdTe/CdS 薄膜太阳能电池的全球产能已达到 2GW 左右，CIGS/CdS 薄膜太阳能电池的产能也达到 70MW 以上。

虽然与 Si 电池相比，CdTe 太阳能电池的工艺简单、成本较低，但 Cd 和 Te 都有剧毒。尽管 CdTe 在常温下是稳定和无毒的，但在 CdTe 薄膜制备的实际工艺中，剩余的 Cd、Te 会随废气或废水排出，如果不加处理，就会对人畜和环境造成严重影响，电池加工形成的废品和边角料以及失效的电池也都需要回收处理。此外，Cd、Te 资源非常有限，也必须考虑原料成本。以上这些因素无疑会增加 CdTe 太阳能电池的生产和回收成本，对其大规模商业化生产形成很大障碍。CIS 太阳能电池相对 CdTe 太阳能电池毒性较小，同样工艺简单，原料成本也相对较低，但电池效率相当。以后又在 $CuInSe_2$ 基础上发展了同体系的其他多元化合物薄膜太阳能电池材料，包括 $CuGaSe_2$、$CuIn_xGa_{1-x}Se_2$(CIGS)、$CuInS_2$、Cu_2ZnSnS_4(CZTS)等。其中，用相对丰富的 Ga 替代稀有元素 In 构成的 $CuGaSe_2$，其带隙为 1.68eV，开路电压较高、成本较低；用 Ga 替代 10%～30%In 的 CIGS 可使 CIS 过窄的带隙获得调整，并可制成带隙呈梯度变化的 CIGS 光吸收层；由廉价且无毒的 S 替代有毒的 Se 构成的 $CuInS_2$，或用廉价且无毒的 Zn、Sn、S 替代昂贵的 In 和有毒的 Se 构成的 CZTS 太阳能电池，禁带宽度都为 1.5eV 左右，接近理想太阳能光电材料的禁带度。这几种多元化合物薄膜太阳能电池材料各有特点，受到广泛关注。由于多元化合物太阳能电池材料的元素配比敏感、晶体结构复杂、电池界面之间匹配困难，因此对材料制备的精确度、重复性和稳定性要求很高，制备难度很高，这也限制了其大规模的商业化生产。尽管有以上这些弱点，CdTe、CIS、CIGS 等薄膜太阳能电池的高效率和相对低成本还是非常具有吸引力，实验室和工业界对其研究和应用开发一直在持续进行。目前，研发人员一方面致力于改善此类太阳能电池薄膜材料的质量，提高电池的光电转换效率和稳定性，减少有毒排放，降低生产成本；另一方面致力于探索此类太阳能电池的新结构和新材料，如大面积垂直排列的纳米晶阵列构成的 CdS/CdTe 薄膜太阳能电池等。

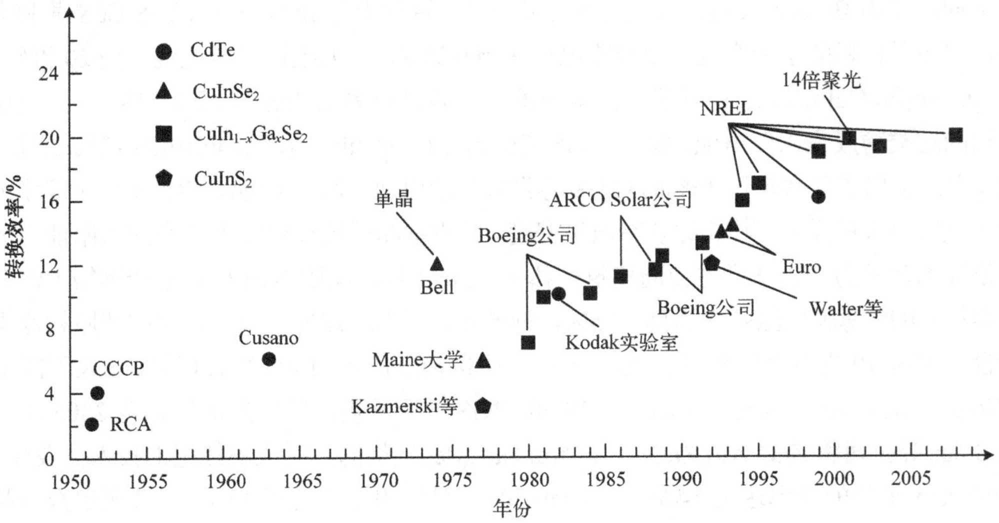

图 6-10　CdTe、CIS 和 CIGS 太阳能电池的发展历程

6.2.2　Ⅱ-Ⅵ族和Ⅰ-Ⅲ-Ⅵ族化合物薄膜太阳能电池的结构和工作原理

1. Ⅱ-Ⅵ族化合物薄膜太阳能电池的结构和设计原理

CdTe 是最重要的也是唯一实现商业化生产的Ⅱ-Ⅵ族化合物太阳能电池材料。最早的 CdTe 太阳能电池是通过在 CdTe 单晶体上镀 In 的合金法制得的同质结体电池结构。该结构电池由于表面复合严重，光电转换效率低于 4%，生产成本也很高，同晶体硅太阳能电池相比，无竞争优势。到 1963 年，Cusano[9]制备了 n-CdTe/p-Cu_2Te 异质结结构的薄膜太阳能电池，其光电转换效率取得一定程度的提高，达到了 6%。该结构的电池由于太阳光从 n-CdTe 射入，而 CdTe 的光吸收系数很高，大部分光在电池表面 1～2μm 就被吸收并激发出电子-空穴对，但这些少数载流子大部分会扩散到表面发生复合，因而没有从根本上解决表面复合问题。此后很多年，CdTe 电池效率都没有实质提高，主要的原因是 CdTe 薄膜的 p 型掺杂比较困难，而用 n-CdTe 作为窗口层，表面复合严重。此外，也没有找到同 CdTe 晶格常数相近的异质结光电材料，导致结界面的复合损失较大的问题无法解决。

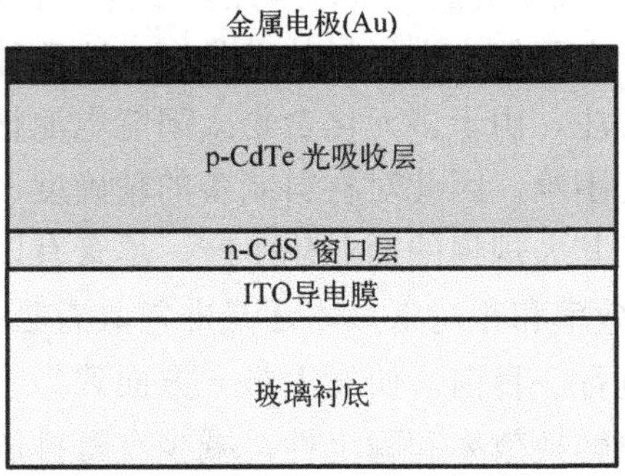

图 6-11　Tyan 等制备的 n-CdS/p-CdTe 异质结薄膜太阳能电池[10]

直到 1984 年，Kodak 实验室的 Tyan 等制备出 n-CdS/p-CdTe 异质结薄膜太阳能电池[10]，使 CdTe 太阳能电池的效率突破了 10%，CdTe 太阳能电池又重新引起了人们的关注。图 6-11 为他们制备的 n-CdS/p-CdTe 异质结薄膜太阳能电池的基本结构。他们首先利用 CVD 方法在导电玻璃上制备了一层非常薄的 n-CdS 薄膜作为窗口层，然后利用近空间升华法在 n-CdS 上制备了一层 p-CdTe 薄膜作为光吸收层，构成了 n-CdS/p-CdTe 异质结薄

膜太阳能电池。由于 CdS 与 CdTe 之间的晶格常数、热胀系数差异小，异质界面间的复合速率很低；同时，由于 CdS 层有较大的带隙，且厚度很薄，因而对 $h\nu < 2.42\text{eV}$ 的绝大部分太阳光是透明窗口层，表面复合导致的吸收损失很小，从而使电池效率大大提高。1993年，Britt 和 Ferekides[11]用该方法制备的 n-CdS/p-CdTe 异质结薄膜太阳能电池的光电转换效率达到 15.8%，其 *I-V* 特性曲线如图 6-12 所示。

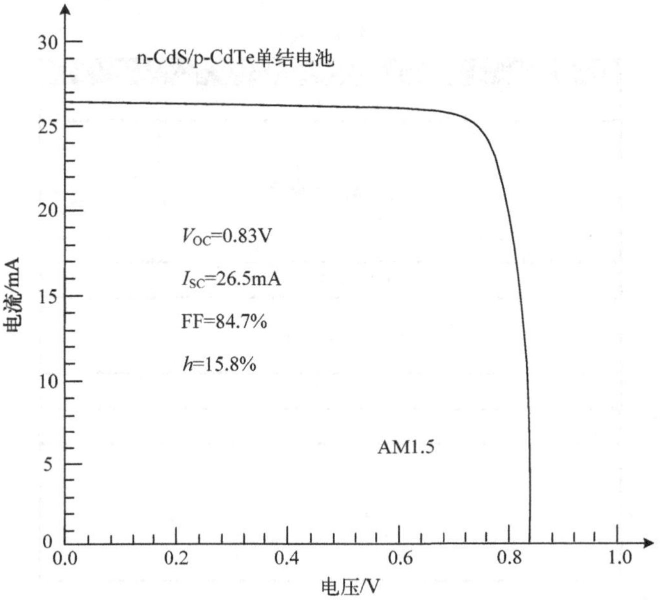

图 6-12 Britt 和 Ferekides 制备的 n-CdS/p-CdTe 异质结薄膜太阳能电池的 *I-V* 特性曲线[11]

以后的 CdTe 薄膜太阳能电池均采用异质结结构，一般是在 CdTe 薄膜表面生长一层窗口层，窗口层材料一般采用带隙较宽的半导体材料，如 CdS（禁带宽度 2.4eV）、ZnO（禁带宽度 3.4eV）、CdSe（禁带宽度 1.8eV）等。CdS、CdSe 和 ZnO 晶体常温下都是稳定的六角纤锌矿结构（CdSe 的晶格常数为 a=4.299Å、c=7.015Å；ZnO 的晶格常数为 a=3.250Å、c=5.207Å）。其中，CdSe 同 CdTe 的晶格常数差异小，可以同 CdTe 形成性能良好的 p-n 结，但作为窗口层材料，CdSe 的禁带宽度稍窄；ZnO 带隙很宽，但同 CdTe 的晶格常数差异较大，直接接触会引起较大的结复合损失。只有 CdS 同 CdTe 不仅晶格常数相近，而且具有较宽的带隙，相互之间可以很好地匹配，因此，CdTe 太阳能电池最常用的窗口层材料是 n-CdS。也有报道，为降低太阳能电池暗饱和电流，提高光电转换效率，在电池负极还利用低阻的 SnO_2:F（FTO）或 SnO_2:Sb（ATO）同高阻的 SnO_2 组成复合导电薄膜，起到窗口层的作用，用超薄的 n-CdS 层作为缓冲层，如图 6-13 所示。图 6-13 中可以看到，在金属电极和 CdTe 之间有一层重掺 p^+-CdTe:Cu 背场层[12]。实际上，背场层是 CdTe 薄膜太阳能电池制备过程中的一个重要步骤，对电池的效率和稳定性都很重要。一方面，背场层可以通过背场层和 CdTe 间的势垒阻挡 CdTe 中的光生电子-空穴对在金属电极界面复合；另一方面，重掺背场层可使背场层和金属电极间的肖特基势垒区足够薄，隧穿电流成为电荷输送的主要形式，从而获得良好的欧姆接触。对于重掺的过渡层材料，一般要求它的价带能级高于 CdTe 或与 CdTe 之间有较小的价带不连续值，而且可掺杂 $1\times10^{18}\text{cm}^{-3}$ 以上的载流子浓度。

通常，有两种主要的背场层制备工艺：一种是在 CdTe 膜上直接制备 100nm 左右的重掺过渡层；另一种是用强氧化剂蚀刻 CdTe 膜面，获得富 Te 区后涂覆含金属盐的电极膏，在一定温度下烧结，使电极金属和富 Te 膜面形成碲化物，得到重掺杂的过渡层。实际工艺中，也常用 ZnTe:Cu(带隙 2.25eV)作为过渡层材料，它与 CdTe 具有相同的闪锌矿结构，价带的不连续值接近零，可用电化学沉积法或共蒸发法制备。

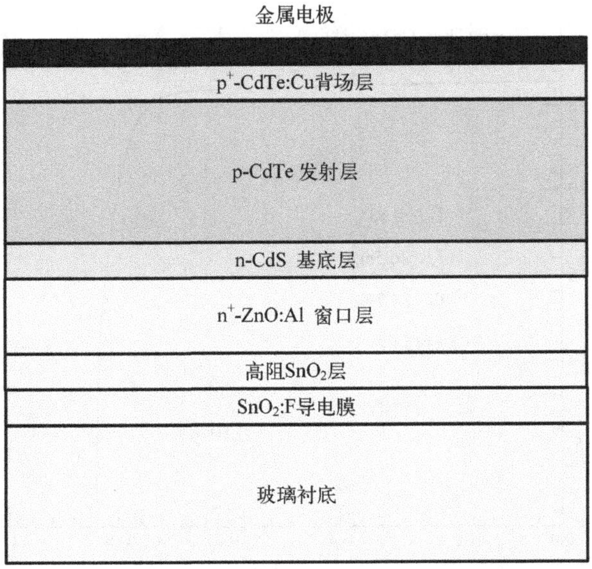

图 6-13　典型的 p-CdTe 薄膜太阳能电池的结构图[12]

2. Ⅰ-Ⅲ-Ⅵ族化合物薄膜太阳能电池的结构和设计原理

Ⅰ-Ⅲ-Ⅵ族多元化合物太阳能电池材料有 CIS、CIGS、$CuInS_2$、$CuGaSe_2$ 等化合物多晶薄膜，其中最重要的是 CIS、CIGS 和 $CuInS_2$，CIS 和 CIGS 薄膜太阳能电池都已实现了商业化生产。此外，CZTS 太阳能电池材料(严格讲属于Ⅰ-Ⅱ-Ⅳ-Ⅵ族)也受到很多关注。相比 CdTe 薄膜太阳能电池，Ⅰ-Ⅲ-Ⅵ族多元化合物太阳能电池材料一样是多晶薄膜，可以在廉价的玻璃或陶瓷衬底甚至直接在柔性的金属箔或聚合物薄膜上制备，而且相对毒性较小、成本较低。这类太阳能电池材料同 CdS 的晶格常数、热胀系数差异小，可以同 CdS 形成性能良好的 p-n 结，因此同 CdTe 太阳能电池一样，这类太阳能电池普遍采用 n-CdS 或 n^+-ZnO/n-CdS 作为窗口层材料。此外，由于多元化合物多晶薄膜制备难度较 CdTe 高很多，因此一般是在镀 Mo 电极的玻璃衬底上先制备 p 型Ⅰ-Ⅲ-Ⅵ族多晶薄膜，再在其之上依次制备 n-CdS、n-ZnO、金属前电极和减反膜。背电极需要与光吸收层之间有良好的欧姆接触，同时也要求同衬底和光吸收层都具有良好的附着性，大量研究证明，Mo 是 CIS 太阳能电池的最佳背电极材料，其同 CIS 之间可以形成很好的欧姆接触。由于 Mo 电极透光性不好，因此窗口层之上的金属前电极必须采用栅线结构，以便让尽可能多的太阳光从上方射入电池的Ⅰ-Ⅲ-Ⅵ族光吸收层。

1976 年，L.L.Kazmerski 等制备的最早的 CIS 薄膜太阳能电池就是先在镀有金膜的玻璃衬底上采用单晶 $CuInSe_2$ 和 Se 双元共蒸发法制备 5～6μm 的 p 型 CIS 多晶薄膜，然后蒸发沉积 6μm 的 n 型 CdS 多晶薄膜作为窗口层，并形成异质结，电池效率达到 4%～5%。1981～1986 年，波音公司通过一系列电池结构和工艺上的改进，将 CIS 薄膜太阳能电池的效率提高到 11.9%。这些改进包括：在玻璃或氧化铝上溅射沉积 Mo 层作为背电极；蒸发低阻富 Cu 和高阻贫 Cu 的双层 CIS 薄膜作为光吸收层；先后蒸镀本征 i-CdS 和低阻 n-CdS：In 薄膜作为窗口层；采用蒸镀 $Cd_{1-x}Zn_xS$ 代替 CdS 作为缓冲层；蒸镀栅状 Al 膜作为顶电极。1988 年，ACRO 公司(Shell 公司的前身)在 CIS 薄膜太阳能电池制备上取得重大进展。该公司采用先溅射沉积 Cu/In 预置层薄膜，再用 H_2Se 硒化的工艺制备出效率达到 14.1%的 CIS 薄膜太阳能电池[13]。图 6-14 给出了 ACRO 公司制备的 CIS 薄膜太阳能电池的结构和 *J-V* 特性曲线及各项性能参数。从图 6-14(a)可以看到，n-CdS 较薄(低于 50nm)，吸收太阳光很少，主要作为窗口层与光吸收层之间的缓冲层。由于 ZnO 的禁带宽度很宽，因此该结构电池的光谱吸收大大拓宽，效率达到 14.1%。此后金属预置层硒化技术同多元共蒸发技术一起成为制备高效 CIS、CIGS 等多元化合物薄膜太阳能电池的主流技术。

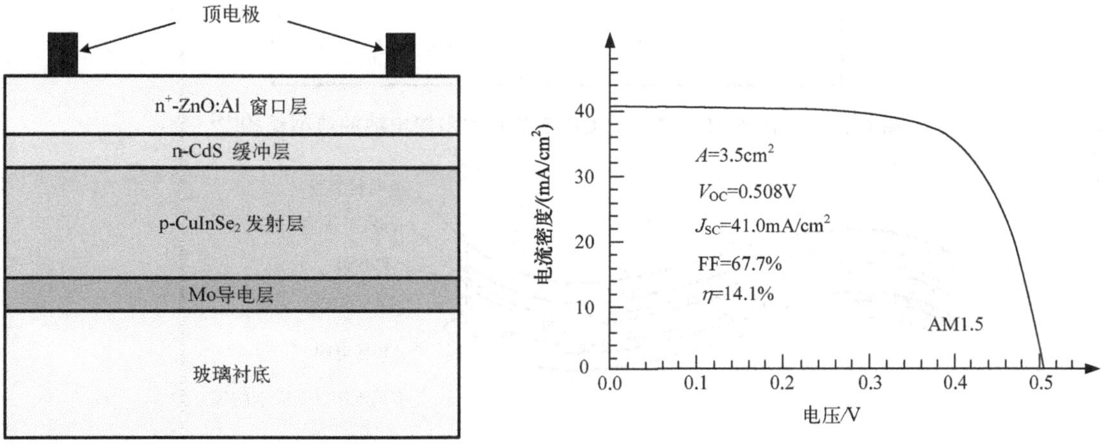

(a) CIS薄膜太阳能电池结构　　(b) *J-V*特性曲线

图 6-14　ACRO 公司制备的 CIS 薄膜太阳能电池的结构和 *J-V* 特性曲线[13]

1993 年，J.Ermer 等首次制备了结构为苏打玻璃/Mo 电极/CIGS 吸收层/CdS 缓冲层/ZnO 窗口层/MgF_2 减反层/栅电极的 CIGS 薄膜太阳能电池。他们在原有的 CIS 吸收层中掺入 Ga 元素替代部分 In 元素构成 CIGS 吸收层，使 CIS 过窄的带隙得到调整，并形成梯度带隙结构；同时在 CIGS 吸收层表面掺入较高浓度 S 元素以降低界面复合。通过这些技术改进，该型电池的开路电压和填充因子获得提高，电池效率达到 15.1%，为 CIGS 薄膜太阳能电池的进一步开发打下了扎实的基础。1994 年，美国 NREL 采用三步共蒸发工艺将 CIGS 薄膜太阳能电池的转换效率进一步提高到 15.9%；至 2008 年，他们制备的 CIGS 薄膜太阳能电池的转换效率达到 19.9%，至今仍然保持着该型电池光电转换效率的世界纪录[14]。图 6-15 为他们制备的 CIGS 薄膜太阳能电池的典型结构。

2000～2005 年，美国、日本、德国、瑞士等国的研究机构在不锈钢、Mo、Ti、Al、Cu 等金属箔和聚酰亚胺(PI)膜等多种衬底上制备了柔性 CIGS 薄膜太阳能电池。图 6-16 给出了他们制备的柔性 CIGS 薄膜太阳能电池的结构示意图。2000 年，美国 NREL 在不锈

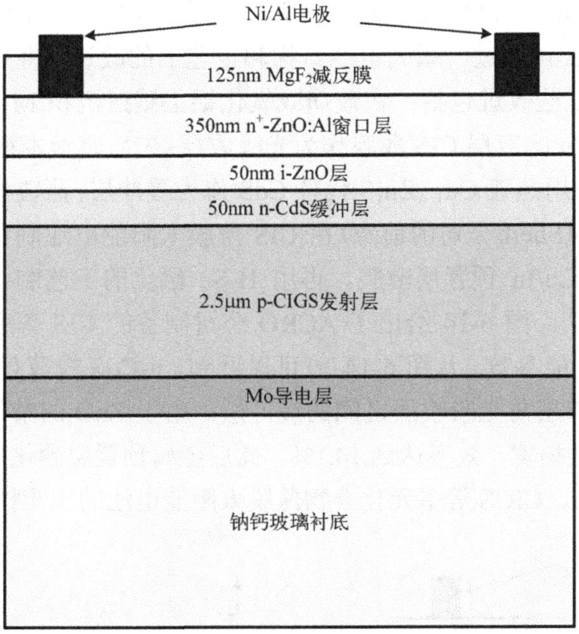

图 6-15　美国 NREL 制备的 CIGS 薄膜太阳能电池的典型结构[14]

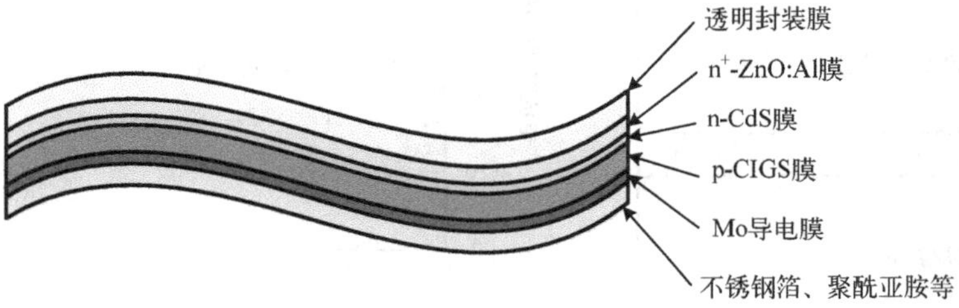

图 6-16　柔性 CIGS 薄膜太阳能电池的结构示意图

钢箔上制备的小面积柔性 CIGS 薄膜太阳能电池的功率质量比达到 1430W/kg，是晶体硅和 GaAs 薄膜太阳能电池的 5～7 倍；功率密度达到 $210W/m^2$，也与晶体硅和 GaAs 薄膜太阳能电池相当；成本达到 30～50 美元/W，只有晶体硅太阳能电池的 1/4～1/3 和 GaAs 薄膜太阳能电池的 1/8～1/5。2005 年，瑞士联邦理工学院在 PI 衬底上，通过低温三步共蒸发工艺，制备了效率达到 14.1%的小面积柔性 CIGS 电池，其比功率质量密度超过 1400W/kg[15]。图 6-17 给出了该电池的 *J-V* 特性。由于 PI 衬底绝缘，其不需要像金属衬底一样通过在衬底表面沉积绝缘层来实现单片集成，其本身就适合单片集成。

源于 20 世纪 70 年代的 $CuInS_2$ 太阳能电池也基本沿着类似 CIS 太阳能电池研制路径在发展。至 1996 年，D. Braunger 等制备的玻璃/Mo 电极/$CuInS_2$ 吸收层/CdS 缓冲层/ZnO 窗口层/栅电极结构的薄膜太阳能电池效率达到 11.4%。起步较晚的 CZTS 太阳能电池也基本采用了玻璃/Mo 电极/CZTS 吸收层/CdS 缓冲层/ZnO 窗口层/栅电极结构。至 2014 年，Wang 等利用溶液法制备 CZTS 吸收层，最后制备出的该型结构的 CZTS 薄膜太阳能电池效率达到 12.6%。CuInS 和 CZTS 薄膜太阳能电池的原料丰富，对环境更友好，被认为很有希望替代 CIGS 薄膜太阳能电池，具有良好的发展前景。

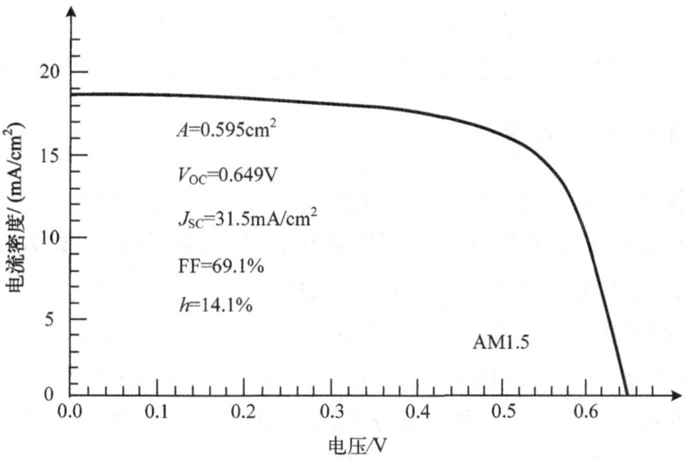

图 6-17　瑞士联邦理工学院在 PI 衬底上制备的柔性 CIGS 薄膜太阳能电池的 *J-V* 特性[15]

6.3　Ⅱ-Ⅵ族和Ⅰ-Ⅲ-Ⅵ族化合物薄膜的制备及薄膜质量的控制

Ⅱ-Ⅵ族和Ⅰ-Ⅲ-Ⅵ族化合物多晶薄膜原则上可用几乎所有的薄膜制备方法制备，如近空间升华法、真空蒸发法、共蒸发法、化学水浴法、电化学沉积法、金属预置层硒化硫化法、磁控溅射法、喷涂热分解法、溶胶-凝胶法、丝网印刷法、化学气相沉积法、物理气相沉积法、金属-有机化学气相沉积法、分子束外延法等。但考虑到材料的构成和制备成本，实际工艺中，双元化合物 CdTe 多晶薄膜最常用的制备技术是近空间升华法和电化学沉积法，CdS 多晶薄膜则更适合用化学水浴法制备，而磁控溅射和超声喷雾热解成膜技术常被应用于 SnO_2 导电薄膜的制备。在多元化合物中，CIS 和 CIGS 多晶薄膜最常用的制备方法是共蒸发法、金属预置层硒化法和电化学沉积法，而 $CuInS_2$ 多晶薄膜的制备使用最多的是金属预置层硫化法、磁控溅射法和化学水浴法，Ⅰ-Ⅱ-Ⅳ-Ⅵ族的 CZTS 多晶薄膜也多采用共蒸发法、溅射法和化学水浴法制备。这些制备技术都是在廉价衬底(如玻璃、陶瓷等)或柔性衬底(如金属箔、聚合物膜)上制备多晶薄膜。一般要求多晶薄膜的生长速率快、可控性好、结晶质量好、均匀性好、可大面积生长、制备成本低。对于玻璃(如廉价苏打玻璃)特别是聚合物膜衬底，还要求制备过程中较低的衬底温度。此外还要考虑在制备工艺中，元素的扩散、界面态等，否则也会引起太阳能电池性能的下降。下面将对以上常用的Ⅱ-Ⅵ族和Ⅰ-Ⅲ-Ⅵ族化合物多晶薄膜的制备方法以及薄膜的掺杂、质量控制和后处理分别进行介绍和讨论。

6.3.1　近空间升华法

近空间升华技术(CSS)是在简单升华法基础上发展起来的，它具有沉积速率高、设备简单、薄膜质量好、蒸发材料少、生产成本低、电池光电转换效率高等优点。1984 年，Perezalbuerne 和 Tyan 等首次采用该技术制备了 CdTe 多晶薄膜，并制作出转换效率为 10%的 n-CdS/p-CdTe 薄膜太阳能电池，如图 6-11 所示[10]。后来，Britt 和 Ferekides[11]又用该方法制备 n-CdS/p-CdTe 薄膜太阳能电池，将该型电池的光电转换效率提高到 15.8%。目前，该技术制备的小面积电池效率已达 16%以上，大面积组件的效率也达 10%以上。

1. CSS 法制备 CdTe 多晶薄膜

从 CdTe 的相图[图 6-4(a)]上看，高温下很容易制作出化学计量比 1∶1 的 CdTe，制备 CdTe 薄膜最直接的方法就是升华法，即在真空中将 CdTe 粉末加热至 700℃左右蒸发分解，这些活性的 Cd、Te 原子便在温度较低的衬底上凝结得到 CdTe 薄膜。CSS 法同普通升华法的区别是衬底与原材料的间距要很小，使两者之间的温度差尽量小，从而使薄膜生长过程接近理想的热平衡状态，如图 6-18 所示。在图 6-18 中，CSS 设备的反应室为高纯石英管，利用卤钨灯作为加热源，上、下石墨基座分别承载装有 CdTe 原材料的石英容器和沉积了 CdS 薄膜的导电玻璃衬底，石墨片的间距根据衬底大小一般设置为 0.1～3cm，小于衬底宽度的 1/10。在薄膜沉积开始前，首先将反应室抽真空，再充入氮气或氩气作为保护气体。在薄膜沉积时，衬底温度通常为 550～650℃，原材料的温度比衬底温度高 100℃左右，下方较高温度的石墨基座使 CdTe 原材料升华，在较低温度的衬底上沉积 CdTe 多晶薄膜。

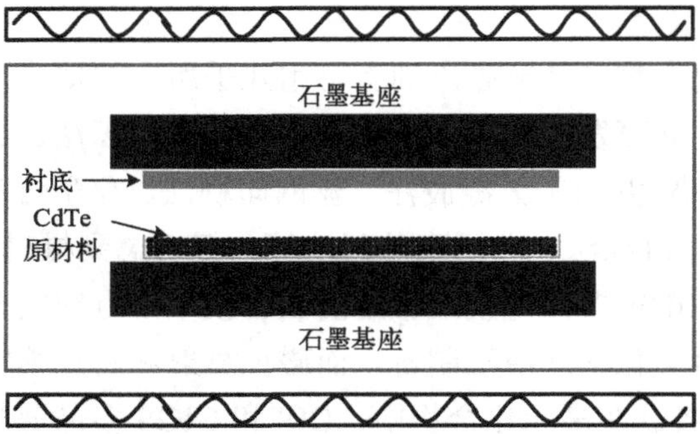

图 6-18　CSS 法制备 CdTe 的示意图

实际工艺中，衬底常常直接采用覆盖 CdS 多晶薄膜的导电玻璃，一般通入掺 10%左右氧气的氮气或惰性气体，并保持 10^2～10^3Pa 真空度，使升华后的活性原子 Cd、Te 不直接蒸发到衬底上，而是与惰性气体分子碰撞数次后才到达衬底表面，以便获得厚度均匀且致密的 CdTe 多晶薄膜。保护气体中掺入一定量氧气是为了避免沉积的 CdTe 薄膜中 Te 空位或间隙 Cd 出现，增加薄膜的受主浓度，防止形成深埋同质结；但如果掺入氧气过多，则可能使 CdTe 原材料氧化不均匀，在表面形成薄氧化层，降低原材料的升华效果，反而会使电池效率降低，而且会影响 CSS 工艺的重复性，不利于规模化生产。日本松下电池公司在需要抽真空的 CSS 技术的基础上，提出大气近空间升华技术(APCSS)[16]。图 6-19 显示了 APCSS 技术制备 CdTe 薄膜的装置示意图。图中，反应室没有抽真空，而是通过直接通入氮气或氮气/氧气混合气体排出系统内空气，可进行流水作业，获得较高的生产效率。该方法制备的 CdTe/CdS 太阳能电池的光电转换效率可达到 11%以上。

2. 实验条件对 CdTe 多晶薄膜的影响

在利用 CSS 法沉积 CdTe 薄膜时，薄膜的沉积速率主要取决于原材料温度和衬底温度。

通常，原材料温度为 550～650℃，衬底温度为 450～550℃，沉积速率为 1.6～160nm/s。图 6-20 显示了采用 CSS 法在原材料温度 650℃、衬底温度 575℃条件下制备的 CdTe 薄膜的扫描电镜图像。从图中可以看出，CdTe 薄膜呈多晶态，晶粒尺寸为 2～5μm。

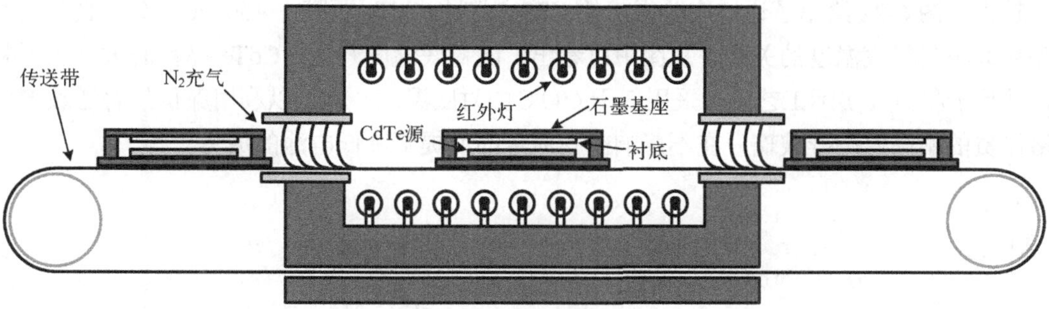

图 6-19　APCSS 技术制备 CdTe 薄膜的装置示意图[16]

(a)　(b)

图 6-20　CSS 法制备的 CdTe 薄膜表面的扫描电镜图像

CSS 法沉积的 CdTe 多晶薄膜的微结构主要取决于衬底温度、原材料与衬底的温度梯度和衬底的晶化状况。当在已沉积的 CdS 薄膜上直接制备 CdTe 薄膜时，衬底温度对薄膜和电池的质量都具有重要影响。一般情况下，CSS 法制备的都是多晶薄膜，晶向大多倾向 <111>方向，晶粒为柱状多晶体，长度在数百纳米到数微米。通常，随衬底温度的升高和薄膜厚度的增加，柱状晶粒尺寸也增加。图 6-21 是在 CdS/ITO 玻璃衬底、原材料温度 550～600℃、

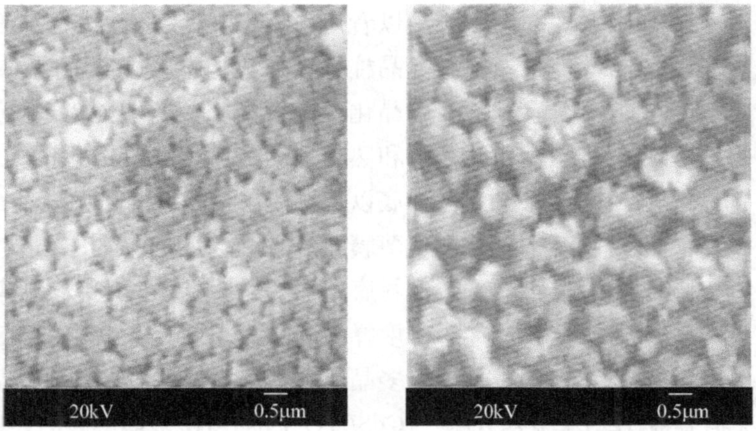

(a) 350℃　(b) 400℃

图 6-21　在衬底温度 350℃和 400℃下 CSS 法生长的 CdTe 多晶薄膜表面的扫描电镜图像

衬底温度 350℃和 400℃条件下生长的 CdTe 多晶薄膜表面的扫描电镜照片。从图中可以看出，衬底温度为 350℃的 CdTe 薄膜晶粒尺寸仅为 0.3μm，而衬底温度为 400℃时的 CdTe 薄膜晶粒尺寸增加到 0.6μm 左右。对比图 6-20 和图 6-21 也可以发现衬底温度越高，CdTe 薄膜的晶粒尺寸越大。图 6-22 给出了通过实验得出的 CSS 法制备 CdTe 薄膜在 450～600℃衬底温度范围的晶粒大小与衬底温度的关系。从图中可看出，随衬底温度升高，CdTe 晶粒的大小在不断增加，并趋于稳定。实际工艺中，采用低于 600℃的衬底温度，就可以利用廉价的普通玻璃代替价格昂贵的耐高温硼硅玻璃，在不影响薄膜质量的前提下降低电池的成本。

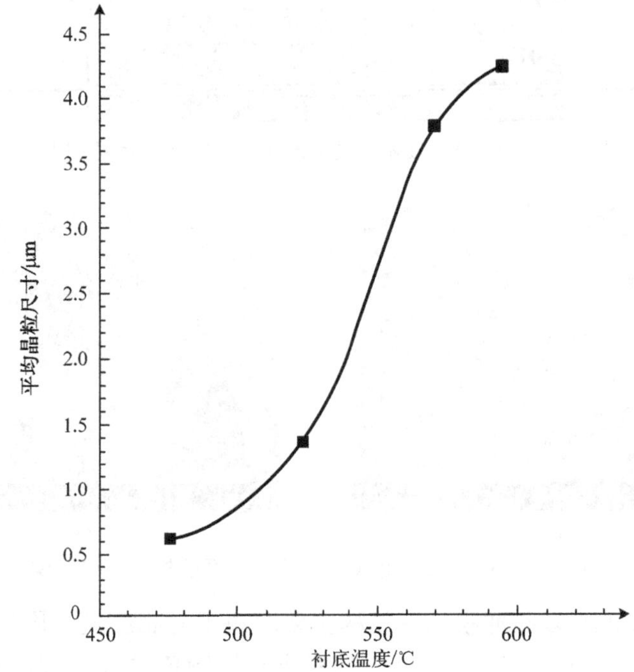

图 6-22　CSS 法制备的 CdTe 薄膜的晶粒尺寸与衬底温度的关系

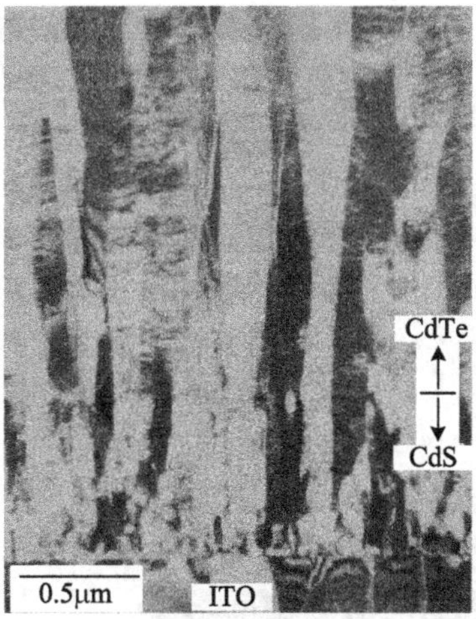

图 6-23　在 CdS/ITO 玻璃衬底上生长的 CdTe 多晶薄膜截面的透射电镜图像

图 6-23 是在 CdS/ITO 玻璃衬底上生长的 CdTe 多晶薄膜截面的透射电镜照片。从图中可以看出，CdTe 晶粒呈柱状生长，其大小和 CdS 晶柱基本一致，说明 CdTe 的晶体结构同 CdS 的晶化状况密切相关。图 6-24 是分别在未经处理和热处理(400℃、40min)后的 CdS/ITO 玻璃衬底以及直接在 ITO 玻璃衬底上生长的 CdTe 多晶薄膜的 XRD 衍射谱。从图中可以看出，三种不同衬底条件下生长的 CdTe 多晶薄膜都具有<111>高度择优取向。其中，未经处理的 CdS/ITO 上的 CdTe 多晶薄膜具有相对较强的(511)峰，而热处理后的 CdS/ITO 上的 CdTe 多晶薄膜的(311)峰和(422)峰相对较强，这可能是由于热处理使 CdS 薄膜中一

些不同晶向的小晶粒长大所致；直接在 ITO 玻璃上生长的 CdTe 多晶薄膜各个杂峰都比较强，而且(111)峰宽度较大，强度相对较小，说明薄膜的晶粒尺寸较小、择优取向相对较弱。由此可见，衬底对 CdTe 多晶薄膜的微结构有重要影响。当衬底温度高于 600℃时，CdS/CdTe 界面两侧的 S 和 Te 将互扩散，形成 $CdTe_{1-x}S$ 三元相，导致 p-n 结偏离 CdS/CdTe 界面。研究表明，CdS/CdTe 界面的 $CdTe_{1-x}S$ 三元相可以增加少数载流子寿命，改善 p-n 结的电学性能，增加电池的效率。但如果衬底温度过高，则可能造成 CdS 薄膜材料气化，导致 CdS 薄膜过薄，反而会影响电池的效率。

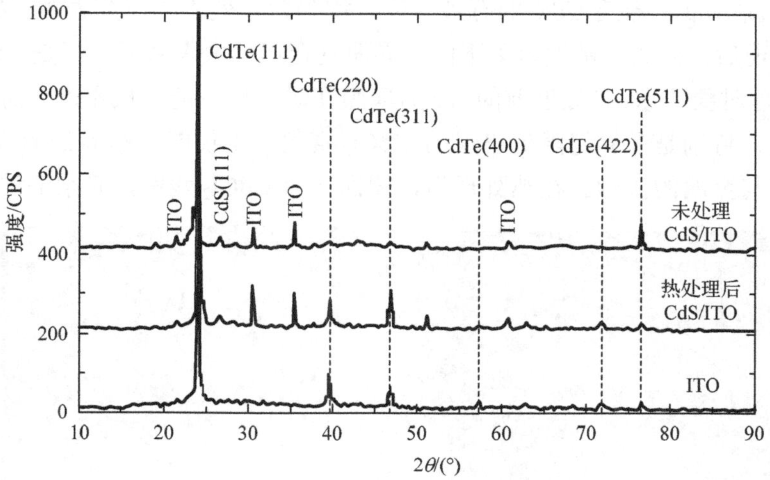

图 6-24 在未经处理和热处理后的 CdS/ITO 以及 ITO 玻璃衬底上生长的 CdTe 多晶薄膜的 XRD 谱

CPS 是 counts per second 英文缩，即单位时间内测得的光电子数目

3. CdTe 多晶薄膜的热处理

在 CdTe 多晶薄膜制备完成后，一般都需进行热处理，以改善 CdTe 薄膜的性质。对 CdTe 多晶薄膜的热处理可以促进晶粒晶化，提高 CdTe 薄膜的迁移率，并可以阻止 Te 元素的氧化，促进组分均匀化。

CdTe 多晶薄膜的热处理主要有两种技术。

(1)在 CdS/CdTe 结构的 CdTe 表面，用超声喷雾等技术喷涂 $CdCl_2$ 和甲醇混合液或将样品浸入混合液 20min 左右后取出，样品烘干后在含氧气氛中 400℃左右热处理 30～60min，最后用去离子水洗去薄膜表面残留的 $CdCl_2$。

(2)利用 CSS 技术首先将 $CdCl_2$ 加热至 380～420℃，在 CdTe 薄膜表面蒸发沉积 $CdCl_2$ 薄膜，然后在含氧气氛中继续进行 380～420℃热处理。该技术的优点是可在 CdTe 薄膜生长完成后进行原位热处理，只需将原材料换成 $CdCl_2$ 粉末，热处理后的 CdTe 薄膜晶粒均匀，且薄膜表面没有 $CdCl_2$ 残留。

CdTe 多晶薄膜在 $CdCl_2$ 热处理后会发生晶粒长大的现象。图 6-25 为 CSS 法生长的 CdTe 多晶薄膜经原位 $CdCl_2$ 气氛热处理前后的扫描电镜图像[17]。从图中可看出，CdTe 薄膜在 $CdCl_2$ 气氛中热处理后，晶粒从 1μm 以下长大到 5～10μm。通常原生 CdTe 多晶薄膜呈<111>方向择优生长，但在 $CdCl_2$ 热处理初期，晶粒取向变得随机，而在热处理时间延长后，晶粒又会呈现一定的择优取向。研究表明，CdTe 多晶薄膜在 $CdCl_2$ 热处理过程中发生了再结晶过程。热处理初期，晶粒间出现细小的晶粒，这些晶粒的长大导致晶粒取向的随机性，而在较长时间热处理后，大晶粒逐渐兼并小晶粒，从而再次呈现一定的择优取向。此外，$CdCl_2$ 热处理还会造成 CdTe 多晶薄膜成分的显著变化。热处理使得整个薄膜富 Cd，并且越接近表面，Cd^{2+}和 Cl^{-}离子的浓度越高，Cl^{-}也可能会迁移到晶界上，降低晶界势垒，从而促进 CdTe 中原子的迁移。而背景气氛中的氧作为替代杂质，可以保证薄膜不会因为富 Cd 而呈现 n 型导电，特别是在 CdTe/CdS 界面附近。同时，CdS 中的 S 也会扩散到 CdTe 中引起杂质重新分布，降低 CdS 的有效厚度，增强窗口效应。研究表明，CdTe 多晶薄膜经 $CdCl_2$ 热处理后，界面态密度显著下降，界面复合速率大大降低。但是，CdTe 多晶薄膜在 $CdCl_2$ 热处理时要注意，热处理前的 $CdCl_2$ 薄膜在烘干后可能形成不均匀分布，会使 $CdCl_2$ 出现区域富集，特别是晶界缝隙处出现的 $CdCl_2$ 富集，不仅能在晶界处形成电活性通道，而且会影响其与金属的接触。在热处理后，膜面会有 $CdCl_2$ 残留，必须清洗掉。

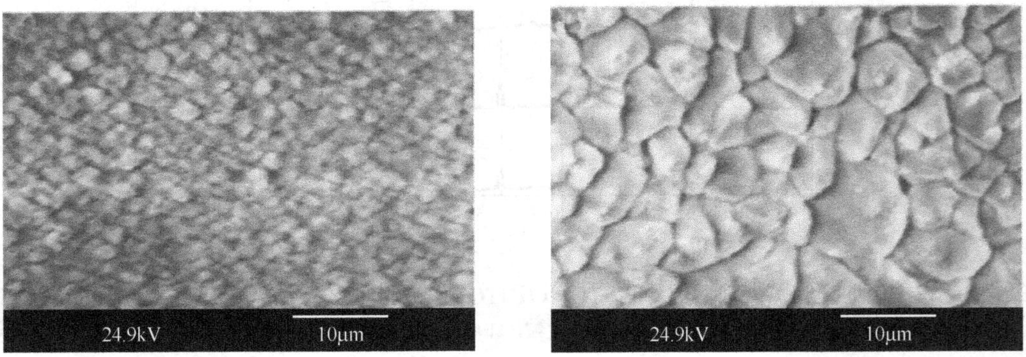

(a) (b)

图 6-25 在 CdS/ITO 玻璃衬底上生长的 CdTe 多晶薄膜原位 $CdCl_2$ 热处理前后的表面扫描电镜图像[17]

6.3.2 电化学沉积法

电化学沉积法是另一种重要的制备金属和化合物薄膜的技术，其优点是设备简单、易控制、易大规模工业化生产。1978 年，Panicker 和 Kroger 等提出了电化学沉积法制备 CdTe 多晶薄膜的技术，在含有 TeO_2 的 $CdSO_4$ 水溶液中，采用石墨作为阴极，采用 Te 材料作为阳极，在 Ni 片表面或镀有氧化锑的玻璃表面上沉积了均匀、化学计量比可控的 CdTe 多晶薄膜。2000 年，美国 NREL 采用一步电化学沉积法制备了偏离化学计量比较大的 CIGS 薄膜，然后通过真空蒸发沉积一定的 In、Ga 和 Se，对薄膜组分进行调整，再经过热处理制成符合标准化学计量比的 CIGS 光吸收层，以此制成的 CIGS 太阳能电池效率达到 15.4%。

1. 电化学沉积法制备 CdTe 薄膜

图 6-26 为电化学沉积法制备 CdTe 多晶薄膜的简单示意图。电化学沉积工艺通常采用三电极恒电位技术。如图 6-26 所示，对电极采用纯 Te 材料；中间为参比电极；工作电极为石墨板，其上安置沉积了 CdS 薄膜的 ITO 玻璃衬底；反应溶液是含 Cd 盐、TeO_2 的酸溶液，其中，Cd 盐通常采用 $CdSO_4$，TeO_2 在酸溶液中的主要成分是 $HTeO^{2+}$；电极电位可设

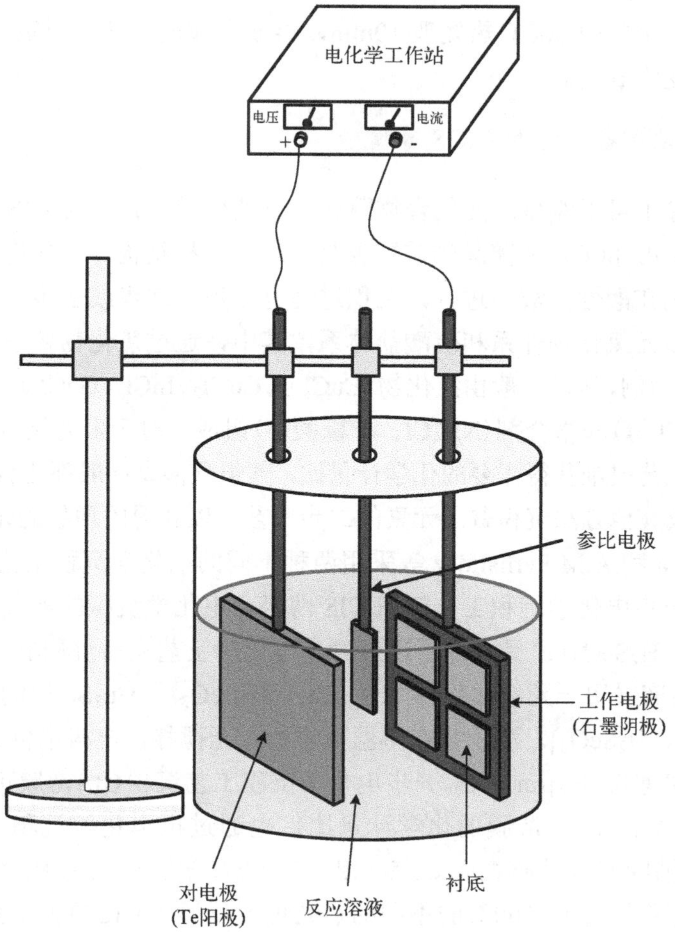

图 6-26　电化学沉积法制备 CdTe 多晶薄膜的示意图

计为−0.2～0.65V/SIE(参比标准甘汞电极)。通电后，在阴极上发生下述化学反应：

$$Cd^{2+} + Te + 2e^{-} \longrightarrow CdTe \tag{6-1}$$

$$HTeO^{2+} + H^{+} + 2e^{-} \longrightarrow Te^{+} + H_2O \tag{6-2}$$

实际的电化学反应远比以上两式复杂，存在多种反应，其机理仍存争议。在电化学沉积制备 CdTe 薄膜时，由于 TeO_2 的溶解度很低，沉积过程主要由质量输运过程控制，即由 $HTeO^{2+}$的输运控制，故沉积速率较低，一般为 1～2μm/h。虽然不同的水溶液都可作为电化学沉积液，但最常用的还是 $CdSO_4$ 溶液，利用 $CdSO_4$ 溶液作为电化学沉积液，不仅可制备出 n 型 CdTe 薄膜，还可制备出 p 型 CdTe 薄膜，同时沉积的温度和毒性都较低。通常 $CdSO_4$ 溶液的 pH 值为 1～3.5，$CdSO_4$ 与 TeO_2 的浓度比为 50～1000。

一般情况下，电化学沉积技术制备的 CdTe 薄膜为 n 型材料，一些研究者通过控制电势也获得了 p 型 CdTe 薄膜。例如，Panicker 等在−0.3eV/SCE 时，得到 p 型 CdTe 薄膜；Basol 等在−0.66～−0.61V/SCE 的区域也制备出 p 型 CdTe 薄膜。但是上述通过控制电势来控制 CdTe 薄膜导电类型的影响因素过多、重复性不好，因此 Basol 等又提出热处理转型制备 p 型 CdTe 薄膜材料。他们先通过电化学沉积法在玻璃/ITO/CdS 衬底上制备了 n 型 CdTe

薄膜，然后将其置于空气中 400℃热处理 10min，再放在玻璃上冷却至室温，CdTe 薄膜的导电类型由 n 型转变为 p 型。

2. 电化学沉积法制备 CIS 和 CIGS 薄膜

电化学沉积法除了可以制备二元化合物薄膜，也被用于制备多元 CIS 和 CIGS 薄膜。电化学沉积法制备 CIS 和 CIGS 薄膜的装置也是采用三电极结构，工作电极上放置 Mo/玻璃衬底，沉积一般也在酸性溶液中进行，沉积过程有一步、二步或多步工艺，所使用的溶液有一元、二元或多元氯化物体系和硫酸盐体系，其中，通过氯化物体系制备的电池效率更高。以氯化物体系为例，溶液一般由氯化物（CuCl 或 $CuCl_2$、$InCl_3$、$GaCl_3$）、SeO_2 或 H_2SeO_3、导电盐（如 KCl、LiCl 等）和络合剂（NH_4Cl、柠檬酸等）组成。对于多元化合物薄膜，直接通过一步电化学沉积工艺很难获得需要的化学计量比，其组分偏离一般都比较大，因此常常需要通过电化学沉积或其他方法沉积贫乏元素的二步工艺，以获得的理想的化学计量比。

R.N.Bhattacharya 和 A.M.Fernandez 等采用两种不同的电化学沉积工艺制备了多晶 CIS 薄膜。一种是通过一步电化学沉积工艺沉积 CIS 薄膜，电化学沉积的溶液采用二元氯化物体系（$CuCl_2$、$InCl_3$、H_2SeO_3）；另一种是通过二步电化学工艺先后沉积 In_2Se_3 和 Cu_2Se 层，其中，In_2Se_3 层的溶液采用一元氯化物体系（$CuCl_2$、H_2SeO_3），Cu_2Se 层的溶液采用一元硫酸盐体系[$Cu(SO_4)_2$、H_2SeO_3]。沉积都在室温下进行，无搅拌，电极电位为−0.5V/SIE，沉积时间为 1200s，薄膜厚度在 1μm 左右。一步电化学沉积工艺沉积 CIS 薄膜可通过调整 $CuCl_2$ 和 $InCl_3$ 的浓度来调节 CIS 薄膜的化学计量比，也通过再电化学沉积一层 In（$InCl_3$，−0.5V/SIE，200s）来消除 CIS 薄膜表面 Cu-Se 相。二步电化学沉积工艺中，双层 In_2Se_3/Cu_2Se 膜最后要经过 Ar 气氛中 450～500℃的不同的热处理过程形成 CIS 薄膜。图 6-27 给出了一步电化学沉积工艺在 Mo 衬底上沉积 CIS 薄膜的 XRD 谱。其中，图 6-27(a) 为只有一步电化学沉积工艺的 CIS 薄膜，图 6-27(b) 为在上述 CIS 薄膜表面再沉积一薄层 In。可以看出，沉积的 CIS 薄膜均呈现多晶结构，再沉积一薄层 In 后，CIS 薄膜的 Cu_3Se_2 峰消失，$CuInSe_2$ 峰变得更明锐，说明补充沉积 In 后薄膜中的 Cu-Se 杂相被消除，薄膜的结晶质量提高。

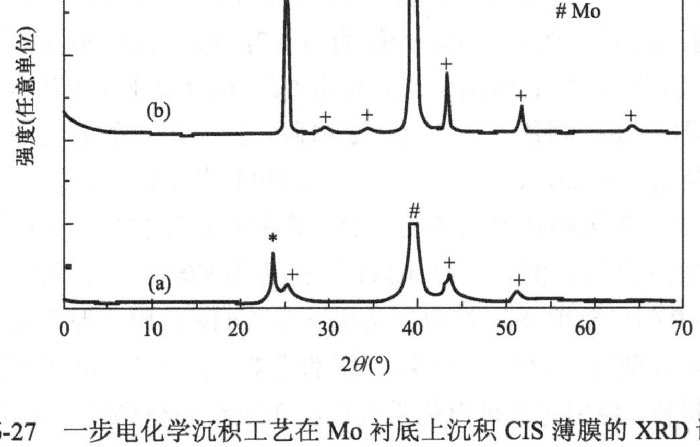

图 6-27　一步电化学沉积工艺在 Mo 衬底上沉积 CIS 薄膜的 XRD 谱[18]

图 6-28 给出了二步电化学沉积工艺在 Mo/Cu 衬底上沉积的 CIS 薄膜的 XRD 谱。其中，图 6-28(a)为先沉积 In_2Se_3 层，再沉积 Cu_2Se 层，最后在 Ar 气氛中进行 500℃、10min 的热处理；图 6-28(b)是沉积 In_2Se_3 层后，先在 Ar 气氛中进行 450℃热处理，再沉积 Cu_2Se 层，最后再在 Ar 气氛中进行 500℃、10min 的热处理。可以看出，二步电化学沉积法制备的 CIS 薄膜也是多晶结构，每一步都进行热处理比只经过最后一步热处理的 CIS 薄膜结晶质量更高、Cu-Se 杂相更少，说明其薄膜组分更接近标准化学计量比。

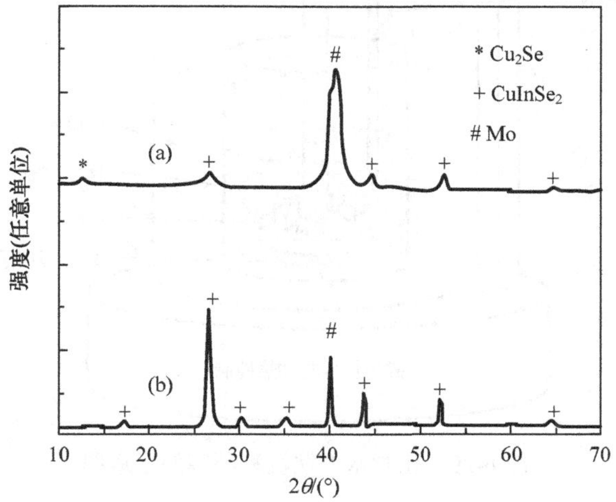

图 6-28 二步电化学沉积工艺在 Mo/Cu 衬底上沉积的 CIS 薄膜的 XRD 谱[18]

美国 NREL 的 R.N.Bhattacharya 等也用一步电化学沉积工艺制备了 CIGS 薄膜。他们采用四元氯化物体系溶液，具体的溶液组成为 $CuCl_2$(0.02～0.05mol/L)、$InCl_3$(0.04～0.06mol/L)、$GaCl_3$(0.08～0.1mol/L)、H_2SeO_3(0.01～0.03mol/L)和 LiCl(0.7～1mol/L)，溶液的 pH 为 2～3，阴极电位为–1.0eV(掺比 Pt 电极)，衬底采用 Mo/玻璃。通过在室温下进行电化学反应，沉积了厚度为2μm左右的CIGS薄膜，沉积的薄膜组分范围为Cu∶In∶Ga∶Se=1∶(0.3～0.35)∶0.01∶(0.93～0.99)。由于沉积的 CIGS 薄膜组分偏离比较大，因此在一步电化学沉积后，还通过真空蒸发在(560±10)℃的衬底温度下沉积一定量的 In、Ga 和 Se，使其组分比接近 Cu∶In∶Ga∶Se=1∶0.3∶0.7∶2 的标准化学计量比，再在 Se 气氛下经过 40℃/min 的降温热处理，获得了可作为太阳能电池光吸收层的比较理想的 p 型 $CuIn_{0.3}Ga_{0.7}Se_2$ 薄膜。

6.3.3 化学水浴法

化学水浴法也是常用的制备化合物薄膜的技术，其同电化学沉积法主要的区别就是无须电解电极，仅靠溶液中的化学反应沉积薄膜，故其设备更为简单，同样具有容易控制、均匀性好、成本低、易于大规模工业化生产的优点。图 6-29 为化学水浴法沉积薄膜的示意图。由于反应溶液中的硫脲等可以提供大量沉积硫化物所需的 S 源，因此化学水浴法非常适合制备 CdS、$CuInS_2$ 等硫化物薄膜。1977 年，N. R. Pavaskar 等首次采用化学水浴法制备了 CdS 薄膜，他们利用镉盐、氨水和硫脲体系，在 80～90℃水浴温度下，在玻璃衬底上沉积了化学计量比可控的 CdS 薄膜。1986 年，G.K.Padam 等首次采用一步化学水浴法制备了 $CuInS_2$ 薄膜，后来有研究者又发展了二步化学水浴法制备 $CuInS_2$ 薄膜的技术。

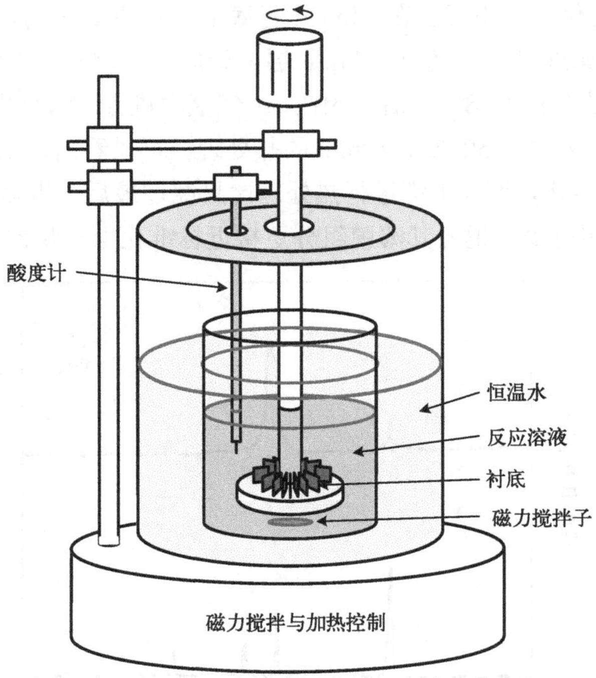

图 6-29　化学水浴法沉积薄膜的示意图

1. 化学水浴法制备 CdS 薄膜

理论上，生长 CdS 薄膜的方法很多，但考虑到性价比，化学水浴法具有明显的优势，它具有可控性好、均匀性好、成本低等特点，且适用于不同衬底和不同溶液，应用最为广泛。同真空蒸发法制备的 CdS 薄膜相比，除了制备成本以外，用化学水浴法生长的 CdS 薄膜晶粒更紧密、晶粒尺寸更大、表面更光滑。

目前为止，化学水浴法制备 CdS 薄膜的反应溶液主要是碱性硫脲体系，其组成为镉盐($CdCl_2$、$CdSO_4$等)、硫脲[$(NH_2)_2CS$]、氨水($NH_3·H_2O$)(或柠檬酸钠、KOH)和缓冲剂(NH_4Cl、NH_4NO_3、氰基盐、三乙基胺盐等)。其中，前两者提供 Cd 源和 S 源，加入缓冲剂是为了控制薄膜生长速率。反应时，氨水或 KOH 首先与镉盐和氨盐作用，形成含 Cd^{2+}的络合物$[Cd(NH_3)_4]^{2+}$，并与$(NH_2)_2CS$等作用，形成 S^{2-}；然后溶液中的 Cd^{2+}和 S^{2-}固化在衬底上，当 Cd^{2+}与 S^{2-}的离子积超过 CdS 的溶解度后，便有固体 CdS 沉积。由于 CdS 的溶解度非常小，因此低浓度的 S 便可使 CdS 沉积，其总反应式为

$$[Cd(NH_3)_4]^{2+} + SC(NH_2)_2 + 2OH^- \longrightarrow CdS + CH_2N_2 + 2H_2O + 4NH_3 \tag{6-3}$$

除缓冲剂 NH_4Cl 外，还可加入其他缓冲剂，如氰基盐、三乙基胺盐等，形成$[Cd(CN)_4]^{2-}$、$[Cd(TEA)]^{2+}$等络合物，然后沉积生成 CdS 薄膜，其反应式为

$$[Cd(CN)_4]^{2-} + SC(NH_2)_2 + 2OH^- \longrightarrow CdS + 4CN^- + CO(NH_2)_2 + H_2O \tag{6-4}$$

$$[Cd(TEA)]^{2+} + SC(NH_2)_2 + 2OH^- \longrightarrow CdS + TEA + OC(NH_2)_2 + H_2O \tag{6-5}$$

以上化学水浴法制备 CdS 薄膜的沉积速率主要由氨水浓度、铵盐浓度和沉积温度等因

素决定。在一定温度下，CdS 的形成速率主要由络合物提供的 Cd^{2+}和$(NH_2)_2CS$ 水解提供的 S^{2-}的浓度决定。铵盐的存在会提高溶液中$[Cd(NH_3)_4]^{2+}$的浓度，降低 S^{2-}和 Cd^{2+}的浓度，最终导致 CdS 沉积速率降低；而增大氨水浓度，虽然会提高溶液的 pH，从而促进 S^{2-}的生成，但也提高了$[Cd(NH_3)_4]^{2+}$的浓度，从而降低了 Cd^{2+}的浓度，最终也导致 CdS 的形成速率降低。也有研究者提出利用柠檬酸钠-硫脲体系在无搅拌、低溶液浓度的条件下制备 CdS 薄膜，即采用柠檬酸钠代替氨水作为络合剂；或用 KOH 代替氨水提供 OH^-。研究结果显示，在同样的制备条件下，利用柠檬酸钠作为络合剂或用 KOH 提供 OH^-制备的 CdS 薄膜都能很好地结晶。

CdS 多晶薄膜的生长有均匀形核和异质形核两种方式。均匀形核通过吸收 CdS 颗粒生长成膜，不是离子沉积，故生长的薄膜质量较差，一般应避免。抑制均匀形核的方法有采用低浓度的 Cd 盐和 $SC(NH_2)_2$、高浓度的氨水和铵盐，以及衬底旋转或剧烈搅拌等。异质形核可以通过优化衬底表面来实现，如采用化学清洗和腐蚀导电玻璃，导致衬底表面粗糙。一般光滑的衬底表面会导致不连续形核，而粗糙的表面会提高形核的连续性。A.I.Oliva 等用化学水浴法在旋转的 ITO/玻璃衬底上制备的 CdS 多晶薄膜[19]。图 6-30 显示了他们制备的 CdS 多晶薄膜的原子力显微镜(AFM)的表面形貌照片，图 6-31 给出了它们的 XDR 谱。他们采用 $CdCl_2$、硫脲、KOH 和 NH_4NO_3 作为反应溶液，衬底在 75℃恒温的反应溶液中以

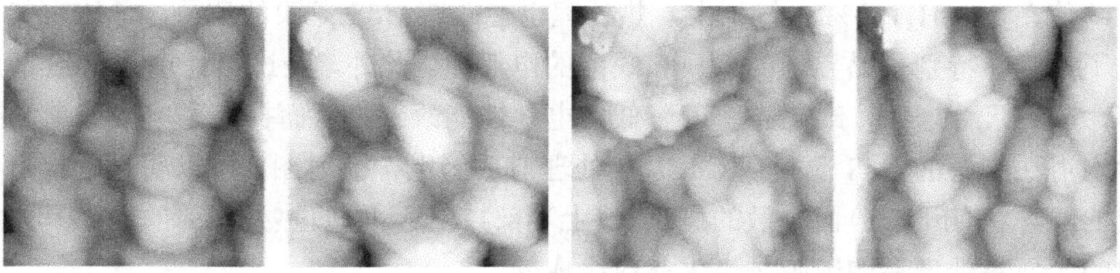

(a) 150r/min　(b) 300r/min　(c) 450r/min　(d) 600r/min

图 6-30　A.I.Oliva 等用化学水浴法制备的 CdS 多晶薄膜的 AFM 表面形貌照片[19]

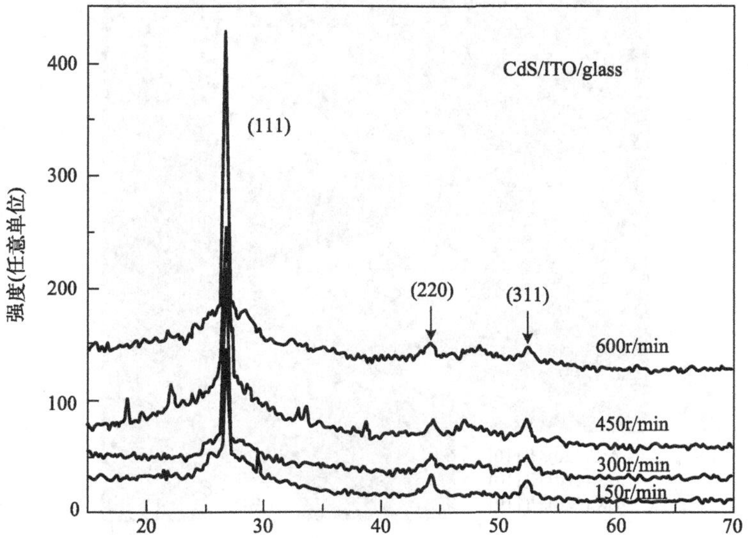

图 6-31　A.I.Oliva 等用化学水浴法制备的 CdS 多晶薄膜的 XRD 谱[19]

不同的转速(150r/min、300r/min、450r/min 和 600r/min)旋转，沉积时间为 50min。从图 6-31 可以看出，沉积的 CdS 多晶薄膜为面心立方结构，倾向于<111>方向生长，晶体质量随着衬底的旋转速度提高而提高，说明抑制均匀型核对提高晶体质量有帮助。而 R.Casto-Rodroguez 等发现 CdS 薄膜晶粒尺寸随衬底导电材料 ITO 的粗糙度呈线性增加，薄膜呈<111>方向择优生长，而禁带宽度不受 ITO 粗糙度的影响。

研究表明，除了反应溶液的浓度、pH、反应温度和衬底表面粗糙度以外，电场和磁场也会影响 CdS 薄膜的晶体质量、厚度、能带结构、光吸收、电阻率等性质。A. Zehe 等发现磁场可改变 CdS 薄膜的厚度、晶粒尺寸和光学性能，使薄膜的厚度增加 3 倍，晶粒尺寸减小一半，而禁带宽度从 2.36eV 增加到 2.51eV。O.Vigil 等发现外加电场后，CdS 薄膜表面变得光滑，晶粒间更加紧实，而如果电场方向垂直于衬底，生长出的薄膜还呈现显著的光学性质择优性。

作为 CdTe 太阳能电池的窗口层材料，CdS 薄膜需要具备晶粒尺寸大、表面平滑、薄膜厚度均匀和较低的缺陷态密度，因此在沉积 CdTe 薄膜前，一般也需要对生长的 CdS 薄膜进行热处理，特别是在惰性气体保护下的 $CdCl_2$ 热处理，以进一步改善 CdS 薄膜的质量。常用的热处理工艺有两种：一种是在氢气气氛下 400℃热处理 5～10min；另一种就是先在 CdS 薄膜上涂覆 $CdCl_2$ 甲醇溶液，烘干后，再在氮气气氛中 400℃热处理 30～50min。研究表明，即使在 20%H_2+80%N_2 气氛中，热处理也会改善 CdS 薄膜的质量，原因可能是氢原子钝化了薄膜中特别是晶界上的杂质和缺陷的电活性。此外，经过热处理的 CdS 薄膜结晶度提高，晶粒尺寸增大，缺陷态密度降低，电学性能改善，从而提高了电池效率。图 6-32 是化学水浴法制备的 CdS 薄膜在 $CdCl_2$ 热处理前后的电子衍射图，可以明显看出衍射图案由连续的圆环状(下半部)向分散的斑点状(上半部)转变，说明热处理前的薄膜是由细小晶粒组成的，而热处理后的薄膜是由大晶粒组成的。

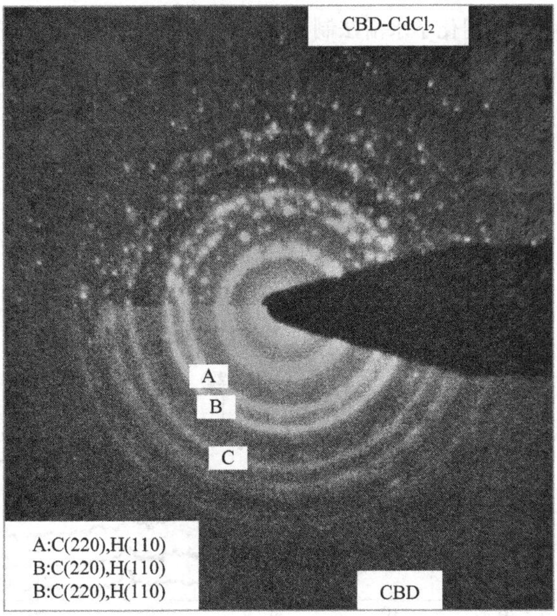

图 6-32 化学水浴法制备的 CdS 薄膜在 $CdCl_2$ 热处理前(下半部)后(上半部)的电子衍射图

对于 CdTe/CdS 太阳能电池，CdS 窗口层除了晶体质量要好外，还应具有一定的 n 型载流子浓度。Nair 等在 50～70℃下先利用含柠檬酸的 Cd 盐和 $SC(NH_2)_2$ 溶液体系沉积制备出 CdS 薄膜，然后在 400～500℃空气中热处理 1h，即形成了 n 型 CdS 薄膜，其暗电导率约为 $10^{-8}S\cdot cm^{-1}$，光透光率达到 80%左右。为了对 CdS 薄膜实现理想的 n 型掺杂，也可以在反应溶液中加入含 n 型掺杂元素的溶液，如 $InCl_3$、H_3BO_3、CuI、$CuCl_2$ 等。In 是最常用的掺杂剂，但是由于有其他 In 化合物(如 In_2O_3 等)的存在，In 的掺杂浓度很难精确控制。有研究表明，当反应溶液中的 In∶Cd=8∶100 时，可得到最低的电阻率为 $3\times10^{-2}\Omega\cdot cm$。

此外，CdS 窗口层还应有较高的光透过率和较好的连续性。CdS 薄膜要同 CdTe 形成性能良好的 p-n 结，既要避免薄膜太厚引起光透过率下降，也要避免因薄膜的不连续性导致 CdTe 与电极直接接触，或因薄膜太薄而产生的隧穿现象，因此 CdS 薄膜的厚度需要精确控制。有研究表明，当 CdS 薄膜的厚度为 60nm 左右时，CdTe/CdS 太阳能电池的效率最佳。由于后续沉积 CdTe 薄膜会使 CdS 薄膜厚度下降 30%左右，所以化学水浴法制备的 CdS 薄膜厚度通常需要 90～100nm，效率在 15%以上的 CdTe/CdS 太阳能电池的 CdS 窗口层厚度基本都在该范围内。

2. 化学水浴法制备 $CuInS_2$ 薄膜

化学水浴法除了制备二元 CdS 薄膜，也被用于制备三元 $CuInS_2$ 薄膜。化学水浴法制备 $CuInS_2$ 薄膜，可在碱性或酸性硫脲溶液体系中进行，目前有一步、二步沉积工艺，所使用的溶液有二元和一元氯化物体系或硫酸盐体系，其中，采用一元氯化物体系或硫酸盐体系的二步沉积工艺制备的 $CuInS_2$ 可以更好地控制薄膜组分的化学计量比。浙江大学的杨德仁等采用二步沉积工艺先后沉积 Cu_xS 和 In_2S_3 层，再通过适当 S 气氛中的热处理，合成了晶体质量良好的 $CuInS_2$ 多晶薄膜。第一步是利用 $CuSO_4$ 和 $Na_3C_6H_5O_7$ (柠檬酸钠)溶液体系，先通过添加氨水将溶液的 pH 调整到 9.5～10.5，再加入硫脲，在 70℃的水浴温度下在 Mo/玻璃衬底上生长 Cu_xS 薄膜；第二步是在 $InCl_3$、柠檬酸钠和 NH_4Cl 混合液中加入 CH_3CSNH_2(硫代乙酰胺)，通过加入 HCl 将溶液的 pH 调整到 1.0 左右，再在 90℃左右的水浴温度下在 Cu_xS 薄膜上沉积 In_2S_3 薄膜，最后，在 S 气氛中 500℃左右热处理 30min，通过硫化 Cu_xS/In_2S_3 预置层得到 $CuInS_2$ 多晶薄膜。从图 6-33 显示了化学水浴法制备的 $CuInS_2$ 薄膜在不同的 S 气氛热处理条件下的

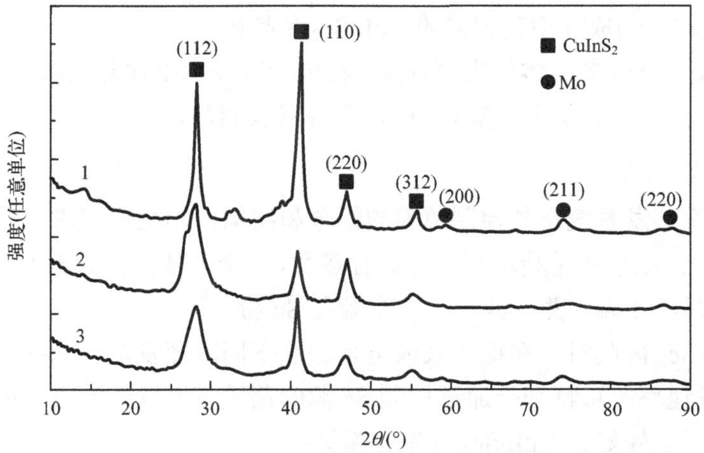

图 6-33　化学水浴法制备的 $CuInS_2$ 薄膜在 S 气氛中经不同温度热处理后的 XRD 谱[20]

1–500℃，30min；2–500℃，20min；3–480℃，20min

XRD 谱[20]。从图中可以看出，经过 S 气氛热处理后的 Cu_xS/In_2S_3 双层薄膜已转化为四方结构的 $CuInS_2$ 多晶薄膜，$CuInS_2$ 多晶薄膜的晶体质量对热处理温度和时间都非常敏感，经过 S 气氛中 500℃、30min 热处理后可以获得晶体质量良好的 $CuInS_2$ 多晶薄膜。

6.3.4 多元共蒸发法

多元共蒸发技术是利用不同的源，在真空室内同时或分步蒸发，沉积形成多元化合物薄膜。多元共蒸发法有单源、双源或多源系统，其工艺过程又分为一步、二步或三步工艺。多元共蒸发法制备的 CIS 和 CIGS 薄膜成分易于控制，结晶质量好，特别是三步工艺易于形成柱状大晶粒，而且可以控制 Ga 的掺入量形成带隙开口型浓度分布，制备的太阳能电池光电转换效率高；但是该技术难度大，对设备要求高，特别是在规模化工业生产时，需要精确控制各元素的蒸发量和薄膜的均匀性，而蒸发量的精确控制和实现大面积均匀沉积对多元共蒸发技术而言，技术难度很大，因此该技术在实验室制备的小面积电池性能会更好一些。

1. 多元共蒸发法制备 CIS 薄膜

通常，CIS 薄膜的制备大致可分为直接合成法和硒化法两类。前者包括多元共蒸发法和电化学沉积法，后者包括金属预置层硒化法。多元共蒸发法和金属预置层硒化法是最常用的两种 CIS 薄膜制备方法。多元共蒸发法的结晶质量更好，在实验室中应用较多；而金属预置层硒化法可以大面积制备 CIS 薄膜，更适合大规模工业生产。多元共蒸发法制备 CIS 薄膜有单源、双源和三源系统，每种系统都有相应不同的工艺步骤，下面分别予以介绍。

1) 单源蒸发系统

首先，将高纯 Cu、In 和 Se 粉末按照化学计量比配成 Cu：In：Se=1：1：2 的 Cu-In-Se 原料。由于晶体本征缺陷，精确化学计量比的 $CuInSe_2$ 薄膜一般是 n 型的，因此，为了获得 p 型薄膜，配料中 Se 粉末的质量通常要比标准化学计量比多出 0.02%左右。也可以先利用 Cu 和 In 粉末同 Se 粉末分别合成 Cu_2Se 和 In_2Se_3 化合物原料，再按 1：1 混合配制。

然后，将上述原料放入密闭的石英管中，管内抽成真空并将石英管放在烧结炉内加热，温度为 1050℃左右，制成 p 型黄铜矿的 $CuInSe_2$ 多晶体。

最后，利用 $CuInSe_2$ 多晶体作为蒸发源，在电子束或电阻加热的条件下蒸发，在 200～350℃的 Mo/玻璃衬底上沉积出 p 型 $CuInSe_2$ 多晶薄膜材料。

2) 双源共蒸发系统

由于单源真空蒸发系统不易控制薄膜的组分和结构，因此研究者又发展了双源共蒸发系统以克服此弱点。该系统是利用两个源进行蒸发，一个源依然是具有 Cu：In：Se=1：1：2 的 Cu-In-Se 原料，作为主蒸发源；另一个源是 Se 粉。

在制备 $CuInSe_2$ 薄膜时，在电子束或电阻加热下同时蒸发两个源并控制它们具有不同的蒸发条件(蒸发速率等)，特别是通过控制 Se 源的蒸发量可以控制薄膜的导电类型和载流子浓度，并得到质量较好的 $CuInSe_2$ 多晶薄膜材料。

3) 三源共蒸发系统

三源真空蒸发法是分别利用高纯的 Cu、In、Se 粉作为独立的原材料，在电子束或电阻加热下，三源同时共蒸发或者在 Se 蒸汽中分步蒸发 Cu、In，控制各自的蒸发速率等参数，在 350～450℃的 Mo/玻璃衬底上制备 $CuInSe_2$ 多晶薄膜材料。

利用多源共蒸发工艺可以很好地控制薄膜的晶体质量和电学性质，该工艺是目前稳定获得 10%以上电池效率的两种主要工艺之一(另一种是金属预置层硒化工艺)。图 6-34 为多源共蒸发系统的示意图。图中各源室可根据原材料的熔点选择蒸发方式。例如，Cu 可采用电子束加热，In 和 Se 可选用电阻加热；光学高温计、原子吸收谱仪(AAS)、电子散射谱仪(EEIS)等可用来在线监测衬底温度、蒸发源的蒸发速率、薄膜组分等。图 6-35 为三源共蒸发技术在 Mo/玻璃衬底上制备的 $CuInSe_2$ 多晶薄膜的 SEM 照片。从图中可看出，晶粒呈柱状生长，晶界倾向于垂直衬底表面，晶粒大小约为 1μm。进一步进行透射电镜分析表明，该薄膜的晶粒中还含有大量位错、层错、晶界等缺陷。

2. 多元共蒸发法制备 CIGS 薄膜

制备 CIGS 薄膜与制备 CIS 薄膜基本相似，应用最多的也是多元共蒸发法和金属预置层硒化法。由于多元共蒸发法可以控制 CIGS 薄膜中 Ga 的浓度分布，因此该方法制备出了光电转换效率最高的 CIGS 太阳能电池。典型的多元共蒸发系统如图 6-34 所示，同制备 CIS 薄膜的系统相比，增加了一个 Ga 源。CIGS 薄膜一般也是利用 Mo/玻璃作为衬底，Mo 为导电层。对于高效 CIGS 太阳能电池，p 型 CIGS 吸收层制备时的衬底温度要高于 530℃，薄膜略贫 Cu，Ga/(Ga+In)在 30%左右。根据 Cu 和 Ga/In 的蒸发过程，多元共蒸发法制备 CIGS 薄膜可以采用一步法、二步法或三步法。其中，三步法制备的薄膜质量最佳，更常被采用。在 CIGS 薄膜沉积时，Cu 的扩散速度很快，在薄膜中基本呈均匀分布，而 Ga 和 In 的扩散速度较慢，可以通过控制 Ga、In 蒸发量的变化使薄膜中 Ga/In 的浓度呈梯度分布。

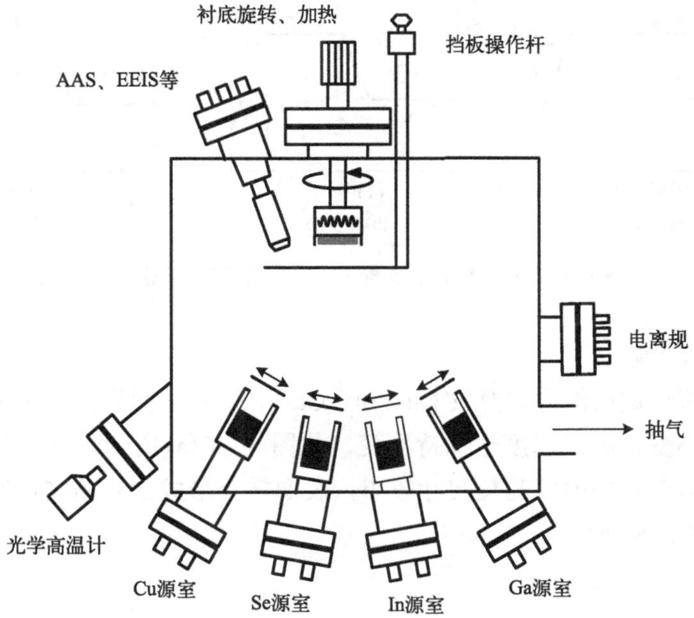

图 6-34　多源共蒸发系统的示意图

一般在 CIGS 薄膜沉积时，Se 的蒸发总是过量的，以避免薄膜因贫 Se 而导致的 n 型导电，过量的 Se 并不会引起薄膜组分的偏离，而是会扩散到薄膜表面被蒸发掉。图 6-36 给出了多元共蒸发法制备 CIGS 薄膜的一步法、二步法和三步法的沉积过程中，Cu、Ga/In、Se 的蒸发速率和衬底温度随沉积时间的变化。图中在 Cu 和 Ga/In 停止蒸发后，Se 蒸发会再持续几分钟，主要是为了避免表面缺 Se。下面将对多元共蒸发法制备 CIGS 薄膜的一步法、二步法和三步法工艺过程和沉积的 CIGS 薄膜的特点分别予以介绍。

图 6-35　三源共蒸发技术在 Mo/玻璃衬底上制备的 $CuInSe_2$ 多晶薄膜的 SEM 照片

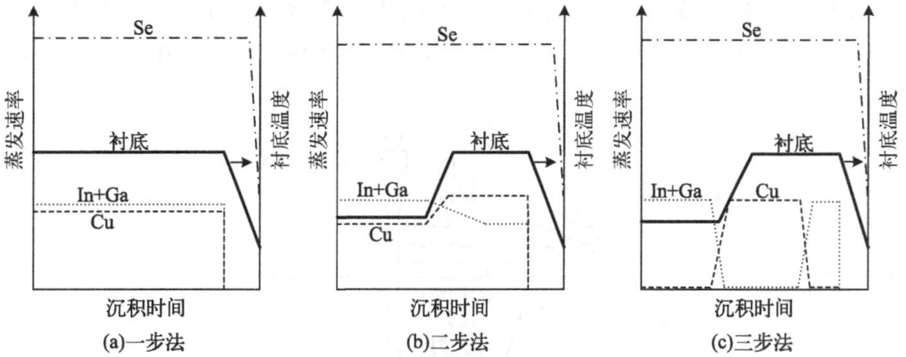

图 6-36　多元共蒸发法制备 CIGS 薄膜的工艺过程中，各元素的蒸发速率和衬底温度随沉积时间的变化

1) 一步法

一步法是指按一定比例同时蒸发 Cu、In、Ga 和 Se 四种元素，整个沉积过程中，各源的蒸发速率保持不变，衬底温度也保持不变，如图 6-36(a)所示。该工艺控制简单，更适合大面积生产，但制备的薄膜晶粒尺寸较小，表面常会形成二元相 Cu_xSe，并且难以形成具有带隙梯度的 CIGS 薄膜。

2) 二步法

该工艺又称双层工艺，其过程如图 6-36(b)所示，首先在 400～450℃衬底温度下同时共蒸发 Cu、In、Ga 和 Se 四种元素，Cu 的蒸发量高于 In+Ga，形成富 Cu 的 CIGS/Cu_xSe

薄膜，薄膜具有晶粒尺寸小、电阻率低的特点；然后升高衬底温度至 500～550℃，同时蒸发 Cu、In、Ga 和 Se 四种元素或只蒸发 In、Ga 和 Se 三种元素，Cu 的蒸发量低于 In+Ga，最终形成略贫 Cu 的 CIGS 薄膜，薄膜具有大晶粒尺寸和高电阻率。研究认为第二层薄膜生长涉及液相再结晶过程，第一层富 Cu 的 CIGS 薄膜的表面一般都会形成一层二元相 Cu_xSe，在高于 523℃时，Cu_xSe 将转变为液相，液相条件下的晶体生长使得薄膜最终具有较大的晶粒尺寸。相比一步法，该工艺制备的薄膜结晶质量有所提高，且表面没有二元相 Cu_xSe，但仍然无法形成具有开口型带隙梯度的 CIGS 薄膜。

3) 三步法

三步法的工艺过程如图 6-36(c)所示，该工艺的第一步是在 250～300℃衬底温度下同时蒸发占总量 90%的 In、Ga 和 Se 三种元素到 Mo/玻璃衬底上，各元素蒸发量的比为 In∶Ga=0.7∶0.3、Se∶(In+Ga)>3∶2，形成$(In_{0.7}Ga_{0.3})_2Se_3$预置层；第二步，在 550～580℃衬底温度下，同时蒸发 Cu 和 Se，形成略微富 Cu 的 CIGS 薄膜；第三步，保持第二步的衬底温度不变，同时蒸发剩余 10%的 In、Ga 和 Se 三种元素，最终得到接近理想化学计量比的 $CuIn_{0.7}Ga_{0.3}Se_2$ 薄膜。其中，第三步的蒸发作用很重要，不仅消除了前两步在薄膜表面形成的二元相 Cu_xSe，而且在薄膜表面形成了富 In 和富 Ga 层，实现了表面 Ga 和 In 的梯度分布；同时第三步沉积可以在薄膜表面形成有序缺陷层，为后续 CdS/CIGS 过渡层的 Cd 离子扩散提供空位，便于形成强 n 型的浅埋层，有利于改善异质结界面特性。图 6-37 显示了三步法工艺制备的 CIGS 薄膜的截面 SEM 照片以及通过俄歇(Auger)能谱得出的各元素的深度分布。从图 6-37(a)可以看到，三步法工艺制备的 CIGS 薄膜晶粒呈柱状，密集且紧凑，晶粒尺寸为 3～5μm。从图 6-37(b)可以看出，CIGS 薄膜中 Cu 和 Se 分布均匀，Ga 和 In 呈现开口状双梯度分布，对应的带隙自上而下也将是开口型分布，即对入射太阳光吸收的反开口型分布，将有利于对太阳光谱的有效吸收，相对减少表面附近光生载流子的产生，从而减少光生载流子的界面复合，提高电池的开路电压。

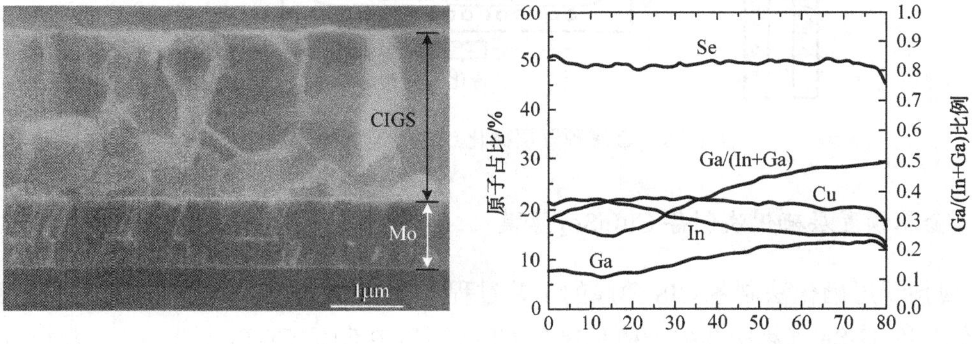

(a) SEM照片　　(b)各元素的深度分析

图 6-37　三步法工艺制备的 CIGS 薄膜的截面 SEM 照片和各元素的深度分布[21]

多元共蒸发技术制备的 CIGS 薄膜质量较好，光电转换效率高，特别是三步共蒸发法可以制备由柱状大晶粒构成、带隙开口型梯度分布的 CIGS 薄膜；但是该技术工艺复杂，对设备要求高，特别是在规模化工业生产时，需要精确控制各元素的蒸发量和薄膜的均匀性，技术难度很大，因此该技术同金属预置层硒化法相比，规模化生产的大面积电池组件效率要低一些，还无法体现应有的技术本身的优势。

6.3.5　金属预置层硒化、硫化法

金属预置层硒化或硫化法是常用的 CIS、CIGS 和 $CuInS_2$ 薄膜制备技术。该技术首先利用蒸发、溅射或电化学沉积技术在镀 Mo 的玻璃衬底上制备金属预置层，然后在 H_2Se、Se、H_2S 或 S 气氛中热处理硒化或硫化来制备 CIS、CIGS 或 $CuInS_2$ 多晶薄膜。图 6-38 给出了金属预置层硒化或硫化工艺过程的示意图。图 6-39 给出了金属预置层硒化或硫化装置的示意图。后硒化或后硫化工艺的优点是易于控制薄膜中各元素的化学计量比、薄膜的厚度和成分分布，并且对设备要求不高，目前已是 CIS 和 CIGS 薄膜太阳能电池产业化的主要技术之一。该技术工艺易于调节控制，适用于大规模工业化生产。

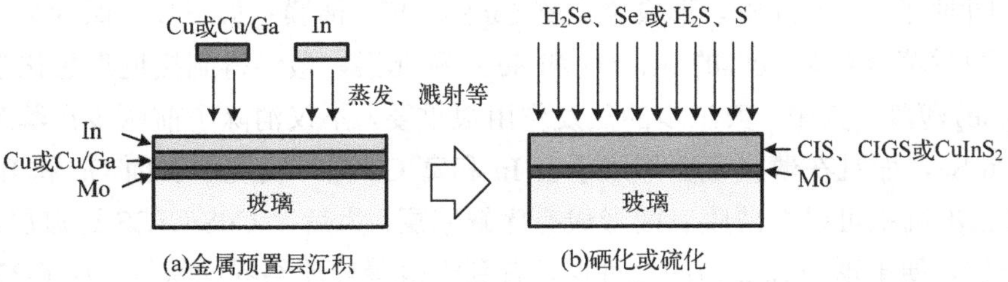

图 6-38　金属预置层硒化（硫化）工艺过程的示意图

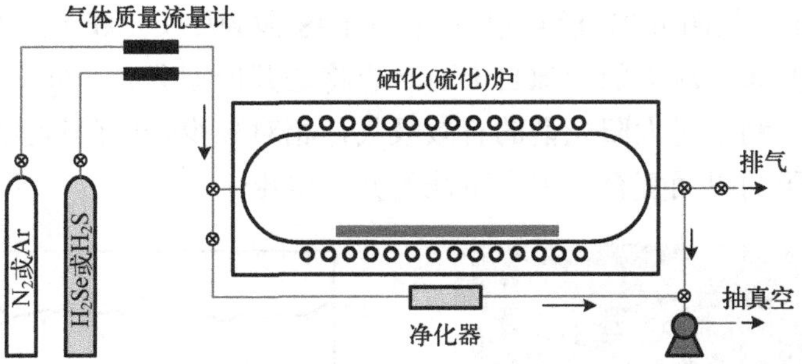

图 6-39　金属预置层硒化（硫化）装置的示意图

1. 金属预置层硒化法制备 $CuInSe_2$ 薄膜

金属预置层硒化法制备 CIS 薄膜的工艺过程如图 6-38 所示，即首先制备 Cu-In 薄膜预置层，然后在 H_2Se 气氛中热处理硒化制备 CIS 薄膜。在制备 Cu-In 薄膜时，一般利用溅射、蒸发或电化学沉积技术。

利用溅射或真空蒸发法制备 Cu-In 薄膜时，通常使用高纯 Cu 和 In 靶或原材料，相继溅射或蒸发 Cu 和 In 靶或原材料至 Mo/玻璃衬底表面沉积薄膜，通过溅射或蒸发时间来控制沉积在衬底上的 Cu-In 薄膜中的 Cu/In 比。因为在 Cu-In 二元系统中不存在 Cu/In 比为 1∶1 的合金或金属化合物，所以通过对 Cu-In 合金溅射或热蒸发来制备均质的 Cu-In 薄膜几乎不可能。

利用电化学沉积技术制备 Cu-In 薄膜预置层时，一般采用在衬底上先后电镀 Cu、In 膜的工艺。制备 Cu 膜的电镀工艺一般是将经化学处理过的 Mo 片或 Mo/玻璃衬底放置在电镀铜槽内作为阴极，铜片作为阳极，通过恒电流技术沉积。典型的镀铜工艺条件为：电解液为 $CuSO_4·5H_2O$ 和 H_2SO_4 混合液，电镀时间为 20～60s，电流密度为 10～50mA/cm^2，Cu 膜厚度为 200～600nm。衬底镀铜后再放入镀铟槽内镀铟，此时镀铜后的衬底作为阴极，铟片作为阳极，仍采用恒电流技术沉积。典型的镀铟工艺条件为：电解液为 $In_2(SO_4)_3$ 和 $Na_2SO_4·10H_2O$ 混合液，电镀时间为 50～250s，电流密度为 10～50mA/cm^2，In 膜厚度为 400～800nm。

Cu-In 金属预置层制备完成后，衬底放入真空系统，在氩气或氮气作载气的 H_2Se 气氛中热处理一定时间，硒化制备出一定厚度的 CIS 多晶薄膜材料。为了避免硒化时薄膜表面形成 Cu_2Se 二元相，金属预置层的制备顺序是先 Cu 后 In，即 In 层覆盖在 Cu 层之上，但由于 In 的熔点(156.5℃)很低，在硒化温度下的蒸发会比较严重，故金属预置层中 In 的占比要多一些。因为 CIS 多晶薄膜的制备涉及三种元素，合成过程较为复杂，对于不同的实验系统，优化工艺也不同。一般，后硒化法制备具有较好电学性能的 CIS 多晶薄膜的实验条件大致为：Cu/In 比为 85%～98%(略富 In)，硒源温度为 200～220℃，硒化温度为 380～450℃，硒化时间为 20～30min，CIS 多晶薄膜厚度为 1～2μm。总体而言，金属预置层硒化法制备的 CIS 薄膜材料和太阳能电池的质量与共蒸发法相比还是要较低一些，但它容易实现大面积制备，成本更低，故在大规模产业化上仍具很大的吸引力。

2. 金属预置层硒化法制备 $CuIn_xGa_{1-x}Se_2$ 薄膜

金属预置层硒化法也被用于制备 CIGS 薄膜，也是利用蒸发、溅射或电化学沉积技术在衬底上首先沉积一层 Cu、In、Ga 元素分布合理的金属层，然后在 H_2Se 或 Se 气氛中热处理硒化制备 CIGS 薄膜[22]。在金属预置层沉积时，一般利用分层溅射 Cu-Ga 合金靶和 In 靶，其中 Cu/(In+Ga)比例控制在 0.85～0.9。研究表明，只要控制好 Cu/(In+Ga)配比，硒化后就能得到高质量的 CIGS 薄膜，与 Cu、In、Ga 的沉积方式无关。硒化时，与制备 CIS 薄膜一样，一般采用 H_2Se 气体，以氩气或氢气作载气，在一定 H_2Se 分压下通过一定温度的热处理来实现硒化反应。由于 H_2Se 气体有剧毒，且易燃易爆，因此又发展了固态源和液态源硒化工艺制备 CIGS 薄膜，即利用固态 Se 颗粒(熔点 221℃)或二乙基硒(DESe)作为固态或液态硒源，通过热蒸发温度或载气流量调节 Se 或 DESe 气氛，从而实现金属预置层硒化制备 CIS 或 CIGS 薄膜材料[23]。固态源硒化工艺只需在密闭硒化炉中衬底的周边放置固态 Se 源，设备和工艺容易实现，成本较低，安全无毒，但固态源硒化法硒化时衬底温度需要达到 550℃以上。液态源硒化工艺使用的 DESe 虽然成本是 H_2Se 的五倍左右，但其较 H_2Se 具有更高的分压，硒化等量金属预置层消耗量只有 H_2Se 的 1/4～1/3，综合使用成本增加并不多，但常温下液态 DESe 的泄漏危险却很低。

金属预置层硒化法制备的 CIGS 薄膜中 Ga 的浓度难以实现开口型带隙结构的纵向梯度分布，并且 CIGS 薄膜的电学性能对原子配比及晶格匹配不当而产生的结构缺陷也极为敏感，这些都不利于电池光电转换效率的提高。要提高 CIGS 薄膜太阳能电池的效率，必须把薄膜的载流子浓度和迁移率控制在一定范围内，最好能够形成一定的开口型带隙结构的纵向 Ga 浓度梯度分布，因此一般都要通过后处理来改善薄膜质量。研究表明，制备好的 CIGS 薄膜利用化学溶液浸泡再进行快速退火，对薄膜扩散一定量的 Cu、In 离子，或者在氢气中进行热处理，都可改善 CIGS 薄膜材料的性能。总体而言，金属预置层硒化法制备 CIGS 薄膜和太阳能电池的工艺重复性较低，制备过程中需要控制的因素较多，高效电池的成品率不高，制约了其产业化的进程。

3. 金属预置层硫化法制备 $CuInS_2$ 和薄膜

后硫化法制备 $CuInS_2$ 薄膜与后硒化法制备 CIS 薄膜相似，首先把 Cu-In 或 Cu-In-O 预置层沉积在衬底上，然后在 H_2S 或 S 气氛中对均质的 Cu-In 薄膜预置层进行热处理。制备 Cu-In 预置层可采用溅射、蒸发、电化学沉积等技术。硫化时，通常将 Cu-In 预置层薄膜置于通有以氩气或氢气作为载气的 H_2S 气体或放置 S 粉的低温炉中进行硫化处理，炉温保持在 350～450℃，硫化时间为 10～30min。薄膜中 S 的含量通过热处理的温度和时间来控制，硫化后可得到具有黄铜矿结构的 $CuInS_2$ 多晶薄膜，晶粒一般大于 1μm，膜厚一般为 1～2μm。同样，由于硫化温度高于 In 的熔点，因此硫化 Cu-In 预置层时，也会蒸发掉一些 In，且硫化温度越高，损失的 In 就越多。Cu-In 预置层的沉积次序会影响薄膜质量。如果为了减少硫化过程中 In 的损失，采用先溅射 In，后溅射 Cu，再硫化处理的工艺，因为 Cu 和 S 极易发生反应，薄膜将出现明显的 CuS、Cu_2S 杂相，因此不宜把 Cu 层放在表面；而如果采用先溅射 Cu，后溅射 In，再硫化处理的工艺，却可形成均匀性较好的 $CuInS_2$ 薄膜，所以为保证合适的组分，通常这种 Cu 在下面、In 在上面的 Cu-In 预置层中，In 的含量要稍大于标准化学计量比。

另外，采用金属预置层硫化法制备 $CuInS_2$ 薄膜会不可避免地引入 CuS、Cu_2S、In_2S_3、$CuIn_3S_5$ 等杂质相，从而影响太阳能电池的效率。为了制备单相 $CuInS_2$ 薄膜，Negami 等[24]提出了硫化氧化物预置层的工艺。他们首先制备 Cu-In-O 薄膜预置层，然后在 H_2S/H_2 气氛下硫化制备 $CuInS_2$ 多晶薄膜，最终制得的 ITO/ZnO/CdS/$CuInS_2$/Mo/玻璃结构的太阳能电池效率达到 7.5%。研究表明，在 H_2S/H_2 气氛下，H_2 可以还原性消除薄膜中的 In_2O_3 相，但该工艺还是会在 $CuInS_2$ 薄膜中引入极少量的氧杂质，对太阳能电池的效率产生一定影响。

4. 金属预置层硫化法制备 Cu_2ZnSnS_4 和薄膜

后硫化法制备 CZTS 薄膜与制备 $CuInS_2$ 薄膜相似，首先通过溅射、蒸发、化学溶液法等技术手段在 Mo/玻璃衬底上制备 Cu-Zn-Sn 或 Cu-ZnS-SnS 预置层，然后在 H_2S 或 S 气氛中对均质的预置层进行硫化热处理。在制备金属预置层时，常利用磁控溅射、电子束蒸发或热蒸发分层沉积 Mo/Cu/Zn/Sn/Cu 叠层结构，这样的叠层结构和元素配比既可以减少 Zn(熔点为 419.5℃)和 Sn(熔点为 231.9℃)因熔点低而在硫化中的损失，又能避免 ZnS 二元相的形成。利用化学溶液法制备预置层，再经过硫化也可获得 CZTS 多晶薄膜。预置层中 Zn/Sn 和 Cu/(Zn+Sn)比例分别控制在 1.1～1.5 和 0.8～0.9。硫化时，通常将预置层薄膜置于通有以氮气作为载气的 H_2S 气体或放置 S 粉的硫化炉中进行硫化处理，炉温一般在 500～580℃，硫化时间为 30～60min。Chalapathy 等[25]利用磁控溅射方法在室温下依次溅射 Cu、Zn-Sn(Zn：Sn=1.5：1)和 Cu 靶，在 Mo/玻璃衬底上分层沉积了 630nm 厚的 Cu/Zn-Sn/Cu

结构预置层，再在 560℃和 580℃的 S 气氛中分别进行 30min 的二步硫化热处理，最终得到没有二元相的 CZTS 多晶薄膜。图 6-40 给出了 Chalapathy 等利用二步硫化工艺制备的 CZTS 多晶薄膜的 XRD 和 Raman 谱。Todorov 和 Wang 等利用肼(N_2H_4)溶液法分别制备 Cu-Zn-Sn-S 和 Cu-Zn-Sn-S-Se 预置层，再经过硫化处理获得了 CZTS 和 CZTSSe 多晶薄膜。肼溶液具有极强的还原性，可以溶解 Cu、Zn、Sn 及其硫化物和硒化物，将配置好的含上述元素的肼溶液旋涂于 Mo/玻璃衬底上，再经过硫气氛中 500～540℃热处理可以制备出晶体质量良好的 CZTS 和 CZTSSe 多晶薄膜。图 6-41(a)和(b)分别给出了 Wang 等[26]用此法制备的 CZTSSe 多晶薄膜的表面和剖面 SEM 照片。图中显示 CZTSSe 薄膜由紧密的柱状晶粒构成，晶粒尺寸达到 1～3μm，膜厚 2～3μm，在 Mo 电极和 CZTSSe 薄膜之间还有一层极薄的 $Mo(S,Se)_2$ 中间层。

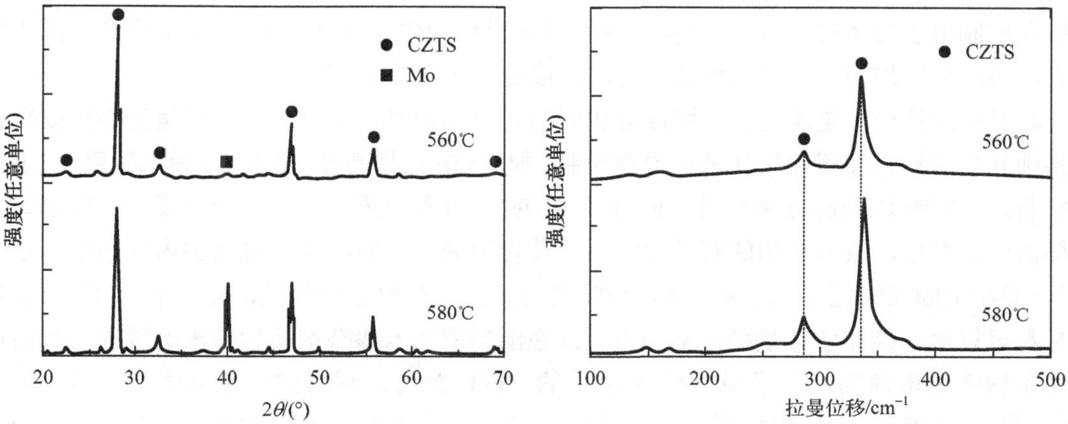

图 6-40　利用磁控溅射金属预置层和二步硫化工艺制备的 CZTS 多晶薄膜的 XRD 和 Raman 谱[25]

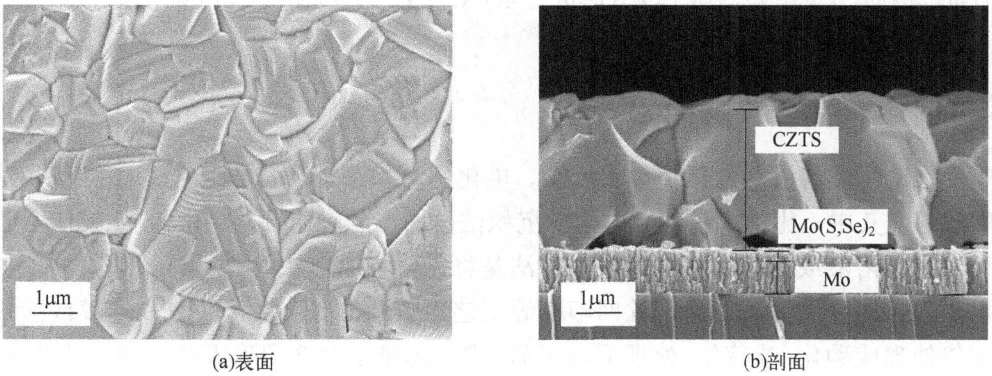

(a)表面　(b)剖面

图 6-41　利用肼溶液法制备金属预置层后，再经过硫化热处理制备的 CZTSSe 多晶薄膜的表面和剖面的 SEM 照片[26]

6.3.6　其他方法

除了上述几种最常用的化合物薄膜制备方法以外，比较适合制备Ⅱ-Ⅵ族和Ⅰ-Ⅲ-Ⅵ族化合物多晶薄膜的低成本的方法还有溅射法、化学溶液法、丝网印刷法等，一般各自具备生长速率快、可控性好、结晶质量好、均匀性好、可大面积生长、制备成本低等不同优点。下面将对较常用的几种Ⅱ-Ⅵ族和Ⅰ-Ⅲ-Ⅵ族化合物多晶薄膜的制备方法进行介绍。

1. 溅射法

溅射法是指利用载能粒子束轰击靶材表面，将靶材以原子或分子形式逐层溅射出来沉积在衬底上形成薄膜。根据载能粒子束的不同，溅射法可分为磁控溅射、反应溅射、离子束溅射、脉冲激光溅射等。由于载能粒子束具有较高的能量密度，只要具备同薄膜材料成分相同的化合物靶材，溅射法理论上可以制备各种难熔二元和多元化合物薄膜。由于溅射产生的原子或分子具备一定动能，它们到达衬底表面后，动能会转变为迁移能，相当于对衬底加热，因此溅射法沉积多晶薄膜所需的衬底温度比热蒸发法要低得多。对于太阳能电池用的Ⅱ-Ⅵ族和Ⅰ-Ⅲ-Ⅵ族化合物多晶薄膜，应用最多的是磁控溅射法，即利用电场加速和磁场控制电子与 Ar 原子碰撞电离在靶材表面附近产生大量 Ar^+轰击靶面，它具有沉积面积大、薄膜厚度均匀、沉积速率快、衬底温度低、工艺简单等优点。

溅射法的第一步是制备同薄膜成分相同的化合物靶材，制靶过程一般是先将构成靶材的各种元素的粉末按照化学计量比混合配制，如 CdTe 是将高纯 Cd 和 Te 粉末按照 1∶1 混合配制，CIS 或 $CuInS_2$ 是将高纯 Cu、In、Se 或 S 粉末按照 1∶1∶2 混合配制，配制好的原料加压成型后，放入密闭的石英管中，石英管抽成真空后，放入烧结炉内加热至一定温度(一般在 1000℃以上)，制成多晶化合物靶材。为了获得 p 型薄膜，配料中 Te 粉、Se 粉或 S 粉可以比标准化学计量稍微多一点，或在配料中加入掺杂剂元素粉末。溅射法也被用于制备透明导电薄膜，如采用混有 Sb_2O_3 的 SnO_2 靶材，利用磁控溅射法制备掺 Sb 的 SnO_2(简称 ATO)n 型导电薄膜。一般物理气相沉积(包括溅射和热蒸发)制备的Ⅱ-Ⅵ族和Ⅰ-Ⅲ-Ⅵ族化合物多晶薄膜晶体质量还达不到太阳能电池的要求，需要进行热处理以改善晶体质量，例如，CdTe 可涂敷 $CdCl_2$ 后进行 400℃热处理，CIS 或 $CuInS_2$ 可在 Se 或 S 气氛中进行 400℃热处理。

2. 喷雾热解法

广义上，化学溶液法包括化学水浴法、电化学沉积法、溶胶-凝胶法、微粒沉积法、喷雾热解法等。其中，化学水浴法、电化学沉积法前面已经有所详述；溶胶-凝胶法主要用于制备纳米颗粒溶液或粉体材料；微粒沉积法是将化合物或金属粉体材料制成浆液，也称为“墨水”，再通过喷涂、旋涂、丝网印刷等工艺涂敷到衬底上烘干后形成薄膜或预置层，再经过热处理或硒化(或硫化)处理形成多晶薄膜。这里主要介绍喷雾热解法制备Ⅱ-Ⅵ族和Ⅰ-Ⅲ-Ⅵ族化合物多晶薄膜。

喷雾热解法也称喷涂热解法，是实现化学溶液法制备薄膜的一种工艺，它是将含金属盐的前驱体溶液或化合物浆液喷涂到加热衬底上，热解或烘干后形成多晶薄膜材料。喷雾热解法也是溶胶-凝胶法、微粒沉积法等制备薄膜的方式之一。该技术已经在工业中应用于制备 CdTe、SnO_2 等薄膜。例如，制备 CdTe 薄膜时，首先在 375～500℃的加热衬底上喷涂 Cd 盐和 Te 盐的水溶液或 CdTe 浆液，热解后具有活性的 Cd 和 Te 在衬底上直接反应形成 CdTe 薄膜，通过在喷涂溶液中加入 $InCl_3$ 等可以形成 p 型掺杂；制备 SnO_2 薄膜时，利

用 SnO_4、$SnCl_4$ 等溶液在 350℃玻璃衬底上的喷雾热解形成 SnO_2 薄膜，通过在喷雾溶液中加入 NH_4F 或 $SbCl_3$ 等可在 SnO_2 薄膜中掺入 F 或 Sb 杂质，形成掺 F 的 SnO_2（简称 FTO）或 ATO。喷雾热解法除了可以制备二元化合物薄膜，也可制备 CIS、CIGS、$CuInS_2$ 等多元化合物薄膜。例如，制备 CIGS 薄膜时，将含 $CuCl_2$、$InCl_3$、$GaCl_3$ 等金属盐或硒化物溶液喷涂到加热衬底上，热解后形成 CIGS 多晶薄膜材料。喷雾热解法具有工艺简单和成本低的优点，但制备的薄膜不够致密，常常会有针孔等缺陷，会增大太阳能电池的串联电阻和降低填充因子。

3. 丝网印刷法

丝网印刷工艺实际上是微粒沉积法和溶胶-凝胶法的薄膜制备实现方式。该技术首先需要制备用于丝网印刷的浆液，即“墨水”。制备浆液的工艺过程大致如下：首先，将构成薄膜的各种元素微颗粒与润湿剂、分散剂、助熔剂、阻碍剂等混合，再经研磨后形成浆液；或先通过溶胶-凝胶法制备出构成薄膜的化合物溶胶，再经过高压热处理，蒸发去除大部分溶剂后，加入表面活性剂研磨制成微粒浆液；或直接将商业级的纳米化合物粉体加表面活性剂和适量溶剂研磨制备化合物微粒浆液。丝网印刷一般是透过一定目数的不锈钢丝网印版在衬底上按照特定图案涂覆浆液。丝网目数指网眼的尺寸，同可以透过丝网的最大微粒直径相对应。丝网目数与网眼孔径一般存在以下关系：目数×孔径(微米数)=15000，如常用的 400 目丝网印版，对应的丝网孔径为 38μm。衬底经丝网印刷涂覆浆液后，再通过高温烧结或硒化/硫化热处理，除去表面活性剂后，即可得到用于太阳能电池的Ⅱ-Ⅵ族和Ⅰ-Ⅲ-Ⅵ族化合物多晶薄膜。

以丝网印刷法制备 CdTe 薄膜为例：首先，透过 400 目的不锈钢丝网印版，在 CdS/FTO 玻璃衬底上涂覆由等摩尔比的 Cd、Te 微粒混合物或 CdTe 微粒、1%的 $CdCl_2$ 助熔剂以及丙二醇阻碍剂组成的混合物浆液；然后，在氮气气氛中，1200℃烘烤去除溶剂；最后，在氮气或氮/氧混合气体气氛中，590～700℃烧结 1h，Cd、Te 反应或 CdTe 再晶化形成 CdTe 多晶薄膜。CdS、CIS、CIGS、$CuInS_2$ 等二元和多元化合物薄膜也可采用丝网印刷技术制备。以制备 CIGS 薄膜为例：首先，通过球磨 $CuIn_{0.75}Ga_{0.25}Se_2$ 颗粒获得均匀尺寸的纳米粉末，再将 CIGS 纳米粉末与硫化锑(Sb_2S_3)、黏结剂(乙基纤维素)、乙醇、松油醇混合，超声振荡搅拌 8h，并用旋蒸仪分离乙醇，制成 CIGS 浆液；然后，在 Mo/玻璃衬底上，采用丝网印刷工艺制备 CIGS 前驱层；最后，通过一定时间 550～600℃后硒化热处理，可以获得均匀、致密、单一相的 CIGS 薄膜。

不过丝网印刷技术制备的薄膜较厚，一般在 5μm 以上，远高于其他方法制得的薄膜厚度，但是该技术简单易行、成本低廉，适于大规模生产。

参考文献

[1] 陆栋, 蒋平, 徐至中. 固体物理学[M]. 2 版. 上海: 上海科学技术出版社, 2010.

[2] RUDMANN D, DA CUNHA A F, KAELIN M, et al. Effects of Na on the growth of Cu(In, Ga)Se_2 thin films and solar cells[J]. Compound semiconductor photovoltaics, 2003, 763: 53-64.

[3] ROMEO A, TERHEGGEN A, ABOU-RAS D, et al. Development of thin-film Cu(In, Ga)Se_2 and CdTe solar cells[J]. Progress in photovoltaics, 2004, 12(2-3): 93-111.

[4] ZANIO K. Semiconductors and semimetals[M]. San Diego: Academic Press, 1976.

[5] SANG B, ADURODIJA F, TAYLOR M, et al. Low cost copper indium gallium selenide by the FASST(R)process[C]. 2008 33rd IEEE photovoltaic specialists conference. San Diego, 2008: 661.

[6] 王季陶, 刘明登. 半导体材料[M]. 北京: 高等教育出版社, 1990.

[7] JAFFE J E, ZUNGER A. Theory of the band-gap anomaly in ABC_2 chalcopyrite semiconductors[J]. Physical review B, 1984, 29(4): 1882-1906.

[8] SHOCKLEY W, QUEISSER H. Detailed balance limit of efficiency of p-n junction solar cells[J]. Journal of applied physics, 1961, 32(3): 510-519.

[9] CUSANO D A. CdTe solar cells and photovoltaic heterojunctions in Ⅱ-Ⅵ compounds[J]. Solid state electronics, 1963, 6(3): 217-232.

[10] PEREZALBUERNE E A, TYAN Y S. Thin-film CdS/CdTe solar cells: preparation and properties[J]. Journal of the electrochemical society, 1984, 131(8): C305.

[11] BRITT J, FEREKIDES C. Thin-film CdS/CdTe solar-cell with 15.8-percent efficiency[J]. Applied physics letters, 1993, 62(22): 2851-2852.

[12] YUN J H, KIM K H, LEE D Y, et al. Back contact formation using Cu_2Te as a Cu-doping source and as an electrode in CdTe solar cells[J]. Solar energy materials & solar cells, 2003, 75(1-2): 203-210.

[13] MITCHELL K W, EBERSPACHER C, ERMER J, et al. Progress on high-efficiency thin-film cells and submodules[J]. Solar cells, 1989, 27(1-4): 69-76.

[14] REPINS I, CONTRERAS M A, EGAAS B, et al. 19.9%-efficient ZnO/CdS/$CuInGaSe_2$ solar cell with 81.2% fill factor[J]. Progress in photovoltaics, 2008, 16(3): 235-239.

[15] BREMAUD D, RUDMANN D, BILGER G, et al. Towards the development of flexible CIGS solar cells on polymer films with efficiency exceeding 15%[J]. Conference record IEEE photovoltaic specialists conference, 2005, 31(1): 223-226.

[16] ARAMOTO T, ADURODIJA F, NISHIYAMA Y, et al. A new technique for large-area thin film CdS/CdTe solar cells[J]. Solar energy materials & solar cells, 2003, 75(1-2): 211-217.

[17] PAULSON P D, DUTTA V. Study of in situ $CdCl_2$ treatment on CSS deposited CdTe films and CdS/CdTe solar cells[J]. Thin solid films, 2000, 370(1-2): 299-306.

[18] BHATTACHARYA R N, FERNANDEZ A M, CONTRERAS M A, et al. Electrodeposition of In-Se, Cu-Se, and Cu-In-Se thin films[J]. Journal of the electrochemical society, 1996, 143(3): 854-858.

[19] OLIVA-AVILÉS A I, PATIÑO R, OLIVA A I. CdS films deposited by chemical bath under rotation[J]. Applied surface science, 2010, 256(20): 6090-6095.

[20] 汤会香, 严密, 张辉, 等. 化学水浴法制备 $CuInS_2$ 薄膜的研究[A]//21 太阳能新技术-2003 年中国太阳能学会学术年会论文集. 上海: 上海交通大学出版社, 2003.

[21] RAMANATHAN K, CONTRERAS M A, PERKINS C L, et al. Properties of 19.2% efficiency ZnO/CdS/$CuInGaSe_2$ thin-film solar cells[J]. Progress in photovoltaics, 2003, 11(4): 225-230.

[22] KAPUR V K, BANSAL A, LE P, et al. Non-vacuum processing of $CuIn_{1-x}Ga_xSe_2$ solar cells on rigid and

flexible substrates using nanoparticle precurs[J]. Thin solid films, 2003, 431: 53-57.

[23] CHICHIBU S F, SUGIYAMA M, OHBASAMI M, et al. Use of diethylselenide as a less-hazardous source for preparation of $CuInSe_2$ photo-absorbers by selenization of metal precursors[J]. Journal of crystal growth, 2002, 243 (3-4) : 404-409.

[24] NEGAMI T, HASHIMOTO Y, NISHITANI M, et al. $CuInS_2$ thin-films solar cells fabricated by sulfurization of oxide precursors[J]. Solar energy materials & solar cells, 1997, 49 (1-4) : 343-348.

[25] CHALAPATHY R B V, JUNG G S, AHN B T. Fabrication of Cu_2ZnSnS_4 films by sulfurization of Cu/ZnSn/Cu precursor layers in sulfur atmosphere for solar cells[J]. Solar energy materials & solar cells, 2011, 95 (12) : 3216-3221.

[26] WANG W, WINKLER M T, GUNAWAN O, et al. Device characteristics of CZTSSe thin-film solar cells with 12.6% efficiency[J]. Advanced energy materials, 2014, 4 (7) : 1301465.

第 7 章　新型薄膜太阳能电池

目前，第一代硅基太阳能电池技术已发展成熟，并已经投入大规模商业化生产。但由于单晶硅制备需要高温环境，能耗成本高，因此整体经济效益较低。第二代以铜铟镓硒(CIGS)为代表的多元化合物薄膜太阳能电池具有较高的光电转化效率且器件性能稳定，同时吸光层较薄，可以大幅减少原材料消耗。然而此类电池使用的部分元素具有毒性或者储量稀少，限制了该类薄膜太阳能电池大面积的推广使用。目前，以新型薄膜太阳能电池为代表的第三代光伏技术受到科研和产业人员的广泛关注。新型薄膜太阳能电池按照光吸收材料主要可以分为染料敏化太阳能电池、有机薄膜太阳能电池和钙钛矿太阳能电池。由于液态电解质染料敏化太阳能电池易泄漏、长期稳定性难以保证，在 2000 年以后，新型薄膜太阳能电池逐渐都转向具有低成本、质量轻、兼容柔性好等特点的有机薄膜太阳能电池和钙钛矿太阳能电池。有机聚合物材料和钙钛矿材料可以通过旋涂或喷墨打印等方式实现大面积制备和制备柔性光伏器件，在可穿戴电子设备、建筑光伏一体化等方面具有广阔的应用前景。

本章将先后阐述有机薄膜太阳能电池和钙钛矿太阳能电池的发展现状与展望；然后了解有机薄膜太阳能电池和钙钛矿太阳能电池的结构与工作原理；最后分别介绍有机薄膜太阳能电池材料和钙钛矿太阳能电池材料的种类、结构与基本特性，并讨论电池材料对太阳能电池性能的影响和改善的途径。

7.1　有机薄膜太阳能电池

图 7-1　可弯折的有机薄膜太阳能电池[1]

有机薄膜太阳能电池具有无毒、易制备、兼容柔性、可大面积制备等特点，如图 7-1 所示。特别地，有机光电材料种类繁多，通过调整材料分子的化学结构可以有效改善有机光吸收层及有机薄膜太阳能电池器件的特性。因此，近年来，有机薄膜太阳能电池受到了国内外学术界与产业界的广泛关注。这部分将主要针对聚合物太阳能电池从器件结构、工作原理、材料等方面展开内容介绍。

7.1.1　有机薄膜太阳能电池的发展现状和展望

在较长的一段时间内，有机材料都被人们认为是绝缘物。直到 20 世纪初，人们在有机化合物蒽中发现了光电导效应，至此有机光电器件的研究才拉开序幕。但直到 1958 年，美国加利福尼亚大学伯克利分校的 Melvin 和 Calvin 才报道了第一个有机光伏器件，该器件采用染料酞菁镁作为吸光层，取得了 200mV 的开路电压[2]。但由于有机材料激子束缚能较大，该器件采用的单层平面结构提供的肖特基势垒内部的电场还不足以有效驱动激子的拆分，造成最终能够抽取的载流子数量极少，器件的短路电流与光电转换效率极低。1980 年，聚乙炔被首次用于光伏器件，并被发现具有显著的光电响应，然而由于同样采用的是单层平面构型，效率接近零。有机薄膜太阳能电池的重要突破发生在 1986 年。当年，柯达公司的邓青云博士首次提出了平面双层异质结构器件，并分别采用酞菁衍生物作为电子给体，苝衍生物作为电子受体。最终器件取得了 1%的光电转换效率，实现了有机光伏效率的突破并激发了研究者的热情。1992 年，美国加利福尼亚大学的 Heeger 教授研究组发现了共轭聚合物与 C_{60}之间的光诱导超快电荷转移现象。他们观察到极快的光诱导电子转移过程，发生时间为 50～100fs[3]。这些发现为有机薄膜太阳能电池技术提供了坚实的基础。在此基础上，他们制备了以共轭聚合物 PPV 衍生物为给体、C_{60}为受体的双层结构光伏器件。C_{60}呈大型共轭结构且具有较强的电负性以及高电子迁移率，其电子可以在碳原子的分子轨道上离域并有效地稳定外来电子。这一发现，开启了聚合物与富勒烯作为给体与受体的研究热潮。1995 年，Hegger 课题组报道了新开发的聚对苯乙炔衍生物(MEH-PPV)给体与富勒烯衍生物[(6,6)-PCBM]受体结合形成的体异质结有机光伏器件，该器件取得了 2.9%的光电转换效率。同年，剑桥大学的 Walsh 和 Halls 等选用含氰基的聚对苯乙炔(CN-PPV)作为受体与 MEH-PPV 结合制备有机薄膜太阳能电池。值得注意的是，以上两项工作都创新性地提出了本体异质结(也称体异质结，bulk heterojunction，BHJ)有机薄膜太阳能电池的概念。与之前平面异质结有机薄膜太阳能电池相比，体异质结结构中的活性层是由特定比例的给体和受体材料溶液混合而成的。经过有效的退火处理，由给体和受体两相混合形成的连续相遍布整个共混薄膜，因此体异质结能够提供大量的纳米级异质界面，极大地增加了给体、受体异质结面积，并提高了激子拆分效率，从而使器件效率大幅提升。

由于体异质结结构具备高激子拆分效率的优势，该结构的有机薄膜太阳能电池在此后的研究中被大量采用，因而 2002 年后有机薄膜太阳能电池的研究呈加速发展态势。2002～2004 年，Brabec 教授等通过热蒸发方式在铝电极和光敏层之间引入 LiF 修饰层，电池效率达到 2.5%；他们而后又制备了聚(3-乙基噻吩)(P3HT)为共轭聚合物给体、PCBM 为受体的体异质结聚合物太阳能电池，效率达到了 3.85%。自此之后的数年间，P3HT:PCBM 共混体系成为聚合物太阳能电池研究的主流。2005 年，杨阳等通过热退火工艺的改进在 P3HT:PCBM 体系太阳能电池上实现了 4.38%的效率[4]。2007 年，Heeger 教授研究组又通过制备叠层结构，使聚合物太阳能电池的能量转换效率超过 6%。叠层电池理论上能够更好地实现大光谱范围光吸收，从而提高器件效率。同时期，国内在共轭聚合物光伏材料和聚合物太阳能电池研究中也取得了一系列可喜进展。例如，中国科学院化学研究所通过共轭支链取代制备了宽吸收的聚噻吩衍生物，基于此种材料的聚合物太阳能电池的效率达到 3.18%，比相同条件下制备的 P3HT 电池效率有明显提高。华南理工大学曹镛教授课题组合成了一种窄带隙宽吸收共聚物，以此制备的聚合物太阳能电池效率超过 5%。

近些年，科研工作者把主要精力集中在了高性能关键材料开发、新型器件制备技术以及对活性层共混膜形貌和器件机理的深入理解等方面。通过优化退火方式，引入添加剂，合成新型给体、受体材料等方式使有机薄膜太阳能电池效率逐年上升。2014 年，颜河课题组通过优化活性层组分，选用 PBTff4T-2OD 和 PC71BM 分别作为活性层给体与受体材料，获得了效率达 10.4%的有机薄膜太阳能电池。此后通过不断地开发新型非富勒烯受体材料，电池效率获得进一步提升。特别在 2019 年随着非富勒烯受体结构 Y6 的合成，有机薄膜太阳能电池效率突破了 17%。2022 年，西安交通大学马伟教授课题组通过侧链工程以及引入固体添加剂等方法制备了三元共混有机薄膜太阳能电池并打破了效率世界纪录[5]，首次突破 19%的效率大关，向着有机薄膜太阳能电池商业化迈进了一大步。

经过 30 年的发展，有机薄膜太阳能电池取得了长足的进步。但是，有机太阳能电池与硅电池相比，能量转换效率还相对较低。这主要是由于共轭聚合物的太阳光利用率低(吸收谱与太阳光谱不匹配，吸收谱范围较窄)、载流子迁移率低(仅为 10^{-5}～$10^{-3}cm^2/(V·s)$)，同时器件层面也存在电荷传输与收集效率不足的缺点，为今后的研究留下很大的发展空间。

7.1.2 有机薄膜太阳能电池的电池结构和工作原理

1. 有机薄膜太阳能电池器件结构

有机薄膜太阳能电池器件结构主要分为单层平面肖特基结、双层平面异质结、体异质结等。目前有机薄膜太阳能电池器件主要采用体异质结。

1) 单层平面结构

图 7-2 所示为单层平面有机薄膜太阳能电池，器件呈三明治结构，其中活性层介于两个电极之间。器件依赖两电极间不同的功函数产生的内建电场驱动激子的拆分与载流子收集。然而，通常有机材料中的光致激子具有较大的束缚能，该类型器件中内建电场难以实现激子的有效拆分，因此单层平面结构中，激子拆分效率以及光生载流子浓度很低，导致器件性能不佳。

2) 双层平面异质结结构

在双层平面异质结结构中，给体材料和受体材料分别排列在两个电极之间，形成平面型异质结。如图 7-3 所示，与单层平面结构相比，由于双层结构中的电子受体和给体层能够作为电子与空穴的传输通道，因此拆分产生的载流子能够顺利传输且复合效率较低。同时，双层异质结器件通过给体与受体之间的能级差提供激子拆分的驱动力，当能级差大于光生激子的束缚能时，激子能够实现有效拆分。值得注意的是，为了提高电荷的收集效率，给体材料和受体材料需要与相应电极功函数匹配。

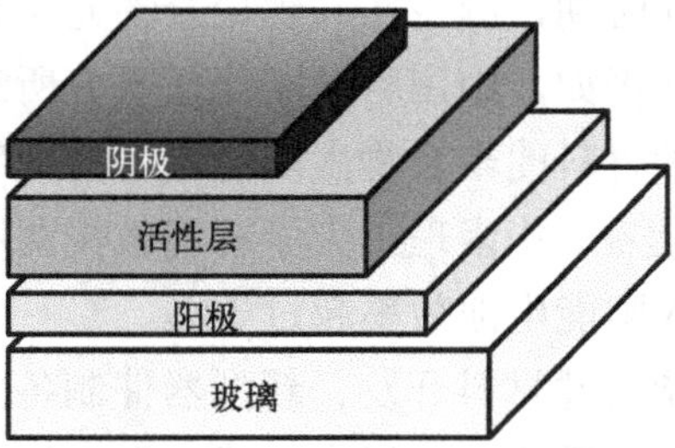

图 7-2 单层平面有机薄膜太阳能电池

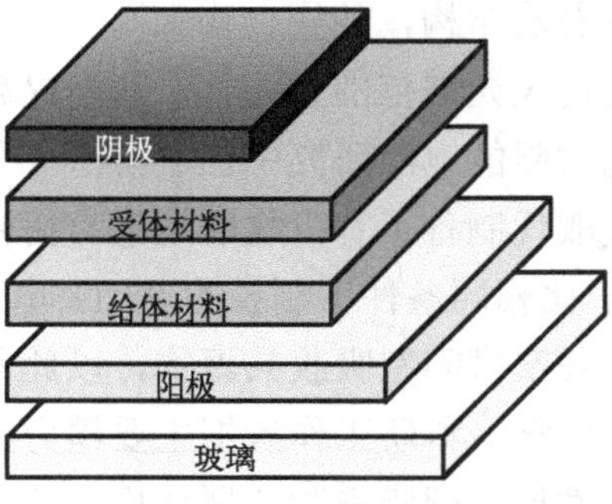

图 7-3 双层平面有机薄膜太阳能电池

3）体异质结结构

在体异质结结构中，给体溶液和受体溶液按照一定比例混合并制备成共混膜。体异质结的结构见图 7-4（a），与双层平面异质结结构相比，体异质结的异质拆分界面分布于整个活性层中。给体-受体界面形成了比激子扩散长度更小的互穿网络。通过控制优化活性层表面形貌，这种混合的异质结材料会发生局部的相拆分，并形成互穿的双连续的二维网络结构，这种结构极大地提升了激子的拆分效率，进而提高了器件的转换效率。

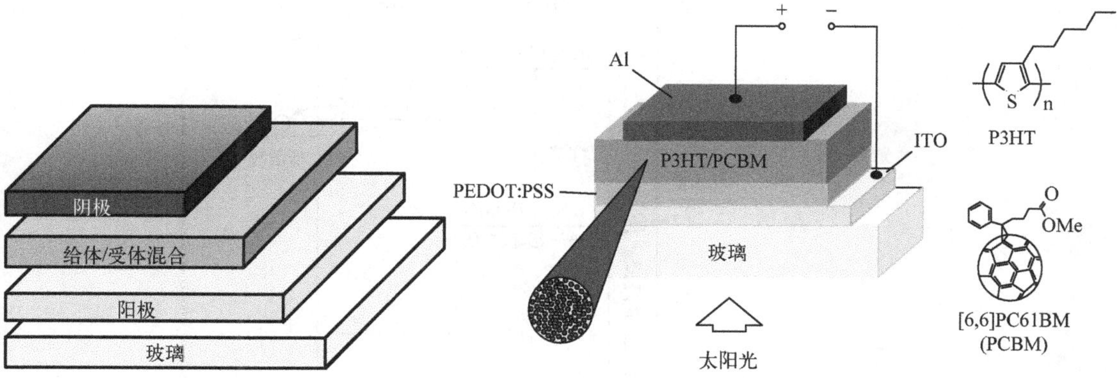

(a)体异质结结构　　(b)主流的体异质结的相关材料选择

图 7-4　体异质结有机薄膜太阳能电池

但是由于拆分界面的广泛存在，客观上对载流子的传输造成了一定影响。在双层平面异质结器件中，载流子的传输介质是空间连续分布的给体和受体，因此其载流子传输效率更高。体异质结受限于载流子的传输，因此其器件性能对薄膜的形貌以及粒子尺寸十分敏感。通常粒径太大会造成激子拆分效率降低，但是粒径过小又会产生空间位阻影响载流子的传输。因此合理调节与优化共混膜的形貌以及给受体的比例是获得高效率体异质结器件的重要步骤。

图 7-4（b）展示了目前主流的共轭聚合物体异质结有机薄膜太阳能电池的结构以及常用共轭聚合物 P3HT（给体）和可溶性 C_{60} 衍生物 PCBM（受体）的分子结构。一般 ITO 电极上需要旋涂一层 30～60nm 的透明导电聚合物 PEDOT:PSS 修饰层。光敏层厚度一般为 100～200nm。阳极应具有较高功函数，而阴极应使用较低功函数的金属电极。

2. 有机薄膜太阳能电池的工作原理

与大多数无机半导体不同，有机光电材料介电常数较小，其光生激子主要属于 Frenkel 激子。Frenkel 激子半径通常较小，电子与空穴的距离在一个晶格常数之内，产生的激子束缚能较大，在常温下难以拆分。因此，硅基太阳能电池与有机薄膜太阳能电池的工作机理不是完全相同的。如图 7-5 所示，有机薄膜太阳能电池的工作原理可以分为以下四个过程：激子的产生、激子的扩散、激子的拆分、载流子的传输与抽取。

1）激子的产生

在有机薄膜太阳能电池中，激子主要是由光激发产生的。与无机半导体能带结构类似，有机材料中的最低空置轨道 LUMO 能级与最高占据轨道 HOMO 能级分别对应无机半导体的导带和价带。LUMO 能级与 HOMO 能级之间的差值，对应的是有机光电材料的光学带隙，而激子便是由能量大于光学带隙的光子所激发的。有机半导体材料通过吸收特定频率区域的光子，使 HOMO 能级中的电子激发到 LUMO 能级以上，对应的 HOMO 能级上就会产生一个空穴。由于有机材料介电常数小，产生的电子空穴对由于库仑作用会相互吸引，形成激子。

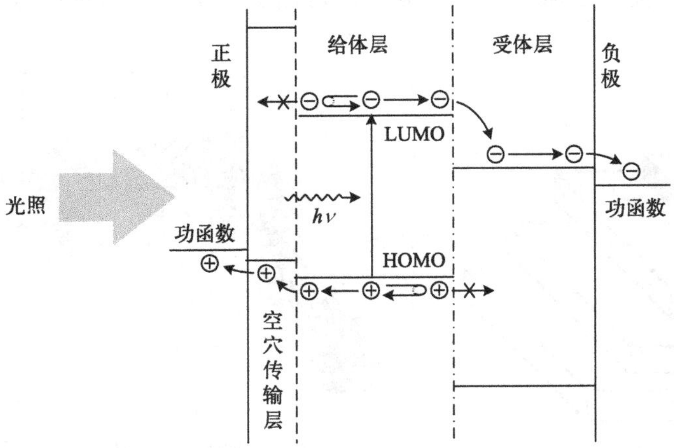

图 7-5　有机薄膜太阳能电池工作原理

为了提高有机薄膜太阳能电池的效率，器件需要尽可能多地吸收太阳光来产生大量激子。太阳光光谱主要分布在 400nm 与 1100nm 范围内，为了最大限度地吸收太阳光，通常需要合成低能隙的给体材料。然而大部分有机材料的带隙都在 2～3eV，因此吸收边大部分位于 650nm 以下。通常为了提高对太阳光的吸收，需要增加有机材料的共轭长度来降低带隙。此外，有机材料通常具有较高的吸收系数，通过增加材料厚度，可以较大程度地提高吸收度。但是由于有机材料的载流子迁移率小，寿命较短，这也限制了进一步增加材料的厚度来提高光吸收的可能性。因此，目前大部分工作都集中在有机材料分子结构的功能设计上，通过合理调节分子基团制备低能隙给体材料。

2）激子的扩散

激子在给体材料中产生后，需要扩散到给受体界面进行拆分。但激子寿命有限，有机材料激子的扩散距离在 5～20nm，因此激子需要在有限的距离内将能量传递出去；同时激子可通过发光、弛豫等方式重新回到基态。在共轭聚合物中，激子的扩散长度一般认为小于 10nm，这要求体异质结活性层中 PCBM 间尺度必须小于 20nm。否则激子会以辐射复合或非辐射复合的方式将能量以光子或热的形式耗散，这也进一步限制了有机材料活性层的厚度。有机材料激子的能量传递主要为 Forster 能量传递和 Dexter 能量传递。前者是激子的共振运输，将激子考虑为偶极子，通过振动的方式将激子能量传递给邻近分子；后者是指激子的跳跃输运，具体表现在激发态分子与相邻基态分子之间的双电子交换，即激发态分子 LUMO 能级上电子转移到基态分子的 LUMO 能级上，同时基态分子 HOMO 能级上的电子转移到原激发态分子的 HOMO 能级上。由此基态分子变为激发态，原激发态分子弛豫为基态，实现能量的转移。

3) 激子的拆分

激子的扩散过程并不能产生实际的有效光电流，光电流是基于激子拆分成载流子而产生的。如前所述，有机半导体的激子属于 Frenkel 激子，具有较大的激子束缚能，而常温下的热能(约 0.026eV)不足以克服此激子束缚能。因此，在有机薄膜太阳能电池中需要有其他驱动力使激子拆分。有机太阳能电池激子的拆分主要发生在给体和受体的界面处，利用给体材料与受体材料界面能级差实现有效激子拆分。具体地，给体的 LUMO 和 HOMO 能级必须要分别高于受体的 LUMO 和 HOMO 能级，否则界面上发生的将不是电荷拆分而是激子的能量转移。如图 7-6 所示，E_{ex} 代表激子的能量，E_g 代表给体带隙，E_g 与 E_{ex} 的差值代表的便是激子的结合能，IP_D 代表给体解离能，EA_A 是受体亲和能。只有当激子结合能小于界面势垒能量时，激子才会发生分解。据此推导激子拆分的条件为

$$E_{LUMO\text{-}A} - E_{LUMO\text{-}D} > E_g - E_{ex} \tag{7-1}$$

由图 7-6 可知，给体带隙 E_g 的值等于给受体 LUMO 能级之差以及给体电离能与受体亲和能之差两部分值的叠加。由此我们可以进一步推导出激子拆分条件：

$$IP_D - EA_A < E_{ex} \tag{7-2}$$

从以上公式可以看出，只有两者的 LUMO 能级相差较远时所产生内建电场才能够将激子拆分，同时为了阻挡空穴，两者的 HOMO 能级也需要有一定的差距。但是受体的 LUMO 能级和施体的 HOMO 能级的差值与有机薄膜太阳能电池的开路电压(V_{OC})成正比，即 V_{OC} 与 IP_D–EA_A 成正比。两者之间能级差越大，所得到的开路电压就越小。因此需要在保证激子有效拆分的情况下，尽可能提高 IP_D–EA_A 来提高开路电压。

4) 载流子的传输与抽取

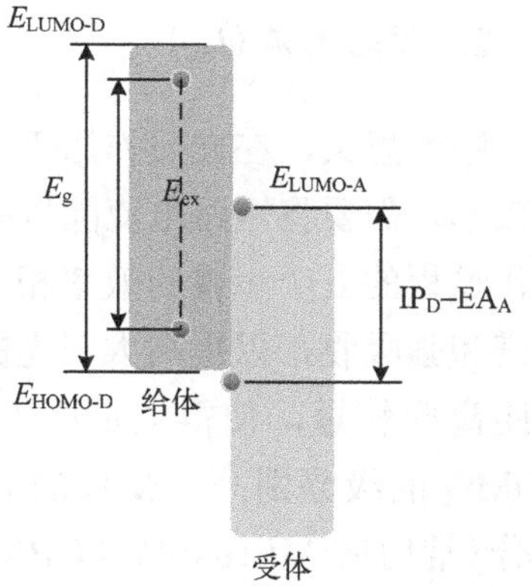

图 7-6　激子的拆分

激子在给体和受体界面拆分之后，电子和空穴将分别在受体和给体材料中传输，并最终被对应电极所抽取。由于电子和空穴分别在受体材料和给体材料中都是主要载流子，因此发生复合的效率相对较低。而载流子在输运过程中，主要有两种形式：电场作用下的漂移运动以及浓度梯度作用下的扩散运动。首先是电场作用下的漂移，在无外加偏压的情况下，由于电极功函数不同所造成的内建电场会形成一个电势降，LUMO 能级上的电子会向着电势能降低的方向移动，最终到达较低功函数的阴极；同样地，HOMO 能级上的空穴会向功函数高的阳极移动。由于激子拆分主要发生在给受体界面，因此大量电子、空穴在界面上产生，而体内电子、空穴较少，因此界面与体内存在载流子的浓度梯度，导致载流子出现扩散运动。例如，在界面附近，给体 HOMO 能级上的空穴较多，它们会更倾向于向给体内空穴浓度较低的区域扩散。

电极界面处的能量势垒(势垒或能量势垒)也会影响载流子的收集效率，因此当载流子到达给受体材料与电极的接触界面时，并不一定会完全被电极所抽取。理想情况下，如果

给受体材料的 HOMO 和 LUMO 与电极功函数能级完全匹配，界面形成欧姆接触时，界面的电荷抽取效率才会达到 100%。然而由于目前电极与给受体材料的能级限制，真正的欧姆接触难以实现，阻碍了器件效率的进一步提升。

7.1.3　有机薄膜太阳能电池基本参数

聚合物太阳能电池的效率与其开路电压、短路电流和填充因子三者的乘积成正比。图 7-7 给出了一个典型的有机薄膜太阳能电池的 *J-V* 曲线及其相关的主要参数。下面对经常涉及的太阳能电池的基本参数进行简要介绍。

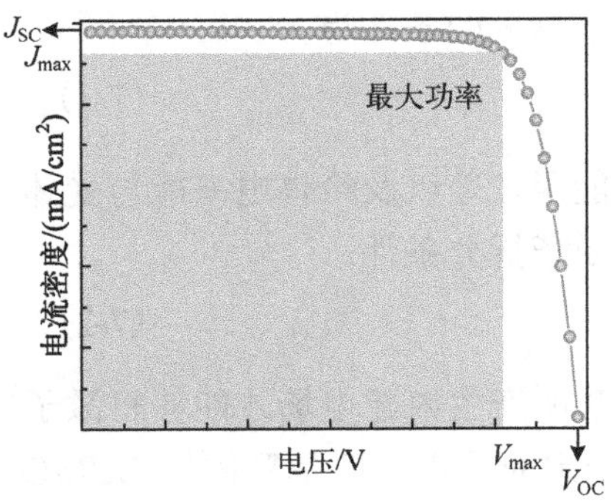

图 7-7　有机薄膜太阳能电池 *J-V* 曲线以及相关的参数

1. 开路电压(V_{OC})

在光照下，器件处于开路状态时，两端电极间产生的电压即为开路电压，如图 7-7 所示。如上所述，对于有机薄膜太阳能电池而言，开路电压基本上与受体的 LUMO 能级和给体的 HOMO 能级之差正相关。最高理论开路电压等于两者之差除以电子电荷 *e*，但实际低于这一数值，主要受电极材料的功函数、活性层形貌、互穿网络结构等影响。增大正负极功函数之差也有利于提高开路电压。同时有研究表明，在活性层与阴极之间引入 LiF 修饰层能够一定程度上提高器件开路电压。

2. 短路电流(I_{SC})

顾名思义，在光照作用下，器件短路时获得的电流即短路电流。通常为了便于计算转换效率，需要将短路电流除以有效面积得到短路电流密度(J_{SC})，如图 7-7 所示。其与电池工作过程的五个步骤的效率相关，要得到大的短路电流：①需要光伏材料在可见光区有宽光谱和强吸收，以提高太阳光的利用率；②需要激子有较长的寿命，同时到达给受体界面的距离应较短，使得大量激子能够顺利扩散到给受体界面上；③要求给体的 LUMO 和 HOMO 能级分别高于受体的对应能级约 0.4eV，以高于激子束缚能从而保证有效的电荷拆分(常用的 MEH-PPV/PCBM、P3HT/PCBM 体系的激子拆分效率都接近 100%)；④要求光伏材料具有较高电子、空穴传输效率，避免传输途中被陷阱俘获或发生电子-空穴复合，同时使用高功函数的正极和低功函数的负极以保证足够的内建电场；⑤需要电极/活性层界面有较高的电荷收集效率，这要求电极/活性层之间尽量保证欧姆接触以降低界面接触电阻。

3. 填充因子(FF)

填充因子与太阳能电池的最大功率点相关。通常将最大功率点对应的值与开路电压和短路电流值的乘积定义为填充因子。其受电荷传输和拆分电荷再复合的影响，同时与器件的串并联电阻、活性层的形貌、给体和受体互穿网络结构密切相关。有机薄膜太阳能电池的

FF 往往偏低，这是其效率较低的主要因素之一。提高光伏材料的载流子迁移率、改善给受体共混活性层形貌和互穿网络结构以及活性层/电极界面结构都可增大器件的填充因子。

4. 外量子效率

当太阳能电池吸收光子能量后，产生激子并拆分为电子空穴，最后被电极所抽取。而被电极抽取的电荷数(电子数或空穴数)与入射光子数的比值为外量子效率(external quantum efficiency，EQE)，计算公式如下：

$$\mathrm{EQE}=\frac{1240J_{\mathrm{SC}}}{\lambda P_{\mathrm{in}}}\times 100\% \tag{7-3}$$

通常由 EQE 曲线积分可以获得器件积分电流密度值，可以将测得的短路电流密度值与积分电流密度值进行对比来判断测量数值的可靠性(一般误差小于 5%较为可信)。

5. 能量转换效率(PCE)

太阳能电池的能量转换效率定义为器件输出功率与入射光功率的比值。器件效率是上述三个因素的综合结果，由于 AM1.5 光谱能量密度约为 $1000\mathrm{W/m^2}$，电池效率可以直接由填充因子、开路电压、短路电流密度三者的乘积获得。

7.1.4 有机薄膜太阳能电池材料及其影响

有机薄膜太阳能电池的性能与活性层及电极材料等息息相关。其中，活性层材料是整个器件的核心，它极大程度上决定了有机太阳能器件的光伏性能的优劣。活性层材料由电子给体和电子受体两部分组成，选择或设计合适的给体、受体材料，能够大幅提高器件的性能。同时，由于载流子的抽取发生在活性层与电极的界面，因此选择合适的电极也是提高电池效率的重要手段。

1. 活性层材料

有机薄膜太阳能电池活性层材料分为给体材料和受体材料。当器件处于运行状态时，给体材料和受体材料分别发挥提供电子和接受电子的功能。两者对器件的性能都具有重大且直接的影响。

(1)活性层光吸收范围以及与 AM1.5 太阳光光谱匹配程度直接影响器件的光子利用率与器件的光电流大小。

(2)给体材料和受体材料之间的共混能力决定了制备得到的活性层薄膜形貌，影响激子的拆分与传输。

(3)给受体材料的能级匹配程度将影响光生激子拆分。具体地，给体材料的 LUMO 能级与受体材料的 LUMO 能级差提供了激子拆分的能量来源，但是较大的 LUMO 能级差将会不可避免地导致器件的 V_{OC} 降低，因此需要在保证激子拆分的情况下，提高给体材料与受体材料的能级匹配度，是获得高效率器件的重要手段。

(4)活性材料的电荷迁移率与寿命将直接影响电荷是否能够大部分被对应电极收集。较高的电荷迁移率和寿命有利于提高器件的性能。

1)给体材料

给体材料作为有机薄膜太阳能电池活性层中光生电子的提供者，通常分为聚合物和小分子。早期聚合物给体材料主要是烷基取代 PPV(包括 MEH-PPV 和 MDMO-PPV)。基于它和 PCBM 共混制备的太阳能电池最高能量转换效率达到 2%～3%。然而 PPV 材料存在光氧化的问题，PPV 中的单线态激子容易通过系间蹿越的方式形成三线态激子，而氧气容易与三线态激子发生能量转移并形成单线态氧。PPV 中的乙烯双键容易被单线态氧破坏，从而导致 PPV 的共轭结构受到影响并降低其半导体性能。同时，PPV 材料的光吸收和空穴迁移率都不如结构规整的噻吩类材料，因此逐渐被噻吩类材料所替代。目前，噻吩类材料是有机薄膜太阳能电池中使用最为广泛的给体材料。其中，P3HT 是噻吩类材料中的经典给体材料，结构规整的 P3HT 固体薄膜具有强的链间相互作用，并且与 PCBM 共混后仍可保持适度的聚集状态，且具备较高的空穴迁移率。基于 P3HT/PCBM 体系的太阳能电池，经过热处理，在 AM1.5 模拟太阳光照条件下，能量转换效率可达到 4%～5%。然而 P3HT 带隙较大(约 2eV)，并且其 HOMO 能级较高，进一步限制了电池性能。为了拓宽聚噻吩的吸光光谱，侯建辉等首次提出引入共轭侧链的策略，通过在聚噻吩主链上引入共轭支链，合成了聚合物 PD-1。相比于 P3HT，PD-1 具有更低的 HOMO 能级以及更宽的光谱吸收范围。

同时，人们通过对给体材料构筑方法的研究，发现电子给体-受体(D-A)型给体材料不仅具有较好的空穴迁移率，同时还拥有强大的吸光能力。这是由于给体分子内的电子给体与电子受体单元间存在较强的相互作用，可有效促进分子中电子的移动。通过设计不同的 D-A 单元，还可以有效调控给体能级，使其匹配不同的受体和电极材料。基于此，Heeger 课题组通过修饰噻吩分子结构上的给体咔唑基团以及受体苯并噻二唑基团，得到了具有 D-A 构型的给体材料 PCDTBT。由于咔唑基团的 HOMO 能级比较低，并且 D-A 构型赋予了 PCDTBT 给体材料更好的空穴迁移率，基于 PCDTBT 给体材料和 $PC_{71}BM$ 受体材料制备的光伏器件效率达到 5.5%，但是其开路电压仍旧较低。为了获得更高效率的有机薄膜太阳能电池，人们致力于研发具备更优异性能的 D-A 型聚合物。其中，苯并二噻吩(BDT)具有较大的共轭平面，可以实现更好的共轭堆积以及更高的电荷迁移率。同时，BDT 可以较容易地链接各种优异性能的受体单元，构筑高性能的 D-A 给体材料。因此目前基于 BDT 给体单元的 D-A 构型给体材料的研究较为广泛。2008 年，杨阳课题组首先将 BDT 与众多受体单元结合形成 D-A 型给体，其中共聚得到 H6 给体的效率达到了 1.6%，初步显示了 BDT 材料的巨大潜力。2009 年，俞陆平等首次将噻吩并噻吩(TT)与 BDT 通过 Still 反应共聚合成了 P1 给体。P1 给体与富勒烯受体制备的器件效率达到了 4.76%。以 TT 和 BDT 为基础，通过调节聚合物侧链长度，替换不同侧链，替换受体单元 TT 的 H 原子等手段，俞陆平课题组相继合成了 P2～P7 等一系列给体材料，这其中最为知名的便是 PTB7(P7)给体材料。以 PTB7 为给体，以 PCBM 为受体，两者共混，可以得到效率高达 7.4%的有机薄膜太阳能电池[6]。PTB7 材料是由烷氧基取代的 BDT 和酯基取代的噻吩并噻吩(TT)受体单元共聚而成的，PTB7 具有良好的空穴传输能力，并且相较于 P3HT 而言，其带隙(1.77eV)更小，具有更广的光吸收范围。

然而，由于一维 BDT 单元的电荷传输限制，π 电子只能在共轭主链上进行传输，这限制了器件效率的进一步提高。基于此，侯建辉等开发了二维 BDT 材料。通过在 BDT 单元上引入共轭的噻吩侧链，增大共轭平面，使得 π 电子能够同时在 BDT 单元的共轭主侧链上离域，提高电荷传输效率。基于二维 BDT 给体单元合成了 PBDTTBT 给体材料，并依此制备了效率高达 7.1%的有机薄膜太阳能电池。2011 年，侯建辉等又设计了基于二维 BDT 的两种聚合物给体材料：PBDTTT-E-T 和 PBDTTTR-C-T。相对于一维聚合物给体材料，二维聚合物具有更好的电荷传输能力，器件效率也明显更高。2013 年，陈寿安等以二维 BDT 为给体单元，并采用氟取代的 TT 作为受体单元，共聚合成了著名的给体材料 PTB7-Th。相较于 PTB7 而言，PTB7-Th 带隙更窄(1.58eV)，其吸收光谱拓宽了 25nm，并且具有更深的 HOMO 能级。将 PTB7-Th 与 $PC_{71}BM$ 受体共混制备了有机薄膜太阳能电池，经过器件优化，电池效率达到了纪录值 9.35%。通过优化受体材料，选择 CO_i8DFIC 作为受体与 PTB7-Th 共混获得了效率高达 12.16%的器件。在此基础上，引入第三组分 $PC_{71}BM$ 来提高器件在短波范围的吸光强度，制备的 PTB7-Th/CO_i8DFIC/$PC_{71}BM$ 三元器件实现了 14.08%的转换效率。由于 $PC_{71}BM$ 具有较高的 LUMO 能级以及良好的电子迁移性能，器件获得了 71%的 FF 和 0.7V 的 V_{OC}。进一步优化退火工艺，使得器件效率进一步提升到 14.62%[7]。

近些年，苯并二噻吩二酮(BDD)受体单元与 BDT 的共聚 D-A 给体材料逐渐成为人们的研究热点。BDD 单元含有两个酮碳基，拥有较大的共轭平面，有利于电子迁移和 D-A 单元分子内的相互作用。同时，BDD 的噻吩上可以修饰烷基链来调节分子的结晶与堆积。2012 年，侯建辉课题组将 BDD 与烷基噻吩侧链取代的 BDT(BDT-T)共聚得到了 PBDB-T 给体材料，将其与 $PC_{61}BM$ 共混得到器件效率达到 6.67%，初步显示了 BDD 受体单元的巨大潜力。而随着非富勒烯受体的发展，将 PBDB-T 与不同的非富勒烯共混制备得到了更高效率的器件。2015 年，侯建辉课题组再次通过在 BDT 侧链单元上引入 F 原子(BDT-2F)，将 BDT-2F 与 BDD 共聚得到了宽带隙的 PM6[8]。由于 BDT 给体单元分子间的相互作用增强了分子间 π-π 堆积，有效地提高了 PM6 的空穴迁移率，并且相较于 PBDB-T，F 原子取代使得 P-P*跃迁峰更强，PM6 具有更深的 HOMO 能级且结晶取向更好，因此器件获得了更大的 V_{OC}，制备得到的富勒烯体系电池效率达到了 9.2%。PM6 与 Y6 类似物受体 BTP-Ec9 共混制备得到的 PM6/BTP-Ec9 器件，实现了 17.8%的超高效率。类似地，还有学者将 BDT 侧链上的 F 原子替换为 Cl 原子，并与 BDD 共聚制备得到 PM7。PM7 比 PM6 具有更深的 HOMO 能级，因此其制备得到的器件具有更高的 V_{OC}。利用 S···S、S···H 相互作用，在 PM6 的 BDT 侧链上引入 S 原子，可以制备得到比 PBDB-T 空穴迁移率更强的 PBDB-SF[9]。综上所述，BDD 材料具有较大的共轭平面，是一种理想的受体构筑单元，在设计与合成高性能 D-A 共聚物给体材料方面具有较大潜力。

除了以上给受体单元外，苯并噻二唑(BT)与苯并三唑(BTZ)作为经典的受体单元，也能够与 BDT 共聚制备 D-A 型给体材料。但是目前制备的器件效率范围为 7%～11%，还需要进一步优化。而除了 BDT 给体单元外，将 BDT 的噻吩替换为呋喃制备得到苯并二呋喃(BDF)也可以作为给体构筑单元。相较于噻吩，呋喃具有更好的生物再生性，可以直接从米糠中提取。而且呋喃具有更大的电负性，其氧单元的共价半径较小，使得 π-π 堆积更加紧密。目前，基于 BDF 给体构筑单元的电池器件效率达到了 9.4%[10]，揭示了 BDF 对于研发高性能器件的巨大潜力。除了聚合物给体材料外，目前以亚酞菁萘、低聚噻吩等为代表的小分子给体材料的研发也渐渐受到科研人员的关注。小分子材料具有精确的化学结构，其吸收光谱和能级也相对容易调控，性能可控、稳定。但是目前小分子材料大多采用蒸镀方式制备器件，器件效率较低，需要进一步优化以及开发出高性能的小分子给体材料。图 7-8 给出了几种有机薄膜太阳能电池给体材料的分子结构。

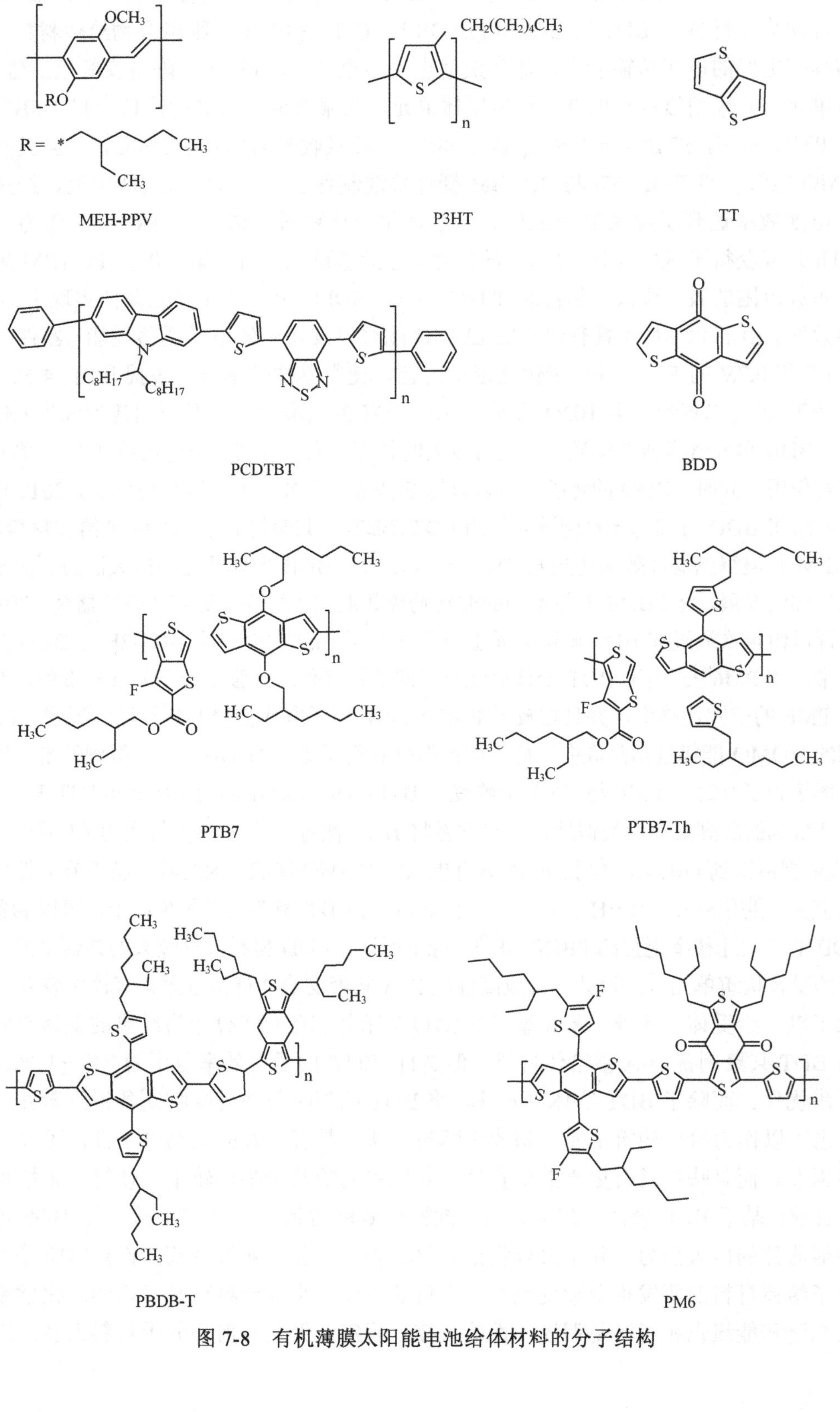

图 7-8　有机薄膜太阳能电池给体材料的分子结构

2)受体材料

受体材料作为有机薄膜太阳能电池活性层的重要组成部分，负责接受并传输电子，因此为了获得高效率器件，研发高性能的受体材料也是十分重要的。目前，受体材料一般按类别分为富勒烯类受体材料和非富勒烯类受体材料。

富勒烯及其衍生物材料具有较强的亲电子性和较小的重组能，电子迁移率较高。富勒烯材料特有的球形材料有利于获取电子，并且其无取向的堆积方式有助于电子传输。因此，在早期相当长的时间内，富勒烯及其衍生物都广泛用作有机薄膜太阳能电池的受体材料。第一个使用在有机薄膜太阳能电池中的富勒烯材料是 C_{60}。1985 年，英美两国研究人员首次在 Nature 杂质上报道了这种新型的球形分子，并将其命名为富勒烯。1993 年，Sariciftci 等首次将 C_{60} 作为受体应用于以 MEH-PPV 为给体的有机薄膜太阳能电池中，并且发现 MEH-PPV 与 C_{60} 之间存在超快光诱导电子转移，至此揭开了富勒烯基有机薄膜太阳能电池研究的序幕[3]。但是 C_{60} 溶解性较差，容易形成团簇，难以与给体材料共混制备体异质结型器件。因此，1995 年，Heeger 课题组在 C_{60} 分子上引入了较长的碳链的侧基，制备得到了著名的 $PC_{61}BM$ 富勒烯材料，极大地提高了材料在氯苯中的溶解度。将 $PC_{61}BM$ 与 MEH-PPV 混合制备得到的体异质结器件获得了 2.9%的效率。然而由于 C_{60} 结构高度对称，$PC_{61}BM$ 在可见光范围内吸光能力较差，光子利用效率较低。Hummelen 等合成了具有更宽光吸收范围的 $PC_{71}BM$ 富勒烯材料。目前，基于 $PC_{71}BM$ 体系的有机薄膜太阳能电池效率达到了 11.7%[11]。由于受体材料的 LUMO 能级与器件的 V_{OC} 密切相关，为了进一步提高器件性能，需要在保证光生激子拆分的情况下提高受体材料的 LUMO 能级。并且研究发现，富勒烯 π 电子越少，材料的 LUMO 能级越高。为此，科学家在 C_{60} 的基础上设计并合成了诸多富勒烯型受体材料。2008 年，Martijn 等通过在 C_{60} 的两个对称化学位点同时引入相同的碳基侧链得到了 BisPCBM，与 $PC_{61}BM$ 相比，其 LUMO 能级提高了 0.1eV，与 P3HT 给体材料共混制备得到了效率为 4.1%的太阳能电池。2010 年，李永舫课题组在 C_{60} 的基础上又合成了单茚加成的 ICMA 和双茚加成的 ICBA，其中 ICBA 的 LUMO 能级为−3.74eV，比 $PC_{61}BM$ 的 LUMO 能级高 0.17eV，虽然以 P3HT/ICBA 作为活性层的器件的 J_{SC} 略有下降，但是其 V_{OC} 却达到了 0.84，因此器件的光电转换效率也提高了 6.48%。2016 年，丁黎明等通过定位合成的方法制备了新型富勒烯材料 e-PPMF[12]。由于该受体材料含有位阻较小的亚甲基，具有较高的电子迁移率，因此 e-PPMF 与 P3HT 给体材料共聚得到的器件具有较好的光伏性能，效率达到了 8.11%，是迄今为止基于富勒烯受体材料的电池器件获得的最高转换效率。在有机薄膜太阳能电池中，富勒烯材料也被用作第三组分或添加剂，可以制备得到效率高达 16.67%的三元聚合物电池[13]。

除了上述典型的富勒烯材料外，目前许多其他类型的富勒烯衍生物也被设计开发出来，并已应用到有机薄膜太阳能电池中。但是相对于 $PC_{61}BM$ 和 $PC_{71}BM$，这些新材料在光电性质方面并未取得明显的突破。虽然富勒烯受体在聚合物电池领域取得了一定的成果，但是其自身的不足也限制了富勒烯有机薄膜太阳能电池的进一步发展。富勒烯材料受体光子利用率不高，对器件光电流的贡献有限。而且富勒烯受体材料的溶解度有限，限制了材料的分离提纯。另外，富勒烯材料特有的笼形结构不易调整，增加了开发与给体材料具有良好光匹配度受体材料的难度。同时，富勒烯材料及其衍生物的成本较高，也不利于有机薄膜太阳能电池的大规模商业化。

近年来，基于非富勒烯结构的受体材料正逐渐被开发出来。相较于富勒烯受体材料，非富勒烯材料具有易于调节的分子结构，受体材料能够被开发成具有和给体材料互补的可见光吸收区、高迁移率以及能级匹配的材料。目前，非富勒烯受体材料主要分为稠环芳香二酰亚胺受体材料和基于强分子内电子推拉效应的受体材料。非富勒烯受体材料一般具有强电负性元素，利于接受电子，同时材料分子上共轭功能团的电子易于离域到骨架上使接受的电子便于传输。以苝酰亚胺(perylene diimide，PDI)为代表的稠环芳香二酰亚胺受体材料具有较好的光吸收性能，且制备成本较低，具有较大应用前景。然而，PDI 材料易于团聚导致其难以与聚合物给体材料共混，因此研究人员在此基础上开发了 PDI 的二聚体受体材料(Bis-PDI-T-EG)，其能够与给体材料实现良好的共混，制备得到的器件转化效率为 4.03%。同时研究人员在二酰亚胺等其他稠环芳香二亚胺材料的基础上设计并开发出了窄带隙受体材料 N2000，其带隙为 1.46eV。由于 N2000 具有较好的光吸收性能，其与给体材料共聚得到效率超过 9%的器件。强分子内电子推拉效应受体的典型材料为 ITIC，该受体于 2015 年由北京大学肖占卫课题组首次合成。当以 PTB7-TH 为给体、ITIC 为受体时，所制备的有机薄膜太阳能电池的效率达到了 6.8%，创造了当时非富勒烯有机薄膜太阳能电池的最高效率。后续在 ITIC 材料的基础上开发出的 Y6 受体，相关器件效率突破了 16%[14]，为非富勒烯电池的商业化做出了重大的贡献。图 7-9 给出了几种有机薄膜太阳能电池受体材料的分子结构。

无机半导体纳米晶材料也可以作为电子受体材料。2002 年，美国加利福尼亚大学伯克利分校的 Alivisatos 研究组使用 CdSe 半导体纳米棒作为受体，与 P3HT 共混制备了共轭聚合物/无机半导体纳米晶杂化型太阳能电池，其能量转换效率达到 1.7%，为半导体纳米晶材料的应用开辟了一个新的领域并引起人们的广泛关注。研究发现，在共轭聚合物/无机半导体纳米晶杂化的太阳能电池中，纳米晶受体与共轭聚合物给体的 LUMO 和 HOMO 能级匹配至关重要。纳米晶的 LUMO 和 HOMO 能级必须同时低于共轭聚合物给体的 LUMO 和 HOMO 能级，然而对于纳米晶 LUMO 和 HOMO 能级的准确测量却不容易。例如，CdTe 半导体是一种高效的薄膜太阳能电池光伏材料，但其用于共轭聚合物/无机半导体纳米晶杂化光伏器件时，效率非常低，比 CdSe 纳米晶低 2～3 个数量级。李运超和周玮等研究人员发现 CdSe 的 LUMO 和 HOMO 能级都位于共轭聚合物对应能级的下方，激子在给受体界面上应该会发生电荷拆分；而 CdTe 的 LUMO 和 HOMO 能级位于共轭聚合物对应能级的中间，激子在给受体界面上将会发生电荷转移(电子和空穴同时从聚合物转移到纳米晶发生复合)而非拆分。较好地解释了基于 CdTe 纳米晶的杂化太阳能电池效率低的原因。

2. 电极材料

1) 电极材料对有机薄膜太阳能电池的影响

有机薄膜太阳能电池通常有两个电极，分别是透明电极以及背电极。对于正置有机薄膜太阳能电池，透明电极通常作为阳极，背电极作为阴极。电极材料作为有机薄膜太阳能电池的重要组成部分，对器件的效率有直接而显著的影响：①入射光通常从透明电极进入而被光活性层吸收，因此透明电极的透光度直接影响有机薄膜太阳能电池的电流。②背电极的反射率同样是影响器件光吸收的一个重要因素。通常有机材料光活性层难以完全吸收入射光，因此有部分入射光将穿过活性层到达背电极。较高反射率的背电极将使得未

C60

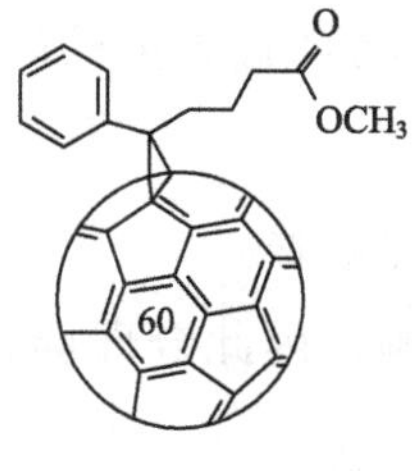

PC61BM

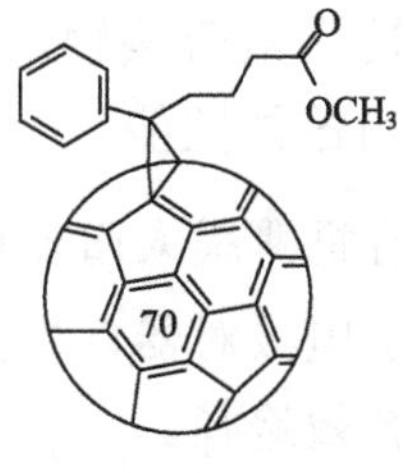

PC71BM

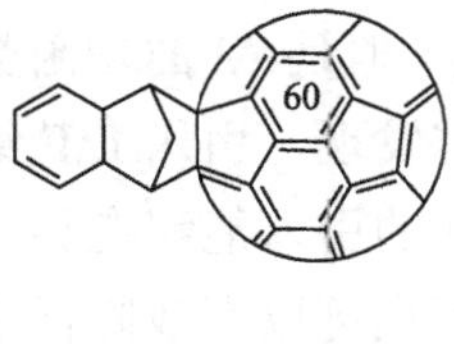

ICMA

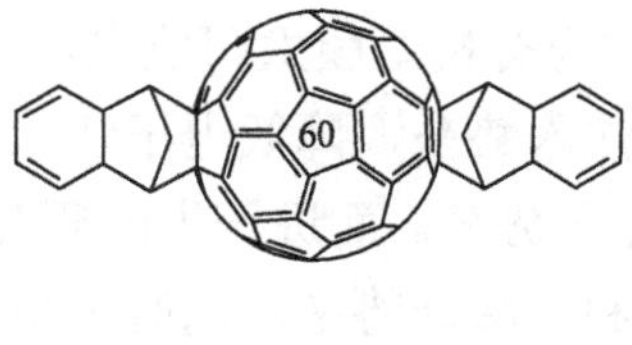

ICBA

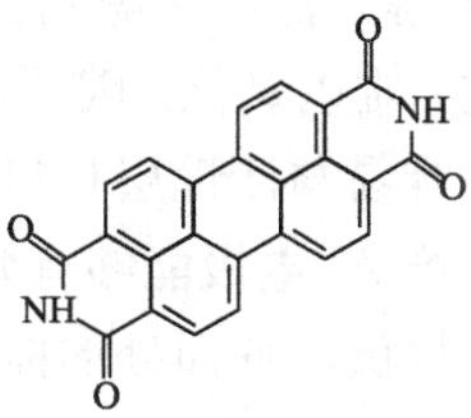

PDI

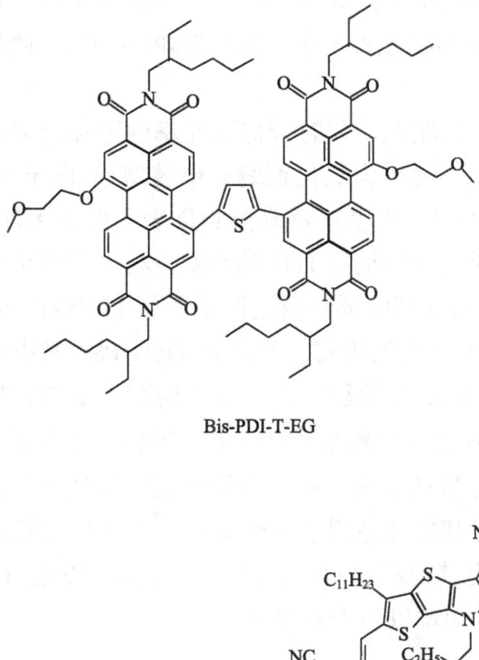

Bis-PDI-T-EG

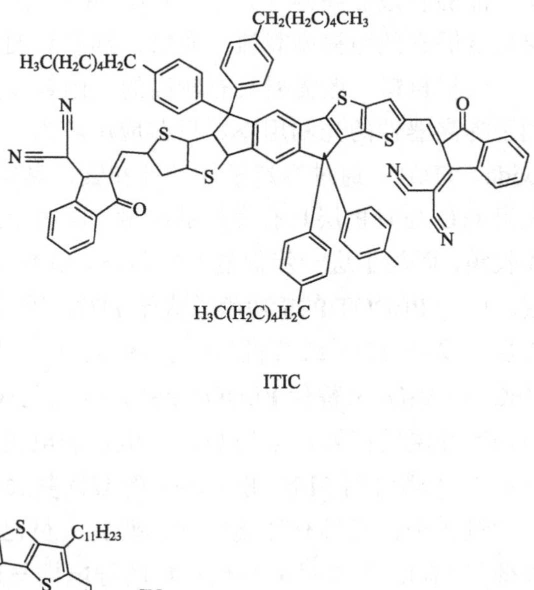

ITIC

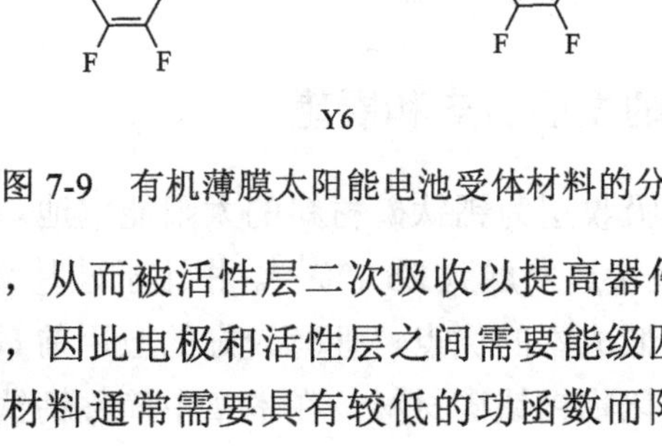

Y6

图 7-9　有机薄膜太阳能电池受体材料的分子结构

吸收光反射回光活性层，从而被活性层二次吸收以提高器件的光利用率。③由于电子、空穴最终会被电极收集，因此电极和活性层之间需要能级匹配。特别地，为了降低电子和空穴抽取势垒，阴极材料通常需要具有较低的功函数而阳极需要较高的功函数。④电极与活性层紧密接触，其接触界面可能具有大量的缺陷态，导致激子或载流子被俘获，进而影响器件性能。

2) 有机薄膜太阳能电池电极材料的修饰

鉴于电极对器件性能具有重要影响，因此合理选择电极材料并加以修饰是获得高效率器件的有效途径。

对于阴极材料，为了降低电子注入势垒，通常选用较低功函数的电极，如 Li、Mg、Ca、Sr 等。然而考虑到稳定性，一般电极材料需要具有较好的抗氧化性。由于 Al 性质较为稳定，难以氧化，因此通常将其作为有机薄膜太阳能电池的阴极材料。但是 Al 的功函数较大，容易与活性层材料形成电子注入势垒，降低电子注入效率。研究发现，引入 LiF 绝缘层修饰 Al 电极能够有效地降低注入势垒。而进一步的研究表明，LiF 的引入能够在界面形成偶极层，界面处的能带弯曲有利于降低势垒。同时采用合金化电极也可以有效降低注入势垒并提高电极的稳定性。通常将较低功函数但活泼的电极材料与较高功函数但性质稳定的金属电极组合，合成电极，如 Al:Li、Al:Mg 等。同时由于阴极材料与受体材料直接接触，在接触界面可能形成较多缺陷态俘获激子或载流子。因此适当引入修饰层钝化界面缺陷，能够有效提高器件效率。TBPI 和 BCP 作为常用的钝化材料，引入 TBPI 或 BCP 钝化层后能够有效地提高载流子寿命，抑制界面复合。

阳极材料一般需要具有较高的功函数以方便空穴注入，同时较好透光率的阳极材料有利于提高器件的光利用率。目前应用较为广泛的阳极材料为氧化铟锡导电玻璃(indium tin oxide，ITO)。通过等离子体处理和紫外臭氧处理 ITO，可以有效改善 ITO 表面的亲水性，使得 ITO 与有机层具有良好的接触。同时上述处理还能够提高 ITO 功函数，利于空穴传输和收集。而为了进一步促进空穴传输，研究人员在 ITO 与给体材料之间引入了 PEDOT:PSS 层。由于 PEDOT:PSS 功函数大于 ITO，因此更便于空穴的收集。但是 PEDOT:PSS 具有弱酸性，易与 ITO 或有机活性层材料反应，从而降低器件的稳定性。因此研究人员尝试用 MoO_3 和 V_2O_5 来替代 PEDOT:PSS，研究发现，引入上述材料后，ITO 更加平整，促进了电极与活性层的接触。但是 ITO 导电玻璃电极机械弯折性较差，难以应用到柔性器件中。因此将 ITO 溅射到 PEN 或者 PET 等柔性基底上，使其能够适用于柔性器件。鉴于铟在地球上含量稀少，且具有环境毒性，研究人员已开发出其他材料(如 ZnO、$ZnSnO_3$、$ZnSnO_4$)来替代 ITO。但是目前替代材料的导电性与透光性均难以与 ITO 媲美。

7.2 钙钛矿太阳能电池

7.2.1 钙钛矿太阳能电池的发展历史和展望

钙钛矿太阳能电池是指光吸收层为钙钛矿材料的太阳能电池。在最近十几年的时间里，钙钛矿太阳能电池效率从 2.2%快速发展到 25.7%[15]。相比于硅基太阳能电池，钙钛矿太阳能电池具有柔性化、易制备和低成本的优点，拥有较好的应用前景。钙钛矿材料指光伏领域中研究较广泛的有机无机卤化物钙钛矿材料，在本章中简称钙钛矿材料。

最初，钙钛矿材料主要作为液体电解质染料敏化太阳能电池中的染色剂。在 2009 年，Miyasaka 和同事报道了基于 $CH_3NH_3PbI_3$ 吸光层的太阳能电池，电池效率增加到 3.3%。2011 年，Park 和同事在沉积钙钛矿之前，利用 TiO_2 进行表面处理，获得了 6.5%的效率。2012 年，研究者利用固态空穴传输材料(HTM)取代液体电解质。Park、Grätzel 和同事使用 spiro-OMeTAD 作为 HTM，改善了电池稳定性，将效率提高到了 9.7%。在此基础上，Snaith 用混合卤素 $CH_3NH_3PbI_{3-x}Cl_x$ 钙钛矿材料做光吸收层，相比纯碘钙钛矿具有更好的稳定性和载流子传输效率。同时，他们采用绝缘 Al_2O_3 取代导电的纳米多孔 TiO_2，有效改善了开路电压(V_{OC})，获得 10.9%的效率。2013 年，Grätzel 课题组使用介孔 TiO_2 和两步碘化物沉积方法，优化薄膜形貌，得到了 14.1%的认证效率。同年，Snaith 组采用平板结构，通过双源热蒸发沉积 $CH_3NH_3PbI_{3-x}Cl_x$ 层，获得了更好的薄膜形貌，获得 15.4%的效率[16]。2014 年，Seok 组提高介孔 TiO_2 支架相对连续钙钛矿层的相对厚度，获得高达 17.9%的认证效率。从 2016 年至今，随着研究人员对钙钛矿太阳能电池的不断研究和优化，单结钙钛矿太阳能电池的效率已经达到 25.7%。历年 NREL 认证的钙钛矿太阳能电池最高效率如图 7-10 所示。目前，钙钛矿太阳能电池认证的最高效率足以媲美单结硅基太阳能电池，但钙钛矿太阳能电池仍存在不稳定和铅毒性等两大问题需要解决。

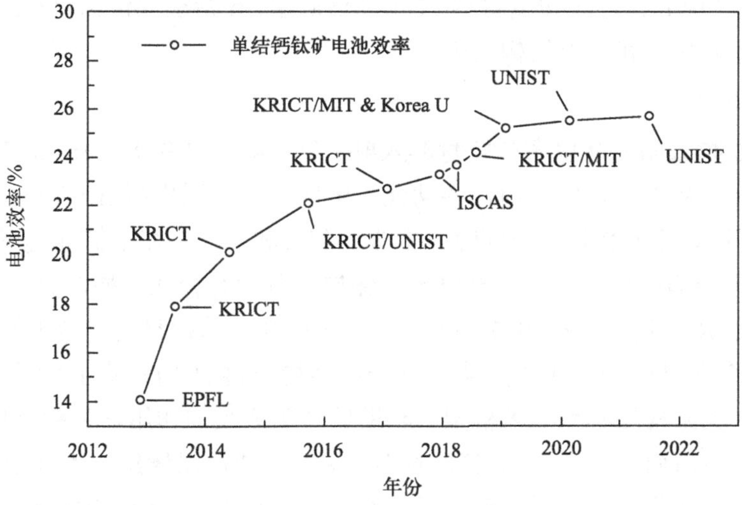

图 7-10　历年 NREL 认证的钙钛矿太阳能电池效率图[15]

近几年，利用钙钛矿组分工程(混合钙钛矿)已经显著提高了器件效率和稳定性。通过混合阳离子(MA/FA/Cs)和阴离子(I/Br)，改善薄膜形貌，极大地改善了钙钛矿的结构稳定性。由于钙钛矿器件对光热和水氧敏感，除结构不稳定性外，外界环境也很大程度上影响着钙钛矿器件的稳定性。钙钛矿的热分解取决于阳离子(MA^+，FA^+)和无机卤化铅亚晶格之间的相互作用。弱的相互作用就容易导致钙钛矿的热降解，因此，需要研究如何加强有机阳离子和无机部分之间的化学相互作用来进一步提高热稳定性。全无机钙钛矿($CsPbX_3$)具有 400℃ 以上的热稳定性，但是目前效率还较低。对于湿度稳定性目前大多采用 2D/3D 混合钙钛矿结构，其中较大的有机阳离子可以提高材料的疏水性。另外，电池的封装材料的研究和开发也是实现整体长期湿度稳定性的重要一步。然而，封装难以解决钙钛矿材料的光稳定性，即光致降解效应：光诱导的离子迁移、相分离、晶格畸变等。因此如何有效提高钙钛矿器件的光稳定性是目前钙钛矿光伏领域的研究重点。

钙钛矿光伏器件面临的另一个问题便是钙钛矿材料中的铅毒性。寻找合适的不含铅或铅含量比较低的钙钛矿作为铅基钙钛矿的替代品是迫切需要的。对于无铅锡基钙钛矿体系，Sn^{2+}快速氧化为 Sn^{4+}和其前体溶液不受控制的结晶导致薄膜形态不良是限制锡基钙钛矿光伏效率的两个重要因素。但混合 Sn-Ge 和 Pb-Sn 双金属钙钛矿在光伏性能和稳定性方面取得了较大进展，因此通过改变卤化锡钙钛矿成分可以有效提高器件性能。此外，其他无铅钙钛矿如铋和锑基低维($A_3M_2I_9$; $M = Bi^{3+}$，Sb^{3+})和高维(双钙钛矿)的钙钛矿材料表现出良好的抗湿、热和持续光照的稳定性。然而，由于较宽的带隙(约 2eV)，上述材料所制备的器件效率较低(2%)。

7.2.2　钙钛矿太阳能电池结构和工作原理

1. 钙钛矿太阳能电池结构

钙钛矿太阳能电池结构可根据不同方法进行分类。按照光的入射方向可分为 n-i-p 和 p-i-n 结构两类(其中 n 指电子传输材料，i 指钙钛矿层，p 指空穴传输材料)。根据有无介孔传输层，可以分为介孔和平板结构两类。

1) n-i-p 结构

n-i-p 结构是指太阳光从电子传输材料入射到钙钛矿层 [图 7-11(a)和(b)]，也称为正式结构和常规结构。从光的入射方向，各功能层依次为：透明电极(FTO/ITO)、电子传输层(ETL)、钙钛矿层、空穴传输层(HTL)、电极层(Au 和 Ag)。在平板 n-i-p 结构中，常用的电子传输材料是 SnO_2 和 TiO_2。根据电子传输层是否含有介孔结构，分为介孔 n-i-p 结构[图 7-11(b)]和平板 n-i-p 结构[图 7-11(a)]。常见的介孔结构材料包含半导体介孔材料(如 TiO_2)和绝缘体介孔材料(如 Al_2O_3)。半导体介孔结构材料的 ETL 除了可以传输电子和阻挡空穴，特有的介孔结构还起到支撑框架、辅助钙钛矿成膜的作用，使钙钛矿的薄膜形貌具有较高的重复性。然而，介孔结构 ETL 的制备通常需要高温烧结，不利于制备柔性器件。而得益于钙钛矿材料优异的双极性载流子传输特性，平板 n-i-p 结构太阳能电池(不包含介孔结构的 ETL 层)也可以实现较高的器件性能，其避免了介孔结构对电池制备工艺的限制，简化了电池的结构，有利于柔性和大面积器件的制备。因此，目前平板 n-i-p 结构得到了广泛的研究。然而，由于没有介孔结构，薄膜的质量主要由薄膜制备工艺决定，较难控制，这就直接导致器件性能重复性较差。此外，平板 n-i-p 结构器件的迟滞效应较为明显。因此，如何制备具有可重复低迟滞的高效率器件是目前研究的难点。

2) p-i-n 结构

p-i-n 结构是指太阳光从空穴传输材料入射到钙钛矿层[图 7-11(c)]，也称为反式结构。从光的入射方向，各功能层依次为透明电极(FTO/ITO)、空穴传输层(HTL)、钙钛矿层、电子传输层(ETL)、电极层[图 7-11(c)]。绝大多数 p-i-n 结构器件都是平板结构的。在 p-i-n 结构中，常见的 HTL 材料有聚(3，4-亚乙二氧基噻吩)-聚(苯乙烯磺酸)(PEDOT:PSS)、

PTAA、NiO_x，常见的 ETL 材料为富勒烯及其衍生物，如 PCBM、C_{60}、ICBA。与 n-i-p 结构器件相比，由于所用的 HTL 具有较好的热稳定性，因此 p-i-n 结构具有较好的热稳定性。同时，常用的 PCBM 可以起到钝化晶界的作用，p-i-n 器件一般具有较小的迟滞。

3) 无电子/空穴传输层结构

由于钙钛矿材料优异的双极性载流子传输特性，电子或空穴可以不经过电子传输层[图 7-11(d)]或空穴传输层 [图 7-11(e)和(f)] 直接从钙钛矿材料转移到电极。这样就可以进一步简化器件结构和制备过程，有利于电池商业化进程的推进。现有的无电子传输层结构器件均是基于 n-i-p 结构的，避免了制备电子传输层，最高效率超过了15%[17]。然而，有研究表明，无电子传输层结构器件有严重的迟滞效应，以及不能持续有效地输出功率，并且难以实现对空穴的有效阻挡，导致界面处电子空穴复合严重，器件效率较低。

无空穴传输层结构器件 [图 7-11(e)]无需昂贵的 HTL 材料，例如，spiro-OMeTAD，有利于提高电池稳定性、降低钙钛矿太阳能电池的成本和实现大规模商业化应用。目前，该结构的电池的最高效率已经从最初的 5.5%上升到 19.9%[18]。同时，钙钛矿太阳能电池的电极贵金属材料(Au、Ag)也是影响器件成本的重要因素。碳电极具有与金属相似的功函数，已经被广泛应用在染料敏化太阳能电池中。而且碳材料在地球上资源丰富、成本低廉、性能稳定，因此可以应用于钙钛矿太阳能电池中。近年来，人们在无空穴传输层结构器件的基础之上，大量研究了碳电极钙钛矿太阳能电池[图 7-11(f)]。现有的碳电极钙钛矿太阳能电池的 ETL 是介孔结构，其碳电极是通过印刷工艺制备的。目前，改进薄膜制备工艺后，碳电极钙钛矿太阳能电池可以达到较高效率，并且具有优异的稳定性。碳电极钙钛矿太阳能电池避免了制备 HTL 和金属电极的高成本，并可以实现高效率和稳定性，因此具有较好的发展前景，并且有利于钙钛矿太阳能电池的商业化进程。

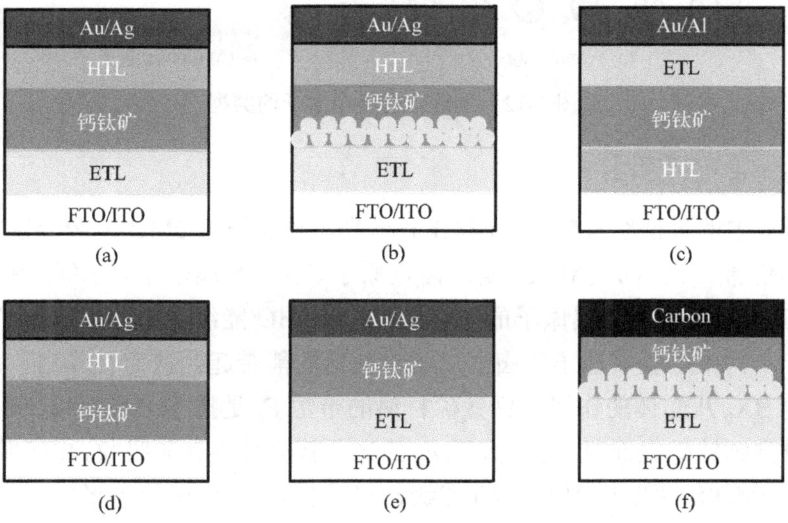

图 7-11　钙钛矿太阳能电池的各类器件结构

2. 钙钛矿太阳能电池的工作原理

在理解钙钛矿太阳能电池的工作原理之前，我们需要先了解一下钙钛矿材料中的激子。半导体材料中的激子是电中性的准粒子，由经典库仑引力束缚的电子-空穴对组成，通常分为 Wannier 和 Frenkel 两种类型(图 7-12)，前者电子和空穴分布在较大的空间范围内，激子半径较大，库仑引力较弱，激子束缚能较小；后者电子和空穴被束缚在晶体元胞范围内，激子半径较小，库仑作用较强，激子束缚能较大。在无机半导体中，其激子主要属于 Wannier 类型；有机半导体中，激子主要属于 Frenkel 类型。而钙钛矿材料属于有机无机杂化材料，其激子束缚能与其维度有关。三维(3D)钙钛矿中的激子束缚能一般较低(16～80meV，与室温下的能量 26meV 相近)，其激子一般属于 Wannier 类型[19]。因此，3D 钙钛矿中，激子中的电子和空穴在室温下无须内建电场的作用就可以很容易地拆分成自由载流子。随着钙钛矿维度的降低，如二维钙钛矿、一维钙钛矿和零维钙钛矿，受到“尺寸效应”和“量子限域效应”的影响，其激子束缚能会增大到几百 meV。因此，低维钙钛矿中的激子需要在势场作用下才能有效拆分。由于 3D 钙钛矿和有机材料激子类型不同，所以两者光伏器件工作机制不完全相同。以 3D $MAPbI_3$ 钙钛矿材料为例，其对应 n-i-p 结构器件的工作原理如图 7-13 所示。3D 钙钛矿太阳能电池的工作机理可以分为以下过程：激子的产生、激子的拆分和扩散、载流子的抽取和收集。

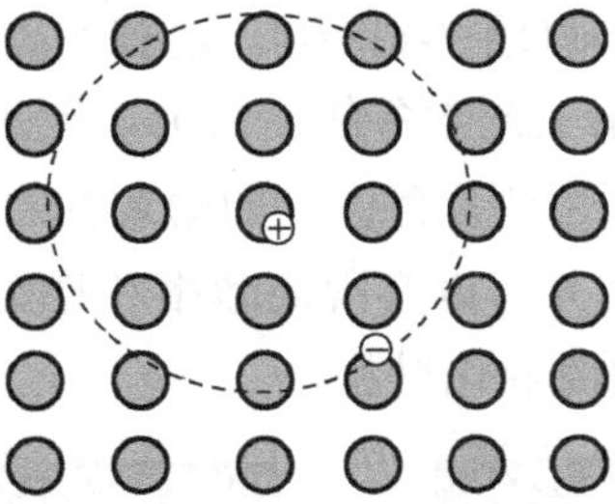

(a) Wannier 激子

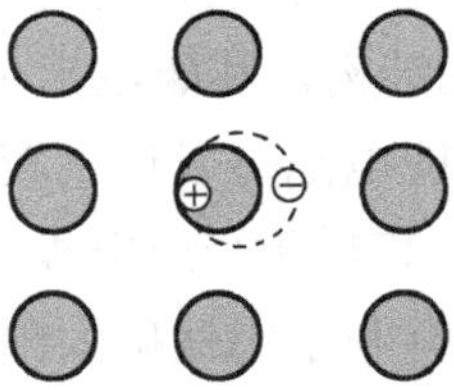

(b) Frenkel激子

图 7-12　半导体材料中激子的类型

1) 激子的产生

钙钛矿材料中的最低空置轨道 LUMO 和最高占据轨道 HOMO 能级分别对应着无机半导体的导带和价带。钙钛矿(ABX_3)是由卤素原子(X)、金属原子(B)和有机基团(A)组成的。其 LUMO 能级主要由金属原子的轨道构成，HOMO 能级主要由卤素原子的轨道构成，所以在钙钛矿结构中，金属原子和卤素原子对材料的能带起到决定性作用，而有机基团主要起到支撑起 BX_6 八面体的作用。钙钛矿材料的带隙 E_g 是指 LUMO 和 HOMO 能级之差。当太阳光照射到钙钛矿表面时，能量大于 E_g 的光子就会被钙钛矿吸收，电子吸收能量之后，从钙钛矿的 HOMO 能级跃迁到 LUMO 能级，同时在 HOMO 能级上形成一个空穴(图 7-13 中过程 1)。HOMO 能级中的空穴和 LUMO 能级上的电子由于库仑力相互作用形成电子-空穴对，即激子。

为了提高钙钛矿太阳能电池的效率，需要尽可能多地吸收太阳光。太阳光谱主要包括

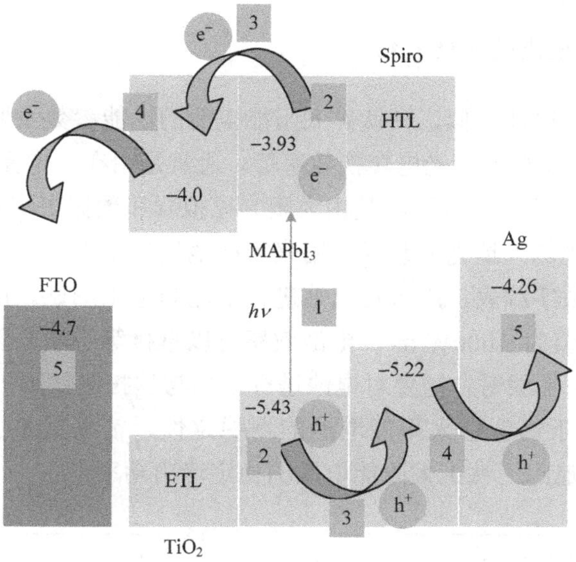

图 7-13　3D $MAPbI_3$ 钙钛矿太阳能电池的工作原理图

400～1000nm 波长的光子，辐射最强的区域为 600～800nm。通过模拟计算得到，当光伏材料带隙是 1.35eV 左右时，会达到单结太阳能电池的理论极限效率(33.7%)。钙钛矿材料的优势在于极高的灵活性。其作为一种离子化合物，成分可调，不但可以将其带隙尽可能推向理想值，也可与其他光伏材料叠加，从而捕获尽可能多的光子，实现较高的电池转换效率。相比之下，硅材料只能通过提纯来提高效率，优化的空间十分有限。相比大部分有机材料(带隙为 2～3eV)，带隙更加接近光伏材料的理想带隙。

2) 激子的拆分和扩散

前面提到三维(3D)钙钛矿中的激子束缚能一般较低，常温下提供的热能足以使激子克服束缚能，因此激子中的电子和空穴在室温下无须内建电场的作用(界面处)就可以很容易地拆分成自由载流子。这也是和有机薄膜太阳能电池不同的一点。接下来，自由的电子和自由的空穴就分别在钙钛矿中进行迁移扩散运动(图 7-13 中过程 2)。

3) 载流子的抽取和收集

自由的电子/空穴扩散到钙钛矿和电子/空穴传输层的界面附近时，就会受到界面处内建电场的作用。界面处的内建电场是由于钙钛矿和电荷传输层的费米能级不同产生的，类似于 p-n 结中的内建电场。界面处的内建电场产生一个电势降，在不加偏压的情况下，LUMO 能级上的电子会向着电势能降低的方向移动，HOMO 能级上的空穴会向着电势能升高的方向移动。因此 LUMO 能级上的电子被抽取到电子传输层的导带上，HOMO 能级上的空穴被抽取到空穴传输层的价带上(图 7-13 中过程 3)。同时，电子传输层可以有效阻挡空穴，空穴传输层可以有效阻挡电子。随后，电子/空穴在电荷传输层中扩散到电荷传输层/电极的界面处(图 7-13 中过程 4)，和钙钛矿/电荷传输层界面处的行为相同，载流子进一步被相应的电极收集(图 7-13 中过程 5)。于是最后在一端电极处积累了电子，在另一端电极处积累空穴，建立了电势差。在电池的两端接上负载，就会有电流流过。于是钙钛矿太阳能电池就实现了光能向电能的转换。

3. 钙钛矿太阳能电池的参数表征

与有机薄膜太阳能电池类似，钙钛矿太阳能电池的性能参数主要分为开路电压、短路电流、填充因子、外量子效率、光电转换效率等。通常是由在一定光照条件下的电流密度-电压(*J-V*)曲线表征的。测试系统一般是由太阳光模拟器和数据采集系统组成的。太阳光模拟器是一种模拟太阳光的人造光源装置，用来为电池提供模拟太阳光。数据采集系统主要选用 Keithley 2400 数字源表，用来对电池进行电流和电压测试。由于模拟太阳光光谱是 AM1.5 光谱，其能量值为 1000W/m^2，电池效率可以直接等于填充因子、开路电压和短路电流的乘积。扫描 *J-V* 曲线时，需要对电池进行正扫与反扫测试[图 7-14(a)]，以表征电池迟滞大小。此外，由于钙钛矿太阳能电池的不稳定性，需采用最大功率点追踪(MPPT)[图 7-14(b)]的方法，追踪钙钛矿太阳能电池的稳定输出功率。

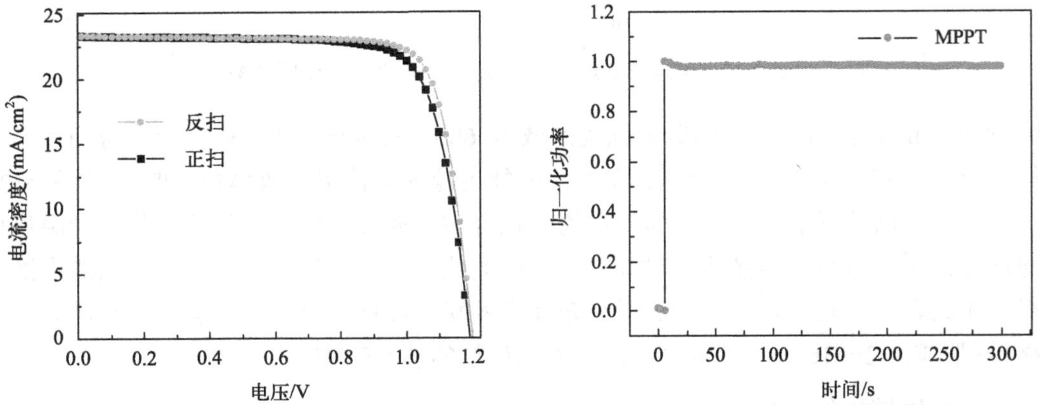

(a)钙钛矿太阳能电池正、反扫曲线　　(b)最大功率点追踪测试曲线

图 7-14　钙钛矿太阳能电池正、反扫曲线和最大功率点追踪测试曲线

7.2.3　钙钛矿太阳能吸光材料及其对电池的影响

1. 钙钛矿太阳能吸光材料对电池的影响

钙钛矿太阳能吸光材料作为光活性层对器件有着直接而重大的影响。

(1) 钙钛矿太阳能吸光材料的吸光范围与 AM1.5 太阳光谱的匹配程度将直接影响器件的光子利用率。

(2) 钙钛矿太阳能吸光材料介电常数会直接影响光生激子束缚能，较大的介电常数对应较小的光生激子束缚能，激子常温下即可拆分为载流子。

(3) 钙钛矿太阳能吸光材料的缺陷态密度以及电荷迁移率则会影响光生载流子的传输，对器件的开路电压以及填充具有重要影响。

(4) 由于钙钛矿太阳能电池一般具有电荷传输层，因此钙钛矿太阳能吸光材料的能级位置也会对电荷的传输和抽取产生重要影响。钙钛矿的 LUMO 能级需要与电子传输层的导带能级匹配，钙钛矿的 HOMO 能级需要与空穴传输层的价带能级匹配。

2. 金属卤化物钙钛矿的性质

(1)吸光系数高。常见的钙钛矿太阳能吸光材料是直接带隙半导体材料。相比硅和 CIGS 材料，钙钛矿具有相对高的吸收系数(一般吸收系数为 10^4～$10^5 cm^{-1}$)[19]。较高的吸收系数意味着钙钛矿层只需要几百纳米的厚度就可以吸收绝大部分的入射光。

(2)激子束缚能小。有机半导体材料的激子束缚能一般是 0.2～1.0eV。3D 钙钛矿的激子束缚能(16～80meV)一般比有机半导体小，低维钙钛矿的激子束缚能一般小于 0.6eV。

(3)载流子迁移率高。不同的测定方法和不同的材料都对载流子迁移率的值有影响。大多数文献报道的 $MAPbI_3$ 薄膜的载流子迁移率平均在几到几十 $cm^2/(V \cdot s)$，远大于有机半导体的载流子迁移率(通常只有 $10^{-3} cm^2/(V \cdot s)$)。

(4)载流子扩散长度(L_D)较长。钙钛矿单晶中的 L_D 一般是百微米以上，薄膜中的 L_D 在百纳米级别，接近或超过电池中钙钛矿层的厚度，意味着载流子在传输过程中非辐射复合损失较小，可以有效到达电子或空穴传输层。

(5)稳定性。钙钛矿太阳能吸光材料属于离子化合物，其中离子之间相互作用的是离子键和配位键。这些相互作用弱于无机化合物中的共价键，所以钙钛矿没有无机化合物稳定，易受环境因素(热、光照、水、氧等)影响，发生相变乃至降解。例如，$MAPbI_3$ 中的甲胺阳离子在超过 85℃时就会挥发，导致钙钛矿的降解。$MAPbI_3$ 还会和水形成亚稳的水合相。在光照下，$MAPbI_3$ 内产生的光生电子会被氧气分子捕获生成超氧根离子进而破坏钙钛矿材料。

3. 钙钛矿太阳能吸光材料

钙钛矿太阳能吸光材料种类繁多，可以根据不同的方法进行分类。根据材料的维度可分为 3D 钙钛矿、2D 钙钛矿、1D 钙钛矿、0D 钙钛矿。图 7-15 给出了典型的 3D 钙钛矿的晶体结构，其中，A 为阳离子，X 为阴离子，B 为金属铅原子。根据含铅的多少，钙钛矿可以分为铅基钙钛矿、少铅钙钛矿、无铅钙钛矿。接下来，根据含铅量的多少来详细介绍钙钛矿太阳能吸光材料。

1)铅基钙钛矿

在铅基钙钛矿($APbX_3$)中，最常见的 A 位阳离子有甲胺阳离子($CH_3NH_3^+$)、甲脒阳离子($CH(NH_2)_2^+$)和铯离子(Cs^+)。最常见的 X 位阴离子有碘离子(I^-)、溴离子(Br^-)和氯离子(Cl^-)。

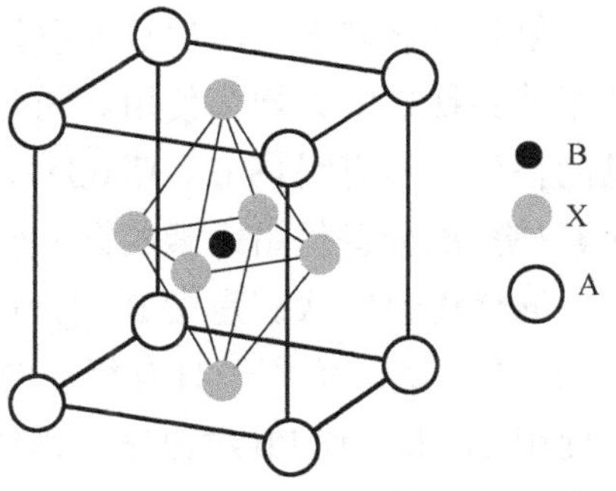

图 7-15　3D 钙钛矿的晶体结构

(1) $CH_3NH_3PbI_3$。$CH_3NH_3PbI_3$($MAPbI_3$)是最早应用在钙钛矿太阳能电池中的吸光材料，其带隙为 1.55eV。早期对该材料太阳能电池研究较多，后来研究发现 $MAPbI_3$ 中的 MA^+离子在超过 85℃就极易挥发进而造成钙钛矿结构的降解，另外其带隙相对太阳能电池的理想带隙(1.34eV)较宽，不利于实现较好的光吸收。这些性质导致该材料难以实现高效稳定的太阳能电池。

(2) $CH(NH_2)_2PbI_3$。$CH(NH_2)_2PbI_3$ ($FAPbI_3$) 相比 $MAPbI_3$，具有更好的光热稳定性，带隙(1.4eV)更加接近吸光材料的最佳带隙，因此基于 $FAPbI_3$ 的太阳能电池在实现高效稳定的太阳能电池方向更有潜力。但是 α-$FAPbI_3$ 的立方相晶体结构不稳定，在室温下容易转变成无光伏活性的六方相(δ-$FAPbI_3$)，进而造成材料的降解和器件性能的降低。所以目前很多研究都是围绕如何制备纯相 $FAPbI_3$ 钙钛矿进行的。例如，Grätzel 团队开发了硫氰酸甲胺(MASCN)气相辅助生长薄膜技术，基于此技术，能够在较低的退火温度下(100℃)成功地将 $FAPbI_3$ 从 δ 相完全转化为 α 相，实现了超过23%的光电效率并保持长期稳定(500h)。具体的原理是通过 SCN^- 离子和 Pb^{2+} 之间较强的亲和力，形成稳定的表面结构，约束了 α-$FAPbI_3$。另外，相关研究发现将 $FAPbI_3$ 中的部分 FA^+ 用阳离子 MA^+ 代替可以稳定其准立方相结构，可以实现 22.6%的电池效率[20]。

(3) $CsPbI_3$。全无机 $CsPbI_3$ 由于不含有机组分，相比有机无机杂化钙钛矿材料具有更好的稳定性。但是其带隙高达 1.73eV，不能很好地吸收可见光，与太阳能电池的理想带隙相差较大。此外，由于铯离子的半径较小，$CsPbI_3$ 在室温下也存在相不稳定的特点，会从正交相结构转化为无光伏活性的六方相结构。目前，最常见的方法是添加添加剂维持其正交相结构。

(4) 混合型铅基钙钛矿。除以上结构外，A 位和 X 位混合结构的钙钛矿也得到了非常广泛的应用。这主要是因为基于混合离子钙钛矿材料的器件具有更加稳定高效的性能。A 位是单一离子的钙钛矿材料，都有较为显著的缺点，例如，$MAPbI_3$ 热稳定性差，$FAPbI_3$ 和 $CsPbI_3$ 相稳定性差。阳离子的混合是指钙钛矿 A 位是由 FA^+、MA^+ 和 Cs^+ 中两种或者三种混合组成的。混合 A 位阳离子可以有效地调控材料的容忍因子，进而提高材料的相稳定性和器件稳定性。X 位离子的混合是指 X 位是由 I^-、Br^- 和 Cl^- 中的两种或者三种组成的。与 A 位混合不一样的是，X 位的混合会改变钙钛矿的晶格常数，进而影响钙钛矿带隙和对长波区域的光的吸收。例如，使用较大半径的卤素离子时，钙钛矿的晶格常数会变大，导致钙钛矿带隙变小，将会增加对长波区域的光的吸收。

2) 少铅钙钛矿

铅基钙钛矿光伏器件目前取得了较高的效率，但铅离子具有较强的毒性，极大地限制了铅基钙钛矿的大规模使用。因此研究者希望通过无毒或低毒的元素替代铅元素，目前常见的替代元素有锡(Sn)、锗(Ge)、铋(Bi)、铜(Cu)。在这一小节，介绍常见的采用无毒的元素(锡)部分替代铅元素的钙钛矿。

混合锡铅钙钛矿是指 B 位是由 Sn 元素和 Pb 元素组成的钙钛矿。Sn 元素和 Pb 元素位于同一族，其二价离子具有相似的外层电子结构和相近的半径(Sn^{2+}=1.12Å；Pb^{2+}= 1.19Å)，因此用 Sn 来替代 Pb 对原来的钙钛矿结构影响较小，其器件的光电性能也较为优异。最近，混合锡铅钙钛矿材料已经得到了广泛的研究。目前在倒置结构中，混合锡铅钙钛矿太阳能电池已经实现接近 24%的效率，足以媲美铅基钙钛矿太阳能电池。混合锡铅钙钛矿最突出的性质是随着锡含量的增加，其带隙并非线性变化的，而是先减小后增大的。当锡含量在 75%左右时，混合锡铅钙钛矿的带隙最小。例如，在 $MASn_xPb_{1-x}I_3$ 体系中，随着锡含量增加到 75%，带隙值从 1.61eV 降到 1.27eV，再增加锡的含量到形成 $MASnI_3$ 时，其带隙又从

1.27eV 增加到 1.37eV(图 7-16)。带隙减小带来的好处是，钙钛矿材料吸收波长的范围进一步向近红外光拓宽。因此混合锡铅钙钛矿材料在作为钙钛矿太阳能电池的吸光层时有两个比较明显的优势：第一个优势是可以通过调节锡铅比例使得混合锡铅钙钛矿的带隙减小到理想带隙(1.35eV)，具有相比铅基钙钛矿更高的理论效率极限(33%)，有望实现超过铅基钙钛矿的光电转换效率。第二个优势是 1.2eV 左右的混合锡铅钙钛矿可以作为叠层太阳能电池的顶电池，和较宽带隙的铅基钙钛矿太阳能电池一起组成全钙钛矿叠层电池。综上所述，混合锡铅钙钛矿材料具有较低毒性以及较好的光伏性能，是实现低毒高效的太阳能电池的较佳吸光层选择。

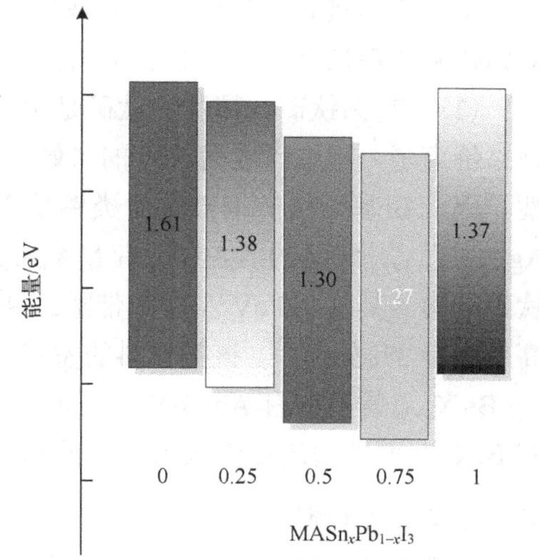

图 7-16　$MASn_xPb_{1-x}I_3$ 带隙随锡含量的变化

3) 无铅钙钛矿

由于铅的毒性，传统的铅基钙钛矿太阳能电池商业化仍然有很大的阻碍。因此关于无铅钙钛矿的研究从未停止过。近年来，科学家致力于寻找并制备环境友好的无铅钙钛矿材料，希望可以实现较高的光电转换效率。截至目前，无铅钙钛矿太阳能电池的最高效率只有 14%左右，有待进一步提高。无铅钙钛矿根据替代铅元素的 B 位元素的不同可以分为锡基钙钛矿、双钙钛矿、铋基钙钛矿等。

(1) 锡基钙钛矿。锡基钙钛矿是无铅钙钛矿材料中研究最为广泛的一类，也是目前光伏性能最佳的一类。目前常见的用于太阳能电池的锡基钙钛矿材料是 $FASnI_3$、$MASnI_3$ 和 $CsSnI_3$。3D 的 $ASnI_3$ 锡基钙钛矿相比纯铅基钙钛矿具有较窄的带隙，其带隙一般在 1.2～1.4eV，可以有效地拓宽材料的吸光范围到红外线区域，其光伏器件的理论最高效率接近 33.7%。然而，目前锡基钙钛矿太阳能电池的最高效率只有 14%左右[21]，远远低于铅基钙钛矿太阳能电池的效率。这主要是因为 Sn^{2+}特别容易被氧化成 Sn^{4+}，产生 Sn 空位缺陷，导致产生 p 型掺杂。多晶薄膜里的背景空穴浓度高达 $10^{19}cm^{-3}$，使得薄膜中载流子非辐射复合严重，载流子的扩散长度较小，最终导致电池的开路电压较低。此外，锡基钙钛矿材料溶液法制备多晶薄膜时，结晶速率较快，薄膜结晶质量不高。而且锡基钙钛矿的导带和价带位置较浅，与目前常用的电荷传输层材料能级不匹配，进而进一步造成电荷传输势垒，最终导致开路电压的损失。

(2) 双钙钛矿。双钙钛矿是另外一类研究广泛的三维无铅钙钛矿，其结构通式为 $A_2BB'X_6$，其中 B 和 B′分别为一个+1 价离子和一个+3 价离子。双钙钛矿结构采用金属原子分裂法，用两个异价离子代替两个 Pb^{2+}。双钙钛矿结构的优点是最大程度地保持了与铅基三维钙钛矿相似的几何构型和电子结构。近年来，双钙钛矿因其环境友好、稳定和可调节光电性能等特点被广泛研究。目前常见的用于太阳能电池的双钙钛矿材料是 $Cs_2AgBiBr_6$。$Cs_2AgBiBr_6$ 是间接带隙钙钛矿材料。尽管 $Cs_2AgBiBr_6$ 太阳能电池无毒且能在空气中表现出极好的稳定性，但是其最高效率目前只有 3%左右。目前基于新型直接带隙双钙钛矿的理论计算和实验制备仍在火热研究中。

(3) 铋基钙钛矿。铋基钙钛矿是 B 位为 Bi^{3+}的钙钛矿。由于 Bi^{3+}是三价离子，而 Pb^{2+}是二价离子，用 Bi^{3+}取代 Pb^{2+}的时候，为了维持整体结构的电荷中性平衡，会失去三维特性，因此铋基钙钛矿也被称为类钙钛矿材料。铋基钙钛矿常见的结构通式有 $A_3Bi_2X_9$ 和 $Ag_xBi_yX_{x+3y}$。常见的 $A_3Bi_2X_9$ 有 $MA_3Bi_2X_9$ 和 $Cs_3Bi_2X_9$。$MA_3Bi_2X_9$ 和 $Cs_3Bi_2X_9$ 都是零维钙钛矿结构，具有 2.0 eV 左右的带隙。目前，基于 $MA_3Bi_2X_9$ 和 $Cs_3Bi_2X_9$ 的太阳能电池的最高效率是 3%左右[22]。该类材料的宽带隙是其作为光吸收层器件性能受限的主要因素之一。$Ag_xBi_yX_{x+3y}$ 常见的有 Ag_3BiX_6、Ag_2BiX_5、$AgBiX_4$ 和 $AgBi_2X_7$。这种类钙钛矿结构是由 AgX_6 和 BiX_6 八面体边连接组成的。目前基于该类钙钛矿的太阳能电池效率最高是 5%左右[23]。

4) 二维钙钛矿

二维钙钛矿是指 A 位为长链有机阳离子的钙钛矿。在三维钙钛矿结构中，由于 A 位有机阳离子尺寸合适，BX_6 八面体可以在三维的方向上连接到一起。当 A 位阳离子的尺寸增大到一定程度时，BX_6 八面体形成的空间将变得不足以容纳 A 位的有机长链阳离子。因此，BX_6 八面体只能在二维的方向上相互连接，就形成了二维钙钛矿。以此类推，如果 BX_6 八面体只能在一维的方向上或者任何方向上都不能进行连接，就分别形成了一维或者零维钙钛矿。随着钙钛矿维度的降低，相应的带隙也会越来越大，其作为太阳能电池的吸光材料的可行性也就越来越低。目前在钙钛矿材料中，三维和二维钙钛矿是最常见的吸光层材料。因此在这一小节重点介绍二维钙钛矿。

二维钙钛矿常见的结构通式有 $(RNH_3)_2(A)_{n-1}B_nX_{3n+1}$ 或 $(H_3NRNH_3)(A)_{n-1}B_nX_{3n+1}$，其中 R 是有机碳链，$n$ 是指相邻两层有机长链之间 BX_6 八面体二维平面的层数。前者长链有机阳离子中包含一个胺离子，该钙钛矿结构中两个 RNH_3^+离子上的质子氢分别与两侧无机层表面的卤素离子形成氢键，两端的烷基链尾部向外扩展并通过范德瓦耳斯力结合，形成有机层，该类结构也称 Ruddlesden-Popper 二维钙钛矿。后者长链有机阳离子中包含两个胺离子，该钙钛矿结构中一个 $H_3NRNH_3^+$离子上的两个质子氢分别与两侧无机层表面的卤素离子形成氢键，有机层不依赖范德瓦耳斯力连接，该类结构也称为 Dion-Jacobson 钙钛矿。

相比三维钙钛矿，二维钙钛矿具有更好的水稳定性。由于二维钙钛矿中的有机长链阳离子一般含有疏水的脂肪基或者芳香基，有利于阻止水分入侵到钙钛矿晶格内而造成材料降解。然而，层间插入的有机长链阳离子和无机八面体层之间由于导电性的差异而形成多量子阱结构，使得二维钙钛矿的激子束缚能增加，同时不利于载流子在层间的传输。另外，二维钙钛矿相比三维钙钛矿具有更大的带隙，不利于长波长光的吸收，进而影响太阳能电池的效率。

7.2.4 电荷传输层和其对电池的影响

1. 电荷传输层对电池的影响

电荷传输材料首先需要具有高电子/空穴迁移率，以保证有效的电荷传输抽取。其次，电荷传输材料的价带和导带要和钙钛矿层相匹配。例如，空穴传输层的价带能级应该大于钙钛矿的价带能级，以驱动空穴的传输和抽取。为了获得较高的器件开压，应减小电荷传输层和钙钛矿的能级差以及界面间载流子的非辐射复合。此外，电荷传输材料要具有较好的稳定性，需尽量避免因电荷传输层的降解导致的器件性能的衰退。另外，电荷传输层应该在可见光和近红外区域具有较好的光学透明度，以增加钙钛矿材料对光的吸收，进而增大电池的电流和提高电池的性能。最后，电荷传输层对于阻隔钙钛矿和两个电极的直接接触及阻止不利的载流子传输也是至关重要的。例如，致密的空穴传输层能够阻挡电子扩散到金属电极，有利于提高器件性能和稳定性。

2. 电荷传输层

1) 电子传输材料

氧化钛(TiO_2)、氧化锌(ZnO)和氧化锡(SnO_2)是最常用的 n-i-p 电池结构中的无机氧化物电子传输层材料。其中，TiO_2 是钙钛矿太阳能电池中应用最早和最广泛的电子传输层材料。TiO_2 具有 3.2 eV 左右的宽带隙，其导带能级是–4.1eV，稍低于 $MAPbI_3$ 的导带能级，有利于电子的抽取。此外，由于 TiO_2 的价带较深，可以有效阻挡钙钛矿中的空穴进入 ITO。在钙钛矿太阳能电池中最常用的是介孔 TiO_2 和致密 TiO_2 的组合。虽然 TiO_2 能够使器件获得较高效率，但是其制备工艺往往需要 500℃以上的高温煅烧，这不仅使制备工艺极其复杂，而且大大限制了其在柔性器件中应用的可能。ZnO 具有比 TiO_2 更高的电子迁移率和更低的成本，其无须高温烧结，易于制备大面积薄膜。其禁带宽度是 3.3eV，导带能级是–4.2eV，可以有效抽取电子和阻止空穴的注入。然而，使用 ZnO 材料的器件稳定性有待进一步提高。研究表明，ZnO 表面的羟基不稳定而且存在很多氧空位，这会加快钙钛矿层的降解，降低器件的稳定性。相比 TiO_2 和 ZnO，SnO_2 具有更高的电子迁移率[$421.70cm^2/(V\cdot s)$]，可以确保有效的电子传输。SnO_2 还具备更宽的带隙，从而使电池具有更好的透过率和更少的光损失。同时其具有较好的紫外和空气稳定性。最重要的是，SnO_2 制备工艺简单，无须高温煅烧，直接溶液旋涂和低温退火就可以制备高质量的电子传输层，可以有效降低制造成本。此外，由于 SnO_2 能够有效地收集电子，SnO_2 大多是采用平面型结构。所以相比 TiO_2，SnO_2 具有相当大的竞争潜力。

富勒烯(C_{60})及其衍生物(PCBM)是经常使用在 p-i-n 器件结构中的有机电子传输层材料。和 PCBM 基器件相比，C_{60} 基器件性能更加优越，这是因为 C_{60} 能更有效地传输电子，钝化缺陷和减少载流子复合。然而，C_{60} 往往需要蒸镀成膜，这无疑提高了成本，而 PCBM 使用溶液旋涂法就可以制备薄膜。大量研究表明，PCBM 和 C_{60} 同时使用可以改善电子传输层与钙钛矿材料的界面接触，提高电子传输效率并钝化界面缺陷。

2) 空穴传输材料

根据器件结构的不同，空穴传输层的材料也不同。在 n-i-p 器件结构中，常见的高效率器件中的空穴传输层材料有 2,2′,7,7′-四[N,N-二(4-甲氧基苯基)氨基]-9，9′-螺二芴(Spiro-OMeTAD)和硫氰酸铜(CuSCN)。Spiro-OMeTAD 是目前 n-i-p 器件中最为广泛的空穴传输层材料，也是目前效率最高的钙钛矿太阳能电池的空穴传输层材料。Spiro-OMeTAD 是一种有机小分子，其本身空穴迁移率低，导电能力差。在使用时需要掺杂 tPB、Li 盐和钴盐来提高空穴迁移率，但低耐热性的 tPB 和易吸潮性的 Li 盐的引入会降低 Spiro-OMeTAD 的热稳定性和湿度稳定性。CuSCN 是一种无机空穴传输层材料，在可见光和近红外区域均显示出高的迁移率和透明度、低成本且可以溶液法制备的优点。此外，相比 Spiro-OMeTAD，CuSCN 具有良好的化学稳定性和更高的空穴迁移率，但是 CuSCN 的薄膜制备工艺和钙钛矿薄膜目前仍不能很好地兼容，导致器件性能不如 Spiro-OMeTAD 基器件。

在 p-i-n 器件结构中最常用的空穴传输层是 PEDOT:PSS 和 PTAA。PEDOT:PSSS 是一种经典的水溶性聚合物半导体材料，具有较高的导电率、透光率并且具备溶液法制备等优点。但是其具有吸湿性，会加速钙钛矿层的降解；同时 PEDOT:PSS 具有酸性会腐蚀 ITO 和钙钛矿层，从而导致器件性能的衰减。PTAA 是另外一种 P 型聚合物半导体材料，可以更有效地传输载流子。但由于其具有较大的疏水性，亲水性的钙钛矿薄膜在其上面的浸润性比较差，进而导致钙钛矿薄膜覆盖性差和结晶质量较差，器件性能和重复性降低。

7.2.5 电极和其对电池的影响

1. 电极对电池的影响

在钙钛矿太阳能电池器件中，电极是不可或缺的组成部分。钙钛矿中产生的光生载流子需要通过电荷传输层到达底电极和顶电极，然后通过外部的闭合电路传导形成电流。底电极作为器件最底层界面，其形貌和性质对上层薄膜的成膜质量有着巨大的影响。顶电极由于在器件的最外层，其形貌和性质对器件的稳定性有巨大的影响。电极和电荷传输层之间应该是欧姆接触，这样可以降低界面间的接触势垒，获得更高的电荷收集效率。电极应具有良好的导电性，以降低器件的串联电阻。此外，底电极需要有高的光透过率，以提高光的利用率，提高器件电流和效率。

2. 电极

钙钛矿太阳能电池包括两个电极：一个是顶电极，位于器件的最上端；另一个是底电极，位于器件的最下端。最常见的顶电极是薄层金属电极，如金(Au)、银(Ag)和铝(Al)等。根据对功函数的需求，选择不同的金属电极。研究表明，几十纳米的金属电极就可以实现对入射光的完全反射，有利于提高器件对太阳光的利用率。此外，金属薄膜电极可以通过热蒸发制备，成本低廉。然而，金属电极的透过率和方块电阻相互制约，几十纳米厚的电极虽然有良好的导电性，但其透过率较低，不能满足对透明器件的需求。目前关于金属透明电极的研究也在如火如荼地进行中。另外一种常见的顶电极是碳电极。碳在地球上储量十分丰富，具有优异的导电性和延展性，其功函数是 5.0eV，和金电极的功函数(5.1eV)十分接近。碳电极一个突出的优点就是相较于传统金属电极成本低廉。此外，惰性的碳电极难以与卤素离子反应，同时具有抗氧化性和疏水性，这些性质使得相应的器件具有相对好的稳定性。碳电极也包括很多种类，如石墨烯、碳量子点、碳纳米管、碳纳米线和无定形碳。它们的电阻率和制备工艺也各不相同。

目前最常见的底电极是金属氧化物透明导电薄膜，包括氟掺杂氧化锡(FTO)和铟掺杂氧化锡(ITO)。FTO 和 ITO 可以采用原子沉积、电子束蒸发、激光沉积、磁控溅射等方法制备。两者具有相似的功函数，FTO 功函数为−4.5eV，而 ITO 功函数为−4.6eV。一百多纳米厚的 ITO，可见光透过率高达 90%以上，方块电阻在 15Ω/□。FTO 往往厚度较大，导致透过率较低，方块电阻也比 ITO 高，但是 FTO 耐高温、耐腐蚀，更适合需要高温煅烧的工艺制备过程，因此在使用 TiO_2 作为电子传输层时，常常选择 FTO 作为底电极。虽然基于金属氧化物透明导电薄膜的应用比较广泛，但是其制作成本较高，这也是其较为显著的缺点。随着研究的不断发展，相信可以找到降低制备成本的方法。

参 考 文 献

[1] 炜业通科技. 有机聚合物太阳能电池的独特性能有望打开利基市场机会[EB/OL]. [2022-03-23]. http://www. szwyt. com/industry/987. html.

[2] KEARNS D, CALVIN M. Photovoltaic effect and photoconductivity in laminated organic systems[J]. The journal of chemical physics, 1958, 29(4): 950-951.

[3] SARICIFTCI N S, SMILOWITZ L, HEEGER A J, et al. Photoinduced electron transfer from a conducting polymer to buckminsterfullerene[J]. Science, 1992, 258(5087): 1474-1476.

[4] LI G, SHROTRIYA V, HUANG J, et al. High-efficiency solution processable polymer photovoltaic cells by self-organization of polymer blends[J]. Nature materials, 2005, 4(11): 864-868.

[5] CHONG K, XU X. Realizing 19.05% efficiency polymer solar cells by progressively improving charge extraction and suppressing charge recombination[J]. Advanced materials, 2022, 34(12): e2109516.

[6] LIANG Y, XU Z, XIA J, et al. For the bright future-bulk heterojunction polymer solar cells with power conversion efficiency of 7.4%[J]. Advanced materials, 2010, 22(20): E135-E138.

[7] LI H, XIAO Z. Thermostable single-junction organic solar cells with a power conversion efficiency of 14.62%[J]. Science bulletin, 2018(63): 340-342.

[8] ZHANG M, GUO X, MA W, et al. A large-bandgap conjugated polymer for versatile photovoltaic applications with high performance[J]. Advanced materials, 2015, 27(31): 4655-4660.

[9] ZHAO W, LI S, YAO H, et al. Molecular optimization enables over 13% efficiency in organic solar cells[J]. Journal of the American chemical society, 2017, 139(21): 7148-7151.

[10] HUO L, LIU T, FAN B, et al. Organic solar cells based on a 2D benzo[1, 2 - b: 4, 5 - b′] difuran-conjugated polymer with high-power conversion efficiency[J]. Advanced materials, 2015, 27(43): 6969-6975.

[11] ZHAO J, LI Y, YANG G, et al. Efficient organic solar cells processed from hydrocarbon solvents [J]. Nature energy, 2016, 1(2): 15027.

[12] XIAO Z, GENG X, HE D, et al. Development of isomer-free fullerene bisadducts for efficient polymer solar cells[J]. Energy & environmental science, 2016(9): 2114-2121.

[13] YAN T, SONG W, HUANG J, et al. 16.67% rigid and 14.06% flexible organic solar cells enabled by ternary heterojunction strategy[J]. Advanced materials, 2019, 31(39): 1902210.

[14] YUAN J, ZHANG Y, ZHOU L, et al. Single-junction organic solar cell with over 15% efficiency using fused-ring acceptor with electron-deficient core[J]. Joule, 2019, 3(4): 1140-1151.

[15] The National Renewable Energy Laboratory. Best research-cell efficiency chart [EB/OL]. [2022-04-17]. https: //www. nrel. gov/pv/cell-efficiency. html.

[16] LIU M Z, JOHNSTON M B, SNAITH H J. Efficient planar heterojunction perovskite solar cells by vapor deposition[J]. Nature, 2013, 501 (7467) : 395.

[17] HU Q, WU J, JIANG C, et al. Engineering of electron-selective contact for perovskite solar cells with efficiency exceeding 15%[J]. ACS nano, 2014, 8 (10) : 10161-10167.

[18] YE S, RAO H, ZHAO Z, et al. A breakthrough efficiency of 19.9% obtained in inverted perovskite solar cells by using an efficient trap state passivator Cu (thiourea) I[J]. Journal of the American chemical society, 2017, 139 (22) : 7504-7512.

[19] SUN S Y, SALIM T, MATHEWS N, et al. The origin of high efficiency in low-temperature solution-processable bilayer organometal halide hybrid solar cells[J]. Energy & environmental science, 2014, 7 (1) : 399-407.

[20] JENO N J, NA H, JUNG E H, et al. A fluorene-terminated hole-transporting material for highly efficient and stable perovskite solar cells[J]. Nature energy, 2018, 3 (8) : 682.

[21] YU B B, CHEN Z H, ZHU Y D, et al. Heterogeneous 2D/3D tin-halides perovskite solar cells with certified conversion efficiency breaking 14%[J]. Advanced materials, 2021: 2102055.

[22] SAGAR M J, DIBYA P, MATTHEW L D, et al. An effective approach of vapour assisted morphological tailoring for reducing metal defect sites in lead-free, $(CH_3NH_3)_3Bi_2I_9$ bismuth-based perovskite solar cells for improved performance and long-term stability[J]. Nano energy, 2018, 49: 614-624.

[23] PAI N, LU J, GENGENBACH T R, et al. Silver bismuth sulfoiodide solar cells: tuning optoelectronic properties by sulfide modification for enhanced photovoltaic performance[J]. Advanced energy materials, 2019, 9 (5) : 1803396.